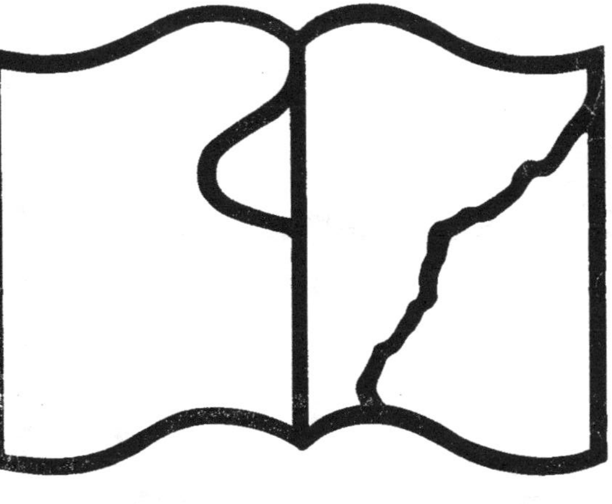

I0024885

Contraste insuffisant

NF Z 43-120-14

MEMOIRES D'ARTILLERIE,

OÙ IL EST TRAITE' DES

MORTIERS, PETARDS, ARQUEBUSES A CROC, MOUSQUETS, FUSILS,

& de ce qui peut ſervir à l'exécution & au ſervice de toutes ces Armes;

DES BOMBES, CARCASSES, GRENADES, &c.

De la Fonte des PIE'CES, *de la Fabrication du* SALPETRE *&* *de la* POUDRE; *des* PONTONS, *des* MINES, *des* CHARETTES *&* CHARIOTS, *des* CHEVAUX, *& généralement de tout ce qui dépend de* L'ARTILLERIE

tant par MER que par TERRE;

De l'Arrangement des MAGASINS; *de la Formation des* EQUIPAGES *& des* PARCS *à la ſuite des Armées & pour les Siéges; de la Marche des* EQUIPAGES, *& leur diſpoſition dans un jour de Combat;*

La Manière de défendre les PLACES, & le Devoir des Officiers, &c.

Par le Sr. SURIREY DE SAINT-REMY.

DERNIÈRE EDITION,

Augmentée de nouvelles Matières, & de pluſieurs Planches

TOME PREMIER.

A LA HAYE,

Chez JEAN NEAULME,

M. DCC. XLI.

A SON ALTESSE SERENISSIME
MONSEIGNEUR
LOUIS AUGUSTE DE BOURBON,

PRINCE SOUVERAIN DE DOMBES,
DUC DU MAINE ET D'AUMALE,

Comte d'Eu, Pair de France, Commandeur des Ordres du Roi, Colonel-Général des Suiſſes & Griſons, Gouverneur, & Lieutenant-Général pour Sa Majeſté dans ſes Provinces du haut & bas Languedoc, Grand-Maître & Capitaine-Général de l'Artillerie de France.

ONSEIGNEUR,

Voici des Mémoires que j'ai raſſemblés

C'étoit en 1697. que l'Auteur parloit.

ſur l'Artillerie depuis vingt-ſix années que j'ai l'honneur d'être dans ce Corps. J'oſe les préſenter à VOTRE ALTESSE SERENISSIME, *avec d'autant plus de confiance, qu'ils ſont le pur Ouvrage des plus intelligens Officiers qui y ſervent, & même de vos Lieutenans, à qui* VOTRE ALTESSE SERENISSIME *donne tous les jours mille témoignages de ſa bienveillance & de ſon eſtime. Je ſerai trop heureux, ſi vous voulez bien,* MONSEIGNEUR, *regarder cet Ouvrage comme une marque de mon zéle pour le ſervice, & comme une*

aſſû-

assûrance du parfait dévouement & du respect profond avec lesquels j'ai l'honneur d'être,

De Votre Altesse Serenissime,

MONSEIGNEUR,

Le très-humble, très-obéïssant, & très-soumis Serviteur,

SURIREY DE SAINT-REMY.

PREFACE.

CE n'eſt point faire tort à ceux qui, juſqu'ici, ont ramaſſé des Mémoires touchant l'Artillerie, de dire qu'il n'a encore paru aucun de ces recueils qui ſoit fidéle. Il auroit fallu pour le rendre exact, que les plus habiles Officiers euſſent bien voulu ſe donner la peine néceſſaire pour inſtruire ceux qui commencent: & afin de le rendre complet, il auroit encore fallu que pluſieurs de ces mêmes Officiers y euſſent contribué; parce que la plûpart de ceux qui ſervent, ne s'attachent qu'à certaines matières qui ſont de leur goût: l'un à la conſtruction des Affûts, l'autre aux Artifices, l'autre aux Mines, & ainſi du reſte; négligeant les autres parties, ſans quoi, néanmoins, on ne ſçauroit être accompli dans cette profeſſion.

Enfin ce qui a empêché juſqu'ici, qu'on n'ait eu un ouvrage achevé en fait d'Artillerie, c'eſt la diverſité de ſentimens qui s'eſt toûjours rencontrée entre les Officiers de différens Départemens, chacun ſoutenant les maximes du Lieutenant-Commandant ſous lequel il a ſervi, comme les plus régulières: d'où il arrive que ceux qui ne font que d'entrer dans ce

Corps,

Corps, ſe trouvent embaraſſés ne ſçachant quel parti ils doivent prendre. Surquoi je me ſouviens d'avoir ouï quelquefois M. le Marquis de la Fréze-lière propoſer de faire enſorte qu'on pût convenir de proportions uniformes dans tous les départemens pour toutes les Piéces de Canon, & pour tous les uſtenſiles & attirails en général qui ſervent à l'Artillerie.

En attendant que ce projet puiſſe s'exécuter, j'ai tâché de remédier à cet inconvénient, en marquant les régles les plus convenables au bien du ſervice, comme j'oſe me promettre, qu'on les trouvera dans cet Ouvrage.

Je ſçai que depuis cent ans de célébres Auteurs ont traité de l'Artillerie avec beaucoup d'érudition; mais, outre que la manière de la ſervir préſentement eſt en pluſieurs choſes bien différente de ce qu'elle étoit de leur tems, quelques-uns d'eux l'ont rendue trop ſpéculative: leurs Livres ſont chargés d'une infinité de régles de Mathématique, de ſupputations & de réductions plus propres à dégoûter qu'à inſtruire de jeunes gens la plûpart ſans étude, & dont quelques-uns, par le caractére de leur eſprit, ne peuvent point s'appliquer à des matières ſi abſtraites, dont la connoiſſance ſuppoſe celle des principes de Géometrie qu'ils n'ont point, ou dont ils ſont peu capables.

C'eſt par cette raiſon que je me ſuis uniquement at-

attaché dans ces Mémoires à la Méchanique & à la pratique qui est actuellement en usage. Je ne les avois d'abord recueillis que pour mon service particulier; mais comme, pour la meilleure partie, ils ne contiennent presque rien de moi que l'ordre & l'arrangement, je n'ai pas été en droit de refuser aux Officiers qui ont eu la bonté de me les communiquer, la satisfaction de les voir rendus publics. Je les ai divisés en quatre Parties.

I. La *première* traitera des Officiers de l'Artillerie en général, de leurs Titres & Fonctions, Immunitez & Priviléges; des Etats qui se font dans l'Artillerie; de l'Ecole.

II. Le Canon étant la plus noble de toutes les Armes offensives & défensives qui servent à l'Artillerie, j'ai cru devoir, dans ma *seconde Partie*, en expliquer les proportions & l'usage. Tout ce que les Auteurs appellent Bouches à feu, comme Mortiers, Pétards, Arquebuses à croc, Mousquets, Fusils, &c. & ce qui peut servir à l'exécution & au service de toutes ces armes, s'y trouvera aussi compris. J'y ai joint les Bombes, les Carcasses, les Grénades, & les Artifices.

III. Dans la *troisième* je parlerai des Outils qui servent à remuer la terre, des Moulins, de la fonte des Piéces, de la fabrication du Salpêtre & de la Poudre,

dre, des Ponts, des Mines, des Charettes & Chariots, des Chevaux, & du reſte des autres uſtenſiles & attirails dépendans de l'Artillerie.

IV. Et après avoir ſuffiſamment inſtruit mon Lecteur de tous ces détails qu'il ne doit point ignorer, je lui donne dans la *quatrième & dernière Partie*, les moyens de pouvoir devenir un Officier parfait, en lui apprenant l'ordre & l'arrangement des Magaſins, la formation des Equipages & des Parcs à la ſuite des Armées & pour les Siéges, la marche des Equipages & leur diſpoſition dans un jour de Combat, la manière de défendre les Places, le commandement, la ſubordination & le devoir des Officiers. A tout cela j'ai joint un *Dictionnaire* des mots & de termes qui ſont propres à l'Artillerie, afin que chacun puiſſe y avoir recours dans le beſoin.

Voilà le plan de tout l'Ouvrage. Mais qu'on ne s'attende point à trouver à la tête de chaque Partie des ſubdiviſions de mes matières; car tous ces uſtenſiles & attirails, & toutes ces munitions différentes, ne ſont point ſuſceptibles d'une diſtribution régulière, n'aiant pour l'ordinaire entre elles que très-peu de liaiſon & de rapport.

Au ſurplus, il eſt fort inutile que je faſſe l'éloge de ce travail; le Lecteur en jugera par l'exactitude qu'on y a gardée; par ces Tables ſi belles & ſi bien ordonnées

données qui ont été dreſſées avec tant de nettété par les ſoins de Meſſieurs les Lieutenans, & qui ſont d'une ſi grande utilité pour le Corps.

Je ne parle point, non-plus, du grand nombre de Planches dont tout cet Ouvrage eſt embelli, & où tout ce que nous avons de plus habiles gens dans le Deſſein & dans la Gravûre ont travaillé avec toute l'application poſſible, & ont emploïé toute la délicateſſe de leur Art. Ce ſont choſes qui parlent d'elles-mêmes, & qui font aiſément connoître, que depuis vingt-ſix années qu'il y a que j'ai commencé à donner mon attention à ce Recueil, je n'ai épargné ni peine ni dépenſe pour l'inſtruction des Officiers du Corps, & même pour la curioſité & le contentement du Public. Heureux ſi je puis y avoir réuſſi.

L'Auteur parloit en 1697.

J'ajoute ici une liſte des Auteurs qui ont écrit de l'Artillerie, tant François qu'Etrangers. Mais j'ai cru n'y devoir mettre que ceux qui l'ont fait d'une manière capable de former l'eſprit des Officiers; ce qu'on ne peut pas dire de pluſieurs autres qui ne ſe ſont mêlés d'imprimer ſur ces matières que très-légèrement.

LISTE

LISTE DES AUTEURS

qui ont traité de l'Artillerie.

JOSEPH DE BOILLOT, Garde-Magasin d'Artillerie à Langres, lequel en 1598 fit un Livre intitulé, *Modéles, Artifices de feu, & divers Instrumens de Guerre, &c.*

CASIMIR SIEMIENOWICZ, Gentil-homme Polonois, autrefois Lieutenant-général de l'Artillerie en Pologne, qui a composé ce bel Ouvrage du *Grand Art d'Artillerie*, imprimé en 1650 en Hollande, & dont on n'a eu que la première Partie.

NICOLO TARTAGLIA, Mathématicien de la Ville de Bresce dans l'Etat des Vénitiens, qui vivoit au commencement du siécle passé. Il a été le premier qui a recherché de quelle nature est la ligne que les corps jettés en l'air décrivent par le mouvement appellé violent, & quelles sont ses propriétez; & c'est lui qui en a voulu faire l'application au mouvement des Boulets tirés par le Canon ou par le Mortier.

LOUIS COLLADO, Ingénieur du Roi d'Espagne dans le Milanois, qui fit imprimer *sa Pratique Manuelle de l'Artillerie*, long-tems avant le Livre de Dom Diego.

DIEGO UFANO, Capitaine Espagnol, qui avoit long-tems servi dans l'Artillerie aux Guerres de Flandres, & particuliérement au Siége d'Ostende, & qui fit imprimer en 1621 son Livre intitulé, *Artillerie.*

RIVAULT DE FLURANCE, qui se disoit Précepteur de Louis XIII, & qui vivoit au commencement du siécle present, Auteur du Livre intitulé, *Elémens d'Artillerie.*

DANIEL ELRICK, Maître Canonnier ou Capitaine d'Artillerie de la Ville de Francfort sur le Mein, qui a fait le Supplément ou seconde Partie du Livre du *Grand Art d'Artillerie* de *Siemienowicz*, & qui fut imprimé en l'année 1676 dans la même Ville.

GALE'E, autrefois Ingénieur de l'Archiduc d'Albert & du Marquis de Spinola, qui a écrit sur les différentes portées du Canon.

HANSELET, Lorrain, qui a fait la *Pyrotechnie Militaire.*

MALTHUS, Ingénieur Anglois, que le feu Roi fit venir de Hollande, & qui a composé le Livre intitulé, *Pratique de la Guerre.* Ce fut lui qui mit en vogue le Mortier & la Bombe en l'année 1637, & qui fut tué d'une balle de Mousquet au dernier Siége de Gravelines, comme il s'élevoit en l'air du fond de la Tranchée où il étoit, pour voir l'effet d'une Bombe.

DAVELOURS, Garde provincial de l'Artillerie en l'Arsenal de Paris, qui vivoit en 1597, & qui a fait le Livre intitulé *Brieve Instruction sur le Fait de l'Artillerie de France.*

M. BLONDEL, Maréchal de Camp des Armées du Roi, & Maître de Mathématique de Monseigneur, Dauphin de France, qui a fait en 1675 le Livre intitulé, *l'Art de jetter des Bombes.*

AVERTISSEMENT DE L'EDITEUR

sur cette dernière Edition de 1741.

MOn dessein n'est point de faire ici l'éloge de ces *Mémoires;* leur utilité reconnue & l'empressement avec lequel ils ont toujours été recherchés, le font plus que tout ce que je pourrois dire. Je me suis seulement proposé par cet Avertissement de prévenir le Public sur cette quatrième & dernière Edition, contre les mauvaises impressions que pourroit lui laisser encore celle d'Amsterdam de l'année 1702, à laquelle je ne me suis nullement attaché, à cause des augmentations très-utiles & nécessaires qui ont été faites à ces *Mémoires*, & des changemens considérables arrivés dans l'Artillerie, qui ne s'y trouvent point, & qui sont fort amplement détaillés dans l'*Avertissement suivant de la seconde & dernière Edition de Paris de l'année* 1707. C'est pourquoi j'ai jugé à propos d'informer le Public que je ne me suis pas seulement borné à suivre dans toute son étenduë la-dite seconde & dernière Edition de Paris, qui est la meilleure & la plus complette, mais que je n'ai rien négligé de tout ce qui pouvoit contribuer à rendre celle-ci plus belle, plus régulière, & plus correcte, tant par la beauté & l'exactitude de l'impression & de la gravûre, que par la correction d'une infinité de fautes grossières qui s'y étoient glissées par une très-grande négligence.

AVER-

AVERTISSEMENT

DE LA SECONDE ET DERNIÈRE EDITION DE PARIS,

qu'il est nécessaire de lire, à cause des changemens considérables qui sont arrivés depuis la première.

L'Ouvrage dont voici la seconde Edition, a été achevé d'imprimer pour la première fois le 30 Septembre de l'année 1697. L'applaudissement qu'il a reçû, non-seulement en France, mais encore dans les païs étrangers où il a été traduit en plusieurs langues, & sur-tout en Hollande, où, malgré les dépenses excessives que demande une pareille impression, & la gravûre de plus de 200 planches en taille douce, on n'a pas laissé de le contrefaire, fait suffisamment son éloge. Il est vrai cependant, qu'il s'en faut beaucoup qu'on n'ait réussi à rendre cette copie de Hollande conforme à son original. Mais comme tout est sujet à la vicissitude, on ne doit pas s'étonner, si depuis près de neuf années que ces Mémoires ont été donnés au Public, le tems y a aussi apporté quelques changemens, dont il est nécessaire que le Lecteur soit instruit; c'est ce que je vais faire en peu de mots.

Le premier & le plus important de ces changemens regarde la création de plusieurs charges dans l'Artillerie.

Le premier Edit qui a paru pour cette création, est du mois d'Août 1703. Il porte suppression des anciens Offices de l'Artillerie. Il se trouvera imprimé à la fin du second Tome, pour ne pas trop grossir cet Avertissement, avec tous les autres Edits qui ont été donnés depuis en conséquence.

Le précis de cet Edit est, qu'on y supprime tous les Offices créés en 1536, 52, 72, 73, 82, & 1634. avec tous leurs

 droits

droits & priviléges, à la réſerve des Tréſoriers & des Contrôleurs-généraux, & on crée:

1. Premier Lieutenant-général de l'Artillerie en Alſace.
2. Directeurs-généraux.
1. Secrétaire-général.
7. Lieutenans-généraux à département.
25. Lieutenans provinciaux.
5. Commiſſaires-provinciaux.
20. Autres Commiſſaires ordinaires.
5. Commiſſaires-généraux des ponts & travaux.
150. Commiſſaires ordinaires.
1. Capitaine Conducteur-général de l'Artillerie.
12. Capitaines Conducteurs.
5. Contrôleurs provinciaux.
19. Autres Contrôleurs provinciaux.
1. Commiſſaire Garde provincial de l'Iſle de France, pour réſider à Paris.
25. Autres Commiſſaires Gardes provinciaux.
6. Commiſſaires Gardes-Parcs, pour les différentes Armées.
40. Commiſſaires Gardes-Magaſins particuliers, pour autant de Villes principales.
100. Autres Commiſſaires Gardes-Magaſins, pour les Places, Citadelles, & Châteaux.
35. Autres Commiſſaires Gardes-Magaſins dans les petites Places.
1. Commiſſaire-général des poudres & ſalpêtres.
5. Commiſſaires Inſpecteurs des poudres & Magaſins.
1. Commiſſaire-général des Fontes.
1. Premier Aumônier auprès du Grand-Maître.
1. Chapelain pour l'Arſenal de Paris.
4. Autres Aumôniers pour les Equipages.
1. Maréchal des Logis.
1. Premier Fourrier.
4. Fourriers ordinaires.

1. Pré-

1. Prévôt-général.
1. Lieutenant.
1. Exempt.
1. Greffier.
12. Archers.
1. Premier Médecin.
1. Premier Chirurgien.
1. Premier Apoticaire.
2. Médecins.
8. Chirurgiens.
4. Apoticaires ordinaires.
1. Capitaine-général d'Ouvriers.
8. Autres Capitaines.
8. Maîtres Ouvriers.
1. Bailly d'Epée du Bailliage de l'Artillerie, poudre & salpêtre par tout le Roïaume, Arsenal de Paris, & ses dépendances.
1. Lieutenant-général au Bailliage.
1. Avocat du Roi.
1. Procureur du Roi.
1. Substitut du Procureur du Roi.
1. Greffier.
4. Procureurs postulans.
2. Huissiers Audienciers, priseurs, & vendeurs de meubles.
12. Autres Huissiers exploitans.

AU mois de Mai 1704, il fut donné un autre Edit portant création,

D'un Office de Lieutenant-général d'Artillerie en Bretagne,

De 50 Commissaires ordinaires de l'Artillerie, & de 150 Commissaires Gardes-Magasins, pour plusieurs Villes & lieux du Roïaume.

Par autre Edit donné au mois d'Octobre 1704, il fut encore

core créé un Lieutenant-général d'Artillerie du département de Picardie & d'Artois.

Le 11 Janvier 1705, il fut donné une Déclaration de Sa Majesté, portant que, lorsque le premier Lieutenant-général de l'Artillerie, commandant un Equipage d'Artillerie, se trouvera par la jonction de deux Armées avec un autre Lieutenant-général du même corps, aussi commandant un Equipage; le premier Lieutenant-général commandera en chef l'Artillerie des deux Armées, en attendant la Commission du Grand-Maître pour ce nouveau commandement.

Et au mois de Novembre 1706, par un autre Edit, il fut encore créé un Lieutenant-général de l'Artillerie dans l'étenduë du païs de Lyonnois, Forêts, Beaujolois, Bresse & Bugey.

Ce sont les changemens les plus considérables qui aient été faits depuis la première Edition des Mémoires d'Artillerie. La lecture de ces Edits & Déclaration qu'on a insérés à la suite du second Tome, instruiront plus à fond le Lecteur des particularitez de ces nouveaux établissemens.

On doit observer seulement que les créations de ces Offices n'empêchent point que M. le Grand-Maître ne donne ses commissions & les titres qu'il lui plaît aux anciens Officiers de l'Artillerie Commissionnaires, & aux nouveaux Sujets qu'il juge à propos de recevoir dans le Corps, lesquels reçoivent quand ils sont emploïés, les appointemens ordinaires qu'ils touchoient avant que ces Offices fussent créés.

Les Titulaires ne peuvent pareillement être emploïés en Campagne sans les commissions particulières du Grand-Maître, qui les emploie suivant le rang qu'il juge à propos de leur accorder, & non suivant la qualité de leurs charges, lesquelles ne leur donnent point de rang à l'Armée. Ils reçoivent des appointemens extraordinaires, & montent à tous les degrez, en servant à l'Armée. Le Grand-Maître n'emploie des Titulaires que ceux qui ont des dispositions pour le service de Campagne.

Il

Il a été fait encore quelques changemens à des corps de Troupes qui sont attachés au service de l'Artillerie, comme :

1. Au Régiment-Roïal-Artillerie.
2. A celui des Bombardiers.
3. Aux Compagnies des Mineurs.
4. A quelques Compagnies particulières.
5. Aux Ecoles de l'Artillerie.
6. Au marché des Poudres.
7. A celui des fontes des Piéces.
8. Aux chevaux, mules & mulets.
9. A la marque des chevaux, &c.
10. Aux Artificiers.

A quoi je joins quelques observations sur divers sujets, comme,

11. Sur les Compagnies d'Ouvriers dans les départemens.
12. Sur les Piéces fondues par le P. Figari.
13. L'établissement des Conseils de Guerre dans l'Artillerie.

Et quelques Réglemens pour la Police de l'Artillerie. Le tout se trouvera à la fin de cet avertissement.

Quant à la Méchanique de l'Artillerie, quoique les changemens qui y sont arrivés, regardent plutôt la perfection que la destruction des usages déja établis, il est toûjours nécessaire d'en être instruit. C'est pourquoi je me suis efforcé de contenter le Lecteur, en plaçant ces nouveautez dans les endroits des *Chapitres de mes Mémoires* où ils peuvent convenir.

1. On y verra les proportions & la figure de la fameuse Coulevrine de Nancy, qui a fait si long-tems la matière des raisonnemens des plus habiles Officiers d'Artillerie, tant pour son extraordinaire longueur, que pour sa portée.

2. On y verra le défaut de ces Piéces de Canon de fer, qui se démontent en plusieurs morceaux pour être plus aisément transportées.

3. Ceux des Piéces de fer forgé, qui ont bien des Partisans

sans, mais qui, pour la plûpart du tems, sont la dupe de ces Inventeurs de nouveautez.

4. De ces Piéces jumelles.

5. De ces Piéces triples, dont l'invention a été renouvellée depuis ces dernières années par un Religieux Italien.

6. Les Réglemens pour les Saluts qui regardent les Places de Mer & les Vaisseaux: chose très-nécessaire à sçavoir aux Officiers d'Artillerie de terre.

7. Le Réglement pour le rang que doivent tenir les Officiers d'Artillerie de marine avec ceux de terre.

8. Certains arrangemens nouveaux pour les Boulets, & une machine particulière pour les calibrer.

9. Des Mortiers de nouvelle invention, fondus plusieurs sur une même semelle.

10. Les Ordonnances du Roi pour l'épreuve des Poudres.

11. Les constructions de Fourneaux & Fonderies.

12. Un changement fait aux Barils qui contiennent 100 livres de poudre chacun, pour être plus portatifs.

Et d'autres pareils articles, qui, comme on voit, ne tendent qu'à donner un nouvel ornement à cet Ouvrage, soit par leurs figures, soit par leur explication.

Tout cela se trouvera placé en son lieu dans cette nouvelle Edition; ce qui n'est jamais entré dans la Copie contrefaite d'Amsterdam.

CHANGEMENS

dont il est parlé dans l'Avertissement.

I. Régiment-Roïal-Artillerie.

DAns la première Edition des Mémoires d'Artillerie il est dit, que le Régiment étoit composé de six Bataillons, &

& que les compagnies simples étoient de 50 hommes. Cet article étoit bon; mais ce Régiment a été réduit à la paix à quatre Bataillons: & au mois de Février 1705, le Roi a mis ces quatre Bataillons en nombre égal de Compagnies; sçavoir, dans chacun trois Compagnies de Canonniers, dont une recrute dans chaque Bataillon; d'une Compagnie d'Ouvriers toûjours commandée par le Commandant du Bataillon; & de 13 Compagnies simples de 45 hommes.

Cela ne change rien au nombre ancien de Compagnies.

Il y en a outre cela 4 autres de Canonniers séparées, comme elles l'ont été avant cette guerre.

Et au mois de Février 1706, le Roi a augmenté ce Régiment d'un cinquième Bataillon, composé de 1 Compagnie de Canonniers, & de 12 Compagnies simples.

Chacune de ces 4 Compagnies d'Ouvriers doit être composée du Capitaine, de 2 Lieutenans, 2 Sous-Lieutenans, 4 Sergens, 4 Caporaux, 7 Anspesades, & 75 Fusiliers Ouvriers, y compris deux Tambours. Et sera païée à raison de

3 liv. par jour au Capitaine de chacune des 4 Compagnies.
2 liv. à chacun des deux Lieutenans.
1 liv. 10 sols à chacun des deux Sous-Lieutenans.
1 liv. à chacun Sergent.
15 sols à chacun Caporal.
12 sols à chacun Anspesade.
10 sols à chacun Fusilier Ouvrier & Tambour.

Le Capitaine, outre ce qui est marqué ci-dessus pour lui, recevra 8 paies d'Ouvriers par gratification, quand sa Compagnie se trouvera de 90 hommes sans les Officiers; six, lorsqu'il y en aura 85; & quatre, quand il en aura 80, sans les Officiers; Sa Majesté entendant qu'il ne reçoive aucune paie de gratification, si la Compagnie se trouve au-dessous de 80 sans les Officiers.

Les trois Compagnies de Canonniers, qui sont dans chacun des quatre premiers Bataillons de ce Régiment, celle qui est dans le cinquième Bataillon, & les cinq autres Compagnies de Canonniers de ce* Régiment, qui ne sont pas comprises dans le nombre des Compagnies de ces Bataillons, seront composées

* Nota. *Il y a eu une des cinq Compagnies qui fut levée en Espagne au mois de Juin 1705 en tirant trois hommes de chacun des Bataillons François, qui étoient alors en Espagne. Le commandement en fut donné au Sr. Pannet, Lieutenant de l'Artillerie, mort depuis peu. Elle est sur le même pied que les autres Compagnies de Canonniers.*

poſées chacune du Capitaine, de 1 Lieutenant, 1 Enſeigne pour la Compagnie colonelle du Régiment, 1 Sous-Lieutenant pour les autres Compagnies, & 2 Sergens, 3 Caporaux, 3 Anſpeſades, & de 37 Canonniers, compris un Tambour. Et ſont païées à raiſon de

3 liv. par jour au Capitaine.
1 liv. 10 ſols au Lieutenant.
1 liv. au Sous-Lieutenant ou Enſeigne.
16 ſols à chaque Sergent.
10 ſols 8 den. à chaque Caporal.
9 ſols 7 den. à chaque Anſpeſade.
8 ſols à chacun Canonnier & Tambour.

Le Capitaine reçoit, outre ſes appointemens, quatre paies de gratification de 8 ſols chacune, quand ſa Compagnie ſera de 45 hommes ſans les Officiers; trois, lors qu'elle ſe trouvera de 43; deux, lors qu'elle ſera de 40; & une ſeulement, lors qu'il n'y aura que 39 hommes, non compris les Officiers; ſans pouvoir prétendre aucune paie de gratification, ſa Compagnie étant au-deſſous de ce nombre de 39.

II. Régiment des Bombardiers.

IL n'y avoit que deux Compagnies de Bombardiers, celle de Vigny, & celle de Camelin, juſqu'au mois de Septembre 1684, que le Roi forma le Régiment de Bombardiers de 12 Compagnies; ſçavoir, des 2 ci-deſſus nommées, & de 10 autres tirées des Régimens de Piedmont, de Navarre, Champagne, de la Marine, & des Fuſiliers.

Deux ans après la création, le Régiment fut augmenté de 3 Compagnies, pour faire le nombre de 15 dont il eſt compoſé aujourd'hui.

Lors de la création en 1684, M. du Lude, Grand-Maître de l'Artillerie, eut la commiſſion de Colonel-Lieutenant de ce Régiment, ſans Compagnie; & M. de Vigny en fut Lieutenant-Colonel & Capitaine de la première Compagnie.

En 1688, M. de Vigny eut une commiſſion pour tenir rang de Colonel d'Infanterie.

En

En 1691, M. de Fontenailles, premier Capitaine, eut commission de second Lieutenant-Colonel, pour commander ce Régiment en l'absence de M. de Vigny qui eut le commandement de l'Artillerie en Flandres par la mort de M. du Metz.

Et depuis, M. de Vigny s'étant retiré du service, le commandement du Régiment des Bombardiers fut donné à M. le Chevalier Destouches, Brigadier des Armées du Roi, & Lieutenant-Général de l'Artillerie.

Etat present du Régiment des Bombardiers.

Le Roi est Colonel du Régiment des Bombardiers, & le Grand-Maître en est Colonel-Lieutenant.

Celui qui commande sous M. le Grand-Maître, en est le premier Lieutenant-Colonel : le Grand-Maître lui donne aussi le titre de Capitaine-général des Bombardiers.

Le premier Capitaine du Régiment a brevet de Lieutenant-Colonel.

Ce Régiment est destiné pour exécuter les Mortiers & les Piéces dans l'attaque & dans la défense des Places, & il est aussi entièrement attaché au service de l'Artillerie que le Régiment-Roïal-Artillerie. Les Officiers de ce Régiment sont pourvûs par le Roi; mais ils prennent des commissions du Grand-Maître pour avoir un rang dans le Corps de l'Artillerie suivant les différens titres de leurs charges, comme il se pratique dans le Régiment-Roïal-Artillerie.

Il est composé de 15 Compagnies : celle du Lieutenant-Colonel qui est la première, étoit autrefois de 105 hommes; elle a été réduite à 90 à la dernière paix, entre lesquels il y a 40 Cadets-Bombardiers, sçavoir vingt à 1 liv., dix à 15 sols, dix à 12 sols, & dix Ouvriers à 10 sols.

Les Sergens, Caporaux, Anspesades, & Soldats, ont 1 sol plus qu'aucun de l'Infanterie.

La deuxième Compagnie étoit autrefois de 70 hommes, qui furent aussi réduits à 60 à la paix, dont il y a 10 Cadets à 12 sols par jour.

Ces deux Compagnies, Officiers, Cadets, & Soldats, ſont païés en campagne comme en garniſon. La première a deux Lieutenans, 2 Sous-Lieutenans, & un Enſeigne; l'autre a un Lieutenant & un Sous-Lieutenant. Les ſix anciens Bombardiers de la première Compagnie ont chacun 100 livres de penſion par an. Les 13 autres Compagnies ſont compoſées de 50 hommes. Elles n'ont été remiſes à 50 hommes qu'en 1704. Elles étoient à 45 depuis la paix.

Ce Régiment n'avoit autrefois qu'un Bataillon; on en a levé un ſecond en l'année 1706 de 13 Compagnies à 50 hommes chacune, qui ont la même paie que les 13 autres Compagnies du premier Bataillon.

Le premier Lieutenant-Colonel commandant le Régiment a 750 liv. de penſion.

Le Major 450 liv.; & les deux Lieutenans de la première Compagnie, chacun 400 liv. On donne ordinairement à ces deux derniers brevet de Capitaine.

Lorſque le Régiment devient vacant, c'eſt le Grand-Maître qui nomme un Sujet au Roi pour remplir cette place.

La paie de ce Régiment eſt emploïée dans l'Ordonnance du quartier d'hiver comme il ſuit:

Le Régiment des Fuſiliers-Bombardiers du Roi, qui n'eſt point compris entre les Régimens d'Infanterie Françoiſe, eſt compoſé de deux Bataillons, dont le premier a 15 Compagnies; ſçavoir celle du Sieur Deſtouches, Lieutenant-Colonel, & du Sieur de Saint-Mars, & 13 autres Compagnies ordinaires; cette Compagnie de Deſtouches devant être compoſée du Capitaine, 2 Lieutenans, 2 Sous-Lieutenans, un Enſeigne, 4 Sergens, 4 Caporaux, 6 Anſpeſades, 40 Bombardiers, 10 Ouvriers, 24 Fuſiliers, & 2 Tambours; & être païée à raiſon de

7 liv. 17 ſols par jour au Capitaine.
1 liv. 10 ſols à chaque Lieutenant.
1 liv. à chaque Sous-Lieutenant.
1 liv. 2 ſ. 6 d. à l'Enſeigne.
12 ſ. à chaque Sergent.
8 ſ. à chaque Caporal.

7 ſ.

7 ſ. à chaque Anſpeſade.
1 liv. à chacun des vingt anciens Bombardiers.
15 ſ. à chacun des dix autres Bombardiers.
12 ſ. à chacun encore des dix autres Bombardiers.
10 ſ. à chaque Ouvrier.
6 ſ. à chaque Fuſilier.
6 ſ. à chaque Tambour.

Le Capitaine, outre l'appointement qui lui eſt ci-deſſus ordonné, doit recevoir huit paies de gratification de 6 ſols chacune par jour, lors que ſa Compagnie ſe trouve depuis 85 hommes juſqu'à 90, lui, ſes Lieutenans, Sous-Lieutenans, & Enſeigne, non compris.

La Compagnie du Sieur de Saint-Mars doit être compoſée du Capitaine, d'un Lieutenant, d'un Sous-Lieutenant, de 2 Sergens, 3 Caporaux, 4 Anſpeſades, 10 Bombardiers, & 41 Fuſiliers, compris un Tambour; & être païée à raiſon de

5 liv. par jour au Capitaine.
5 liv. 10 ſols au Lieutenant.
1 liv. au Sous-Lieutenant.
12 ſ. à chaque Sergent.
8 ſ. à chaque Caporal.
7 ſ. à chaque Anſpeſade.
12 ſ. à chaque Bombardier.
6 ſ. à chaque Fuſilier, & au Tambour.

Le Capitaine de cette Compagnie doit recevoir, outre ſes appointemens, quatre paies de gratification de 6 ſols chacune par jour, lors que ſa Compagnie eſt de 55 juſqu'à 60 hommes, ſans les Officiers.

Chacune des 13 autres Compagnies du premier Bataillon, & des 13 Compagnies qui compoſent le ſecond Bataillon de ce Régiment, doit avoir un Capitaine, un Lieutenant, un Sous-Lieutenant, 2 Sergens, 3 Caporaux, 3 Anſpeſades, & 42 Fuſiliers, compris un Tambour; la première de ces 13 Compagnies du premier Bataillon aiant un Enſeigne au lieu d'un Sous-Lieutenant: & le Capitaine ſera païé à raiſon de

3 liv. par jour.

1 liv. 5 ſ. le Lieutenant.
1 liv. l'Enſeigne de la première Compagnie.
16 ſ. le Sous-Lieutenant de chacune des 12 autres Compagnies.
12 ſ. chaque Sergent.
8 ſ. chaque Caporal.
7 ſ. chaque Anſpeſade.
6 ſ. chaque Fuſilier.
6 ſ. le Tambour.

Le Capitaine recevra de plus, trois paies de gratification, de 6 ſols chacune, lors que ſa Compagnie ſe trouvera de 45 hommes ſans les Officiers; deux quand elle ſera de 42 hommes; & une ſeulement, quand elle ne ſe trouvera que de 39 hommes, ſans pouvoir prétendre aucune des paies de gratification, ſa Compagnie étant au-deſſous de ce nombre de 39 hommes, les Officiers non compris.

Les Officiers de l'*Etat-Major* du Régiment des Bombardiers ſeront païés à raiſon de

1 liv. 10 ſ. par jour au Lieutenant-Colonel.
3 liv. au Major.
1 liv. 5 ſ. au Commandant du ſecond Bataillon.
2 liv. 10 ſ. à chacun des deux Aides-Majors.
1 liv. au Maréchal des logis.
10 ſ. à l'Aumônier.
10 ſ. au Chirurgien.
1 liv. 6 ſ. 8 deniers au Prévôt.
13 ſ. 4 den. à ſon Lieutenant.
8 ſ. 4 den. au Greffier.
5 ſ. à chacun des cinq Archers, & à l'Exécuteur.

III. Des Mineurs.

LA première Compagnie de Mineurs a été formée après la Paix de Nimegue en 1679. Le Sieur Goulon, Ingénieur, en a été le premier Capitaine, & a pris commiſſion du Grand-Maître pour commander cette Compagnie, qui eſt aujourd'hui la Compagnie de Valière.

La

La ſeconde Compagnie de Mineurs fut levée en 1695, & le commandement en fut donné au Sieur Eſprit, Ingénieur. Il prit les proviſions du Roi, de même que les Officiers ſubalternes, ſous prétexte qu'il s'agiſſoit de levée & de nouvelle création. Mais en 1697, le Roi aſſûra M. le Duc du Maine, que le Grand-Maître nommeroit à l'avenir aux emplois de cette Compagnie. C'eſt aujourd'hui la Compagnie de Francart.

Celle de Mégrigny, réunie ſous l'autorité du Grand-Maître au mois de Novembre 1705, pourroit être regardée la première par ſa création, aiant été miſe ſur le pied d'une Compagnie franche en 1673, deſtinée pour travailler aux contremines de la Citadelle de Tournay; elle eut cependant le nom de Compagnie de Mineurs. Il en a été fait dès l'autre guerre pluſieurs détachemens, qui ont ſervi comme les Mineurs des autres Compagnies. Elle n'a que la paie de l'Infanterie Françoiſe, & elle n'eſt placée que la troiſième dans l'Ordonnance.

La Compagnie de Mineurs de 60 hommes ſous le nom de de Lorme, ſous prétexte qu'il n'eſt point certain qu'elle ſubſiſte à la paix, n'eſt pas compriſe dans l'Ordonnance du quartier d'hiver; mais elle eſt païée ſur le pied que l'étoit celle de Francart, lors qu'elle n'étoit que de 60 hommes & le Tambour.

Cette Compagnie de de Lorme a été levée en Mai 1706 pour ſervir en Piedmont, & a été païée ainſi

Au Capitaine	6 liv.		par jour.
A chaque Sous-Lieutenant . . .	2 liv.		
A chacun des deux Sergens . . .	1 liv.	10 ſ.	
A chacun des deux Caporaux . .	1 liv.		
A chacun des 16 anciens Mineurs .		16 ſ.	
A chacun des 4 autres		10 ſ.	
Au Tambour		10 ſ.	

Le Capitaine recevra, outre ſes paies, cinq paies de gratification de 10 ſols chacune, lors que ſa Compagnie ſera depuis 56 juſqu'à 61 hommes, les 3 Officiers non compris.

La

La paie des Compagnies de Valière, Francart, & Mégrigny est emploïée comme il suit dans l'Ordonnance du Roi du 1 Octobre 1706 pour le quartier d'hiver.

La Compagnie de Mineurs de Valière, qui est composée du Capitaine, d'un premier Lieutenant, d'un second Lieutenant, de deux Sous-Lieutenans, 4 Commandans, 4 Caporaux, 30 anciens Mineurs, 40 autres Mineurs, & 2 Tambours, doit être païée à raison de

5 liv. 2 f. par jour au Capitaine.
3 liv. 6 f. 8. den. au premier Lieutenant.
2 liv. 10 f. au second Lieutenant.
2 liv. à chacun des deux Sous-Lieutenans.
1 liv. 13 f. 4. den. à chacun des 4 Commandans.
1 liv. 3 f. 4. den. à chacun des 4 Caporaux.
1 liv. à chacun des 30 anciens Mineurs.
10 f. à chacun des 40 autres Mineurs.
10 f. à chaque Tambour.

Le Capitaine reçoit, outre ses appointemens, six paies de gratification de 10 sols chacune, lors que sa Compagnie sera depuis 70 jusqu'à 80 hommes, les grands Officiers non compris; & cinq, lors qu'elle sera depuis 60 jusqu'à 70.

La Compagnie de Mineurs de Francart, composée du Capitaine, d'un premier Lieutenant, d'un second Lieutenant, deux Sous-Lieutenans, 4 Sergens, 4 Caporaux, 16 anciens Mineurs, 54 autres Mineurs, & deux Tambours, sera païée à raison de

6 liv. par jour au Capitaine.
3 liv. au premier Lieutenant.
2 liv. 10 f. au second Lieutenant.
2 liv. à chacun des deux Sous-Lieutenans.
1 liv. à chacun des 4 Caporaux.
15 f. à chacun des 16 anciens Mineurs.
10 f. à chacun des 54 autres Mineurs.
10 f. à chacun des deux Tambours.

Le Capitaine recevra, outre ses appointemens, six paies de gratification de 10 sols chacune, sa Compagnie se trouvant depuis 70 jusqu'à 80 hommes, les grands Officiers non

non compris; & 5, lors qu'elle sera depuis 60 jusqu'à 70.

La Compagnie des Mineurs de Mégrigny, qui doit être composée à l'avenir, du Capitaine, d'un Capitaine-Lieutenant, d'un Lieutenant, de 2 Sous-Lieutenans, de 2 premiers Sergens, de 2 autres Sergens, 6 Caporaux, 10 Appointez, 98 Mineurs, & 2 Tambours, sera païée à raison de

6 liv. par jour au Capitaine.
4 liv. au Capitaine-Lieutenant.
3 liv. au Lieutenant.
2 liv. à chacun des deux Sous-Lieutenans.
1 liv. à chacun des deux premiers Sergens.
16 s. à chacun des deux autres Sergens.
10 s. à chacun des six Caporaux.
8 s. à chacun des dix Appointez.
7 s. à chacun des 98 Mineurs.
7 s. à chaque Tambour.

Le Capitaine de cette Compagnie aura dix paies de gratification de 7 sols chacune, lors que sa Compagnie sera complette de 120 hommes, les Officiers non compris; huit desdites paies quand elle sera de 100 hommes; & de six seulement, quand il n'y aura que depuis 60 jusqu'à 99 hommes; ne lui étant donné aucune de ces paies de gratification, s'il arrive que la Compagnie soit au-dessous de 60 hommes, les Officiers non compris.

IV. Compagnie franche de Canonniers des Côtes de l'Ocean.

LA Compagnie de Canonniers de Ferrand d'Escossay fut levée en 1702 pour la garde des côtes de l'Ocean. Le nombre n'en fut d'abord que de 100 hommes; mais le besoin qu'on eut de Canonniers dans les Armées, la fit augmenter de 100 autres.

Elle est composée d'un Capitaine, de 4 Lieutenans, dont le premier a rang de Capitaine; de 3 Sous-Lieutenans, d'un Enseigne, 8 Sergens, 12 Brigadiers, 16 Sous-Brigadiers, 3 Haut-bois, & 3 Tambours.

1. L'Uniforme des Officiers de la Compagnie eſt d'un drap bleu, la doublure & les paremens d'écarlatte, & des Brandebourgs brodés en or.

2. Les Sergens ſont habillés de même, avec des Brandebourgs d'or, des veſtes & des paremens d'écarlatte.

3. Les Haut-bois & les Tambours ſont habillés du fond de la livrée de M. le Duc du Maine.

4. Les Canonniers ſont habillés de drap bleu, la doublure & les paremens demi-écarlatte, avec des Brandebourgs aurore, & des aiguillettes de même.

Le Roi, à qui M. Ferrand fit voir un échantillon de cette Compagnie, préſenté à Sa Majeſté par M. le Duc du Maine, le trouva ſi beau, qu'elle voulut décorer cette Compagnie d'un drapeau blanc, dont le deſſein eſt ci-joint, avec la deviſe A.

Cette Compagnie eſt compoſée & exercée ſur le pied de pouvoir fournir dans un beſoin, tout ce qui eſt néceſſaire pour une expédition, s'y trouvant des Bombardiers, des Artificiers, des Corroïeurs, des Batteliers, Charpentiers, Charons, Forgeurs, Serruriers, Armuriers; & de toutes les autres eſpéces d'Ouvriers, quoique leur paie ne ſoit pourtant que ſur le pied ordinaire des autres Canonniers, à l'exception des 4 premiers Ouvriers deſtinés pour le ſervice des pontons nouvellement inventés par M. Ferrand.

Leur armement eſt uniforme; leurs Fuſils ſont garnis de cuivre; & il y a ſur la piéce de pouce les Armes de M. le Duc du Maine, avec la deviſe ci-jointe B.

Cette Compagnie eſt de 200 hommes ſans les Officiers, & eſt païée ſur le pied de

8 liv. par jour au Capitaine.
2 liv. au premier Lieutenant qui a commiſſion de Capitaine.
1 liv. 10 ſ. à chacun des trois autres Lieutenans.
1 liv. 5 ſ. à chacun des trois Sous-Lieutenans.
1 liv. à l'Enſeigne.
1 liv. à chacun des 4 Ouvriers pour le ſervice des pontons.

16 ſ.

16 ſ. à chacun des 8 Sergens.
11 ſ. à chacun des 12 Brigadiers.
9 ſ. 7 d. à chacun des 16 Sous-Brigadiers.
8 ſ. à chacun des 160 Canonniers.

Le Capitaine a ſeize paies de gratification de 8 ſols chacune, quand ſa Compagnie eſt de 195 Canonniers, & au-deſſus juſqu'à 200; quatorze de ces paies, lors qu'elle ſera de 190; & douze paies, lors qu'elle ſera à 180; & il ne reçoit aucune paie de gratification, ſi elle ſe trouve au-deſſous de 180.

M. Ferrand eſt Chevalier de l'Ordre de Saint-Louis, Brigadier des Armées du Roi, & Lieutenant-Général de l'Artillerie de France. Il a imaginé les deux Piéces qu'on voit dans cette Eſtampe C. D.

Il prétend que, ces Piéces réduites au juſte point de proportion, porteront le boulet également loin, & ne réſiſteront pas moins que les anciennes, quoique moins longues & plus légéres de 400 livres peſant de métal ſur chacune.

La Piéce de 4 ne doit avoir que 24 calibres.

V. Ecoles d'Artillerie.

DEpuis le premier établiſſement qui fut fait d'une Ecole d'Artillerie à Douay au mois de Mai 1679, il s'y fit bien des changemens. On la tranſporta à Metz, de là à Strasbourg: enfin il en a été établi de plus fixes à Douay, à Strasbourg, & en Italie.

C'eſt-à-dire, dans les lieux où les Bataillons ſont en garniſon, lorſqu'ils ſont propres pour y tenir des Ecoles : & le fonds de ces trois Ecoles avoit été réglé à 9000 livres pour chaque année.

Ce fonds étoit diſtribué pour chaque Ecole, ſuivant le nombre de Troupes à exercer.

Mais l'utilité de ces Ecoles aiant été mieux reconnue, le Roi a bien voulu accorder à la diſpoſition de M. le Duc du Maine, à preſent Grand-Maître de l'Artillerie, 15000 liv.

de fonds d'augmentation pour ces Ecoles; c'eſt-à-dire qu'elles ont 24000 liv. en tout.

Et Son Alteſſe Sereniſſime emploie ce fonds à donner une ſubſiſtance aux jeunes & nouveaux Officiers qu'elle y envoie, proportionnée au rang qu'ils ont dans le Corps.

La paie du Commandant en chef, des autres Commandans ſous lui, & du Maître de Mathématique, n'eſt point fixe: le Grand-Maître la leur accorde comme par gratification. Les Ecoliers font ordinairement quatre Claſſes, c'eſt-à-dire quatre Ordres, ſçavoir de Commiſſaires ordinaires, d'extraordinaires, d'Officiers Pointeurs, & d'Aides du Parc. Le Commandant de l'Ecole en fait des Brigades, leſquelles, l'une après l'autre, vont à l'Arſenal aux exercices & inſtructions particulières.

Il y a toûjours une ſommé emploïée pour donner des prix à ceux qui emportent les blancs; & elle ſe donne en argent aux Soldats, *ou autrement*, au gré du Commandant.

On a trouvé utile de donner pour prix aux Officiers ces Mémoires d'Artillerie-ci.

Les Commiſſaires ordinaires reçoivent pour leur paie 60 liv. par mois.

Les extraordinaires . . . . 50 livres.
Les Pointeurs. . . . . 45 livres.
Les Aides du Parc . . . . 40 livres.

Le Grand-Maître diſpoſe de ce fonds, de manière qu'il puiſſe ſervir à païer ces Officiers pendant cinq mois que dure ordinairement le quartier d'hiver.

Les fraix de buttes & autres dépenſes ſe prennent auſſi ſur ce fonds de 24000 liv.

Tous vont enſemble aux Batteries de Canons & de Mortiers. Cet établiſſement eſt très-utile.

VI. Nouveau marché de Poudres, en 1706.

PAr le marché fait le 14 Septembre 1706, pour neuf années commençant le premier Janvier 1707, & finiſſant au dernier Décembre 1715, à M. Philippe Paulmier, dont les cautions ſont:

Meſ-

Messieurs,

Berthelot de S. Laurent.	De la chaussée.
Duchy.	De Vitry.
De Belloy.	Du Vau.
Amé.	Dodun.
De Jouy.	De la Cour.
Cousin.	Bégon.

Il doit fournir par an 2400000 livres de poudre : sçavoir,

1000000 l. à 7 sols la livre.
500000 l. à 10 sols la livre.
900000 l. à 12 sols la livre. } dans les termes dont on conviendra.

Remarquez, que dans le premier million, il y en aura 500 milliers pour la terre, païés pendant 12 mois de l'année ; 500 milliers pour la mer, dans les six premiers mois de chaque année, à condition que le dernier paiement ne sera fait qu'après que la fourniture sera achevée.

La fourniture de terre se fera en Avril, Mai, Juin, Juillet, Août, Septembre, & Octobre.

La fourniture de marine se fera le premier d'Avril de chacune année.

Ce qu'il fournira au-delà des 2400000 l. sera païé à 12 sols la livre. { ¼ comptant. ¼ trois mois après ; le surplus aussi-tôt après la livraison faite.

Il est libre au Roi de prendre du salpêtre au lieu de poudre, & poids pour poids.

Et Paulmier le convertira en poudre à ses dépens, toutes les fois que Sa Majesté le désirera.

En faisant ce convertissement, la poudre qui se trouvera d'excédant à cause des matières, sera païée à Paulmier à raison de 9 sols la livre.

Il sera tenu de resſécher & radouber, chaque année, tout ce qui se trouvera de poudre défectueuse dans les Magasins de terre & de mer.

Et d'en radouber les barils & les chappes.

Ce qu'il radoubera, sera païé à 5 liv., & ce qu'il resſéchera, sera païé à 3 liv. par cent.

L'excédant provenant des matières ajoutées aux poudres, sera passé à Paulmier comme poudre neuve.

Les Gardes-Magasins des Places seront tenus de lui représenter les barils & les chappes de poudre bons & mauvais.

Deux livres de poudre fine ou de chasse lui seront passées pour 3 livres de poudre de guerre, quand elle sera donnée pour les artifices.

Il pourra vendre la poudre aux Marchands & Particuliers à raison de 24 sols la livre, & les Revendeurs pourront la distribuer à raison de 28 sols la livre.

Les provisions qu'il délivrera aux Marchands & Particuliers pour vendre de la poudre, coûteront six livres.

Voilà les principales conditions du marché, & les plus essentielles: on pourra voir les autres dans l'imprimé.

Aux occasions de salves & de rejouïssances l'usage ancien est de ne mettre de poudre dans les Piéces que le quart de la pesanteur du boulet. Cependant on a quelquefois suivi une pratique différente, qui est d'en mettre la moitié; & il a été expédié, pour l'une & l'autre manière, des Ordonnances du Roi & du Grand-Maître en différens tems. Mais une consommation aussi considérable aiant fait faire de nouvelles réflexions, M. le Duc du Maine vient, par l'ordre du Roi, de faire expédier la nouvelle Ordonnance qui suit.

LOUIS AUGUSTE DE BOURBON, par la grace de Dieu, Prince Souverain de Dombes, Duc du Maine & d'Aumale, Comte d'Eu, Pair de France, Commandeur des Ordres du Roi, Colonel-Général des Suisses & Grisons, Gouverneur & Lieutenant-Général pour Sa Majesté dans ses Provinces du haut & bas Languedoc, Grand-Maître & Capitaine-Général de l'Artillerie de France.

Le Roi aiant été informé que dans la plûpart de ses Places de guerre il se faisoit, aux occasions de salves & de rejouïssances, une trop grande consommation de poudre, Sa Majesté auroit ordonné au mois de Juin 1705, qu'auxdites occasions il ne seroit mis à l'avenir de poudre dans les Piéces que la moitié de la pesanteur du boulet de leur ca-

calibre. Mais ſur les repréſentations que nous avons faites à Sa Majeſté, qu'on pourroit diminuer encore cette conſommation, elle auroit bien voulu nous expliquer ſur cela ſes volontez, auxquelles pour nous conformer, & empêcher dorenavant tous les abus qui peuvent ſe commettre dans ces ſortes de diſtributions, nous avons eſtimé à propos de faire un nouveau Réglement. A ces cauſes nous ordonnons qu'à l'avenir, aux occaſions de ſalves & de rejouïſſances, il ne ſera mis de poudre dans les Piéces de Canon que le quart de la peſanteur du boulet de leur calibre. Défendons à tous Officiers d'Artillerie, Gardes-Magaſins, Canonniers, & autres emploïés à charger les Piéces, de faire une plus grande conſommation de poudre, ſous quelque prétexte que ce puiſſe être, à peine d'être tenus du remplacement de ce qui ſe trouvera avoir été conſommé au-delà. Prions Meſſieurs les Gouverneurs & Commandans dans les Places du Roïaume, de les laiſſer en pleine liberté d'exécuter la préſente Ordonnance, puiſque c'eſt *la* volonté du Roi, & qu'il s'agit du très-exprès ſervice de Sa Majeſté. Ordonnons à nos Lieutenans-Généraux, Lieutenans provinciaux, Commiſſaires provinciaux, ordinaires & extraordinaires de l'Artillerie, de tenir la main chacun & ainſi qu'il appartiendra, à l'obſervation de la préſente, laquelle ſera publiée & affichée par-tout où beſoin ſera, afin qu'on n'en puiſſe prétendre cauſe d'ignorance. Fait à Fontainebleau le vingt-ſixième jour du mois de Septembre mille ſept cents ſept. *Signé*, LOUIS AUGUSTE DE BOURBON. *& plus bas*, Par Son Alteſſe Sereniſſime, LE BOITEULX.

VII. Prix des Façons des Piéces de Canon, & des Mortiers.

J'Ai donné dans ma première Edition quelque idée de ces changemens de prix.

Par le ſupplément qui ſuit, on verra où cela en eſt préſentement.

M. le Duc du Maine a propoſé au Roi après la mort d'Emery,

mery, Fondeur à Lyon, de faire acheter par Sa Majeſté les outils de cette Fonderie, & d'en uſer ainſi dans les autres Fonderies, afin d'envoïer tel Fondeur qu'il plairoit au Grand-Maître, & qu'il jugeroit le plus capable de travailler dans le Département où on voudroit fondre. Cela s'eſt déja pratiqué à Lyon & à Perpignan: & par cette conſidération, le Roi fourniſſant les outils au Fondeur, Sa Majeſté a diminué le prix des façons de chaque Piéce. Il n'eſt cependant pas réglé, ni le même dans ces deux Fonderies : le Grand-Maître fait un nouveau marché en envoïant un nouveau Fondeur.

On ne peut donner ici aucun des prix déja accordés, étant ſujets à changement.

Après le marché fait avec Faure en Italie, on lui a accordé une augmentation de prix par gratification. Il eſt auſſi à obſerver que, le ſervice preſſant le Fondeur de livrer ſes Piéces avant qu'elles ſoient réparées, on lui diminue les prix, quand il livre les Piéces brutes.

VIII. Chevaux, Mules, & Mulets d'Artillerie.

IL eſt amplement parlé dans mon ſecond Volume, Titre XVI. de la ſolde des chevaux d'Artillerie en Campagne, & en quartier d'hiver. Cependant les choſes ſont ſi changées ſur cela depuis la première Edition, qu'il n'y a preſque rien dans cet article qui ſubſiſte aujourd'hui, car la ſolde eſt plus ou moins forte dans l'un ou l'autre Equipage, ſelon la difficulté des tems, par rapport aux paiemens; & le marché d'une année ne reſſemble pas toûjours à celui de la précédente. Comme le rembourſement des chevaux tués ou pris par les ennemis fait encore une condition des marchez; le Roi les paie plus ou moins: & en général on fait toûjours les marchez au rabais, autant qu'il eſt poſſible. Les prix des harnois ſont auſſi bien différens de ce qu'ils étoient.

Une condition devenue preſque générale, & qu'on ne refuſe guéres, même ſans être énoncée, dans tous les marchez, eſt d'accorder quatre ſols de ſolde d'augmentation pour

pour chaque cheval, pour autant de jours qu'ils ne fouragent pas, suivant le certificat du Lieutenant-Commandant.

Il n'y a rien de réglé pour l'hivernement des chevaux ; lorsqu'ils restent sur la Frontière pour le service de l'Artillerie, la solde leur est continuée, ou on fait un nouveau traité.

IX. *Marques des chevaux à païer par les Capitaines du Charroi.*

AU mois d'Août 1704, M. le Duc du Maine étant informé qu'il n'y avoit point de Réglement pour ce qui doit être païé par les Entrepreneurs des chevaux d'Artillerie pour la marque de chacun cheval, S. A. S. a ordonné qu'ils païeroient dorenavant aux Ouvriers-Forgeurs, & autres emploïés à cet effet, deux sols six deniers pour la première marque, au lieu de cinq sols qu'ils exigeoient par un usage abusif, le jour du rendez-vous, & un sol six deniers pour les autres marques qui doivent être faites tous les mois suivant le jour de la revûë.

X. *Artificiers.*

LEs fréquens accidens qui sont arrivés par les Poudres & les Artifices que les Artificiers de Paris conservoient dans leurs boutiques, comme (entre autres) au nommé Defeu, Artificier, demeurant à la Porte Saint-Antoine, dont l'attelier sauta il y a quelques années, brûla la Belle-Mere de l'Artificier, & le blessa dangereusement lui-même.

Le nommé La Bruyère, qui sauta avec une partie de sa famille, & dont la maison attenant l'Eglise du petit Saint-Antoine, en 1705, fut consommée avec un desordre effroïable; tout cela dis-je, aiant fait faire de sérieuses réflexions aux Puissances, il a été résolu, par l'ordre du Roi, d'éloigner les atteliers des Artificiers, & de les placer hors de la Ville; & c'est ce qui a donné lieu à l'Ordonnance de M. le Duc du Maine, dont voici la teneur.

LOUIS AUGUSTE DE BOURBON, par la grace de Dieu, Prince souverain de Dombes, Duc du Maine & d'Aumale, Comte d'Eu, Pair de France, Commandeur des Ordres du Roi, Colonel-Général des Suisses & Grisons, Gouverneur & Lieutenant-Général pour Sa Majesté dans ses Provinces du haut & bas Languedoc, Grand-Maître & Capitaine-Général de l'Artillerie de France.

Etant informé que plusieurs personnes se sont ingerées depuis quelque tems de vendre de la Poudre & du Salpêtre, même de composer & débiter des Artifices sans permission de Nous, & contre la disposition des Ordonnances; ce qui est également contraire aux droits de notre charge, à l'ordre public, & aux réglemens.

Nous, en vertu du pouvoir à Nous donné par Sa Majesté à cause de notre-dite charge, ordonnons que tous Particuliers qui vendent des Poudres de chasse ou à Canon, ou Salpêtre pour des Artifices, en conséquence des commissions particulières émanées de Nous, ou des permissions du Commissaire-général des Poudres & Salpêtres en vertu du pouvoir que Nous lui en avons donné, seront tenus des les rapporter dans la quinzaine ès mains du Secrétaire-général de l'Artillerie, même de lui déclarer leur demeure; & cependant défendons très-expressément à toutes personnes, de quelque qualité qu'elles soient, de vendre aucune Poudre, Artifice, ni Salpêtre, si ce n'est en des lieux convenables, qu'ils seront tenus de Nous déclarer, & en vertu des commissions personnelles que Nous leur donnerons, ou de celles du Commissaire-général des Poudres & Salpêtres par Nous approuvées dans la Ville & les Fauxbourgs de Paris. A cet effet ordonnons qu'ils seront tenus de faire une semblable déclaration au Secrétaire-général de l'Artillerie à chaque mutation de domicile; le tout à peine contre les contrevenans de trois cens livres d'amende, & même de prison. Mandons au Bailly, Lieutenant-général, & autres Officiers du Bailliage & Château du Louvre, de l'Arsenal de Paris, de tenir la main à l'exécution de la presente Ordonnance, qui sera publiée & affichée par-tout où besoin sera. Fait à Fontainetainebleau le vingt-quatrième jour d'Octobre mille sept cens cinq. *Signé*, LOUIS AUGUSTE DE BOURBON. *Et plus bas*, Par Son Altesse Serenissime, LE BOITEULX.

Et ensuite est écrit, ZACHARIE PERROTTE', Conseiller du Roi, Lieutenant-général au Bailliage du Château du Louvre, Arsenal de Paris, & ses dépendances de l'Artillerie de France, Poudres & Salpêtres par tout le Roïaume.

Vû l'Ordonnance ci-dessus, Nous Lieutenant susdit, ce requerant le Procureur du Roi, ordonnons que la presente Ordonnance sera régistrée au Greffe, lûe, publiée & affichée par-tout où besoin sera, pour être exécutée selon sa forme & teneur. Fait au Bailliage de l'Artillerie de France le .... Octobre mille sept cens cinq. *Signé*, PERROTTE', Lieutenant-Général, COSSIN, Procureur du Roi, & TAUXIER, Greffier.

QUoique j'aie donné à connoître en quelques endroits de ma première Edition qu'il y a des Compagnies d'Ouvriers établies dans les divers départemens, je crois encore nécessaire de donner précisément l'état du nombre des Ouvriers qui composent les Compagnies des principaux Départemens, qui sont la Flandre & l'Allemagne, & les appointemens qu'ils touchent.

XI. *Mémoire sur la Compagnie des Ouvriers qui travaillent à Douay.*

LE Capitaine a par mois	50 liv.
Un Maître Charpentier........	35.
Cinq Charpentiers, dont quatre à 30 liv. & un à 25 liv.	145.
Un Maître Charron	40.
Sept autres Charrons, dont six à 30 liv. & un à 25 liv.	205.
Un Maître Forgeur à	40.
Cinq autres, dont quatre à 30 liv. & un à 25 liv..............	145.

Un

Un Maître Chaudronnier à . . . . 35 liv.
Un Tourneur à . . . . 30.
Un Menuiſier Tonnelier à . . . . 30.

755 liv.

La paie de Campagne eſt ſuivant les fonds; mais ordinairement le Capitaine a par mois . . . . 150. liv.*
Les Maîtres, chacun . . . . 75.
Et les Ouvriers, chacun . . . . 50.
Quelques-uns n'ont que . . . . 40.

* Nota. *Qu'on donne pour cette Compagnie toûjours 1500 livres par mois, que le Commandant de l'Equipage diſtribue ſuivant un uſage établi.*

Les Ouvriers journaliers qui travaillent à Douay avec ceux de la Compagnie, ſont païés, ſçavoir, trois Maîtres à 15 ſols par jour, & les autres à 12 ſols ſix deniers.

Ces Ouvriers travaillent depuis cinq heures du matin juſqu'à huit heures, depuis neuf heures juſqu'à midi, & depuis une heure juſqu'à ſix. Lorſque les jours ſont courts, il y a quelque petit changement pour les Ouvriers en bois, leſquels ne travaillent qu'au jour juſqu'à midi, & depuis une heure juſques à la nuit.

Compagnie d'Ouvriers à Strasbourg, entretenue pendant l'hiver, & compoſée des Ouvriers ſuivans,

TRois Charpentiers à 40, 35 & 30 liv. par mois.
Quatre Charrons à 40 & 30 liv. par mois.
Quatre Forgeurs à 40, 35 & 30 liv. par mois.
Un Tonnelier à 30 liv. par mois.
Il y faut un Tourneur auſſi à 30 liv. par mois.

XII. *Piéces du Pere Figari, Auguſtin.*

ON en verra toutes les proportions & la figure à la page 99 du premier Tome. Les ſentimens ſont différens ſur l'utilité de ces Piéces. La plus commune opinion ne veut point qu'on en ait un grand nombre dans un Equipage, eſtimant que celles à l'ordinaire ſont d'un ſervice plus aiſé & meilleur.

XIII. *Des*

XIII. *Des Conseils de Guerre.*

De tout tems quand un Officier d'Artillerie tomboit dans une faute considérable, & qui méritoit peine afflictive, ou de mort, on assembloit des Conseils de Guerre qui étoient composés indifféremment de toutes sortes d'Officiers des Troupes, & de l'Artillerie.

Mais M. le Duc du Maine a fait remédier à cet abus, en obtenant du Roi qu'en pareil cas ces sortes de Conseils ne seroient composés purement que d'Officiers d'Artillerie; ce qui a quelques exemples.

J'ai ouï dire qu'il s'en étoit tenu un en 1678 chez M. de la Frézelière, pour juger deux Canonniers qui s'etoient battus & blessés mortellement.

En 1704, deux Lieutenans d'Infanterie aiant maltraité le Garde d'Artillerie d'Aiguesmortes, M. le Maréchal de Villars commandant en Languedoc fut d'avis, après en avoir écrit à S. A. S. d'assembler un Conseil de Guerre composé de trois Officiers d'Artillerie, & trois d'Infanterie, chez M. Dornaison, Commandant à Aiguesmortes; les deux Lieutenans furent condamnés dans le Conseil à être cassés & à deux ans de prison. Le jugement fut exécuté.

Au mois de Mars de l'année 1705, sur un démêlé arrivé entre deux Officiers d'Artillerie qu'on ne croit pas à propos de nommer ici par leur nom, dont l'un étoit Contrôleur d'Artillerie, & l'autre Commissaire & Garde provincial, tous deux en charge.

Il fut assemblé un Conseil de Guerre composé de huit Lieutenans d'Artillerie, dont l'un présidoit, & à chacun desquels le Grand-Maître envoïa un ordre dans la forme suivante:

Louis Auguste de Bourbon, par la grace de Dieu, Prince souverain de Dombes, Duc du Maine & d'Aumale, Comte d'Eu, Pair de France, Commandeur des Ordres du Roi, Colonel-Genéral des Suisses & Grisons, Gouverneur & Lieutenant-Général pour Sa Majesté dans ses Provinces du haut & bas Languedoc, Grand-Maître & Capitaine-Général de l'Artillerie de France.

Le Roi nous aiant ordonné d'assembler un Conseil de Guerre composé d'Officiers d'Artillerie pour examiner l'affaire arrivée le 8 Octobre dernier entre les Sieurs .... Contrôleur & ..... Commissaire-Garde provincial de l'Artillerie, & juger leur différend suivant les informations qui en ont été faites sur les lieux à la requête des parties, le recollement & confrontation des témoins par le Prévôt de l'Artillerie, le tout déposé au Greffe du Bailliage de l'Arsenal de Paris, dont lecture sera faite dans ledit Conseil de Guerre. Mandons au Sieur Chevalier Destouches, Brigadier des Armées du Roi, Lieutenant-général de l'Artillerie, de se rendre à cet effet dans le Château du Louvre de l'Arsenal de Paris, le trentième jour de ce mois, pour, conjointement avec le Sieur Marquis de la Frézelière, premier Lieutenant-général de l'Artillerie, que Nous avons nommé pour présider en notre absence à ce Conseil, & les autres Officiers d'Artillerie qui le composeront, examiner toutes les procedures faites sur cette affaire, écouter de nouveau les parties, si besoin est, & rendre la justice à qui il appartiendra, conformément aux Ordonnances de Sa Majesté. Fait à Versailles le vingt-huitième jour du mois de Mars mille sept cens cinq. *Signé*, LOUIS AUGUSTE DE BOURBON. *Et plus bas*, Par Son Altesse Serenissime, LE BOITEULX.

La cérémonie qui s'observa dans cette Séance, se trouve dans le mémoire qu'un de ces Messieurs en a dressé, & que voici.

Le 30 Mars 1705, il s'est tenu un Conseil de Guerre à l'Arsenal dans la Salle de l'Amirauté, composé de M. le Marquis de la Frézelière, premier Lieutenant-général de l'Artillerie en Alsace, qui y présidoit en l'absence de Monseigneur le Duc du Maine, pour lequel il fut mis un fauteuil vuide au bout de la table ; de Messieurs de Genonville, le Chevalier Destouches, Ferrand d'Escossay, de Quincy cy, Lieutenans-généraux de l'Artillerie, & des Sieurs de Fontenailles, & de Germont, Lieutenans provinciaux, pour juger l'affaire arrivée le 8 Octobre précédent entre les Sieurs........ Contrôleur, &...... Commissaire-Garde d'Artillerie, dans l'Arsenal de.......... Ce Conseil de Guerre fut tenu par ordre du Roi, & les commissions particulières de M. le Duc du Maine adressantes à chacun des Juges: & le Commissaire-Garde d'Artillerie condamné à tenir deux ans de prison, & demander ensuite pardon à genoux au Sieur Contrôleur, en posture de recevoir de lui le même coup de bâton qu'il lui avoit donné; condamné en outre aux fraix du procès; & S. A. S. suppliée de lui ordonner de se défaire de sa charge.

Le Président n'eut point de siége différent des autres, sa commission le portoit; & M. le Duc du Maine voulut qu'il y eût un fauteuil pour représenter sa personne.

Le Sieur de Jaunay, Major de l'Equipage de l'Artillerie de l'Armée d'Allemagne, lût les *informations*, & donna ses conclusions comme Procureur du Roi.

Ap-

APPROBATIONS DIFFERENTES *que j'ai inserées ici, selon les tems auxquels elles m'ont été données, & sans préjudicier au rang que ces Messieurs gardent entre eux.*

NOUS Lieutenant de l'Artillerie au département de l'Isle de France & Arsenal de Paris :

Certifions avoir lû un manuscrit contenant des Mémoires d'Artillerie, recueillis par le Sieur de Saint-Remy, Commissaire provincial de l'Artillerie, que Nous avons trouvé conforme à l'usage present, & qui ne sçauroit être qu'extrêmement utile pour l'instruction des Officiers de l'Artillerie, & pour le service de Sa Majesté. Fait à Paris ce 20 Mai 1694.

Signé, THIERRY DE GENONVILLE.

LE MARQUIS DE LA FREZELIERE, Lieutenant-Général des Armées du Roi & de l'Artillerie de France, Gouverneur de Salins & des Forts qui en dépendent :

Certifions que Nous avons lû un manuscrit contenant des Mémoires d'Artillerie, recueillis par le Sieur de Saint-Remy, Commissaire provincial de l'Artillerie, & que Nous l'avons trouvé conforme à l'usage present qui s'en fait, &c. Fait au Camp de Dingen le 24 Juin 1694.

Signé, FREZELIERE.

NOUS Brigadier des Armées du Roi, Colonel & Capitaine-Général des Bombardiers de France, Commandant l'Artillerie en Flandres, Artois, Picardie, Païs conquis & reconquis, & à l'Armée de Sa Majesté commandée par Monseigneur :

Certifions que Nous avons lû un manuscrit contenant des Mémoires d'Artillerie, recueillis par le Sieur de Saint-Remy, Commissaire provincial de l'Artillerie, & que Nous l'avons trouvé conforme à l'usage present qui s'en fait, &c. Fait au Camp de Saint-Tron ce 10 Juillet 1694.

Signé, DE VIGNY.

NOUS ARMAND DE MORMETZ, Chevalier de l'Ordre Militaire de Saint Louis, Seigneur de SAINT-HILAIRE, &c. Brigadier des Armées de Sa Majesté, Lieutenant de l'Artillerie de France au département de Guyenne, Limosin & Périgord, & la commandant dans les Armées du Roi :

Approbations différentes.

Certifions avoir lû un manuscrit contenant des Mémoires d'Artillerie recueillis par le Sieur de Saint-Remy, Commissaire provincial de l'Artillerie, que nous avons trouvé conforme à l'usage present qui s'en fait, &c. Fait au Camp de Warem le 3 d'Août 1694.

Signé, SAINT-HILAIRE.

Lettre de M. de Saint-Hilaire à l'Auteur des Mémoires.

Au Camp de Warem ce 3 Août 1694.

QUoique votre Livre, Monsieur, parle de lui-même, je ne laisse pas de vous envoïer le Certificat que vous me demandez, seulement parce que vous le desirez ainsi : quand vous le donnerez au Public, nos Certificats ne serviront plus de rien, parce que tout le monde conviendra de son utilité, & ceux qui y chercheront leur instruction, auront toute sorte de contentement. On ne peut rien de mieux détaillé ; c'est une justice qu'on vous doit rendre, & moi en mon particulier qui suis, Monsieur, très-véritablement, votre très-humble & très-obéïssant Serviteur,

Signé, SAINT-HILAIRE.

NOus Secrétaire-Général de l'Artillerie de France :

Certifions avoir examiné par l'ordre de Monseigneur le Chancelier le present Livre intitulé, *Mémoires d'Artillerie recueillis par M. de Saint-Remy*, contenant treize cens cinquante feuillets que Nous avons paraphés, dans lequel nous avons trouvé des Instructions très-propres à former de bons Officiers d'Artillerie, sans y rien remarquer de contraire au bien du service du Roi. C'est le témoignage que nous en rendons. Fait au Camp de Gosselies le 18 Juin 1696.

Signé, DE TORPANNE.

TABLE DES FIGURES qui doivent être placées dans ce premier Tome.

SECONDE PARTIE.

23. Affût

Table des Figures.

Table des Figures.

72. *Affût*

Table des Figures.

Table des Figures.

TABLE

TABLE
DES
TITRES ET MATIERES
contenues dans ce Recueil.

PREMIÈRE PARTIE.

Plan général de l'Artillerie, & l'Etat auquel elle se trouve présentement.

SECONDE

SECONDE PARTIE.

Table des Titres & Matières.

MÉMOIRES

MEMOIRES D'ARTILLERIE.

PREMIÈRE PARTIE.

État où ſe trouve aujourd'hui l'Artillerie de France.

DES OFFICIERS DE L'ARTILLERIE en général, qui conſiſtent en

MONSIEUR LE GRAND-MAÎTRE.

Un Surintendant Général des poudres & ſalpêtres.

 Un

Un Lieutenant Général de l'Artillerie.
Un Contrôleur Général.
Un Tréforier Général.
Un Garde Général.
Un Commiffaire Général des poudres & falpêtres.
Un Secrétaire Général.
Un Lieutenant provincial en l'Arfenal de Paris, & au département de l'Ifle de France.
D'autres Lieutenans provinciaux & particuliers.
Un Commiffaire provincial en l'Arfenal de Paris & au département de l'Ifle de France.
D'autres Commiffaires provinciaux.
Des Commiffaires ordinaires.
Des Commiffaires extraordinaires.
Des Officiers Pointeurs.
Un Contrôleur provincial en l'Arfenal de Paris & au département de l'Ifle de France.
D'autres Contrôleurs provinciaux.
Des Commis du Contrôleur Général.
Un Garde provincial en l'Arfenal de Paris & au département de l'Ifle de France.
D'autres Garde-magafins dans les Places du Roïaume.
Des Déchargeurs.
Des Canonniers.
Un Artilleur & Nettoïeur d'armes.
Un Capitaine Général du charroi.
D'autres Capitaines du charroi.
Des Conducteurs du charroi.
Des Artificiers.
Un Capitaine ou Commandant Général des Ouvriers.
Des Charpentiers.
Des Charrons.
Des Forgeurs.
Des Tonneliers.
Des Tourneurs.
Des Maîtres & Ouvriers de ponts de batteaux.
Des Aumôniers.

Un

Un Maréchal Général des logis.
D'autres Maréchaux des logis.
Un Commissaire Général des fontes.
D'autres Commissaires des fontes.
Des Commissaires particuliers des poudres & salpêtres.
La Compagnie de Mineurs.

Un Baillage composé de

Un Bailly.
Un Lieutenant.
Un Avocat du Roi.
Un Procureur du Roi.
Un Substitut.
Un Greffier;
Et des Huissiers.

Une Prévôté composée de

Un Prévôt.
Un Lieutenant.
Un Greffier.
Quelques Archers.

Il y a aussi

Un Medecin ordinaire.
Des Apoticaires.
Un Chirurgien Major.
D'autres Chirurgiens.
Des Armuriers.
Des Salpêtriers.
Des Timbaliers.
Un Fourrier.

Et pour le dedans de l'Arsenal de Paris spécialement,

Un Imprimeur.
Un Maître Maçon.
Un Jardinier.

Un Vitrier.
Un Couvreur.
Un Serrurier.
Un Tourneur.
Trois Portiers : un du grand Arſenal, un du petit, & un du jardin.
Deux Balaïeurs.
Un Graveur.
Un Cordier.
Un Fontainier.

APrès ce dénombrement d'Officiers & d'Ouvriers qui ſont naturellement de l'Artillerie, on peut parler ici des Régimens qui ſervent à l'Artillerie.

Il faut ſçavoir qu'il y a un Régiment Roïal Artillerie, qui eſt uniquement deſtiné pour le ſervice de l'Artillerie, & auquel Régiment on a incorporé 12 Compagnies de Canonniers, comme il ſera expliqué ci-après.

Il y a auſſi un Régiment Roïal de Bombardiers, qui eſt pareillement emploïé au ſervice de l'Artillerie ; on en parlera amplement au Titre qui en traite.

On ne fixe point ici le nombre d'Officiers d'Artillerie de chaque eſpéce, parce qu'il s'y fait tous les jours quelques changemens, ou par le decès, ou par la promotion de quelques-uns à d'autres grades plus élevés que ceux où ils ſe trouvent.

Le nombre des Ouvriers change auſſi, ſuivant le beſoin qu'on en a.

Il y a dans l'Artillerie environ mille Officiers deſtinés pour ſervir dans les Places, ou dans les équipages qui ſont à la ſuite des Armées, ſans y comprendre ceux du Régiment Roïal Artillerie, du Régiment Roïal des Bombardiers, ceux de la Compagnie de Mineurs, les Officiers de Juſtice, & quelques-uns pour le dedans de l'Arſenal.

L'on compte plus de 240 Places fortes dans le Roïaume, où l'Artillerie de terre a des Officiers.

Les Officiers d'Artillerie, ſçavoir les Lieutenans, les Commiſmissaires des trois classes différentes, & les Garde-magasins, servent dans les Places, les uns toute l'année, les autres pendant l'Hiver, & les autres pendant l'Eté, avec des appointemens différens, & ces places sont distribuées sous plusieurs départemens, à la tête desquels commandent des Lieutenans ou des Commissaires provinciaux.

Pendant la Campagne l'on met sur pied autant d'équipages d'Artillerie qu'il y a d'Armées: ces équipages sont composés de toutes sortes d'Officiers & d'Ouvriers.

On léve aussi un grand nombre de chevaux, de mules & de mulets d'Artillerie, pour servir dans ces équipages: ces chevaux, mules & mulets sont païés sur les revûës qui s'en font par les Lieutenans choisis par le Grand-Maître, ou en l'absence des Lieutenans, par les Commissaires qui commandent ces équipages, en presence du Contrôleur Général ou de ses Commis.

ÉTATS D'ARTILLERIE.

L'On tient cinq sortes d'Etats dans l'Artillerie, soit pour les différentes fonctions que doivent exercer les Officiers d'Artillerie, soit pour les graces & les priviléges qui leur sont accordés, lesquels Etats sont toûjours arrêtés par M. le Grand-Maître.

Le premier & le second Etat réglent le service des Officiers pendant les semestres d'Hiver & d'Eté.

Le troisième est l'Etat que l'on appelle ordinaire, sur lequel le Grand-Maître emploie les gages de quelques Officiers qui ont des provisions du Roi, & certains appointemens particuliers, dont il veut bien gratifier d'autres Officiers de titres différens qui ont de simples commissions du Grand-Maître.

Le quatrième Etat est celui qui comprend les cent un Officiers d'Artillerie qui jouissent des mêmes priviléges que les Commensaux de la Maison du Roi, suivant la Déclaration de Sa Majesté du 4 Janvier 1673. M. le Grand-Maître se met à la tête.

Le cinquième Etat eſt celui du Franc-ſalé que le Roi accorde à l'Artillerie, qui eſt de 60 minots, dont M. le Grand-Maître prend la quantité qu'il lui plaît; le reſte ſe diſtribue aux Officiers qui ont des charges, & aux autres à qui le Grand-Maître trouve bon d'en donner.

Mais pour entrer un peu plus dans le détail ſur la fonction des Officiers, il faut en traiter par Titres ſéparés. Et premièrement:

TITRE PREMIER.

Du Grand-Maître.

PAr les proviſions que le Roi fait expédier au Grand-Maître, Sa Majeſté lui donne la ſurintendance, exercice, adminiſtration & gouvernement de l'Etat, & charge de Grand-Maître & Capitaine Général de l'Artillerie de France, tant deçà que delà les Monts & les Mers, dedans & dehors le Roïaume, Païs & Terres étant ſous l'obéïſſance & la protection de Sa Majeſté.

Il ne ſe fait aucuns mouvemens de munitions d'Artillerie dans le Roïaume, que par les ordres du Grand-Maître, ou par ceux de ſes Lieutenans ou Officiers à qui il donne des commiſſions particulières pour cet effet, enſuite des ordres qu'il a reçûs du Roi.

Tous les marchez ſe font en ſon nom ſtipulant pour Sa Majeſté, & il arrête le compte général de l'Artillerie que le Tréſorier rend à la Chambre des Comptes, où le Grand-Maître doit être reçû comme Ordonnateur de tous les fonds qui ont rapport à la dépenſe de l'Artillerie de quelque nature qu'elle ſoit. Le reſte de ſes grands droits eſt plus amplement expliqué dans ſes proviſions, auxquelles je renvoie le Lecteur pour apprendre les prérogatives de cette charge, qui eſt une charge de la Couronne.

TI-

TITRE II.

Du Surintendant Général des Poudres & Salpêtres de France.

C'Est une charge qui fut érigée au mois de Janvier de l'année 1634, & qui paie Paulette.

TITRE III.

Du Lieutenant Général du Grand-Maître de l'Artillerie.

CEtte charge a toûjours été remplie par des gens de grande qualité & d'un mérite distingué. La finance qui est très-considérable, tombe dans le casuel du Grand-Maître, qui nomme & présente l'Officier au Roi, dont il prend des provisions.

TITRE IV.

Du Contrôleur Général.

IL a des provisions du Roi. Il paie Paulette.

Il contrôle la recette & la dépense qui se font dans l'Artillerie, tant en munitions qu'en argent.

TITRE V.

Du Trésorier Général.

IL a aussi des provisions du Roi, & il paie Paulette.

Il rend ses comptes à la Chambre, après qu'ils ont été arrêtés par le Grand-Maître, dont les ordonnances sont reçûes à la Chambre.

TITRE VI.

Du Garde Général

IL est Officier du Roi, à qui il répond seul de toutes les Piéces

Piéces de Canon & munitions qui dépendent de l'Artillerie de terre, & qui appartiennent à Sa Majesté ; & il donne ses récépissez pour les munitions achetées, qui se paient par le Trésorier Général de l'Artillerie.

Le Grand-Maître oblige par ses provisions les Gardes particuliers à donner caution au Garde Général jusqu'à la somme de 1000 livres, & ils lui doivent rendre compte des munitions qu'ils ont eues en maniement. De ces comptes particuliers, il en forme un général qu'il porte à la Chambre des Comptes. Le Garde Général paie Paulette.

TITRE VII.

Du Commissaire Général des Poudres & Salpêtres.

IL fut créé avec le Surintendant Général des poudres & salpêtres en 1634. Il paie Paulette.

Le Grand-Maître pourvoit presentement de sa commission celui qui exerce cette fonction.

TITRE VIII.

Du Secrétaire Général.

LE Grand-Maître le nomme & lui donne ses provisions ; il prend soin de toutes les expéditions qui regardent l'Artillerie, & les contresigne. Le Roi paie ses appointemens.

TITRE IX.

Du Lieutenant provincial en l'Arsenal de Paris, & au Département de l'Isle de France.

L'Officier qui exerce cette charge, est toûjours un homme de qualité & de service : elle tombe dans le casuel du Grand-Maître qui en donne seul les provisions : la finance en est très-considérable.

TITRE X.

TITRE X.

Autres Lieutenans provinciaux.

IL y a un bon nombre d'autres Lieutenans qui portent les titres de différentes Provinces. La meilleure partie commande des équipages. L'autre ſert dans les divers départemens des frontières, quelques-uns qui ſont les plus anciens ne ſervent plus.

Entre les Lieutenans qui commandent les équipages, il y en a que le Roi a honorés du titre de Lieutenans Généraux de ſes Armées: nous en avons eu qui étoient Maréchaux de Camp; d'autres ſont Brigadiers; & tous ſont ſuſceptibles des grades les plus éminens, où peuvent parvenir les autres Officiers des Troupes.

TITRE XI.

Du Commiſſaire provincial en l'Arſenal de Paris, & au Département de l'Iſle de France.

IL prend commiſſion du Grand-Maître;

Et ſa charge eſt une de celles qui tombent encore dans ſon caſuel. Cet Officier a droit d'être préſent à tous les mouvemens qui ſe font dans les Magaſins de l'Arſenal.

TITRE XII.

Des autres Commiſſaires provinciaux.

IL y en a de deux ſortes:

Les uns qui ont des titres de Provinces, & qui occupent des départemens comme, quelques Lieutenans: les autres ont le ſeul titre de Provincial, & ne rempliſſent que des réſidences; mais en Campagne ils ſont toûjours païés les uns comme les autres.

Le plus ancien Provincial commande l'équipage en l'abſence du Lieutenant.

Les équipages ſe diſtribuent en Brigades différentes, le

commandement de ces Brigades eſt donné aux plus anciens Provinciaux, qui rendent compte aux Lieutenans des Officiers qu'ils ont ſous leur charge.

L'on peut voir aux Titres ci-après qui traitent du devoir des Lieutenans & des Commiſſaires, & au Titre de la marche d'un équipage, quelles ſont leurs fonctions, & celles de la plûpart des autres Officiers ci-après nommés.

TITRE XIII.

Des Commiſſaires ordinaires.

ILs ſuivent immédiatement les Commiſſaires provinciaux: on les répand indifféremment dans les Places & dans les équipages.

TITRE XIV.

Des Commiſſaires extraordinaires.

C'Eſt la troiſième claſſe des Commiſſaires.

Ils ſervent auſſi dans les équipages & dans les Places.

TITRE XV.

Des Officiers Pointeurs.

CE ſont des Officiers au-deſſous des Commiſſaires extraordinaires, mais ils ne ſervent que dans les équipages de Campagne.

TITRE XVI.

Des Contrôleurs provinciaux, & des Commis du Contrôleur Général.

IL y en a de deux ſortes:

Les uns ont acheté leurs charges, & ont financé aux coffres du Roi; ceux-là réſident dans des Provinces.

Les autres ſont envoïés par extraordinaire dans des Places ou dans des équipages.

TITRE

TITRE XVII.

Du Garde provincial en l'Arsenal de Paris, & au Département de l'Isle de France, & des autres Gardes provinciaux.

L'On ne connoît plus de Gardes provinciaux pourvûs par le Roi, que ceux de Paris, de Mets, Châlons, Lion, Amiens, Narbonne & Calais. Leur fonction est de prendre soin des munitions des Places où ils servent.

TITRE XVIII.

Des Gardes particuliers.

ILs sont tous pourvûs de la Commission du Grand-Maître.

Leurs appointemens sont différens à proportion du détail des Places où ils servent ; ils y ont leur logement, & joüissent de quelques exemptions.

Leur soin est de veiller à la conservation des munitions dont ils se chargent par inventaire.

Ils en comptent au Garde Général à qui ils donnent caution avant que d'entrer en possession des Magasins.

Ils envoïent tous les ans des inventaires au Grand-Maître, au Contrôleur Général, & au Garde Général ; comme aussi, à la fin de tous les quartiers, des états des consommations & des remises qui se sont faites dans leurs Magasins : & ils doivent donner de pareils états à tous les Officiers qui ont caractére pour les leur demander.

On joint quelquefois à leur emploi l'entretenement des Armes qui sont dans leurs Magasins ; ce qui leur produit encore un petit avantage, comme il sera dit à l'Article des Armes.

Ils obéïssent aux Commissaires : quelques-uns ont la qualité de Commissaire avec celle de Garde ; & en l'absence du Commissaire de résidence on leur apporte l'ordre comme Commiſſaires. Cela n'empêche pas qu'ils ne ſoient ſubordonnés au Commiſſaire de la Place, avec lequel ils ne peuvent rouler, ni pour le rang ni pour l'ancienneté.

TITRE XIX.

Des Déchargeurs

CE ſont des aides des Gardes du Parc des équipages: ils ont ſoin de retenir des états des munitions qui ſont à la ſuite des équipages, de celles qui ſe remettent, & de celles qui ſe conſomment, pour en rendre compte aux Gardes du Parc qui en informent leurs Lieutenans.

TITRE XX.

Des Canonniers.

ILs ſervent le Canon & le chargent avec l'aide des Soldats commandés aux batteries.

Il y en a peu preſentement qui aient ce ſimple titre de Canonniers dans l'Artillerie, parce qu'on a jugé à propos de ſe ſervir de Soldats Canonniers pour faire cette fonction; & les 12 Compagnies de Canonniers qui avoient été créées pour ce ſervice, ont été incorporées dans le Régiment qu'on appelle aujourd'hui Régiment-Roïal Artillerie, ci-devant des Fuſiliers, lequel eſt entièrement deſtiné pour les remuemens qui la concernent, comme on l'expliquera au Titre qui en traite.

Il y a cependant encore des Canonniers à Monaco pour la Place, & quelques autres *ad honores* qui ont commiſſion du Grand-Maître ſans appointemens.

TITRE XXI.

D'un Artilleur ou Nettoïeur d'Armes.

UN ſeul Particulier a le titre d'Artilleur & Nettoïeur d'Armes: il a été établi dans la Duché d'Orléans: le Grand-Maître le nomme au Roi qui lui donne des proviſions. Il

a

a quelques gages qui se paient par le Domaine d'Orléans, & il jouït de quelques exemptions & privileges, & d'un logement. Cette charge tombe dans le casuel du Grand-Maître.

TITRE XXII.

Du Capitaine Général du Charroi, & des autres Capitaines du Charroi.

IL faut que le Capitaine Général du charroi soit toûjours un homme d'une grande expérience, & sur lequel on puisse compter sûrement pour tous les détails qui y ont rapport.

Il commande tout le charroi de l'Artillerie : c'est à lui à avoir l'œil que les autres Capitaines du charroi de l'équipage où il sert, fassent leur devoir, & aient toûjours leurs chevaux bien nourris, qu'ils soient en bon état, & attelés pour l'exécution des ordres qu'il reçoit.

Il choisit les chevaux des Capitaines du charroi qu'il trouve à propos de faire marcher, en observant néanmoins beaucoup d'égalité sur le service de fatigue.

Il doit aussi visiter les chemins & les faire mettre en tel état que l'équipage puisse passer par-tout commodément.

Dans les autres équipages où le Capitaine Général ne peut pas être, c'est un des plus anciens qui le représente.

Les autres Capitaines du charroi obéïssent au Capitaine Général dans toutes les choses que l'on vient de dire, & ils ont pour la plûpart des chevaux dans l'équipage païés par le Roi.

TITRE XXIII.

Des Conducteurs.

ILs accompagnent l'équipage, s'attachent particulièrement auprès des chevaux, prennent soin de leur faire donner les choses nécessaires, & veillent à ce qu'il n'y ait point de confusion dans les marches.

TITRE XXIV.

Des Artificiers.

IL y en a dans les équipages & dans les Places où ils inſtruiſent même des Gens dans ce mêtier : ils chargent les Bombes & les Grenades , & leurs Fuzées , gaudronnent les Tourteaux , Faſcines & Fagots , & font tous les Feux d'artifice qui ſervent dans les différentes expéditions de la Guerre.

Tous ceux qui font publiquement l'artifice à Paris , ont des commiſſions du Grand-Maître , & permiſſion de faire des Feux d'artifice , & vendre des Fuzées , avec la faculté de faire ſaiſir par le Bailly de l'Arſenal , toutes celles qui ſe trouvent chez les Merciers , & autres Particuliers qui s'ingérent d'en faire & d'en vendre.

TITRE XXV.

Du Capitaine ou Commandant des Ouvriers , & des Ouvriers.

IL a inſpection ſur tous les autres Ouvriers de l'Artillerie , & commande une Compagnie d'Ouvriers entretenue à Doüay.

Dans les autres départemens le plus ancien, ou le plus habile Ouvrier au choix du Lieutenant , qui eſt chargé des ordres du Grand-Maître , commande les autres ; & les Ouvriers de chaque mêtier ont encore un Commandant particulier.

TITRE XXVI.

Des Aumôniers.

IL y a un premier Aumônier qui ſert auprès de la perſonne du Grand-Maître.

Il y en a d'autres qui ſervent dans les équipages.

Les Aumôniers d'Armée ont leur Chapelle complette que le Roi leur fournit en entrant en Campagne , & diſent ré-

réguliérement la Messe tous les jours, quand l'équipage est campé en lieu commode pour cela.

TITRE XXVII.

Du Maréchal Général des Logis de l'Artillerie.

C'Est un titre que le Grand-Maître donne à qui il lui plaît, avec tels appointemens & priviléges qu'il veut bien y attacher: c'est lui qui assigne les logemens aux Officiers de l'équipage, & qui marque l'endroit où doit être établi le Parc de l'Artillerie.

TITRE XXVIII.

Des autres Maréchaux des Logis.

IL y en a un dans chaque équipage que l'on connoît aussi sous le nom de Major: a leur fonction sera amplement expliquée ci-après par un Chapitre particulier.

Quand le Roi ne fait point de fonds exprès pour un Maréchal des logis dans un équipage, on prend celui des Commissaires qui paroît le plus entendu, pour lui faire faire cet emploi.

TITRE XXIX.

Du Commissaire Général des Fontes, & des autres Commissaires ordinaires.

CE titre de Commissaire Général est la recompense des anciens & habiles Fondeurs: il dépend, aussi-bien que les appointemens & les priviléges qui s'y attachent, de la pure volonté du Grand-Maître.

Le Grand-Maître fait aussi des graces à quelques autres Fondeurs à proportion de leur ancienneté ou de leur mérite.

Il y a plusieurs fonderies en France outre celle de Paris.

Le Roi traite avec les Fondeurs, & donne un certain prix pour la façon de chaque Piéce de Canon, ou de chaque Mortier, tant de l'ancienne que de la nouvelle maniére.

Le

Le Roi leur accorde un déchèt de 10 l. par cent des matières, & fournit les fonderies en bon état, avec tous les outils & ustensiles pour travailler, le Fondeur n'estant obligé qu'aux peines des Ouvriers seulement.

On loge les Fondeurs & leurs Ouvriers.

TITRE XXX.

Des Commissaires particuliers des Poudres & Salpêtres.

L'On ne connoît présentement dans ces places que peu d'Officiers; & ceux qui ont ce titre, sont pourvûs par le Grand-Maître: cela leur donne inspection sur les salpêtres.

TITRE XXXI.

De la Compagnie de Mineurs

LE Capitaine, les Lieutenans, Sous-Lieutenans, & Mineurs, n'ont point d'autres commissions que celles du Grand-Maître.

La paie de cette Compagnie est par mois:

300 l. pour le Capitaine.
125. pour un premier Lieutenant.
100. pour un second Lieutenant.
60. pour chacun des deux Sous-Lieutenans.
50. puor chacun des quatre Commandans de Mineurs.
35. pour chacun des quatre Brigadiers.
30. pour chacun des trente anciens Mineurs.
15. pour chacun des trente autres Mineurs, parmi lesquels il y a un Tambour.

Le Capitaine a outre cela une pension particulière du Roi.

TITRE XXXII.

Du Baillage de l'Arsenal de Paris, Poudres & Salpêtres de France.

CE Baillage est une jurisdiction Roïale, dont les sentences

ces s'exécutent par tout le Roïaume: elle ressortit au Parlement de Paris.

Les Officiers de ce Baillage prennent des provisions du Grand-Maître, & sont dispensés par Arrêt du Conseil d'enhaut rendu le 16 Juin 1662, d'en prendre du Roi, excepté néanmoins le Procureur de Sa Majesté, comme il sera dit ci-après.

Ces charges tombent toutes sans exception dans le casuel du Grand-Maître.

Le siége de cette Justice se tenoit autrefois au Louvre, & fut ensuite transféré à l'Arsenal.

En général elle connoît de toutes les affaires qui surviennent entre les Officiers & Ouvriers de l'Artillerie pour raison de choses dépendantes du fait de l'Artillerie, de la poudre & du salpêtre.

S'il arrive meurtre, vol, ou désordre dans l'enceinte de l'Arsenal; le Bailly ou son Lieutenant, avec quelques Assesseurs, peuvent faire & parfaire le procès, & prononcer sentence de mort, comme il s'est vû quelquefois, avec punition des coupables devant la porte de l'Arsenal. Il y a une prison dans l'Arsenal; mais on n'y garde les criminels que vingt-quatre heures, & de-là on les transfére au Fort l'Evêque.

Le Bailly, son Lieutenant, l'Avocat du Roi, le Procureur du Roi, le Substitut & le Greffier, ont des appointemens sur l'Etat ordinaire.

Le Procureur du Roi n'obtient des provisions du Roi, que sur la nomination de M. le Grand-Maître. Cette charge tombe dans son casuel comme les autres.

Il y a un Huissier Audiancier, & d'autres Huissiers qui n'ont ni gages ni appointemens, mais qui ont pouvoir d'exploiter par tout le Roïaume: parmi eux il y a un Huissier priseur & vendeur de meubles, & tous ont commission du Grand-Maître.

TITRE XXXIII.

De la Prévôté de l'Artillerie.

LE Prévôt, le Lieutenant, & le Greffier, prennent commiſſion du Grand-Maître.

Ils ont des appointemens ſur l'Etat ordinaire.

Le Prévôt de l'Artillerie n'exerce ſa charge qu'en Campagne à la ſuite des équipages.

C'eſt lui qui connoît de tous les différens qui ſurviennent entre les Officiers, Capitaines du charroi, Chartiers & Ouvriers, & qui leur fait obſerver les Réglemens & les Ordonnances.

Qui fait faire les inventaires des Officiers qui viennent à mourir.

Et qui arrête & empriſonne tous ceux du corps de l'Artillerie, qu'il lui eſt ordonné par le Lieutenant qui commande l'équipage.

Il condamne même à mort prévôtalement.

Il y en a des exemples:

Comme en l'année 1672, qu'il fit pendre un Soldat du Régiment des Fuſiliers qui étoit à la ſuite des équipages d'Artillerie de l'Armée du Roi, pour avoir tué un Païſan ſur la route de Charleroi à Viſé.

D'autres fois il a inſtruit des procès juſqu'au jugement, renvoïant ce jugement au Bailly de l'Arſenal.

TITRE XXXIV.

Du Médecin de l'Artillerie.

IL n'y en a qu'un preſentement: il dépend du Grand-Maître d'en mettre autant qu'il lui plaît dans le corps de l'Artillerie, & de leur donner tels gages & tels autres priviléges qu'il trouve à propos.

Les Médecins peuvent ſervir, ou dans les équipages, ou auprès de la perſonne du Grand-Maître.

Les Apoticaires & Chirurgiens de l'Artillerie ſubiſſent l'examen du Médecin.

TITRE XXXV.

Des Apoticaires de l'Artillerie.

IL y en a quatre établis à Paris qui jouïssent des mêmes priviléges que les autres Maîtres de Paris ; & les priviléges passent à leurs Veuves pendant leur viduïté seulement. Le Grand-Maître pourvoit à ces places qui tombent dans son casuel.

TITRE XXXVI.

Du Chirurgien Major & des Chirurgiens.

LE titre du Chirurgien Major, aussi-bien que celui de Chirurgien ordinaire, se donnent par le Grand-Maître; & ainsi il lui est libre d'y faire tel changement qu'il veut.

Sans comprendre ce Major,

Il y a huit Chirurgiens établis à Paris avec boutique ouverte, comme ceux de S. Cosme, & dont le privilége passe à leurs Veuves pendant leur viduïté seulement. Ces charges sont encore du casuel du Grand-Maître.

Le Grand-Maître choisit parmi les Chirurgiens ceux qu'il désire de faire servir en Campagne, à qui l'on paie le coffre d'onguens & d'instrumens de Chirurgie qu'ils sont obligés de porter avec eux.

TITRE XXXVII.

Des Armuriers.

IL y a des Armuriers qui servent dans les Places au nettoïement des Armes: on fait des marchez avec eux pour cela. Quelques-uns ont des commissions du Grand-Maître; & celui qui sert à entretenir ses Armes, a des appointemens sur l'ordinaire.

Dans l'Arsenal il y a un Armurier Heaumier du Roi qui est chargé du travail des Cuirasses à l'épreuve, & qui entretient deux Apprentifs païés par le Roi.

On fait encore des Cuirasses en quelques autres endroits du Roïaume.

TITRE XXXVIII.

Des Salpêtriers.

C'Est le Grand-Maître qui donne les commissions aux Salpêtriers pour avoir la faculté de travailler : le nombre n'en est fixé qu'à Paris, où il n'y en a que 30, parce que ce nombre y suffit.

Le nombre de ceux qui sont dans les autres Provinces, est de 516, quelquefois plus, quelquefois moins.

Ils sont tous tenus de porter aux raffineries les quantitez de salpêtre brut que l'on sçait qu'ils peuvent fabriquer.

Ils ne paient aucuns péages, doüannes ni gabelle, pour toutes les ustenciles & matières qui servent à la confection du salpêtre.

Ils ne sçauroient être mis à la taille plus haut que 50 sols.

Ils ne doivent aucuns droits d'aides pour la boisson provenant de leur crû.

Ils ont liberté de prendre tout le bois mort dans les fôrêts du Roi sans païer ; & dans les forêts & bois des Particuliers en païant.

Ils ont entrée dans les maisons qu'on abbat, & dans les masures, pour y enlever les plâtras & moëlons qu'ils trouvent propres à leur travail, en païant raisonnablement & de gré à gré.

Ils se servent pour cela de pelles, picqs, marteaux, & tranches, suivant l'Ordonnance.

Mais, quand ils vont gratter les murs des céliers, caves, & autres endroits où il y auroit du danger que les fondations n'en souffrissent, il leur est défendu de se servir d'autres outils que des ratissoires du poids de six onces.

C'est ce qu'on appelle salpêtre de houssage, à la différence de celui qui se fait des plâtras & cendres lessivées.

Leurs chaudières, bêtes de sommes, & ustensiles des atteliers, ne peuvent être saisis pour quelques dettes que ce soit, si ce n'est par celui qui auroit vendu aucunes de ces choses.

Ils sont exempts de logemens de Gens de Guerre.

TITRE XXXIX.

Des Timbaliers.

DEpuis quelques années on avoit commencé à se servir d'un Timbalier à la tête de chaque équipage ; mais cet usage s'est perdu.

TITRE XL.

Des Fourriers.

IL n'y en a qu'un dans l'Artillerie qui est emploïé sur l'Etat ordinaire pour ses gages, & qu'on peut emploier sur l'Etat des Privilegiez.

Il pourroit y en avoir davantage, si le Grand-Maître trouvoit à propos d'en créer d'autres.

TITRE XLI.

De l'Imprimeur.

POur éviter les abus qui peuvent se commettre dans l'impression des Instructions, Réglemens & Ordonnances, qui se rendent sur le fait de l'Artillerie, il y a un Imprimeur destiné par M. le Grand-Maître pour y travailler, & il lui donne sa commission.

TITRE XLII.

De l'Architecte & d'un Maître Maçon en l'Arsenal de Paris.

IL a été des tems où l'on se servoit d'un Architecte & d'un Maître Maçon pour veiller aux bâtimens de l'Arsenal : ils avoient tous deux des appointemens sur l'Etat.

L'Architecte jouïssoit de quelques privilèges : son soin

étoit de faire les vifites des bâtimens, & de régler les parties des Ouvriers; mais il dépend du Grand-Maître de fupprimer ces fortes de titres, qui ne font point abfolument fixes.

TITRE XLIII.

Du Jardinier de l'Arfenal.

L'Arfenal a fon Jardinier qui eft celui que le Grand-Maître choifit, & il lui ordonne tels gages, & lui accorde tels privilèges qu'il lui plaît.

TITRE XLIV.

Du Vitrier de l'Arfenal.

IL a l'entretenement des vitres de l'un & de l'autre Arfenal pour un certain prix, & à certaines conditions portées par le marché qu'on fait par l'ordre du Grand-Maître, qui ne dure qu'autant qu'il lui plaît.

TITRE XLV.

Du Couvreur de l'Arfenal.

LE Couvreur entretient auffi les couvertures de l'un & de l'autre Arfenal, & même du Magafin Roïal de la Baftille, fuivant les conditions du marché qu'on fait avec lui.

TITRE XLVI.

Du Serrurier de l'Arfenal.

IL n'a rien à entretenir; il eft païé de fes ouvrages.

TITRE XLVII.

Du Tourneur.

IL eft païé de ce qu'il fait.

TITRE XLVIII.

Des Portiers de l'Arsenal.

IL y en a un à la porte du côté des Célestins, & un à la porte du côté de la ruë de la Cérisaye.

Il y en a un aussi pour la garde du Jardin.

Ils ont des appointemens sur l'ordinaire.

Ils sont logés, & jouïssent des mêmes exemptions dont jouïssent les Portiers des autres Maisons Roïales. Comme ils n'ont de brevèt que du Grand-Maître, ils sont aussi révocables quand il lui plaît.

TITRE XLIX.

Des Balaïeurs.

IL y en a deux de païés dans l'Arsenal.

TITRE L.

Des Graveurs.

IL y a plusieurs Graveurs emploïés ordinairement à réparer les Piéces d'Artillerie, & qui sont païés par les Fondeurs: mais M. le Grand-Maître n'accorde le titre de Graveur ordinaire de l'Artillerie qu'à un des plus habiles Graveurs de Paris, qui jouït de quelques prérogatives, & étalle à sa boutique les Armes de l'Artillerie, & du Grand-Maître.

TITRE LI.

Des Cordiers.

UNe infinité de Cordiers travaillent pour l'Artillerie: mais il y en a un à Paris qui jouït des cazemattes qui sont sous cette piéce de fortification de l'Arsenal qui donne sur la rivière de Seine au bout du Mail, avec la liberté de faire travailler à côté du même Mail, & sous les murs de l'Arsenal, à condition par lui d'être toûjours en état de fournir

fournir en tout tems des cordages pour les équipages d'Artillerie. Cette convention fut faite du tems de M. le Duc de Mazarin.

TITRE LII.

Du Fontainier.

PAr des Lettres Patentes du Roi obtenues de l'agrément de M. le Grand-Maître, & ensuite d'un traité fait avec un Particulier, ce Particulier est obligé de fournir une certaine quantité d'eau dans l'Arsenal, tant pour l'usage de la maison du Grand-Maître, que pour l'embellissement du Jardin de l'Arsenal. Pour cela il a la jouïssance du pavillon, qui est situé au bout de l'allée du Jardin, & qui répond à l'extrémité du Mail, où est la pompe qui distribue l'eau. Le défaut d'exécution du traité met le Grand-Maître en droit d'en faire pourvoir qui il lui plaît, & cela est plusieurs fois arrivé.

TITRE LIII.

Des Compagnies de Canonniers.

APrès la réforme qui fut faite à la fin de l'année 1678 de tous les Canonniers qui étoient appointés dans les garnisons, aïant été remarqué qu'il étoit difficile, dans les occasions pressantes, de trouver parmi les Troupes un nombre suffisant de Soldats qui sçussent parfaitement bien exécuter & servir le Canon, on jugea à propos de lever six Compagnies de Soldats Canonniers, à qui on fit faire l'exercice du Canon.

L'utilité qu'on trouva depuis à ce service, fit ajoûter six autres Compagnies à ces six premières, & ensuite elles ont toutes été incorporées dans le Régiment Roïal Artillerie, comme on le va voir.

On exerce ces Canonniers dans certaines Places, & c'est presque toûjours un Commissaire provincial qui commande ces écoles.

TITRE

TITRE LIV.

Du Régiment Roïal Artillerie.

LE Régiment Roïal Artillerie fut créé sous le nom de Régiment des Fusiliers du Roi, & attaché dès sa création au service de l'Artillerie. Mais, comme il étoit composé de l'élite des Troupes, tant en Officiers qu'en Soldats accoûtumés au service ordinaire, il perdit bientôt après l'esprit de sa destination, pour reprendre celui des autres Troupes. La rélation nécessaire que les Officiers de ce Régiment devoient avoir avec les Officiers d'Artillerie, aiant donné lieu à plusieurs contestations sur le rang, le Roi fut obligé de le régler entr'eux par son Ordonnance du 13 Décembre 1686. Elle fut suivie d'une autre du 15 Avril 1693, qui fixa le service de ce Régiment, dont le nom fut changé en celui de Régiment Roïal Artillerie. Enfin par la dernière Ordonnance du 25 Novembre 1695, portant ampliation des premières, toutes les difficultez, tant entre les Officiers de ce Régiment & les Officiers d'Artillerie, qu'entre les Officiers des autres Troupes qui escortoient l'Artillerie, & les Officiers-mêmes d'Artillerie, ont été si nettement décidées, que le service ne peut plus être retardé par les contestations particulières. Les Officiers de ce Régiment, quoique pourvûs par le Roi, sont obligés de prendre commission du Grand-Maître, pour avoir un rang dans le corps de l'Artillerie, suivant les différens titres de leurs charges, du jour que chacun d'eux a été pourvû par Sa Majesté. On trouvera ces trois Ordonnances à la fin de ce Titre.

Ce Régiment a six Bataillons, tous sur le pied de Campagne: ils sont composés de Compagnies d'Ouvriers de cent-dix hommes à haute paie; de Compagnies de Canonniers de cinquante-cinq à haute paie; & de Compagnies simples de Fusiliers à cinquante-cinq. Il y a dans le premier Bataillon deux Compagnies d'Ouvriers, trois Compagnies de Canonniers, & huit Compagnies simples. Dans le second Bataillon, une Compagnie d'Ouvriers, trois de Ca-

Canonniers, & dix Compagnies simples. Les trois derniers Bataillons sont uniformes, & composés de trois Compagnies de Canonniers, & de douze Compagnies simples. Les quatre Compagnies d'Ouvriers ont toûjours été attachées aux trois premiers Bataillons. Ce n'a pas été la même chose des douze vieilles Compagnies de Canonniers; quoiqu'elles fissent partie du Régiment, elles ne faisoient point corps avec les Bataillons, & étoient regardées comme des Compagnies détachées. Par l'Ordonnance du 25 Novembre 1695, elles y ont été incorporées, & les six Compagnies de Grénadiers converties en Compagnies de Canonniers; de sorte qu'on a attaché trois Compagnies de Canonniers à chaque Bataillon, sçavoir, deux anciennes & une nouvelle. Les Capitaines de ce Régiment parviennent aux Compagnies d'Ouvriers par ancienneté. Il y en a une d'attachée à la Lieutenance Colonelle, & au commandement du second & troisième Bataillon. La même chose s'observe pour les Compagnies de Canonniers qui se distribuent aux plus anciens Capitaines du Régiment, & à quelques Commissaires d'Artillerie, du choix du Grand-Maître. Voici le détail de la paie de ces trois différentes Compagnies.

Paie de Garnison & de Campagne des Compagnies d'Ouvriers.

LE Capitaine a de paie fixe	3[l]	
Deux Lieutenans, chacun	2.	
Deux Sous-Lieutenans, chacun	1.	10[s]
Quatre Sergens, chacun	1.	
Quatre Caporaux, chacun ....,		15.
Huit Anspesades, chacun		11. 6[d]
Quatre-vingts-quatorze Ouvriers, chacun..		10.

Quand le Capitaine a sa Compagnie au-dessous de quatre-vingts-quinze, les Sergens & Caporaux compris, il n'a que la paie de 3[l]; quand elle est de quatre-vingts-quinze, il a six hommes de gratification, qui font 3[l].

Outre la paie, quand la Compagnie est de cent, il a huit hom-

hommes de gratification ; quand elle eſt complette à cent-dix, il en a dix.

Outre cela, il a autant de fois 2ſ 6d de décompte qu'il y a de Soldats ou Caporaux, & 5ſ de chaque Sergent. Il a le double des baſſes Compagnies pour les recrûës, uſtenſiles ou gratification.

En Campagne le Capitaine n'a que 12ſ par jour, les Lieutenans 8ſ, les Sous-Lieutenans 6ſ, & les Sergens 4ſ, les Caporaux 3ſ 6d, les Anſpeſades 3ſ, les quatre-vingts-quatorze Ouvriers 2ſ.

Le Capitaine a les mêmes places de gratification qu'en garniſon, quand ſa Compagnie eſt de quatre-vingts-quinze juſqu'à cent dix, avec cette différence, que les paies ne ſont que de 2ſ chacun, & qu'il n'y a pas de décompte.

Paie de Garniſon & de Campagne d'une Compagnie de Canonniers.

LE Capitaine a de paie fixe	3l	
Le Lieutenant	1.	10ſ
Le Sous-Lieutenant	1.	
Les deux Sergens, chacun		16.
Les trois Caporaux, chacun		11.
Les trois Anſpeſades, chacun		9. 7d
Quarante-ſept Canonniers, chacun		8.

Quand la Compagnie eſt au-deſſous de cinquante hommes, le Capitaine n'a point de gratification.

Depuis cinquante juſqu'à cinquante-cinq, il a cinq hommes, qui ſont par jour 40 ſols.

Il a outre cela 2ſ par Canonnier de décompte, & 4ſ de chacun des Sergens.

Il a encore l'avantage de tirer des Régimens d'Infanterie tous les Soldats de recrûë tels qu'il les veut choiſir, en païant au Capitaine 45l : enſorte que ces Compagnies ſont compoſées des plus beaux & des meilleurs Soldats.

En Campagne le Capitaine a	12ſ
Le Lieutenant	6.

Le

Le Sous-Lieutenant.................. 4ſ
Les deux Sergens, chacun............. 3. 6d
Les trois Caporaux, chacun........... 3.
Les trois Anſpeſades, chacun......... 2. 6.
Les quarante-ſept Canonniers, chacun 2.

En Campagne les paies de gratification ſont de 2ſ, & il n'y a point de décompte.

Paie de Garniſon & de Campagne d'une Compagnie ſimple.

LE Capitaine a autant de ſols qu'il a de Soldats effectifs.
Le Lieutenant...................... 1l.
Le Sous-Lieutenant................. 13ſ 4d
Les deux Sergens, chacun.......... 10.
Les trois Caporaux, chacun........ 7.
Les cinq Anſpeſades, chacun...... 6.
Quarante-cinq Soldats, chacun..... 5.

Le Capitaine a une paie de gratification quand ſa Compagnie eſt de quarante-cinq juſqu'à quarante-huit.

Depuis quarante-huit juſqu'à cinquante, il en a deux.

Depuis cinquante juſqu'à cinquante-trois, il en a trois.

Depuis cinquante-trois juſqu'à cinquante-cinq, il en a quatre.

Et quand elle eſt complette à cinquante-cinq, il en a cinq; ſur le pied de chacun 5ſ.

Outre ſa paie, il a autant de ſols de décompte qu'il a de Soldats, & 2ſ de chaque Sergent. Ce décompte ſe rabat ſur la paie du Soldat.

En Campagne le Capitaine a......... 6ſ
Le Lieutenant.......................... 4.
Le Sous-Lieutenant..................... 3.
Les deux Sergens, chacun................ 2.
Les trois Caporaux, chacun............. 1. 9d
Les cinq Anſpeſades, chacun,........... 1. 6.
Quarante-cinq Soldats, chacun.......... 1.

Paie

Paie de l'Etat Major en Garnison.

LE Colonel a 1^{l}. 13^{s} 4^{d}, qu'il laisse à son Lieutenant de la Colonelle, qui a outre cela les appointemens de Lieutenant.

Le Lieutenant Colonel a	1^{l}.		
Le Major a	2.	10.	
L'Aide Major a	1.	13.	4^{d}.
Le Mareschal des logis a	1.		
L'Aumônier a		10.	
Le Chirurgien a		10.	
Le Prévôt a	1.	6.	8.
Le Lieutenant du Prévôt a		13.	4.
Le Greffier a		8.	4.
Cinq Archers, & l'Exécuteur	1.	10.	

Les Capitaines, tant d'Ouvriers, Canonniers, que des basses Compagnies, ont six rations de pain par jour; les Lieutenans quatre; les Sous-Lieutenans trois; les Sergens deux; & les Soldats une; avec la viande en espéce ou en argent.

ORDONNANCE DU ROI,

Pour régler le rang entre les Officiers des Régimens de Fusiliers & Bombardiers, & ceux des Compagnies de Canonniers, avec les Officiers d'Artillerie.

Du treizième Décembre 1686.

DE PAR LE ROI.

SA MAJESTE' voulant régler les rangs que les Officiers de ses Régimens de Fusiliers & de Bombardiers, & ceux des Compagnies de Canonniers auront à garder avec les Officiers de ſon Artillerie, lorſqu'il ſe trouveront enſemble; de manière qu'il n'arrive point à cet égard de conteſtation entr'eux: SA MAJESTE' a ordonné & ordonne, veut & entend, que, toutes les fois que par ſes Ordres leſdits Régimens de Fuſiliers & de Bombardiers, & leſdites Compagnies de Canonniers, ſe trouveront joints aux corps d'Artillerie qui ſerviront dans ſes Armées, les Commandans deſdits Régimens & Compagnies obéïſſent ſans difficulté à ceux que le Grand-Maître de l'Artillerie aura commis pour la commander en Chef dans leſdites Armées; que les Lieutenans Colonels deſdits Régimens, & les Commiſſaires provinciaux d'Artillerie prennent rang entr'eux; & commandent les uns aux autres, ſuivant l'ancienneté de leurs commiſſions; & que pareillement les Capitaines des Compagnies, tant deſdits Régimens que de Canonniers, tiennent rang avec les Commiſſaires ordinaires de l'Artillerie, & les Lieutenans deſdites Compagnies avec les Commiſſaires extraordinaires: enſorte que les dattes des commiſſions des Officiers deſdits Régimens, & celles des Commiſſaires provinciaux, ordinaires, & extraordinaires d'Artillerie, les réglent pour leurs rangs, de même que ſi leſdits Commiſſaires d'Artillerie étoient du corps deſdits Régimens, & les Officiers deſdits Régimens & Compagnies du corps de l'Artillerie. Que ſi toutesfois leſdits Lieutenans Colonels avoient obtenu du Grand-Maître de l'Artillerie des commiſſions de Lieutenant d'Artillerie, les Capitaines des commiſſions de Commiſſaires provinciaux, & les Lieutenans des commiſſions de Commiſſaires ordinaires: Sa Majeſté veut audit cas qu'ils tiennent rang avec leſdits Officiers d'Artillerie qui auroient des mêmes Commiſſions du jour deſdites commiſſions. Que ſi les commiſſions de ceux de même poſte ſe trouvent de même jour, Sa Majeſté veut qu'en ce cas ils tirent au ſort. Veut auſſi Sa Majeſté qu'à l'égard des profits & émolumens qui reviendront des Batteries & autres ouvrages, auxquels ils auront été commis & ordonné par ceux qui commanderont en Chef l'Artillerie ès Armées, les Officiers deſdits Régimens de Fu-

Fusiliers & Bombardiers, & ceux desdites Compagnies de Canonniers, les partagent sur le pied ci-dessus marqué, avec les Officiers d'Artillerie. Mande & ordonne SA MAJESTE' au Sieur Marquis de Humières, Maréchal de France, Grand-Maître de l'Artillerie de ce Roïaume, de tenir la main à l'exacte observation de la Presente. FAIT à Versailles le treizième jour de Décembre mille six cens quatre-vingts-six. Signé, LOUIS. *Et plus bas*, LE TELLIER.

ORDONNANCE DU ROI,

Pour régler le service du Régiment de Fusiliers qui sera dorénavant appellé Régiment Roïal de l'Artillerie.

Du quinzième Avril 1693.

DE PAR LE ROI.

SA MAJESTE' aiant été informée, qu'encore que son Régiment de Fusiliers ait été mis sur pied pour servir l'Artillerie dans ses Armées, les Officiers qui l'ont commandé, ont prétendu s'en pouvoir dispenser pour marcher & camper avec les autres Troupes desdites Armées: & voulant qu'il soit uniquement emploïé pour le service auquel elle l'a destiné, & le régler de manière qu'il ne s'y rencontre point de difficulté, SA MAJESTE' a ordonné & ordonne, que ledit Régiment de Fusiliers sera dorénavant appellé le Régiment Roïal de l'Artillerie; que les Bataillons dudit Régiment marcheront & camperont toûjours avec l'Artillerie de l'Armée où ils serviront; qu'ils n'y seront jamais mis en ligne, & que le Commandant & tous les autres Officiers du Régiment obéïront à celui qui sera préposé pour commander l'Artillerie, quelque charge qu'il puisse avoir dans l'Artillerie,

lerie. Voulant Sa Majesté, pour les attacher davantage à ce service, que le Lieutenant Colonel dudit Régiment soit Lieutenant de l'Artillerie; les six premiers Capitaines, Commissaires provinciaux; le Major & les autres Capitaines, Commissaires ordinaires; & les Aides-Major, Lieutenans, Sous-Lieutenans & Enseignes, Commissaires extraordinaires; desquelles charges le Grand-Maître de l'Artillerie leur fera délivrer ses provisions, pour esdites qualitez prendre rang avec les autres Officiers de l'Artillerie, du jour que chacun d'eux a été pourvû par Sa Majesté de la charge qu'il a dans le Régiment, dont il sera fait mention dans lesdites provisions, & qu'à l'avenir ils auront part aux profits des Batteries dans les Siéges où ils se trouveront. Veut aussi Sa Majesté, que ceux qui monteront dans ledit Régiment à d'autres charges que celles qu'ils y ont presentement, montent de même aux charges de l'Artillerie; & que lesdits Officiers & ceux qui entreront dans ledit Régiment, soient tenus de prendre des provisions du Grand-Maître, pour être reçûs dans les charges qu'ils devront avoir dans l'Artillerie. Mande & ordonne Sa Majesté au Sieur Duc de Humières, Maréchal de France, Grand-Maître de son Artillerie, à ses Lieutenans Généraux en ses Armées, aux Maréchaux de Camp, & à tous autres ses Officiers, de tenir la main, chacun comme il lui appartiendra, à l'observation de la Presente. Fait à Versailles le quinzième jour d'Avril mille six cens quatre-vingts-treize. Signé, LOUIS. *Et plus bas*, Le Tellier.

ORDON-

ORDONNANCE DU ROI,

Portant ampliation de celles qui ont déja été faites ſur le ſervice du Régiment Roïal Artillerie, & pour prévenir les difficultez qui pourroient ſurvenir entre les Officiers de l'Artillerie, & ceux des Troupes qui l'eſcorteront.

Du vingt-cinquième Novembre 1695.

DE PAR LE ROI.

SA MAJESTE' étant informée que les Ordonnances qu'elle a ci-devant fait expédier pour régler de quelle manière le Régiment Roïal Artillerie doit ſervir avec ſon Artillerie, n'ont point entièrement été exécutées; que les inconvéniens qu'elle a voulu prévenir par celles des treize Décembre 1686, & quinze Avril 1693, ſont encore ſouvent arrivés; & qu'il eſt auſſi ſurvenu des difficultez de la part des Officiers des Troupes qui étoient commandées pour eſcorter l'Artillerie, qui en ont pû retarder le ſervice: Sa Majeſté voulant y pourvoir pour l'avenir, a ordonné & ordonne que ſeſdites Ordonnances des treize Décembre 1686, & quinze Avril 1693, pour tout ce qui ne ſe trouve point contraire à la Preſente qui y ſervira de ſupplement, ſeront ſuivies & obſervées, ſans qu'il y puiſſe être en aucune manière contrevenu. Voulant & entendant Sa Majeſté, que ledit Régiment continue d'être appellé Roïal Artillerie; que les Bataillons dont il eſt compoſé, marchent & campent toûjours avec l'Artillerie dans les Armées où ils ſerviront; qu'ils n'y ſoient jamais mis en ligne, & n'y montent aucune garde de tranchée, ſous quelque prétexte que ce puiſſe être, & ne faſſent aucun ſervice avec le reſte de l'Infanterie, ſi ce n'eſt dans les Places où ils ſe trouveront en garniſon. Que le Lieutenant Colonel, les Commandans des Bataillons & les autres Officiers dudit Régiment obéïſſent à celui qui commandera l'Artillerie, telle charge qu'il puiſſe avoir dans ladite Artillerie; & qu'il lui ſoit permis de ſe mettre à la tête dudit Régiment, & de chacun deſdits Bataillons, toutes les fois qu'il le jugera à propos, ſoit dans les marches, & dans les détachemens, ſoit aux revûës ou ailleurs, où ledit Régiment & leſdits Bataillons ſe trouveront. Et comme Sa Majeſté déſire que le ſervice de toutes les Compagnies dudit Régiment ſe rapporte à celui de l'Artillerie, & prévenir les difficultez qui pourroient naître là-deſſus de la part des Capitaines des Compagnies de Grénadiers; elle a ſupprimé & ſupprime ledit titre de Capitaines des Compagnies de Grénadiers, & leur a donné & donne celui de Capitaines des Compagnies de Canonniers, pour être à l'avenir ſur le même pied que les douze anciennes Compagnies de Canonniers dudit Régiment, faire les mêmes fonctions, & recevoir la même paie, tant pour les Officiers, que pour les Soldats. Ordonne Sa Majeſté, que leſdites douze anciennes Compagnies de Canonniers, qui ont juſques à preſent fait un ſervice ſéparé dudit Régiment, ſeront incorporées dans les ſix Bataillons qui le compoſent, dans chacun deſquels deux deſdites Compagnies ſerviront à l'avenir, moïennant quoi, il s'y trouvera trois Compagnies de Canonniers, y compris celle qui étoit de Grénadiers, à la réſerve du Bataillon de Frades, dans lequel il n'y a point de Compagnie de Grénadiers, & où par conſéquent il n'y aura que deux Compagnies de Canonniers. A l'égard des quatre Compagnies d'Ouvriers dudit Régiment Roïal Artillerie, elles demeureront ſur le même pied qu'elles ſont à preſent. Mais parce que Sa Majeſté eſt informée que les Capitaines y reçoivent indifféremment des Soldats qui ne ſçavent aucun métier, & dont les équipages d'Artillerie ne tirent aucun ſecours qui ait rapport à leur inſtitution; elle défend auxdits Capitaines ſur peine d'être caſſés, d'y engager à l'avenir aucun

cun Soldat qui ne ſçache un des mêtiers de Forgeur, Serrurier, Charron, Menuiſier, Charpentier, Maréchal, Taillandier, Chaudronnier, Maçon, Tourneur ou Sellier; & elle enjoint aux Commandans, Major, & Aides-Majors deſdits Bataillons d'y tenir la main, ſur peine d'interdiction de leurs charges; défendant aux Commiſſaires des Guerres qui feront les revûës deſdites Compagnies, d'y paſſer de Soldats qui ne ſoient Ouvriers, quand bien ils ſeroient de la taille & de la qualité requiſe par les Ordonnances. Ordonne auſſi Sa Majeſté aux Commandans, Capitaines & autres Officiers deſdits Bataillons, de ſe conformer dans les garniſons où ils ſe trouveront, à ce qui leur ſera ordonné par le Grand-Maître de l'Artillerie, ou par le Lieutenant Colonel dudit Régiment Roïal Artillerie, ſur tout ce qui concernera les exercices & détails de l'Artillerie, de manière qu'ils y puiſſent être parfaitement inſtruits. Quant au rang que les Officiers d'Artillerie doivent avoir avec ceux dudit Régiment Roïal Artillerie, Sa Majeſté l'aiant réglé par ſeſdites Ordonnances, elle veut & entend qu'ils s'y conforment. Et comme il eſt néceſſaire que les Troupes qui ſerviront aux eſcortes de l'Artillerie, ſçachent des Officiers qui les commandent, ce qu'elles auront à faire; Sa Majeſté veut & entend qu'à l'avenir, les Colonels, Meſtres-de-Camp, Lieutenans Colonels, Capitaines & autres Officiers de ſes Troupes d'Infanterie, de Cavalerie & de Dragons qui feront commandées & détachées pour eſcorter l'Artillerie, reconnoiſſent & faſſent tout ce qui leur ſera ordonné par l'Officier de ladite Artillerie, qui la commandera, telle charge qu'il y puiſſe avoir, ſans y apporter aucune difficulté, ſur peine de deſobéïſſance. Mande & ordonne Sa Majesté à ſes Lieutenans Généraux en ſes Armées, aux Gouverneurs & ſes Lieutenans Généraux en ſes Provinces, & au Grand-Maître de ſon Artillerie, de tenir la main à l'obſervation de la Preſente. Fait à Verſailles le vingt-cinquième jour de Novembre mille ſix cens quatre-vingts-quinze. Signé LOUIS. *Et plus bas*, Le Tellier.

TITRE LV.

Du Régiment Roïal des Bombardiers.

LE Roi eſt Colonel du Régiment Roïal des Bombardiers.

Le Grand-Maître en eſt Colonel Lieutenant; & celui qui le commande ſous lui, en eſt Lieutenant Colonel.

Le Grand-Maître lui donne auſſi le titre de Capitaine Général des Bombardiers.

Ce Régiment eſt deſtiné pour exécuter les Mortiers & les Piéces dans l'attaque ou dans la défenſe des Places, & il eſt tout auſſi particuliérement attaché au ſervice de l'Artillerie, que le Régiment Roïal Artillerie. Ces Officiers ſont pourvûs par le Roi; mais ils prennent des commiſſions du Grand-Maître pour avoir un rang dans le corps de l'Artillerie, ſuivant les différens titres de leurs charges, comme il ſe pratique dans le Régiment des Fuſiliers.

Il eſt compoſé de quinze Compagnies: celle du Lieutenant Colonel qui eſt la premiére, doit être de 105 hommes, entre leſquels il y a 40 Bombardiers, dont la ſolde eſt différente, ſçavoir, vingt à 20ſ, dix à 15ſ, & dix à 12ſ par jour: les Sergens, Caporaux, Anſpeſades & Soldats ont 1ſ plus que ceux des autres Troupes du Roi.

La ſeconde Compagnie eſt de 70 hommes, dont dix Bombardiers à 12ſ par jour.

Les treize autres Compagnies ſont compoſées de 50 hommes.

Les deux premiers Capitaines ont pour leur paie autant de fois 18d qu'ils ont de Bombardiers ou Soldats effectifs dans leurs Compagnies.

Il y a deux Lieutenans dans la premiére, & un dans la ſeconde, qui ſont paiés à raiſon de 45 livres par mois.

Et deux Sous-Lieutenans dans la premiére, & un dans la ſeconde, à raiſon de 30 livres.

Il y a outre cela un Enſeigne dans la premiére Compagnie qui eſt paié à raiſon de 33 livres.

Les ſix anciens Bombardiers de la premiére Compagnie ont

ont chacun 100 livres de pension par an.

La solde des Capitaines du Régiment est d'autant de fois 15^{d} qu'ils ont d'hommes effectifs dans leurs Compagnies.

Il y a dans chaque Compagnie un Lieutenant qui a douze écus & demi par mois, & un Sous-Lieutenant qui n'en a que huit.

Les Officiers sont obligés, comme on vient de le dire, de prendre commission du Grand-Maître, de Commissaires provinciaux, ordinaires & extraordinaires, suivant leur ancienneté, & ils prennent rang avec les autres Commissaires d'Artillerie, conformément à l'Ordonnance du Roi du 13 Décembre 1686, qu'on a vûe.

Outre ce Régiment de Bombardiers, il y a dix Bombardiers établis à Andaye, pour servir quand on veut bombarder Fontarabie; ce sont des habitans du Bourg d'Andaye, lesquels en 1686 s'offrirent pour exécuter tout ce qui pourroit regarder les Bombes & le Canon.

Ils prennent commission du Grand-Maître.

Ils ont 100 livres de paie par an, & jouïssent de plusieurs privilèges.

TITRE LVI.

Du Magasin Roïal de Paris, appellé vulgairement de la Bastille.

POur rendre toutes les Armes des Troupes uniformes, on a trouvé l'expédient de convenir avec un Particulier pour entreprendre la fourniture de ces Armes par tout le Roïaume. Le principal Magasin est à Paris; & il y en a d'autres en quelques autres Places pour les besoins pressans.

Le Roi a des Armes dans celui de Paris qui lui appartiennent, & qu'on conserve.

Les autres appartiennent à cet Entrepreneur qui les vend aux Troupes. J'expliquerai au Chapitre des Armes de de Guerre les calibres des Armes à feu & leurs proportions, aussi-bien que celles des autres Armes.

TITRE LVII.

Des Cloches.

QUand on prend une Place qui a souffert le Canon, l'usage est qu'on oblige les habitans à racheter par argent les choches des Eglises & les ustensiles de cuivre, & autre métail qui se trouve dans la Ville ; ce qui s'appelle les cloches. Tout ce qui provient de ce droit, appartient au Grand-Maître, lequel néanmoins veut bien quelquefois ne s'en réserver qu'une certaine somme qui n'est point limitée, abandonnant le reste à son Lieutenant commandant l'Artillerie au Siége, & aux Officiers qui y ont servi.

TITRE LVIII.

Du Pain de munition.

JE ne puis m'empêcher de dire ici un mot du pain de munition, & je crois même cela nécessaire.

La Cour en accorde ordinairement cinquante rations par jour pour chaque mille livres d'appointemens d'Officiers par mois, dont un équipage est composé ; c'est-à-dire, que si l'équipage est de 3000 liv. par mois, il aura 150 rations de pain par jour, qui seront distribuées aux Officiers à proportion de leur qualité & de leurs appointemens. Le Grand-Maître en a 100 rations en vertu d'une Ordonnance particulière. Il n'en est dû que 50 à son Lieutenant Commandant, qui les prend sur la quantité qui est ordonnée à l'équipage.

TITRE

TITRE LIX.

Artillerie en tems de Paix.

TOute la différence qu'il y a dans l'Artillerie entre le tems de Paix & le tems de Guerre, c'eſt qu'en tems de Paix il n'y a point d'équipages ſur pied.

On ne double point les Commiſſaires en certaines Places, comme on fait en tems de Guerre.

Le reſte demeure en ſon entier.

Il eſt vrai que par cette raiſon il demeure quantité d'Officiers & d'Ouvriers inutiles.

A l'égard des Officiers, on en emploie dans l'école qui ſe remet ſur pied, tout autant qu'on peut.

Les Capitaines du charroi s'en retournent chez eux, & les Ouvriers vont travailler ailleurs, à l'exception de ceux qui ſont ordinairement emploïés dans les différens départemens.

TITRE LX.

De l'Ecole d'Artillerie.

EN tems de Paix le Roi entretient une école d'Artillerie, afin qu'il y ait toûjours un nombre d'Officiers inſtruits pour remplir les places du corps qui viennent à vaquer.

Cette école fut établie à Douay le premier de May 1679, & licentiée le dernier de Novembre de la même année. Elle étoit compoſée de 26 Commiſſaires, & de 34 Officiers Pointeurs, à qui on donnoit des appointemens.

Il s'y eſt fait depuis pluſieurs changemens pour le nombre & pour la paie de ces Officiers, & même pour la manière de les faire ſervir.

Il eſt à remarquer qu'il y a preſque toûjours eu un Commiſſaire provincial pour commander ces écoles, lequel, outre les 1800 liv. d'appointemens que lui valoit ſon département, avoit encore une gratification de la Cour pour ſuppléer à la dépenſe qu'il étoit obligé de faire extraordinairement.

Ces

Ces Officiers & Cadets de l'école avoient leur logement chez les Bourgeois dans les Villes où ils étoient en garnison.

Ils étoient exercés à toutes les fonctions qui pouvoient faire de bons Officiers d'Artillerie, conformément au Réglement de M. le Grand-Maître que j'eus ordre alors de dresser, lequel je rapporte ici tout entier, & que je suivrai pied à pied dans toutes les parties de cet Ouvrage, pour donner sur tous les Articles qu'il contient, les éclaircissemens dont un Officier d'Artillerie a besoin pour se mettre en état d'entendre son mêtier, & d'exécuter avec intelligence les ordres dont il sera chargé.

REGLE-

RÉGLEMENT
POUR
L'EXERCICE DES CADETS D'ARTILLERIE.

LES Cadets qui entrent à l'école d'Artillerie, feront inftruits des chofes qui fuivent:

Sur les Piéces de Canon de Fonte.

DEs différens calibres de toutes les Piéces de Canon de fonte qui font prefentement en ufage.

Et de leurs noms tant anciens que modernes; de la maniére dont il faut s'y prendre pour les calibrer; & qu'ils fçachent précifément combien de pouces & de lignes chaque calibre doit avoir.

Il faut qu'ils fçachent toutes les proportions d'une Piéce, & le nom de toutes les parties qui la compofent depuis la bouche jufqu'au bouton de la culaffe, pour la bien fignaler.

Comment on la doit charger.

Ce qui doit y entrer de Poudre pour les falves.

Ce qui doit y entrer quand on la tire à Boulet.

Les inftruire de la portée ordinaire des Piéces de tout calibre.

De leur ufage, & de leur effet.

Leur apprendre à pointer les Piéces & à les exécuter promptement, & à tirer jufte.

Combien de gens il faut pour fervir une Piéce.

Il feroit à defirer qu'ils fçûffent un peu de Blazon, du moins qu'ils en fçûffent les termes pour pouvoir blazonner les Armes qui fe trouvent fouvent fur les Piéces, fur les Mortiers, & ailleurs.

Armes des Piéces.

LE nôm, la figure, & les proportions des Armes des Piéces.

La manière de s'en servir promptement.

Ce que c'est que Fronteaux, Coins de mire, Chapiteaux, Leviers, &c.

Boulets.

CE qu'il peut y avoir de différence entre le calibre du Boulet & celui de la Piéce, à cause du vent.

Qu'ils sçachent la raison pourquoi un Boulet, quoique de calibre, ne sera pas du poids dont il doit être.

Leur apprendre à empiler les Boulets, & à en faire le calcul quand ils sont en piles.

Boulets creux.

CE que c'est que Boulets creux; pour quelle fin ils avoient été inventés.

Boulets rouges.

CE que c'est que Boulets rouges; & comment on les fait rougir.

Cartouches & Gargouges.

CE que c'est que Cartouches & Gargouges.

De quoi on les charge ordinairement.

Leurs moules.

La différence de celles de bois, de papier, de fer blanc, & à grappe de raisin, &c.

Affûts & Emboëtures.

LEs proportions des Affûts de tous calibres, & de leurs rouages.

De Campagne & de Place.

Les Différentes sortes de bois qui entrent dans un Affût.

Les noms de toutes les piéces d'un Affût, tant pour le bois que pour le fer.

Combien

Combien doit peſer la ferrure d'un Affût de chaque calibre.

De quel diamétre doivent être les Emboëtures de fonte & de fer.

Ce qu'elles doivent peſer.

Avantrains.

CE que c'eſt qu'Avantrains.

Leur uſage.

Chariots à Canon, Triqueballe, & Traîneau.

LEs proportions d'un Chariot à Canon.

Du Triqueballe.

Et Traîneau.

Batteries & Plattes-Formes.

ILs doivent apprendre à tracer une Batterie ſuivant le nombre des Piéces dont elle doit être compoſée, & à faire les Embraſures.

Sçavoir ce que c'eſt que Gabion, Faſcine & Piquet.

Leur uſage, & la manière de les emploïer.

En quel endroit doivent être placés les munitions qui ſervent à l'exécution des Piéces pour éviter les accidens.

Comme il faut proportionner les munitions dont on ſe ſert à l'exécution des Piéces, tant dans les Batteries, que lorſqu'on les mène en Campagne.

Leur faire remarquer la différence qu'il y a entre le ſervice de la Place & le ſervice de Campagne pour les Piéces.

Pierriers.

COmment ſe chargent les Pierriers.

Mortiers.

LEurs proportions & leur diamétre, tant à leur bouche que dans leur chambre.

La différence des Mortiers de l'ancienne manière d'avec ceux de la nouvelle.

Leur faire voir où eſt percée la lumière.

Leur expliquer les différens effets des Mortiers.

Combien de gens il faut pour ſervir un Mortier.

Bombes.

QU'ils ſçachent calibrer le diamétre des Bombes, tant par le dehors que par le dedans.

La différence qu'il y a entre l'épaiſſeur du culot & celle des côtez ; quelle doit être la largeur de ſon ouverture ou lumière.

La manière de les charger.

La différence entre une Bombe de Foſſé, & une Bombe à Mortier.

De quel bois doit être faite une Fuſée à Bombe, & ſes proportions.

Ce que c'eſt que Platteaux & Tampons.

Batteries de Mortiers.

COmment doit être tracée une Batterie de Mortiers avec ſes épaulemens.

Comment on deſcend une Bombe dans le Foſſé ſur le logement du Mineur.

Pétards.

CE que c'eſt qu'un Pétard.

Son diamétre ordinaire.

Son poids.

La manière de le charger & placer ſur ſon Madrier ou Platteau.

La manière de l'appliquer.

Son uſage & ſon effet.

Affûts à Mortier.

QU'ils ſçachent ce que c'eſt qu'Affût à Mortier; de combien de ſortes il y en a, de fer, de bois & de fonte.

Le

Le nom de toutes les piéces qui entrent sur un Affût; le poids des Affûts de fer & de bois.

Comment on les doit porter en Campagne.

Les proportions du Chariot qui les porte.

Armes de Guerre.

IL faut qu'ils sçachent le nom de toutes les espéces d'Armes de Guerre qui sont dans les Magasins; leur usage; & les noms particuliers des piéces qui entrent sur un Mousquet.

Sur un Fusil.

La manière de le charger.

Leur portée ordinaire.

Leur usage.

Comment ils doivent être nettoïés; & ce qu'il y a à faire pour les bien placer & les entretenir en bon état dans les Magasins.

La différence qu'il y a entre les Armes à l'épreuve, & les autres.

Arquebuses à croc.

CE que c'est qu'une Arquebuse à croc; comment elle doit être montée; son usage.

Grênades.

QU'ils sçachent ce que c'est qu'une Grénade; quel diamétre elle doit avoir.

Son épaisseur par-tout.

Sa lumière.

Son usage tant pour celles à main, que pour celles de fossé avec leurs Fusées; & de quel bois il faut que soient faites ces Fusées.

Carcasses, petits Canons, & petites Grénades.

CE que c'est que des Carcasses.

Leurs proportions.

Comment elles se chargent.

Leur composition; & ce que c'est que les petits Canons, & les

les petites Grénades qui y entrent; comment on s'en ſert dans les Mortiers, & leur effet.

Artifices.

QU'ils ſçachent le nom de tous les uſtenſiles qui s'emploïent aux Artifices.

Le nom de toutes les piéces d'Artifices.

Leur compoſition, & leur uſage.

Chévre, Crick, & autres Engins à lever Canon.

QU'ils ſçachent quel eſt l'uſage de la Chévre, du Crick, & des autres engins à lever Canon.

Le nom de toutes les parties qui les compoſent.

Comment il faut s'en ſervir dans les Places, à l'Armée, & dans les verſemens de Piéces.

Romaines, Balances, & Poids de toutes ſortes.

LEs noms des Balances, Romaines, Fleaux; & leur uſage.

Cloux.

LEs noms & l'uſage de toutes les eſpéces de Cloux qui s'emploïent dans l'Artillerie.

Outils à Pionniers.

LEs noms des outils à Pionniers, & de toutes les eſpéces emmanchés & ſans manche.

Comment il faut qu'ils ſoient acerés.

Le poids qu'il faut qu'ils aient; & leur épaiſſeur, longueur, figure, & uſage, tant dans une Place, qu'à la Campagne.

Comment il faut les proportionner pour s'en ſervir aux occaſions.

Outils à Ouvriers.

LEs noms de tous les outils à Ouvriers, leur épaiſſeur, longueur, figure & uſage.

Ce que c'eſt qu'une Forge.

Cor-

Cordages.

LEs noms des Cordages de toutes ſortes.
Leur groſſeur & diamétre.
Leur longueur.
Leur poids.
Leur uſage.

Sacs-à-terre.

DE quelle toile ils doivent être.
Leur hauteur.
Leur largeur.
En quelle occaſion & comment on s'en ſert.

Hottes & Paniers.

LEur figure & leur uſage.
Les différentes eſpéces des Paniers.

Galiottes & leurs Chariots

CE que c'eſt que Galiottes, & leur uſage.
Comment on les munit d'Artillerie.
La façon & les proportions des Chariots qui ſervent à les porter.

Moulins.

CE que c'eſt que Moulin à bras & à cheval.
Leur figure.
Leur uſage.

Bois de remontage, & à Plattes-Formes, & à Ponts.

QU'ils connoiſſent toutes les ſortes de bois qui s'emploïent à l'uſage de l'Artillerie.
Leurs proportions.
Et la maniére de s'en ſervir dans les occaſions.

Fon-

Fontes & Fonderies.

QU'ils apprenent à connoître tous les outils & ustensiles d'une Fonderie & leur usage.

Les métaux de toutes les espéces.

Leur destination & leur alliage dans la fonte des Piéces.

Qu'ils voïent travailler aux moules des Piéces, & qu'ils suivent ce travail jusqu'à ce que la Piéce soit fondue & réparée, & en état de tirer.

Qu'ils soient instruits de la manière dont se fait la visite & l'épreuve des Piéces.

Leur en faire remarquer les défauts quand il s'y en trouve, tant devant qu'après l'épreuve.

Poudre, Salpêtre, Soufre, & Charbon.

QU'ils sçachent de quelle manière se fait la Poudre.

La doze qu'on doit mettre de Salpêtre, & de Soufre, & de Charbon dans chaque cent.

Comment elle doit être éprouvée avec les petits Mortiers, & la portée qu'elle doit avoir suivant la nouvelle Ordonnance.

Comment se fait le Salpêtre; & leur faire remarquer ce travail depuis le commencement jusqu'à sa perfection.

Qu'ils sçachent faire la différence du Salpêtre bien dégraissé & bien désalé d'avec l'autre.

Ce que c'est que Salpêtre en glace & en roche.

Comment on en fait l'épreuve sur le bois, & autrement.

La qualité que doit avoir le Soufre, & sa couleur pour être bon.

Qu'il faut du Charbon de Bourdaine préférablement à tout autre Charbon pour faire la bonne Poudre; ce que c'est que bois de Bourdaine, sa couleur, & où il se trouve ordinairement.

Comment on fait l'extrait du Salpêtre d'une livre de Poudre.

En faire des expériences devant eux.

Plomb

Plomb.

QU'ils sçachent que le Plomb du calibre qui est en usage, doit être de 22 à 24 à la livre.

Leur faire connoître la différence des calibres étrangers, & le calibre des Balles à Arquebuse à croc.

Comment le Plomb se fond; & qu'ils connoissent les moules & outils propres pour cela.

Ce que c'est que le Plomb en saumon, en barres, & en lingots, &c.

Méche.

COmment se fait la Méche, & de quelle manière elle se file, se lessive & se cire.

Les qualitez qu'il faut qu'elle ait pour être bonne, & le charbon qu'elle doit faire.

Tonnes, Tonneaux, Barils, & Chappes.

QU'ils sçachent que la Poudre & le Plomb doivent être toujours mis en barils de 200 enchappés, à la réserve des Poudres & du Plomb qui doivent servir dans les montagnes, lesquels on met pour lors en barils de 100 sans chappes, mais dans des sacs, pour les pouvoir porter à dos de mulet.

Et les Méches en tonnes de 300 sans chappes.

Quels sont les barils, tonnes & tonneaux dont on se sert pour renfermer les munitions de plusieurs espéces.

Ponts & Pontons.

LEur apprendre ce que c'est que Bateaux ou Pontons; de combien de sortes il y en a; c'est-à-dire, de bois, de cuivre, d'ozier de corde, &c.

Les différentes sortes de Ponts qui ont été & qui sont en usage, soit pour passer l'Infanterie, soit pour passer la Cavalerie, ou le Canon.

Les proportions de chacun de ces Pontons en particulier.

Comme aussi leur longueur.

Largeur;
Et épaiſſeur.
Le poids du métal qui entre dans ceux de cuivre, & du cloud & de l'étaim qui y ſervent.
Les proportions de la carcaſſe ſur laquelle s'attache le cuivre.
Comment ils ſe ſoudent.
Et ce qu'il y a à faire pour reboucher les trous qui y peuvent être faits par le Mouſquet & autrement.
La manière de les eſpacer & placer les uns & les autres ſur les fleuves, rivières, ou canaux.
L'arrangement des ſoliveaux, poutrelles, planches, bordures, & le nom & l'uſage de toutes les piéces & cordages ſervans aux Ponts.

Mines.

QU'ils ſçachent comment on s'y prend pour attacher le Mineur.
Qu'ils connoiſſent tous les outils des Mineurs, & leur uſage.
Ce que c'eſt que Gallerie, Radeaux, Sapes, Mines, Fourneaux & Fougaſſes; & la conduite qu'on tient dans toutes ces expéditions différentes.
Le nom de tous les bois & autres uſtenſiles dont on ſe ſert en pareilles occaſions.

Charettes & Chariots à porter munitions.

EN ſçavoir toutes les proportions.

Chevaux de Friſe.

LEur uſage eſt de défendre l'entrée d'une Brêche, ou d'empêcher la Cavalerie de forcer un paſſage; on en met quelquefois ſur le bord des guez, & à la gorge des batteries.

Menus

Menus Uſtenſiles des Magaſins.

QU'ils ſçachent le nom & l'uſage de tous les menus uſtenſiles qui ſe trouvent dans les Magaſins ſervans à l'Artillerie, & même des choſes qui peuvent être de conſéquence, & qui ne ſont point exprimées ici.

Propreté dans les Magaſins.

LEur apprendre à tenir des Magaſins propres, arranger les munitions, leur faire remarquer auſſi ce qui doit être obſervé tant pour la ſituation des Magaſins, que pour la conſervation & la ſûreté des munitions.

Leur donner connoiſſance de l'Ordonnance du Roi rendue au ſujet des Soldats qui doivent être détachés pour nettoïer les Magaſins & ranger les munitions.

Parc d'Artillerie.

IL eſt bon qu'ils ſçachent auſſi ce que c'eſt que Parc d'Artillerie.

Comment on y range les munitions; & l'ordre qui s'obſerve pour leur diſtribution.

Fonction, & Subordination des Officiers.

LA différente fonction de chacun des Officiers ſelon leur rang & la ſubordination.

Leur faire voir le Réglement qui veut qu'on porte le mot aux Commiſſaires d'Artillerie; & leur expliquer comme il ſe porte auſſi quelquefois aux Gardes quand ils ſont ſeuls dans les Places, & qu'ils ont le titre de Commiſſaire avec celui de Garde.

Marche d'Equipage.

L'Ordre qu'on tient pour la marche d'un équipage d'Artillerie, & la manière de voiturer les munitions.

Il faudra aussi que le Commissaire provincial recommande aux Officiers de l'école, que quand ils se trouveront dans des marches d'équipages, ils observent de ne se pas écarter les uns des autres, comme il arrive toûjours, & qu'ils demeurent exactement à leurs Brigades, ainsi qu'il sera réglé par les Lieutenans & Commandans.

Commandemens dans les Détachemens & Convois.

QUand & comment un Commissaire d'Artillerie, ou autre Officier, doit commander le détachement ou escorte qu'on lui donne pour le Canon & les munitions, conformément à l'Ordonnance du Roi du 25 de Novembre 1695.

Inventaire & Etats.

LEur apprendre à bien dresser un inventaire, & les états de consommation & de remise de chaque quartier de l'année.

Formation d'Equipage.

LEur apprendre à former de petits équipages de Campagne, en proportionnant le nombre & la qualité des Piéces à la quantité des Troupes qu'on commande dans un détachement, & les munitions aux Piéces.

Réglement pour les jours d'Exercice & de Leçons.

TOutes ces leçons doivent leur être données par écrit, & chaque matière peut leur être distribuée par semaines.

On les obligera tous à écrire leurs leçons; & comme il sera formé des Brigades de tous les Officiers & Cadets, il sera du soin de chaque Brigadier de tenir la main, que les Ecoliers qui seront sous son inspection, prennent les leçons, &

& se rendent capables d'en rendre raison quand on les interrogera.

Il doit y avoir certains jours réglés par semaine pour les exercices.

Les Lundis, Mercredis & Vendredis particulièrement.

On les peut exercer certains jours avec les petites Piéces ; & d'autres jours avec les grosses.

Pour obliger les Officiers & Cadets de l'école à s'attacher avec plus d'exactitude aux exercices, il sera retenu quelque chose à ceux qui, en tirant, passeront par-dessus la butte, pour l'appliquer à quelques prix qui seront donnés aux autres qui feront les meilleurs coups.

Inspection sur leur Conduite.

IL faut tenir la main que les Officiers & Cadets tiennent une conduite sage chez leurs Hostes, ensorte qu'il n'en revienne aucune plainte, & ceux qui contreviendront à ce Réglement, seront punis par les arrêts ou par raison, & par d'autres peines proportionnées à leurs fautes.

Prendre garde qu'ils ne fassent des dettes dans les cabarets & ailleurs, avertissant les Aubergîtes, Cabaretiers, & autres, de ne leur rien donner qu'en païant.

Avoir l'œil sur leur manière de vivre ; & rendre compte à M. le Grand-Maître de quinze jours en quinze jours, de ce qui se passera dans l'école.

Le Commandant de l'école lui envoïera, tous les premiers jours de chaque mois, une copie des leçons qu'il aura données pendant le mois précédent.

Fortifications, Danse, Armes, Exercices pour le cheval, l'Arithmétique, & l'Ecriture, le Blazon, & l'Histoire.

LEs Commissaires qui sçavent les Mathématiques, les Fortifications, & le Dessein, donneront des leçons pendant les jours de la semaine qui ne seront pas emploïés aux exercices, ſuivant qu'il leur ſera preſcrit par le Commandant de l'école.

On marquera à ceux qui voudront apprendre à monter à cheval, à faire des Armes, à danſer, à écrire, & l'Arithmétique, certains jours pour cela, afin de ne point interrompre leurs autres exercices.

On les obligera à entendre tous les jours la Meſſe à une certaine heure, & de fréquenter les Sacremens.

MEMOIRES D'ARTILLERIE.

SECONDE PARTIE.

TITRE PREMIER.

Des Piéces de Canon de Fonte.

VOICI les calibres & les noms des Piéces qu'on fondoit anciennement.

Le Basilic étoit du calibre de 48 l. poids de marc; il pesoit 7200 l., & étoit long de 10 pieds.

Le Dragon étoit de 40 l. ; il pesoit 7000, & étoit de 16 pieds ½ de long.

Le Dragon volant étoit de 32 l.; il pesoit 7200, & étoit long de 22 pieds.

Le Serpentin étoit de 24 l. ; il pesoit 4300, & étoit long de 13 pieds.

La

La Coulevrine étoit de 20 l.; elle pesoit 7000, & étoit longue de 16 pieds.

Le Passemur étoit de 16 l.; il pesoit 4200, & étoit long de 18 pieds.

L'Aspic estoit de 12 l.; il pesoit 4250, & étoit long de 11 pieds.

La Demi-Coulevrine étoit de 10 l.; elle pesoit 3850, & étoit longue de 13 pieds.

Le Passandeau étoit de 8 l.; il pesoit 3500, & étoit long de 15 pieds.

Le Pélican étoit de 6 l.; il pesoit 2400, & étoit long de 9 pieds.

Le Sacre étoit de 5 l.; il pesoit 2850, & étoit long de 13 pieds.

Le Sacret étoit de 4 l.; il pesoit 2500, & étoit long de 12 pieds ½.

Le Faucon étoit de 3 l.; il pesoit 2300, & étoit long de 8 pieds.

Le Fauconneau étoit de 2 l.; il pesoit 1350, & étoit long de 10 pieds ½.

Le Ribadequin étoit de 1 l.; il pesoit 750, & étoit long de 8 pieds.

Un autre Ribadequin étoit de ½ l.; il pesoit 450, & étoit long de 6 pieds.

L'Emérillon étoit de ¼ l.; il pesoit 400 ou 450, & étoit long de 4 à 5 pieds.

Il semblera peut-être d'abord inutile que je fasse ici mention des Piéces dont les noms bizarres sont présentement presque inconnus; cependant il est nécessaire qu'un Officier qui entre dans ce Corps, en ait connoissance, parce qu'outre qu'il est encore resté quelques-unes de ces Piéces en certaines Places du Roïaume, comme à Brest où il y en a de 48 l. qui portent encore le nom de Basilic, il peut arriver qu'il sera obligé d'aller faire des inventaires dans des païs nouvellement conquis où il s'en trouvera de pareilles & portant les mêmes noms; ce qui l'embarasseroit, s'il n'étoit préparé là-dessus.

Il

Il faut même qu'il ſçache qu'il y a beaucoup de ces Piéces de 48, 40, & 36 l., dont on ſe ſert fort bien dans les Places & dans les Siéges, & qu'il y en a auſſi de calibre au-deſſus de 48 l., comme à Strasbourg où il y en a une de 96 l.

Mais les Piéces qu'on fond ordinairement, & qui ſont préſentement en uſage en France pour l'Artillerie de terre, ſont:

LE Canon de France qui eſt de 33 l., qui péſe environ 6200, & qui eſt long de 10 pieds, meſuré depuis la bouche juſqu'à l'extrémité de la premiére platte-bande de la culaſſe, & a 13 pouces depuis cet endroit juſqu'à l'extrémité du bouton.

Toute ſa longueur eſt donc de 11 pieds 1 pouce ou environ.

Le demi-Canon d'Eſpagne ou Piéce de 24 l., qui péſe 5100, & qui eſt long de 10 pieds, meſuré depuis la bouche juſqu'à l'extrémité de la premiére platte-bande de la culaſſe, & a 11 pouces & ½ depuis cet endroit juſqu'à l'extrémité du bouton.

Toute ſa longueur eſt donc de dix pieds 11 pouces & ½.

Le demi-Canon de France ou Coulevrine de 16 l., qui péſe 4100, & qui eſt long de 10 pieds, meſuré depuis la bouche juſqu'à l'extrémité de la premiére platte-bande de la culaſſe, & a 10 pouces depuis cet endroit juſqu'à l'extrémité du bouton.

Toute ſa longueur eſt donc de 10 pieds 10 pouces.

Le quart de Canon d'Eſpagne, qui eſt la Piéce de 12 l., qui péſe 3400, & qui eſt long de 10 pieds, meſuré depuis la bouche juſqu'à l'extrémité de la premiére platte-bande de la culaſſe, & a 9 pouces & ½ depuis cet endroit juſqu'à l'extrémité du bouton.

Toute ſa longueur eſt donc de 10 pieds 9 pouces & ½.

Le quart du Canon de France, ou la Bâtarde, de 8 l., qui péſe 1950, & qui eſt long de 10 pieds, meſuré depuis la bouche juſqu'à l'extrémité de la premiére platte-bande de la culaſſe, & a 7 pouces & ½ depuis cet endroit juſqu'à l'extrémité du bouton.

Toute ſa longueur eſt donc de 10 pieds 7 pouces & ½.

La moyenne de 4 l., qui pése 1300, & qui est longue de 10 pieds, mesurée depuis la bouche jusqu'à l'extrémité de la première platte-bande de la culasse, & a 7 pouces depuis cet endroit jusqu'à l'extrémité du bouton.

Toute sa longueur est donc de 10 pieds 7 pouces.

Le Faucon & Fauconneau, qui est depuis ½ jusqu'à 2 l., qui pése 150, 200, 400, 500, & 7 à 800, & qui est long de 7 pieds.

La Piéce de huit courte a de longueur 8 pieds, mesurée depuis la bouche jusqu'à l'extrémité de la première platte-bande de la culasse, & a 7 pouces depuis cet endroit jusqu'à l'extrémité du bouton.

Toute sa longueur est donc de 8 pieds 7 pouces.

Celle de quatre courte a de longueur 8 pieds, mesurée depuis la bouche jusqu'à l'extrémité de la première platte-bande de la culasse, & a 6 pouces & ½ depuis cet endroit jusqu'à l'extrémité du bouton.

Toute sa longueur est donc de 8 pieds 6 pouces & ½.

L'explication des noms de toutes les parties qui composent une Piéce de Canon, se trouvera à l'alphabet suivant.

Nous parlerons de la composition & de l'alliage des Piéces, & de leurs proportions, au Chapitre des Fontes & Fonderies.

LES

PIECES DE CANON DE FONTE A L'ANCIENNE MANIERE COMME ON LES FOND EN FLANDRES.

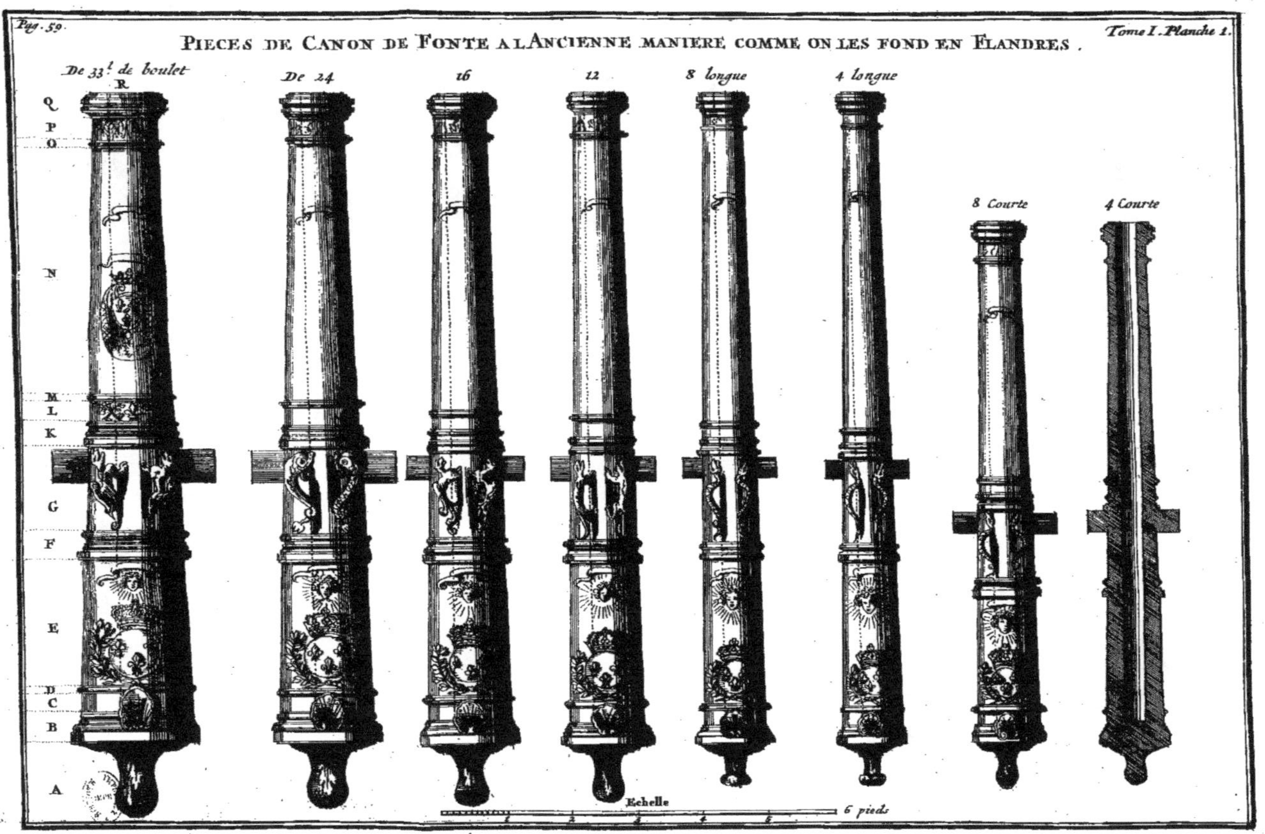

LES NOMS DES PARTIES DE LA PIÉCE SONT.

A *Culasse avec son bouton.*
B *Platte-bande & moulure de culasse.*
C *Champ de lumière.*
D *Astragale de lumière.*
E *Premier renfort.*
F *Platte-bande & moulure du premier renfort.*
G *Deuxième renfort.*
H *Ances.*
I *Tourillons.*
K *Platte-bande & moulure du second renfort.*
L *Ceinture ou ornement de volée.*
M *Astragale de ceinture.*
N *Volée.*
O *Astragale de volée.*
P *Collet.*
Q *Bourrelet.*
R *Bouche.*
S *Coquille contenant la lumière.*

L'ame est ce qui se trouve marqué de petits points, avec la petite chambre conique qui est au fond, seulement pour les Piéces de 33, *de* 24 *&* *de* 16, *les Piéces au-dessous n'en aiant point.*

Il ne faut point de lettres pour faire connoître les Armes du Roi, la Devise au-dessus, ni les Armes de M. le Duc du Maine.

Outre les Piéces ordinaires ou à l'ancienne maniére,

IL s'en fond encore d'autres qu'on appelle de la nouvelle invention, qui différent des autres en trois choses:

Par leur forme; parce qu'au fond de la Piéce il y a une concavité faite exprès pour recevoir la Poudre, & qui est beaucoup plus grande que l'ame de la Piéce, & qui rend la culasse bien plus grosse que celles des Piéces ordinaires.

Par leur longueur; parce qu'elles sont plus courtes.

Par leur poids; parce qu'elles sont beaucoup plus légéres. Ainsi la Piéce de la nouvelle invention de 24 l. de Boulet n'est que de 6 pieds 7 pouces 9 lignes, & ne pése que 3000; Sçavoir, 5 pieds 10 pouces 3 lignes depuis la lumière jusqu'à la bouche, & 9 pouces 6 lignes le bouton.

La Piéce de 16 l. n'est longue que de 6 pieds 2 pouces 4 lignes; sçavoir, 5 pieds 6 pouces 4 lignes depuis la lumière jusqu'à la bouche, & 8 pouces le bouton, & ne pése que 2200.

La Piéce de 12 l. n'est longue que de 6 pieds 1 pouce 3 lignes; sçavoir, 5 pieds 5 pouces 9 lignes depuis la lumière jusqu'à la bouche, & 7 pouces & ½ le bouton, & ne pése que 2000.

La Piéce de 8 l. n'est longue que de 4 pieds 11 pouces 10 lignes; sçavoir, 4 pieds 5 pouces 4 lignes depuis la lumière jusqu'à la bouche, & 6 pouces 6 lignes le bouton, & ne pése que 1000.

La Piéce de 4 l. n'est longue que de 4 pieds 9 pouces; sçavoir, 4 pieds 4 pouces depuis la lumière jusqu'à la bouche, & 5 pouces le bouton, & ne pése que 600.

La concavité du fond de l'ame des Piéces de la nouvelle invention estoit d'abord de figure ronde, comme le porte le dessein qu'on en voit ci à côté. Mais M. le Marquis de la Frezelière, aiant remarqué que leur souffle endommageoit les embrasures, & que par la secousse violente qu'elles souffroient en tirant, elles brisoient souvent les meilleurs Affûts, a jugé à propos de faire tenir ces chambres de

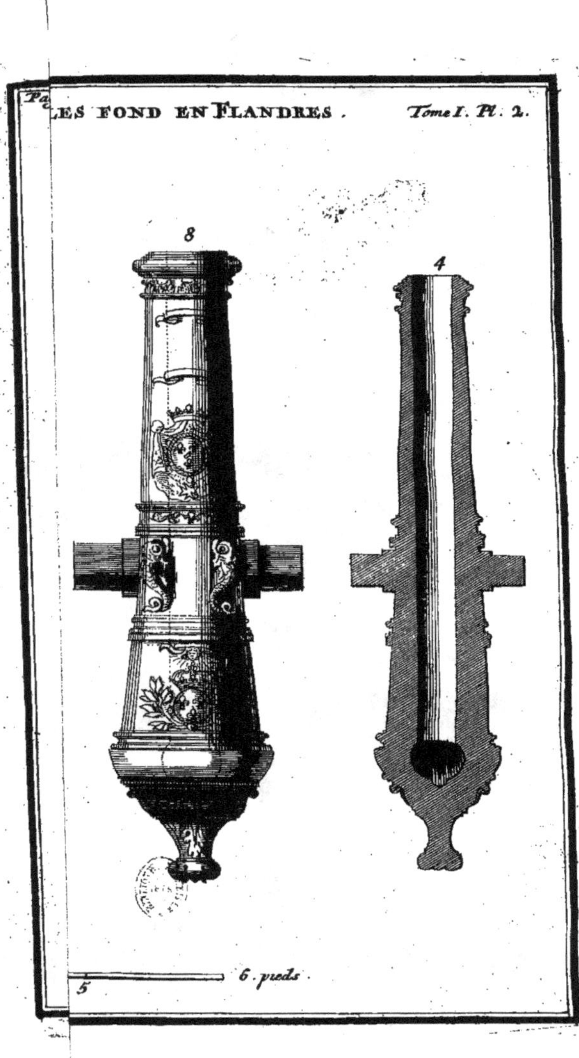
8
4
5
6 . pieds .

Pag. 60.

Pieces de Canon de Fonte de la Nouvelle Invention, comme on les fond en Flandres.

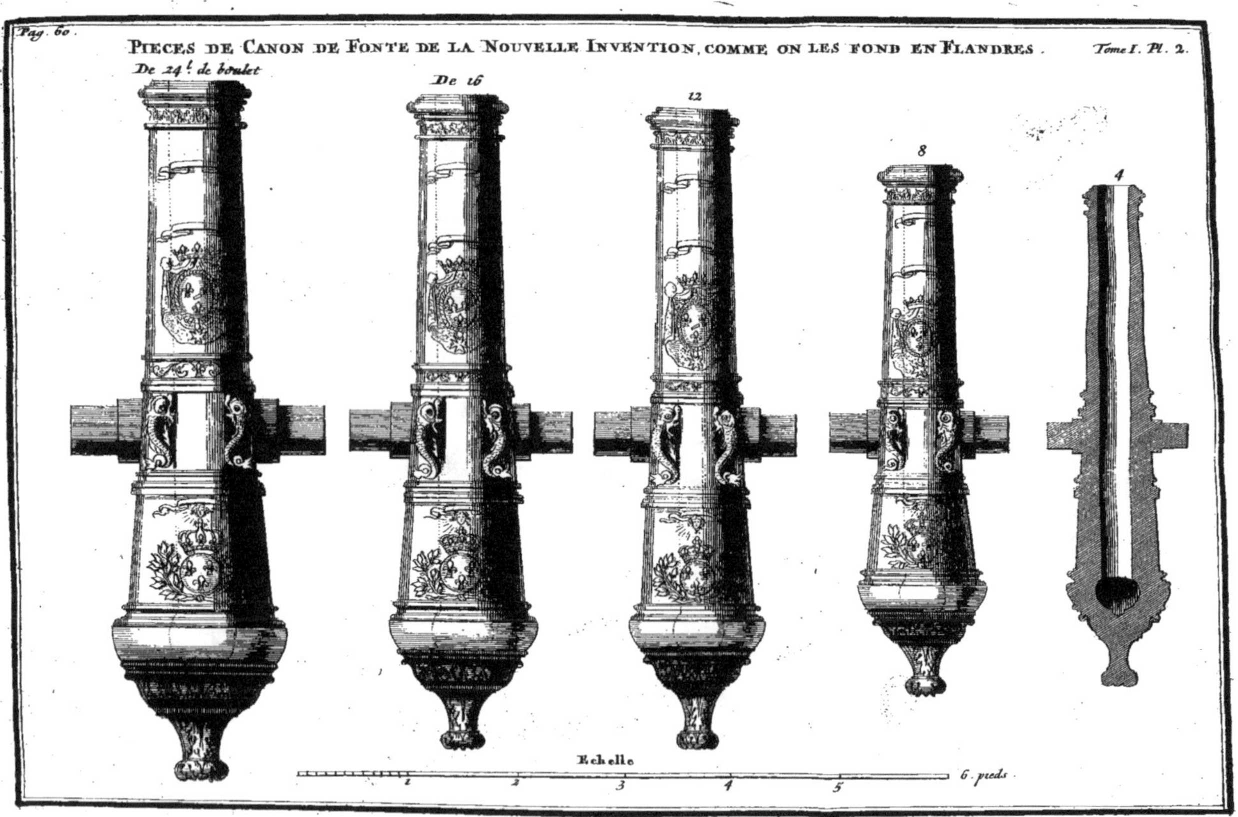

Pieces de Canon de Fonte de la Nouvelle Invention, comme on les fond en Allemagne.

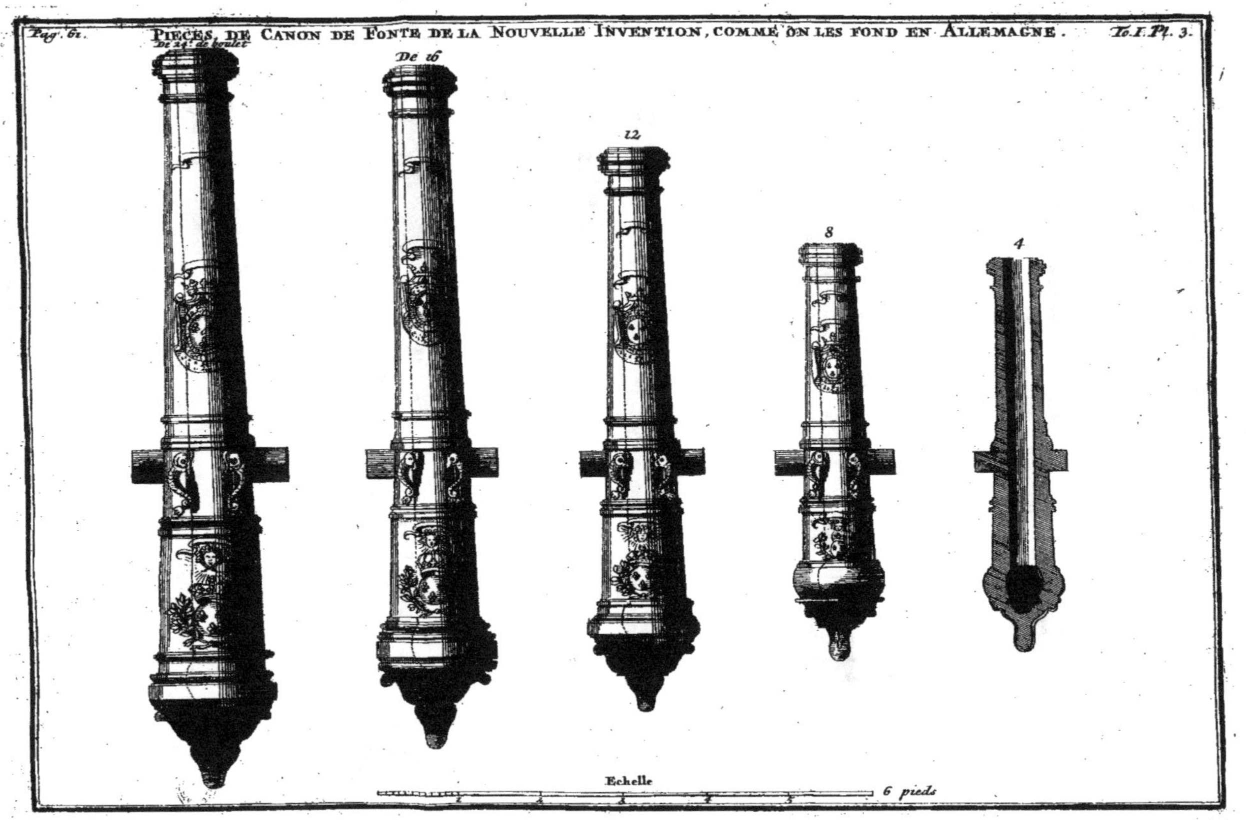

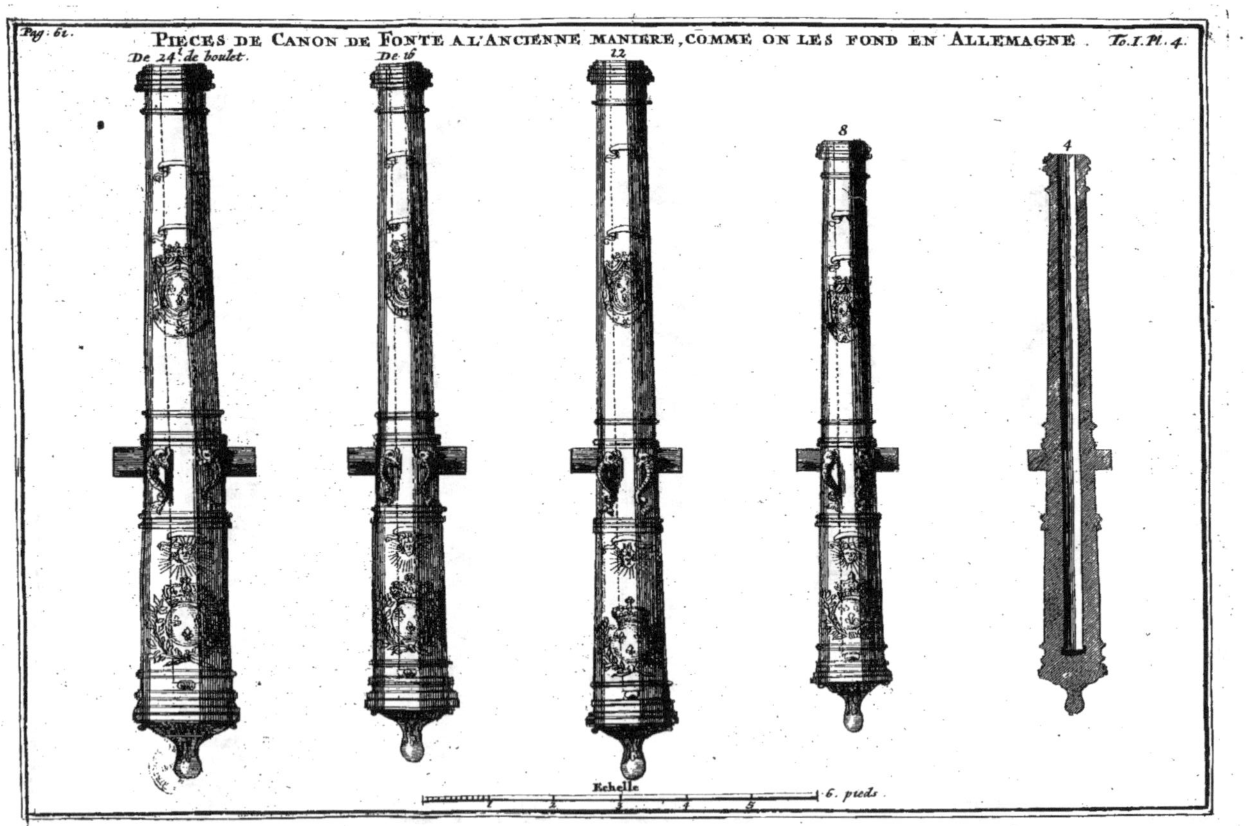
Pag. 61.
PIECES DE CANON DE FONTE A L'ANCIENNE MANIERE, COMME ON LES FOND EN ALLEMAGNE.
To. I. Pl. 4.
De 24l. de boulet.
De 16
12
8
4
Echelle
1
2
3
4
5
6. pieds.

de figure oblongue pour toutes les Piéces de cette sorte qui se fondent dans son département ; & en effet depuis ce tems-là on s'en sert avec beaucoup plus de facilité & moins de risque.

VOus verrez aisément cette différence par le dessein que m'a envoïé le Sieur Bercan, Fondeur à Brisac, & tout de suite vous pourrez aussi jetter les yeux sur les desseins de Piéces longues à l'ordinaire dont il m'a pareillement aidé.

On ne fait point de Piéces de la nouvelle invention au-dessous de 4 l.

Pour calibrer les unes & les autres on se sert d'un instrument fait exprès. Le meilleur Ouvrier présentement est le Sieur Buterfield, Anglois, qui demeure à Paris sur le Quai des Morfondus aux Armes d'Angleterre.

Cet instrument est fait en maniére de compas, mais aiant des branches courbes, afin de pouvoir aussi s'en servir pour calibrer & embrasser le Boulet.

Quand il est entièrement ouvert, il a la longueur d'un pied de Roi qui est de 12 pouces, chaque pouce composé de 12 lignes, entre les deux branches.

Sur l'une des branches sont gravés & divisés tous les calibres tant des Boulets que des Piéces, & au dedans de la branche sont des crans qui répondent aux sections des calibres.

Et à l'autre branche est attachée une petite traverse ou languette faite quelquefois en forme d'S, & quelquefois toute droite, qu'on arrête sur le cran opposé qui marque le calibre de la Piéce.

Le dehors des pointes sert à calibrer la Piéce, & le dedans, qui s'appelle Talon, à calibrer les Boulets.

EXPLICATION DE LA PLANCHE.

A *Porte-crayon.*

B *Compas avec ſes pointes changeantes.*

C *Pointes changeantes.* Il eſt à remarquer que lorſqu'on veut ſe ſervir de la pointe courbe, il faut mettre deux pointes, quoi qu'il n'y en ait ici qu'une de gravée.

D *Compas courbé, ou compas à calibrer, pour s'en ſervir avec la régle de calibre.*

E *Compas diviſé pour calibrer des Boulets, avec ſa languette.*

F *Languette.*

G *Dehors des pointes ſervant à calibrer les Piéces.*

H *Dedans des pointes ſervant à calibrer les Boulets.*

I *Pied de Roi diviſé en pouces & en lignes.*

K *Pied de Roi qui ſe ferme, & qui marque le calibre des Boulets & des Piéces.*

L *Sa languette qui eſt diviſée en 90 degrez, avec ſon plomb.*

M *Plomb qui ſert à déſigner le degré auquel le Canon ou le Mortier ſont pointez.*

N *Quart de cercle qui eſt briſé, & dont on ſe ſert pour incliner le Mortier.*

O *Méme quart de cercle vû par derrière, où ſont diviſés les diamétres des Piéces & des Boulets, & le poids & demi-diamétre de ſphére des Poudres.*

II

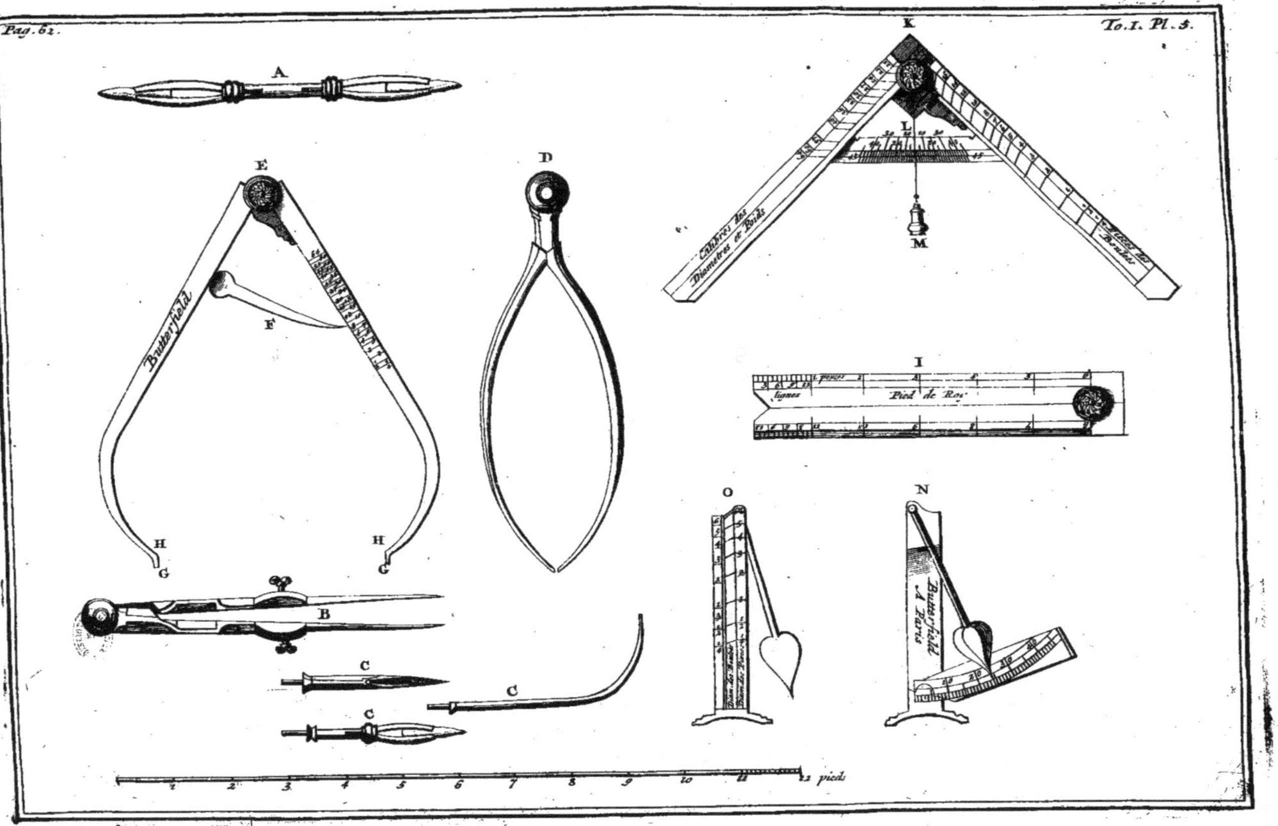
A
E
F
Butterfield
H
G
H
G
D
B
C
C
C
K
L
M
Calibres des Diametres et Poids
Calibres des Boulets
I
pouces
lignes
Pied de Roy
O
N
Butterfield A Paris
1 2 3 4 5 6 7 8 9 10 11 12 pieds

Il y a un autre moyen de calibrer les Piéces.

On a une régle bien divisée & où sont gravés les calibres tant des Piéces que des Boulets, comme il se voit dans la Planche. Appliquez cette régle bien droit sur la bouche de la Piéce ; rien de plus simple : le calibre se trouve tout d'un coup. Ou bien on prend un compas qu'on présente à la bouche de la Piéce : on le rapporte ensuite sur la régle ; & vous trouvez votre calibre.

Mais en cas qu'il ne se trouvât pas de régle divisée par calibres où vous serez ;

Il faut prendre un pied de Roi divisé par pouces & par lignes à l'une de ses extrémitez, comme il est ici.

Rapportez sur ce pied le compas après que vous l'aurez retiré de la bouche de la Piéce, où il faudra l'enfoncer un peu avant ; car il arrive souvent que des Piéces se sont évasées & agrandies par la bouche, où elles sont d'un plus fort calibre que n'est leur ame.

Vous compterez les pouces & les lignes que vous aurez trouvés pour l'ouverture de la bouche & de la volée de la Piéce ; & vous aurez recours à la Table que voici, pour en connoître le calibre. Elle a été dressée, supputée & calculée par Butterfield lui-même, & elle est très-exacte.

CALIBRE DES PIÉCES.

LA Piéce qui reçoit un Boulet peſant 1 once poids de marc, a d'ouverture à ſa bouche 9 lignes & cinq ſeiziè-mes de ligne.

Celle qui reçoit un Boulet peſant 2 onces, a d'ouverture à ſa bouche 11 lignes & trois quarts de ligne.

On va continuer ſuivant cet ordre.

Peſanteur du Boulet.	*Ouverture du Calibre.*		
Onces.	Pouces.	Lignes.	Fractions.
1.	0.	9.	$\frac{5}{16}$
2.	0.	11.	$\frac{3}{4}$
3.	1.	1.	$\frac{7}{16}$
4.	1.	2.	$\frac{3}{4}$
5.	1.	4.	
6.	1.	4.	$\frac{7}{8}$
7.	1.	5.	$\frac{11}{12}$
8.	1.	6.	$\frac{1}{8}$
10.	1.	8.	$\frac{1}{2}$
12.	1.	9.	$\frac{1}{3}$
14.	1.	10.	$\frac{7}{16}$

La Piéce qui reçoit un Boulet peſant 1 livre, qui fait 16 onces, a d'ouverture à ſa bouche 1 pouce 11 lignes & demie.

Peſanteur du Boulet.	*Ouverture du Calibre.*		
Livres.	Pouces.	Lignes	Fractions.
1.	1.	11.	$\frac{1}{2}$
2.	2.	5.	$\frac{19}{32}$
3.	2.	9.	$\frac{13}{16}$
4.	3.	1.	$\frac{5}{16}$
5.	3.	4.	$\frac{1}{4}$
6.	3.	6.	$\frac{2}{3}$
7.	3.	8.	$\frac{7}{8}$
8.	3.	11.	
9.	4.	0.	$\frac{7}{8}$

Peſan-

Pesanteur du Boulet. *Ouverture du Calibre.*

Livres.	Pouces.	Lignes.	Fractions.
10.	4.	2.	[illegible]
11.	4.	4.	[illegible]
12.	4.	5.	[illegible]
13.	4.	7.	[illegible]
14.	4.	8.	[illegible]
15.	4.	9.	[illegible]
16.	4.	11.	[illegible]
17.	5.	0.	[illegible]
18.	5.	1.	[illegible]
19.	5.	2.	[illegible]
20.	5.	3.	[illegible]
21.	5.	4.	[illegible]
22.	5.	5.	[illegible]
23.	5.	6.	[illegible]
24.	5.	7.	[illegible]
25.	5.	8.	[illegible]
26.	5.	9.	[illegible]
27.	5.	10.	[illegible]
28.	5.	11.	[illegible]
29.	6.	0.	[illegible]
30.	6.	1.	[illegible]
31.	6.	1.	[illegible]
32.	6.	2.	[illegible]
33.	6.	3.	[illegible]
34.	6.	4.	[illegible]
35.	6.	4.	[illegible]
36.	6.	5.	[illegible]
37.	6.	6.	[illegible]
38.	6.	6.	[illegible]
39.	6.	7.	[illegible]
40.	6.	8.	[illegible]
41.	6.	9.	[illegible]
42.	6.	9.	[illegible]
43.	6.	10.	[illegible]

Pesanteur du Boulet. Ouverture du Calibre.

Livres	Pouces.	Lignes.	Fractions.
44.	6.	10.	$\frac{29}{32}$
45.	6.	11.	$\frac{9}{16}$
46.	7.	0.	$\frac{1}{4}$
47.	7.	0.	$\frac{25}{32}$
48.	7.	1.	$\frac{1}{3}$
49.	7.	1.	$\frac{29}{32}$
50.	7.	2.	$\frac{9}{16}$
55.	7.	5.	$\frac{1}{2}$
60.	7.	7.	$\frac{29}{32}$
64.	7.	10.	

Il est bon de remarquer qu'en l'année 1668, on retablit le pied de Roi conformément à la toise du Châtelet de Paris ; c'est de ce pied retabli dont le Sieur Butterfield s'est servi ici, & dont l'original, aussi-bien que celui de la toise, se conserve à l'Observatoire Roïal de Paris. Il faut aussi remarquer que pour avoir le pied de Roi bien exact, il faut avoir la toise du Châtelet bien juste, & la diviser en six parties bien égales.

J'ai omis exprès quelques nombres, parce qu'il ne se trouve que peu ou point du tout de ces calibres rompus.

Si vous vous trouvez en lieu où vous n'aïez ni régle ni compas, voïez s'il y a des Boulets pour les Piéces dont vous voulez sçavoir le calibre : présentez-les à la bouche de la Piéce, & s'ils y entrent juste, pesez ces Boulets ; ce qu'ils péseront, sera le calibre de la Piéce à quelque chose près, parce que le Boulet est toûjours un peu moins fort, à cause qu'il lui faut du vent pour pouvoir couler commodément dans la Piéce, & en sortir sans l'érafler ni la blesser.

Il faut prévenir une difficulté qui peut encore se rencontrer ; c'est qu'il se trouvera des Piéces d'un si gros calibre, ou d'un calibre si rompu, que ce calibre ne sera point marqué sur l'instrument à calibrer, ni sur notre Table. Dans un cas pareil il faudra prendre toûjours la largeur de la bouche de

la

la Piéce avec un fil, le plier ensuite en deux, & le porter ainsi plié sur la régle, & multiplier par 8 le chiffre que cette moitié de largeur vous donnera sur la régle ; ce que ce chiffre multiplié produira, sera le calibre de votre Piéce.

Par exemple, supposé que le calibre de 96 l. ne soit point marqué sur la régle de proportion : je porte un fil à la bouche de la Piéce de 96 l. ; & je trouve aiant plié le fil en deux, & le rapportant sur la régle, qu'il touche au chiffre douze : je multiplie ce chiffre 8 fois ; & je dis combien font 8 fois 12 ?

Ils font .... *96.*

Voilà le calibre de ma Piéce de 96 l.

QUand on veut signaler une Piéce dans un Inventaire,

Par exemple, une Piéce fondue par les Kellers, il faut dire :

Une Piéce de fonte du calibre de 24 l., appellée le foudroïant, fondue par Keller en 1690, longue de 10 à 11 pieds, marquée du poids de 5200, aiant au premier renfort les Armes de France avec la Devise *Nec pluribus impar* au-dessus de la couronne, & portant à la volée les Armes de Monseigneur le Duc du Maine, Grand-Maître de l'Artillerie, qui sont de France, à la cotice ou bâton de gueules péri en barre, la couronne rehaussée de fleurs de lis, un manteau de Prince avec trophées d'Armes surmontés de la Devise *Ratio ultima Regum* ; ou enfin telle autre Devise que portera la Piéce.

Il se fond aussi des Piéces de fer, mais elles sont dangereuses à exécuter, à cause de la mauvaise qualité de ce métal ; & que, d'ailleurs, la roüille se mettant dans l'ame de la Piéce en change le calibre, ronge la matière, & la fait aigrir en peu de tems.

Cependant, comme celles qui se fondent à Saint Gervais en Dauphiné, ont été reconnues de bon service, le métal en étant fort doux & fort liant, on a pris la résolution d'en faire faire une grosse quantité pour quelques Places de montagnes, & des Places maritimes.

Ce métal revient à 12 liv. le quintal ou cent pesant, poids de marc dans les forges.

Les Piéces de 24, pesant chacune .. 5550 ⎫
Celles de seize, pesant chacune .... 4500 ⎬ ou environ.
Celles de huit, pesant chacune .... 2250 ⎪
Celles de quatre, pesant chacune ... 1300 ⎭

Au mois de Janvier 1693, on acheta du Sieur .... 90 Piéces de fer qu'il avoit fondues dans les forges de Planchemesnier & de Rancogne en Angoumois, & dans les forges du Sieur Danse auprès de Périgueux : sçavoir,

3 de trente-six, qui pesoient chacune 7100 ⎫
25 de vingt-quatre, qui pesoient chac. 5730 ⎪
14 de dix-huit, qui pesoient chac... 4370 ⎬ ou environ.
23 de douze, qui pesoient chac........ 3610 ⎪
25. de huit, qui pesoient chac........ 2310 ⎭

Elles souffrirent l'épreuve comme les Piéces de fonte, & coûtérent au Roi, le quintal pesant, sçavoir, les Piéces de trente-six & de vingt-quatre, 10 liv. & les Piéces de dix-huit & au-dessous, 8 liv. 10 s.

On en a fait fondre encore 300 dans les forges de Périgord de douze, de huit, & de quatre pour la terre, qui ne sont longues : sçavoir,

Celles de douze, que de 8 pieds & ½, & de 9 pieds, & qui pésent chacune 3600 & 3700.

Celles de huit, que de 8 & 8 pieds & ½, & qui pésent 2400 à 2600.

Et celles de quatre, de 6 pieds & ½ chacune, & qui pésent 1400.

Et ces Piéces n'ont coûté que 8 liv. le cent ou quintal pesant.

On ne s'est pas borné aux Piéces de fer coulé. Certains Particuliers se sont mis en tête d'en composer de fer forgé ; & ils ont dressé de magnifiques mémoires pour appuïer leur opinion & l'utilité de ces Piéces. On a porté même la chose si loin, qu'on a proposé d'en établir une fabrique générale pour en garnir toutes les Places du Roïaume, sur le fondement qu'il devoit en revenir plusieurs avantages considérables. Mais, malheureusement, dans le tems que toutes ces belles propositions se faisoient aux Puissances, un de ces Particuliers aiant risqué de faire éprouver une de ces Piéces

à

à Paris sur la rivière de Seine, vis-à-vis l'Hôpital Général, en presence de personnes très-qualifiées & remplies des connoissances les plus parfaites pour tout ce qui regarde la Méchanique; la Piéce qui étoit de dix-huit livres, ou environ de Boulet, se brisa net en deux morceaux au premier coup, enfonça le bateau sur lequel on l'avoit témérairement placée, & pensa faire noïer plusieurs personnes qui étoient sur les bateaux voisins.

Tout ce mauvais succès qui devoit entièrement faire perdre courage aux gens qui se sont flattés de venir à bout de pareilles entreprises, n'a pourtant fait en eux qu'augmenter le désir de faire de nouvelles expériences; prétendant avoir reconnu les défauts du premier ouvrage. Et en effet, on m'a dit qu'il avoit été fait à Marly une autre épreuve d'une Piéce de fer battu qui a mieux réussi que la première. Je m'en rapporte toûjours à l'user de ces Piéces; & ce sera le tems qui en fera connoître la bonté.

Cependant, afin de contenter la curiosité du Public, & de donner à Messieurs les Ingénieurs la satisfaction de le voir informé des raisons dont ils fortifient leurs propositions, je donne ici deux de leurs mémoires.

Ils contiennent un éloge pompeux des Piéces de Canon de fer forgé.

Par leur bon service.

Par la facilité d'en avoir beaucoup;

Et par l'épargne qu'elles feront au Roi.

Tout le monde néanmoins ne s'est pas trouvé de leur sentiment; puisqu'on a fait des observations sur ces mêmes mémoires, qui portent une terrible atteinte à toutes leurs prétentions: on les verra en suite.

MÉMOIRE

Pour la Frabrique des Canons de Fer forgé,

LEs Canons qui ſont les principales machines dont on ſe ſert pour défendre un Etat, & pour en attaquer un autre, eſſuïent le ſort de toutes les autres choſes qui ſe réglent par un uſage continuel. Ils ont été d'abord imparfaits; & ce n'eſt que peu à peu qu'ils ſont venus au degré de perfection où nous les voïons. Ainſi il n'eſt pas étonnant que ce ſoit après une ſuite d'eſſais, qu'on ſoit venu à la maniére que nous propoſons, & qui eſt, ſans doute, au-deſſus de tout ce qui ſe pratique préſentement.

Toutes les eſpéces de Canons que l'uſage a établies, ſe réduiſent aux Canons de cuivre & à ceux de fer coulé, dont les défauts nous ont donné occaſion de rechercher une maniére plus parfaite, comme nous allons le montrer.

Les Canons que nous propoſons, & qui ſont de fer forgé, conſiſtent dans pluſieurs viroles de bandes de fer roulées ſur un mandrin du calibre de la Piéce à faire. Les viroles s'appellent miſes, leſquelles étant percées & ſoudées les unes aux autres, & en elles-mêmes, forment le Canon depuis le fond de l'ame juſqu'à la bouche, & les miſes qui ſont remplies dans leur milieu, forment la culaſſe, & le bouton.

L'idée générale que nous donnons de cette fabrique du Canon de fer forgé, donne lieu de s'appercevoir facilement des propriétez eſſentielles & des avantages ſuivans:

I. Nous nous ſervons de fer forgé, parce que ce métal eſt plus ferme & plus roide que tous les autres métaux. On en ſera convaincu ſi on conſidére que toutes les Armes offenſives & défenſives ſont de fer forgé, & non pas d'aucun autre métal: les canons, par exemple, des Fuſils ou des Mouſquets ſont de fer forgé; on n'oſeroit les faire de cuivre avec la même épaiſſeur.

II. Nous faiſons le Canon de miſes compoſées de bandes de

de fer roulées comme un ruban, parce que la grande force du fer forgé est dans la longueur de ses fibres, qui, dans cette disposition, résiste justement au plus grand effort de la Poudre qui se fait sur le travers du Canon: car à l'égard de la longueur selon laquelle les mises sont soudées les unes aux autres, l'effort de la Poudre est moindre, puisqu'en ce sens-là le Boulet céde.

III. Tous ces Canons étant faits de fer affiné, ils ne seront point sujets à la rouille: car il n'y a que la grosse impureté qui se trouve dans le fer coulé, qui cause la rouille; & l'expérience nous montre que le fer forgé dans les ouvrages exposés à l'air, comme les croix des Eglises, les portes de fer, & les grilles des Jardins, se conservent d'eux-mêmes sans aucun soin. On en peut voir un exemple aux portes de Notre-Dame de Paris, dont les pentures de fer qui se terminent en ornemens étendus sur les portes de bois, subsistent depuis plusieurs siécles dans leur entier, sans qu'on en ait aucun soin: à plus forte raison les Canons de fer forgé se conserveront pour peu qu'on en ait soin; ce qui ne consiste qu'à les enduire de gaudron ou d'huile grasse & siccative.

IV. Comme le fer est le plus ferme de tous le métaux, les Canons qui en sont faits, résisteront sans doute mieux au traînant du Boulet que ceux de cuivre, qui en sont éraflés & écorchés jusqu'à en avoir l'ame corrompue & rendue ovale; ce qui affoiblit la force du Boulet.

V. Le fer a encore cet avantage, que, comme il ne souffre aucun mêlange, la lumière est plus durable que celle des Canons de cuivre qui sont mêlangés d'étaim; & c'est une des raisons qui ont fait abandonner les canons de cuivre pour les Fusils, parce que leur lumière s'agrandissoit trop facilement, quoiqu'ils fussent plus pesans que ceux de fer.

VI. L'usage montre que plus le fer va à la forge, meilleur il en sort; ce qui fait qu'une Artillerie de fer forgé est un fonds d'une éternelle durée: car supposé que le Canon fût corrompu & endommagé par quelque cas fortuït, comme par les Boulets des ennemis, ou par les Bombes, ou même par la négligence des Officiers, ou dans des tems de desordres, les

les Canons se trouvassent entièrement perdus de rouille à ne pouvoir plus servir; le Canon peut être refoulé & additionné de quelques mises, & ce sera un Canon pour le moins aussi-bon qu'auparavant. Le contraire arrive au cuivre & à l'étaim, dont la qualité baisse en passant par le feu; ce qui fait conclure, qu'il y aura plus de ressource dans une Artillerie de fer forgé, que dans celle de cuivre ou de fer coulé qu'il faut jetter dès qu'il est hors de service.

VII. Dès que le fer ne souffre aucun alliage, il a encore cet avantage qu'il ne peut y avoir d'abus dans sa matière; & le Prince ne peut y être trompé: au lieu que ceux de fonte souffrant le bon & le mauvais mélange, donnent lieu à la fraude & à faire infidélité sur infidélité, qui ruine sensiblement une Artillerie, sans compter que les fontes de cuivre & d'étaim déperissant en qualité, le fonds de l'Artillerie baisse continuellement.

VIII. L'expérience nous apprend, que les Canons de fer coulé s'échauffent moins que ceux de cuivre: & comme l'expérience montre aussi chez les Ouvriers, que le fer affiné prend moins tôt la chaleur que le gros fer, on peut conclure avec assûrance, que les Canons de fer battu s'échauffent moins que ceux de fer coulé, & à plus forte raison que ceux de cuivre.

IX. Il est bon de considérer aussi que les Canons de fonte ont ordinairement des chambres, & ceux de fer battu n'en auront jamais, parce que le mandrin unit l'ame par ses allées & venuës, & le marteau par sa compression.

X. La force que nous sommes obligés de reconnoître dans les Canons de fer battu au-dessus des Canons de fonte, leur donne des avantages dont on peut faire usage selon qu'on le jugera à propos. Le premier est, qu'en leur donnant le même poids qu'aux Canons de fonte, ce qui est nécessaire, afin qu'ils reculent moins, comme ils sont plus forts, ils souffriront une plus grande charge, & feront plus d'effet pour battre en brêche, pour éloigner des galiotes à Bombes, ou dans une Ville assiégée pour obliger les ennemis à une plus grande circonvallation. Le second, qu'en conservant une force égale

égale à celle des Canons de fonte, ils peuvent être plus légers; ce qui aura son utilité pour les Armées, & pour les mener par des hauteurs de difficile accès. Le troisième est qu'en cas qu'on voulût faire des Canons brisés, il sera plus aisé & plus sûr de les exécuter en fer qu'en cuivre.

XI. Maintenant, si on compare les Canons de fer battu avec ceux de cuivre par leur prix, on trouvera que l'Etat gagne beaucoup en se servant de Canons de fer battu: car le Roi en aura deux pour un de cuivre, & qui seront d'une éternelle durée, comme nous avons montré ci-devant; au lieu que les Canons de cuivre engagent à de nouvelles dépenses pour les refontes & pour les réparations. Et qu'enfin, ce qui est principalement à considérer, la matière du Canon de fer battu se trouve en France en abondance; au lieu qu'on est obligé d'acheter le cuivre, & l'étaim dans les païs étrangers.

XII. A l'égard du Canon de fer coulé, il est vrai qu'il coûte beaucoup moins: mais cette différence sera moins considérable, si on prend garde que ces Canons doivent être plus pesans pour avoir la force nécessaire; que sa durée est beaucoup moindre, parce que la rouille les mange en fort peu de tems, & qu'étant corrompus ou cassés il n'y a plus de ressource; & qu'enfin il y a plus d'économie à se faire une Artillerie de fer forgé que de fer coulé, puisque c'est un fonds éternel, qui dans la fabrication s'améliore toûjours.

XIII. En joignant ensemble le fonds que Sa Majesté est obligée de mettre dans son Artillerie de cuivre & de fer coulé, il est certain que le fonds de la dépense courante sera beaucoup diminué, en se faisant un fonds de Canons de fer battu: car à mesure que les Canons de cuivre viendront hors de service, Sa Majesté peut en vendre la matière, & se faire deux Piéces de Canon de fer forgé pour une de cuivre; & dans les Lieux où il faut de nouveaux Canons de cuivre avec la même dépense, on en fera faire de fer forgé qui seront d'une plus longue durée, & qui étant peu à peu substitués à la la place des Canons de fer coulé, en diminuera par sa durée & par son peu de réparation les fonds ordinaires de l'Artillerie, ou bien donnera moïen avec les mêmes fonds de munir plus abondamment toutes les Places frontières & même leurs dehors, les Places maritimes, les Lieux où on craint des descentes, ou les Vaisseaux du Roi; sans compter que les vaisseaux Marchands y trouveront de l'avantage pour leur sûreté, & que les Etats qui n'ont point de fer, donneront lieu à un commerce qui pourra remplacer en partie les frais de son Artillerie.

OBSERVATIONS

Sur le mémoire du Secret du Canon de Fer.

Le Secret de forger du Canon est presque aussi ancien que celui de le fondre; mais toutes les fois qu'on a voulu s'en servir, il a échoüé; soit par la qualité du fer qui ne peut pas souffrir long-tems les efforts de la Poudre; soit par la rouille qui ronge & corrompt bien-tôt ce métal, particulièrement dans les Lieux maritimes, & qui en fait écailler l'ame, diminuer les calibres, & aigrit la matière; soit par le coût immense à quoi ces sortes de Pièces engagent.

I.

L'Utilité de la longueur, & de la portée, seroit admirable, mais la proportion sera défectueuse en tout; le métal affamé; & les Pièces saigneront sur l'Affût qui doit être tout des plus extraordinaires.

AUTRE MEMOIRE

Sur l'Edit qu'on propose concernant l'établissement d'une Fabrique de Canons de Fer forgé.

I.

CEs Canons de fer forgé seront (si le Roi le souhaite) d'un tiers plus longs que ceux de fonte verte, ne péseront pas davantage, & porteront deux fois plus loin, de quelque calibre que Sa Majesté les veuille faire fabriquer.

II. Ce

II.

Ce calcul eſt établi ſur une ſuppoſition fauſſe, & on veut éblouir par-là: car, en premier lieu, il n'eſt pas vrai que la livre des Piéces de fonte revienne à 28 ſols: on peut voir dans le ſecond tome, au titre IX des fontes & fonderies, qu'il a été des tems où elle n'eſt pas revenue à 21 ſols, puiſqu'une Piéce de 33, peſant 6 milliers, ne coûtoit que 6380 liv.

En ſecond lieu, la Piéce de fer forgé d'un pareil calibre que celle de fonte péſera toûjours un cinquième davantage, puiſqu'une Piéce de 24 de fonte ne péſe que 5 milliers ou 5100 livres; & qu'une Piéce de fer de même calibre péſe 5 mille 7 à 800 livres.

En troiſième lieu, il faut remarquer que ce ſont 12 ſols la livre que coûtera la Piéce de fer forgé, quand celle de fer fondu ne reviendra qu'à deux ſols.

En quatrième lieu, il faut faire réflexion que d'une Piéce de fer crevée on n'en retirera qu'un ſol de la livre, ou peu plus; mais que d'une de fonte on en retirera toûjours 13 à 14 ſols de la livre.

Et enfin, il eſt bien ſûr qu'une Piéce de fonte tirera

II.

Ils ne coûteront pas le quart tant que ceux de fonte verte; cela git en fait. On ſuppoſe un nombre certain, par exemple, cent Canons de fer forgé, peſant l'un portant l'autre quatre milliers de fer; & quatre cens milliers en total ne reviendront à raiſon de 12 ſols la livre, qu'à la ſomme de deux cens quarante mille livres: & pareil nombre de Canons de fonte verte peſant au moins ſix cens cinquante milliers, ſur le pied de vingt-huit ſols la livre, reviendront à neuf cens dix mille livres. Ainſi ce ſera ſur cette quantité ſeule ſix cens ſoixante dix mille livres d'épargne.

trois fois plus qu'une de fer; partant épargne imagnaire.

III.

Il n'y a point de fonte verte; c'est parler improprement: il n'y a qu'à scier les Piéces de fonte pour connoître qu'elles sont de cuivre fort rouge. On veut croire que ce travail donneroit quelque occupation aux Ouvriers François & peut-être trop, car souvent il en crevera; mais le service du Roi n'en ira pas mieux.

III.

Cette fabrique se faisant en France même, ce feront les Ouvriers François qui profiteront du travail, & l'argent ne fortira point du Roïaume pour tirer des païs étrangers le cuivre & l'étaim qu'on emploie dans les Canons de fonte verte.

IV.

Les Canons de fonte hors de service ne deviennent pas inutiles, puisque la matière sert toûjours, & que même quelquefois dans les besoins pressans, on peut y mettre des grains.

IV.

Ces Canons apporteront une très-grande décharge aux coffres du Roi par l'épargne du cuivre, & de l'étaim, les Canons de fonte devenant absolument inutiles.

V.

Cela est beau, si cela est vrai; mais la Poudre s'en consomme bien davantage. On ne voit pas que M. le Maréchal.... ait fait faire cette épreuve, ni M. le Maréchal..... Ce dernier loue bien la forme extérieure de la Piéce, mais il ne dit rien de sa bonté pour l'exécution.

V.

Ces Canons feront un effet bien plus violent, en ce qu'on pourra leur donner double charge si on veut, sans appréhender aucun accident. L'épreuve qui en a été faite & celle que l'Entrepreneur supplie Sa Majesté d'en faire faire encore, afin qu'elle n'en puisse point douter, justifie, & justifiera pleinement cet Article, que les Canons au moïen de la longueur augmentée de douze pieds à dix-

huit

huit, porteront deux fois plus loin.

VI.

Cela regarde la marine qui ne s'accommodera peut-être pas de l'excessive longueur qu'on promet aux Pièces, n'y aiant pas tant de recul sur les vaisseaux que dans les batteries de terre.

VI.

Ces Canons, n'étant pas plus pesans que ceux de fonte verte, ne fatigueront pas plus un Vaisseau, & n'ébranleront pas plus ses ponts, ses précintes, & ses lices, que ceux de fonte, malgré la double charge qu'on peut leur donner; c'est de quoi l'Inventeur se fait fort.

VII.

C'est la même chose qu'on vient de dire. On défère absolument aux lumières de M. le Maréchal . . . . mais il ne dit pas qu'il ait fait éprouver cette Pièce qui par l'extérieur paroît assez belle, quoique mal proportionnée: & si cette longueur de Pièces étoit exempte de plusieurs inconveniens, le service qu'elles rendroient, ne pourroit être assez prôné.

VII.

Un Officier Général de la première distinction qui a vû le Canon déja fabriqué, convient, qu'il sera d'une absolue nécessité d'en faire fabriquer de plus longs, parce que par-là, on évitera le Bombardement que les ennemis du Roi peuvent faire dans les Places maritimes: & c'est de quoi l'Entrepreneur se fait fort, parce que ces Canons porteront les Boulets une fois plus loin que les Galiottes à Bombes ne peuvent approcher pour faire leur effet; & cet éloignement ne dissipera pas la violence du coup. Cette seule utilité prouve la nécessité de cette nouvelle fabrique.

VIII.

Il y a un terme à la durée des Pièces; l'Auteur de celles-

VIII.

Ces Canons tireront sans discontinuation tant qu'on

ci ne le connoît pas à ce qu'il paroît : & on ne sçauroit trop apporter de précautions pour éviter le péril du feu qui se cache souvent avec le fourage dans les recoins des écailles qui se forment par la rouille dans ces Piéces aussi-bien que dans celles qui sont fondues.

IX.

On peut ne pas convenir de ce qu'il avance par plusieurs expériences contraires. On ne sçait ce que c'est que tous ces Canons défectueux repandus de tous côtez dans le Roïaume, comme l'Auteur de l'invention nouvelle le prétend. Il feroit bien plaisir d'indiquer ces Piéces, & où il s'en trouve; puisque dès qu'on en connoît quelqu'une hors de service, le Lieutenant du département l'envoie aussi-tôt à la fonte: & s'il y en avoit un si grand nombre qu'il le prétend sans fondement, il seroit bien plus expédient de les convertir en Piéces neuves qu'en liards, puisqu'on ne sçauroit, particulièrement dans la Guerre presente, avoir trop de Canons par-tout.

X.

Ce principe est faux ; car plus les Maîtres de forges

voudra sans les rafraîchir, comme on est obligé de rafraîchir ceux de fonte, parce que plus le fer s'échauffe, & plus il est lié, & plus il résiste à l'effet de la Poudre; il faudra seulement observer que son degré de chaleur ne soit point assez fort pour faire prendre feu.

IX.

Ces Canons dureront presque toûjours, parce que la lumière ne sera pas non plus sujette à s'accroître, & que le reste de la Piéce ne sera non plus sujet à aucun inconvenient de ceux qui ont mis hors de service plusieurs Canons de fonte, qui sont à present repandus de tous côtez, & qui ne servent à rien, & qui cependant pourroient être utiles à l'Etat si on les convertissoit en liards, ou en sols marqués, en y ajoutant le reméde: on compte qu'il y en a pour plus de vingt-cinq millions.

X

L'Ingénieur propose au Roi de prendre le fonds de

seront

seront chargés, & plus cher ils vendront leur fer. Tout rencherira par ce moïen; l'Artisan sera hors d'état à cause de cette cherté extraordinaire de continuer son trafic; & le Bourgeois remettra son bâtiment à un autre tems.

cette fabrique à commencer sur les fers qui se fabriquent & entrent dans le Roïaume. Il n'y a rien de si juste, parce que ce seront les Maîtres de forges, & les Commerçans de fer qui se ressentiront les premiers du profit que cette fabrique de Canons forgés apportera, en ce que ceux qui sont à la proximité des atteliers où Sa Majesté fera travailler, y envoïeront leurs fers qui y sont consommés & païés de la main à la main; & que ceux qui en sont éloignés, verront augmenter leur commerce, tant pour fournir à cette fabrique la quantité de fer qui y manquera, que pour remplacer celui qui s'y consommera venant de sa proximité, & qui se transportoit ailleurs.

XI.

On ne convient pas de tous ces prix; cela est à examiner avec un peu d'attention. On ne compte pas le tems que les Maîtres de forges sont à attendre la vente de leurs fers, & l'intérêt de l'avance de leur argent.

XI.

Mais afin que Sa Majesté ne croie point porter préjudice aux Maîtres de forges ni aux autres, après avoir montré l'utilité qu'ils en tireront, il est à propos de faire connoître aussi que cette augmentation de droit n'est rien à proportion du gain qu'ils font sur les fers; il ne faut que le détail de la dépense.

La

La fonte gueuse ne leur revient qu'à 25 livres le millier : sçavoir,

Pour quatre poinçons de mine . . .	3 liv.	25 liv.
Pour deux bannes de charbon . .	14.	
Pour le droit domanial fixé . .	4. 7ſ 6	
Pour la façon des Ouvriers . . .	3.	
Et pour les faux fraix .	12. 6	

Et, au plus, le millier de fonte en gueuse se vend trente-huit livres ; ainsi treize livres de gain, ci...... 13 l.

XII.

Calcul douteux. Il faut l'examiner de plus près & avec gens du métier : ils n'en conviendront pas.

XII.

Outre ces treize livres de gain sur la fonte, ils gagnent encore trente livres en les convertissant en fer.

Pour 1500 l. de fonte gueuse à 38 liv.		57 liv.	80 liv.
Pour deux bannes & demie de charbon à 6 liv. la banne, parce qu'il est plus me-	15		

nu

nu & qu'il coûte moins . . . .

Pour la façon des Ouvriers . . . . 7. 10 ſ.

Pour faux fraix . . . . . . 10.

Le fer au plus bas ſe vend cent dix livres le millier; ainſi trente livres de gain... 30 liv.

Par ces calculs on voit le gain ſur chaque eſpéce : mais un Maître de forge, qui a en même tems, ſon fourneau où il coule ſes gueuſes, & ſa forge où il les convertit en fer, ne fait que quarante quatre livres de dépenſe, & par conſéquent gagne ſoixante-ſix livres ſur chaque millier de fer ; ainſi ce droit eſt peu de choſe par rapport au profit qu'ils font.

XIII.

On ne convient pas que cette augmentation de droit ne produiſe pas des diſputes, & des procès. Le Fermier de la marque des fers n'y gagnera rien, puiſqu'il faut qu'il compte de Clerc à Maître de cet excédant. Bien loin de cela, ce ſera une excuſe aux Maîtres des forges pour éloigner le projet de leur abonnement : plus les fers ſont chers,

XIII.

On l'a fixé au quart du droit domanial, afin d'éviter toutes diſputes & procès, & que chacun ſçache ce qu'il doit païer au Fermier, & le Fermier à l'Entrepreneur, qui ſera auſſi le quart de ſon bail en ſus. Ce Fermier n'en ſera pas plus de fraix de régie. Les abonnemens ſeront conſervés, & les deniers clairs & fixés tant pour la recette que

& moins ils se vendent.

la dépense. Il n'y aura que le Fermier de la marque des fers qui puisse y gagner quelque chose, parce que le produit de la ferme augmentera, & que les fraix de régie en seront moindres par rapport à son produit.

XIV.

Ce qui proviendra de l'établissement de ce nouveau droit, ne produira que trop de mal, & son secret que très-peu de bien, pour ne pas dire point du tout, par la mauvaise qualité des Piéces de fer, dont il y a longtems qu'on est desabusé, & par le petit nombre qu'il s'en fera: car, si l'on s'en sert dans la Marine, c'est parce qu'on ne peut pas toûjours faire la dépense de celles de fonte, & qu'il se trouve peu de perte aux Piéces de fer quand elles viennent à crever. Autrement il n'y a pas de doute qu'on se serviroit bien plûtôt de la fonte.

XIV.

Cet expédient que l'Entrepreneur a trouvé, prouve sensiblement qu'il n'a point tant en vûë son profit que l'utilité de Sa Majesté dans son entreprise. En effet, les deniers qu'il recevra du Fermier de la marque des fers, ne seront pas capables de lui faire faire beaucoup de travail, ni par conséquent une grosse fortune; mais il espére que l'utilité de ces Canons forgés étant parfaitement connue de Sa Majesté & de son Conseil, elle tirera des fonds ordinairement destinés à son Artillerie, ceux qui seront nécessaires pour faire fabriquer la quantité de Canons proportionnée aux besoins, tant de ses Armées de terre & de mer, que Places frontières & maritimes.

XV.

Après toutes ces réflexions, c'est à Sa Majesté à en ordonner ce qu'il lui plaira. Toutes ces nouvelles imaginations roulent

XV.

Et enfin l'Entrepreneur supplie très-humblement Sa Majesté de vouloir bien lui confirmer le privilége qu'elle

sur

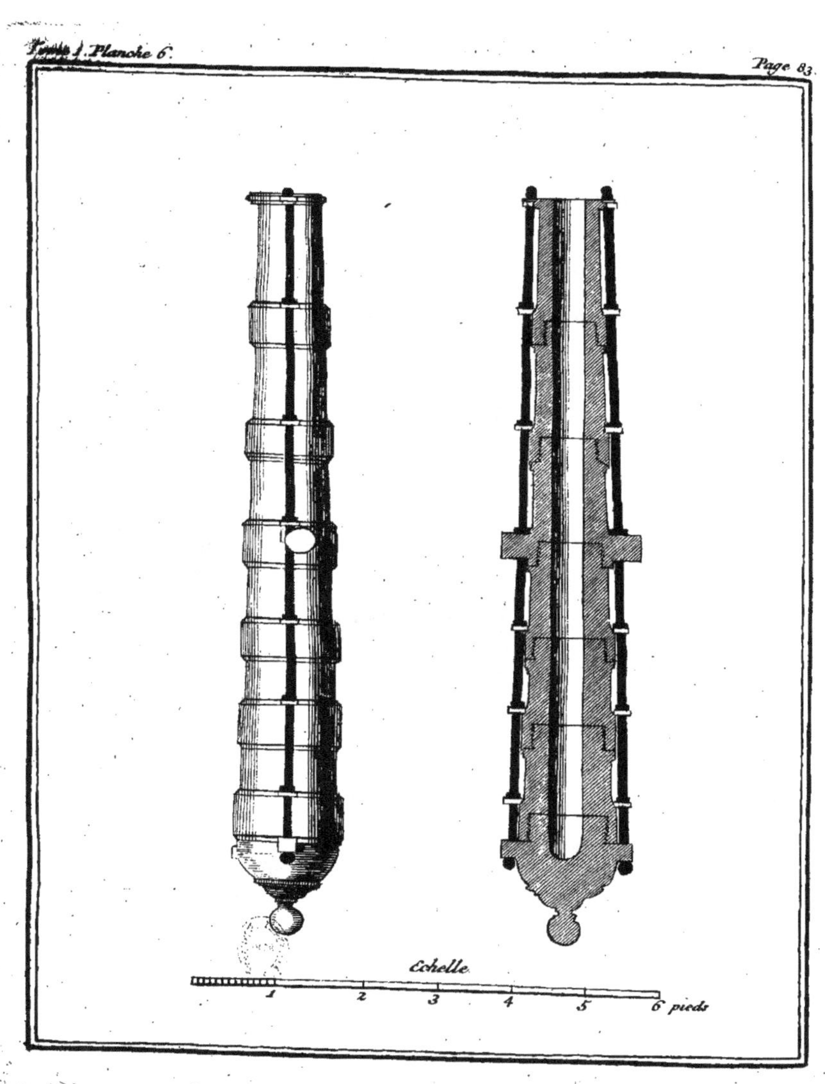
Echelle
1
2
3
4
5
6 pieds

sur l'expérience, & sur une expérience vive, & conduite par des Officiers entendus sur cette matière, & qui n'aient avec l'Auteur de l'invention, ni affinité ni liaison ni intérêt: & il faut pousser ces Piéces comme on a fait celles des Kellers, & des Ballards; & le succès fera prendre au Conseil sa dernière résolution.

lui a accordé sous le nom du . . . . . . de fabriquer seul ces Canons, à l'exclusion de tous autres pendant trente ans, & il en fournira à Sa Majesté tel nombre & de tels calibres qu'il lui plaira lui ordonner.

Ces observations devinrent une manière de prophétie; car ce fut après qu'on les eut faites, que la première Piéce de fer forgé, dont on a déja parlé, creva, & fit connoître la vanité de ce prétendu secret.

Ce dessein, donné par un Particulier, est d'une Piéce faite de sept morceaux, & qui pouvoit se monter & démonter, pour être rendue plus aisée pour le transport; ces morceaux étant fortement entretenus ensemble, par le moïen de deux tringles de fer, qu'il appelle boulons, qui se posoient par les côtez de toute la longueur de la Piéce, & qui passoient dans les anneaux, qu'il appelle écrous. Mais, par un mauvais préjugé contre lui, comme on avoit déja fait l'expérience d'une pareille Piéce en fer, qui s'étoit brisée en cent morceaux à la première épreuve, celle-ci a été méprisée: & je ne donne ici ce dessein, que pour ôter à tout autre l'envie de faire à l'avenir aucune proposition là-dessus.

LA manière de bien servir une Piéce se trouvera au Titre VIII.

Dans les occasions de service, on charge de Poudre les Piéces faites à l'ordinaire aux deux tiers de la pesanteur du Boulet, c'est-à-dire, qu'on met 16 l. de Poudre dans une Piéce de 24.

Dans les salves & réjouïssances, il y a une Ordonnance du Grand-Maître, dattée du premier Août 1681, qui défend d'y mettre plus d'un quart de la pesanteur du Boulet.

Depuis que je sers dans l'Artillerie, je n'ai point de connoissance qu'il ait été fait aucun Réglement sur le nombre des Piéces qu'on doit tirer dans les salves pour les Princes & pour les grands Seigneurs : je ne trouve qu'une Ordonnance du Roi du 25e. jour de Mai 1671, qui régle le salut pour le Grand-Maître, à cinq volées de grosses Piéces de Canon à son entrée, & à pareil nombre à sa sortie.

IL y en a bien eu pour les saluts de mer, dont il n'est pas inutile aux Officiers d'Artillerie d'être instruits, afin que, lorsqu'ils se trouveront dans les Places maritimes, ou même dans des voïages de mer, où ils se trouvent souvent engagés par leur emploi, ils sçachent quel est l'usage des honneurs & des saluts qui doivent se rendre, non seulement des Villes & Places aux Vaisseaux & Galéres ; & des Vaisseaux & Galéres aux Villes & Places ; mais encore de Batimens à Batimens. On trouvera ici un ancien Réglement de 1665, rendu à cet égard, & un autre bien plus nouveau, puisqu'il n'a été fait que depuis les dernieres Guerres.

Ordre & Réglement touchant ce que le Roi désire dorenavant être observé à la Mer, entre les Vaisseaux & Galéres des autres Princes & Etats, à l'égard des Honneurs & Saluts qui doivent être réciproquement rendus, tant aux Places maritimes qu'aux Pavillons, Etendards, Cornettes, & autres marques de Commandement que lesdits Vaisseaux & Galéres portent à la Mer.

TOutes les Places maritimes appartenant à Sa Majesté, même les principales, & toutes ses Forteresses, continueront à saluer les premiers le pavillon Amiral de Sa Majesté, & l'étendard Roïal de ses Galéres.

Tous les autres Vaisseaux de Sa Majesté, & toutes ses Galéres, quelques marques de commandement que ceux-là & celles-ci portent, à l'exception dudit pavillon Amiral

ral, & de l'étendard Roïal des Galéres, passant devant les Places maritimes, & principales Forteresses de Sa Majesté, ou arrivant dans les ports, ou mouillant dans les rades, salueront les premiers lesdites Places & Forteresses, lesquelles leur rendront le salut: à sçavoir, au Vice-Amiral, Patronne & Contre-Amiral, coup pour coup, & autres avec un moindre nombre de coups qu'elles régleront à proportion du commandement plus ou moins digne qu'auront lesdits Vaisseaux & Galéres.

Comme Sa Majesté sçait que les autres Rois ont donné leurs ordres que tous leurs Vaisseaux & Galéres, même leur pavillon Amiral & leur étendard Roïal, saluent les premiers les Places maritimes & les Forteresses de Sa Majesté passant devant elles, ou arrivant dans leurs ports, ou mouillant dans leurs rades, de se contenter, pour la reddition du salut, qu'il soit rendu coup pour coup seulement audit pavillon Amiral, & à l'étendard Roïal, & à tous les autres avec un moindre nombre de coups selon la dignité de leur commandement: Sa Majesté veut aussi qu'il en soit usé de même par ses Vaisseaux & Galéres à l'égard des Places maritimes, ou Forteresses principales de tous les Rois, quand lesdits Vaisseaux & Galéres passeront devant elles, arriveront devant elles, ou mouilleront dans leurs rades; sans excepter non plus de cette régle, ni son pavillon Amiral, ni son étendard Roial, lesquels devront aussi être salués coup pour coup; & les autres qui auront un commandement inférieur, se contenteront d'un moindre nombre de coups.

Sa Majesté ne détermine, quant à present, rien sur ce sujet à l'égard des Anglois, se réservant de donner ci-après des ordres particuliers. Mais à l'égard des Vaisseaux du Roi d'Espagne, Sadite Majesté entend que dans les rencontres de pavillons & d'étendards égaux, celui de France se fasse toûjours saluer le premier.

Le Vice-Amiral de France, la Galére Patronne, & le Contre-Amiral, rencontrant le pavillons Amiral, ou étendard Roïal des Galéres d'Espagne, ne feront aucune difficulté de les saluer les premiers.

Les Vaiſſeaux de Sa Majeſté étant ſéparés en Eſcadres, & un Chef à la tête de chacune avec ſa flamme, & même la cornette au grand mât, s'ils rencontrent en mer des Vaiſſeaux d'Eſpagne, avec le pavillon Amiral, Vice-Amiral, & Contre-Amiral; celui des Vaiſſeaux de Sa Majeſté qui arborera ladite flamme, ou ladite cornette, au grand mât, ne fera point de difficulté de ſaluer le premier leſdits pavillons d'Eſpagne, & qu'il ne lui ſoit rendu un pareil nombre de coups.

Pareillement les Vaiſſeaux qui n'auront pavillon, cornette, ni autre marque de commandement, s'ils rencontrent en mer des Navires de Guerre du Roi d'Eſpagne de pareille qualité; Sa Majeſté entend que les ſiens ſe faſſent ſaluer les premiers par les autres, & qu'ils les y contraignent par la force, s'ils en faiſoient difficulté.

A l'égard des Hollandois, Genois, Hambourgeois, & autres Etats; Sa Majeſté aiant été informée de l'accord qui fut fait avec les Provinces-unies des Païs-bas, en l'année 1634, portant que l'Amiral de Hollande plieroit le pavillon, & ſalueroit de ſon Artillerie, & qu'enſuite, celui de France aiant rendu celui de Canon ſeulement, celui de Hollande remettroit ſon pavillon, & que le Vice-Amiral & Contre-Amiral feroient la même choſe à l'égard du Vice-Amiral & Contre-Amiral de France: Sadite Majeſté, approuvant de nouveau ce Réglement, déſire qu'il ſoit obſervé preſentement de la même manière à l'égard des ſuſdits Etats Généraux, & des autres Républiques: & que ce qui eſt dit de ſon pavillon Amiral ſoit entendu auſſi & obſervé à l'égard de ſon étendard Roïal des Galéres, comme auſſi à l'égard de la Patronne de ſes Galéres, ainſi qu'il eſt dit du Vice-Amiral de France.

Entend Sa Majeſté que les trois pavillons d'Amiral & Contre-Amiral de France ſe faſſent ſaluer par l'Amiral de Hollande, & que néanmoins celui-ci ne ſoit obligé de plier ſon pavillon que pour l'Amiral & le Vice-Amiral de France, & ainſi du Contre-Amiral: enſorte que cette différence de plier le pavillon ne ſoit rendue par les Hollandois

dois qu'aux pavillons ſupérieurs en qualité, ou égaux de nom.

Si l'Amiral de Hollande eſt rencontré par un Vaiſſeau du Roi portant cornette ſeulement; ledit Vaiſſeau du Roi ne fera difficulté de le ſaluer.

Mais tous les Vaiſſeaux du Roi commandans, en quelques mâts qu'ils portent le pavillon ou la cornette, ſe feront ſaluer les premiers par le Vice-Amiral ou Contre-Amiral de Hollande.

Comme auſſi dans les rencontres de Vaiſſeau à Vaiſſeau de Guerre de l'une & de l'autre Nation; le François ſe fera ſaluer le premier par le Hollandois, & l'y contraindra s'il en fait difficulté.

Sa Majeſté entend que tout ce qui s'eſt dit de Hollande dans les articles ci-deſſus, s'obſerve auſſi à l'égard de tous les autres Etats, comme Genes, Hambourg, Villes Anſeatiques, & autres.

Et comme par abus, ou par l'ignorance des Ouvriers, il eſt arrivé que les cornettes qu'on donne aux Chefs d'Eſcadre, ſont à preſent taillées de manière, qu'elles ne différent des pavillons quarrés, que de la couppe, & de l'ouverture du milieu qui ſépare, & fait terminer en pointe les deux extrémitez de la cornette; enſorte qu'on a peine à les diſtinguer de loin, lorſque le vent fait voltiger leſdites cornettes, ou qu'elles ſont à demi uſées: Sa Majeſté, voulant y apporter l'ordre & le réglement néceſſaires pour empêcher la confuſion, & prévenir toutes mépriſes, ordonne que, dorenavant, leſdites cornettes auront plus de hauteur & de chûte que les pavillons quarrez, & plus d'ouverture à proportion qu'elles n'en ont eu ci-devant.

Quant aux ſaluts des Galéres, ſi le Vaiſſeau Amiral de France rencontre en mer celles d'Eſpagne avec l'étendard Roïal, il ſe fera ſaluer le premier par ledit étendard.

Pareillement l'étendard Roïal des Galéres de France, rencontrant en mer l'étendard Roïal des Galéres d'Eſpagne, ou leur pavillon Amiral; celui de France ſe fera ſaluer le premier par les autres.

Mais

Mais lorſque ledit étendard Roïal d'Eſpagne ſera rencontré en mer par le Vice-Amiral, Patronne des Galéres, ou par quelque Eſcadre de Vaiſſeaux François, avec cornette ou flamme, leſdits Vaiſſeaux & Patronne ſalueront les premiers l'étendard Roïal d'Eſpagne.

Les autres Eſcadres des Galéres de Naples, Sicile, Sardaigne, Genes, & autres appartenant au Roi d'Eſpagne, quoique portant l'étendard Roïal, ne ſeront traitées que comme Galére & Patronne de France; mais ſeulement par le Contre-Amiral & les autres Vaiſſeaux inférieurs en qualité: &, au contraire, ledit Vice-Amiral & Galére Patronne de France les feront ſaluer les premiers.

Dans les rencontres de Galére à Galére de même qualité, celles de France ſe feront toûjours ſaluer les premières par celles d'Eſpagne.

L'étendard Roïal des Galéres de France, rencontrant le pavillon Amiral du Roi, ſaluera le premier ledit pavillon; & le ſalut lui ſera rendu coup pour coup.

Mais il ſera ſalué le premier par le Vice-Amiral.

Le Vice-Amiral, & la Patronne des Galéres de France venant à ſe rencontrer, la Patronne ſaluera la première le Vice-Amiral, & lui rendra le ſalut coup pour coup.

La Patronne des Galéres, & le Contre-Amiral de France, venant à ſe rencontrer, ſaluera le premier ladite Patronne, qui lui rendra le ſalut coup pour coup.

Les Places maritimes du Roïaume ſalueront l'étendard Roïal du Roi, ſur quelque Galére qu'il puiſſe être arboré, ſans qu'elles puiſſent s'en excuſer ſous prétexte que la Réale fût reſtée dans le port.

Mande Sa Majeſté au Grand-Maître, Chef, Sur-Intendant général de la navigation & commerce de France, & au Capitaine général de ſes Galéres, & à tous ſes autres Officiers de Marine, Gouverneurs de Places & Forterеſſes, d'obſerver, & de faire obſerver de point en point le preſent Réglement, ſelon ſa forme & teneur, ſans y contrevenir, ni permettre qu'il y ſoit contrevenu, pour quelque cauſe & occaſion que ce ſoit. Fait à S.Germain en Laye, le 9 Mai 1665.

Der-

Dernier Réglement du Roi, pour le Salut qui doit être rendu par ses Places aux Vaisseaux & Galéres des Têtes Couronnées & autres.

LOrsque les Vaisseaux des Têtes couronnées portant pavillon d'Amiral, & les Galéres portant étendard Roïal, auront salué les Places, le salut doit être rendu d'un nombre de coups égal à celui qu'ils auront tiré.

Au Vice-Amiral & à la Galére Patronne, d'un moindre nombre de coups, lorsque le Vaisseau portant pavillon de Vice-Amiral aura salué de treize coups, & la Galére Patronne deux coups moins qu'elle aura tiré.

Quant au Contre-Amiral, de treize coups qu'il aura tirés, il faut que les Places lui en rendent neuf; c'est-à-dire, toûjours quatre coups moins qu'il aura tiré.

Le salut sera rendu par les Places aux Cornettes, avec un moindre nombre de coups qu'elles auront tiré.

Et aux simples Capitaines, il leur doit être rendu par les Places de treize coups, trois; & pour sept ou cinq, un seul.

A l'égard des Capitaines des Galéres, il faut observer, qu'ils portent l'étendard à pouppe de même, & au même endroit que les Réales; mais ce qui les distingue, sont les trois fanaux: ceux des Réales sont sur une même ligne & d'une même hauteur, & ceux des autres Galéres, celui du milieu est plus haut que les autres deux. De sorte que, comme le Roi ne regarde lesdites Galéres que comme Patronnes, les Places leur doivent rendre le salut deux coups moins qu'elles auront tiré.

Quant aux simples Galéres, il faut que les Places leur rendent un coup seulement.

Pour ce qui est des Hollandois, Hambourgeois, Genois, & autres Etats de même qualité; leurs Amiraux ne doivent être salués par les Places, que d'un nombre de coups moindre que celui qu'ils auront tiré, la quantité n'étant pas réglée.

A l'égard des Vaisseaux & Galéres du Roi, Sa Majesté ne

ne veut plus qu'ils saluent ses Places, ni que ses Places les saluent: & quand même lesdits Vaisseaux & Galéres salueroient, il ne faut pas que les Places leur rendent le salut.

Les Commandans des Vaisseaux & Galéres, l'Amiral, Vice-Amiral, & Contre-Amiral portent le pavillon quarré.

L'Amiral le porte au grand mât, le Vice-Amiral au mât de misène, & le Contre-Amiral au mât d'artimon.

Les Chefs d'Escadre le portent au mât d'artimon; mais le pavillon est en cornette, coupé par le milieu.

Quand les Chefs d'Escadre commandent une Escadre de Vaisseaux, ils le portent au grand mât; mais il y a cette différence, qu'il est pointu & refendu par le milieu.

Le Commandant d'une Escadre particulière porte une flamme toute seule au grand mât, sans giroüette.

Nous avons déja dit ci-devant, que les Réales portent l'étendard à pouppe, & trois fanaux sur une même ligne & d'une même hauteur.

Les Patronnes portent l'étendard quarré au grand mât, & deux fanaux à pouppe.

Les autres Galéres particulières ne portent aux deux mâts que des bandières à pointes, fendues par le milieu, qu'on appelle Guillandelles.

Il semble qu'on peut placer ici l'Ordonnance que le Roi a jugé à propos de faire, pour régler le rang entre les Officiers de l'Artillerie de la Marine, lorsqu'ils serviront à terre, & ceux de l'Artillerie de Terre.

Ordonnance du Roi pour régler le rang entre les Officiers de l'Artillerie de la Marine, lorsqu'ils serviront à terre, & ceux de l'Artillerie de Terre. Du 9 Mars 1706.

SA Majesté aiant réglé par son Ordonnance du 10 Novembre 1697, le rang entre les Officiers de la Marine, lorsqu'ils serviront à terre, & ceux de ses autres Troupes: & la satisfaction qu'elle a des services que les Officiers de l'Artillerie de la Marine lui ont rendu avec distinction en plusieurs occasions,

occaſions, & particulièrement dans les Siéges de Barcelone & du Château de Nice; engageant auſſi Sa Majeſté à prévenir les conteſtations qui peuvent arriver entre leſdits Officiers de l'Artillerie de la Marine, lorſqu'ils ſerviront à terre, & ceux de ſon Artillerie de Terre: Elle veut & entend que les Officiers de chaque qualité marchent entr'eux, ſuivant la date de leurs proviſions, commiſſions, brevets, & ordres, en la manière ſuivante:

Les Commiſſaires Généraux de l'Artillerie de la Marine, avec les Lieutenans Généraux de l'Artillerie de Terre.

Les Capitaines d'Artillerie & de Galiottes, avec les Commiſſaires provinciaux.

Les Lieutenans d'Artillerie & de Galiottes, avec les Commiſſaires ordinaires.

Les Sous-Lieutenans d'Artillerie & de Galiottes, avec les Commiſſaires extraordinaires.

Les Aides d'Artillerie, avec les Pointeurs & Aides du Parc.

Et en cas que Sa Majeſté donne des ordres aux Officiers de Vaiſſeaux de ſervir comme Officiers d'Artillerie, ils auront le même rang ſuivant leurs différentes qualitez.

Quand l'Officier d'Artillerie de la Marine ſe trouvera par ſon ancienneté commandant l'Artillerie de Terre, il rendra compte au Grand-Maître, & informera le Secrétaire d'Etat de la Guerre pour rendre compte à Sa Majeſté: & de même, quand l'Officier d'Artillerie de Terre ſe trouvera par ſon ancienneté commandant l'Artillerie de la Marine, il informera le Secrétaire d'Etat aiant le département de la Marine, pour en rendre compte à Sa Majeſté.

Les ordres néceſſaires pour leſdits Officiers de l'Artillerie de la Marine ſeront expédiés à l'ordinaire par le Secrétaire d'Etat aiant le département de la Marine.

Mande & ordonne SA MAJESTE' à Monſieur le Comte de Toulouſe, Amiral de France, aux Officiers Généraux, & à tous ceux qu'il appartiendra, de tenir la main à l'obſervation de la préſente Ordonnance, qu'elle veut être exécutée de point en point ſelon ſa forme & teneur, & lûe, publiée

& affichée par-tout où befoin fera, à ce que perfonne n'en prétende caufe d'ignorance. FAIT à Verfailles le 9 de Mars 1706. *Signé* LOUIS. *Et plus bas*, PHELYPEAUX.

Il fut auffi expédié le 12e. jour de Mai 1682, une autre Ordonnance du Roi pour faire délivrer deux fois le mois de la Poudre aux Troupes d'Infanterie qui fe trouveroient dans les Places frontières & avancées, pour pouvoir tirer par chacun Moufquétaire trois coups aux jours d'exercice, faifant diftribuer la Poudre fur le pied qu'une livre de Poudre fuffit pour tirer vingt-quatre coups.

Ce n'eft pas néanmoins qu'on ne puiffe tirer d'une livre de Poudre 36 coups de Moufquet à l'ordinaire, 27 de Moufquet de rempart, & 10 d'Arquebufe à croc, fans les amorces.

SUivant d'anciens mémoires on trouvoit autrefois que les Piéces à l'ancienne manière portoient: fçavoir,

La Piéce.	*Pas communs de but en blanc.*	*Pas communs à toute volée.*
de trente-trois	600	6000
de vingt-quatre	800	6000
de feize, Coulevrine	800	8000
de douze	450	5000
de huit	400	4500
de quatre	300	3000
de deux	150	1500

Feu M. du Mets, Lieutenant Général des Armées du Roi, & Lieutenant de l'Artillerie en Flandres, fit faire de fon tems une épreuve de la portée des Piéces, par laquelle il reconnut que les Piéces de France chargées de Poudre à deux tiers de la pefanteur du Boulet, & celles de la nouvelle invention chargées à un tiers, & toutes pointées à 45 degrez d'élévation, portoient également loin leur Boulet.

La Piéce de vingt-quatre à	2250	toifes.
La Piéce de feize à	2020	
La Piéce de douze à	1870	
La Piéce de huit à	1660	
La Piéce de quatre à	1520	

Le

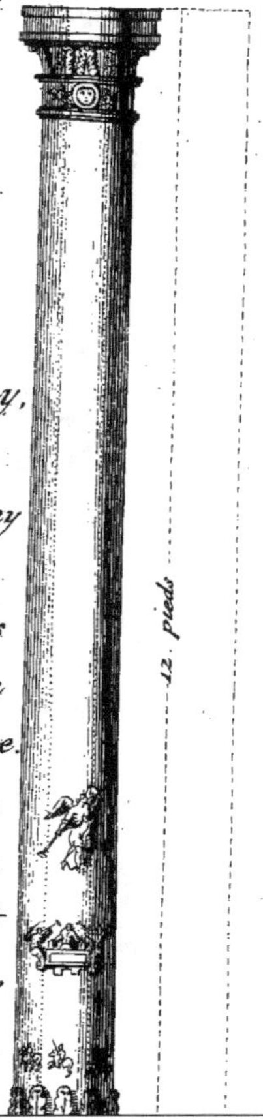

Coulevrine de Nancy,
Piéce de fonte de 18.l
fondue par Jean de Chaligny
en l'année 1598.
Longue de 21. pieds 11. pouces
6. lignes depuis sa bouche
jusqu'au bouton de sa Culasse.

Dans le Cartouche
du premier Renfort
au-dessous du Portrait
et des Armes du Prince,
est cette Inscription,

CAROLVS III

12. pieds

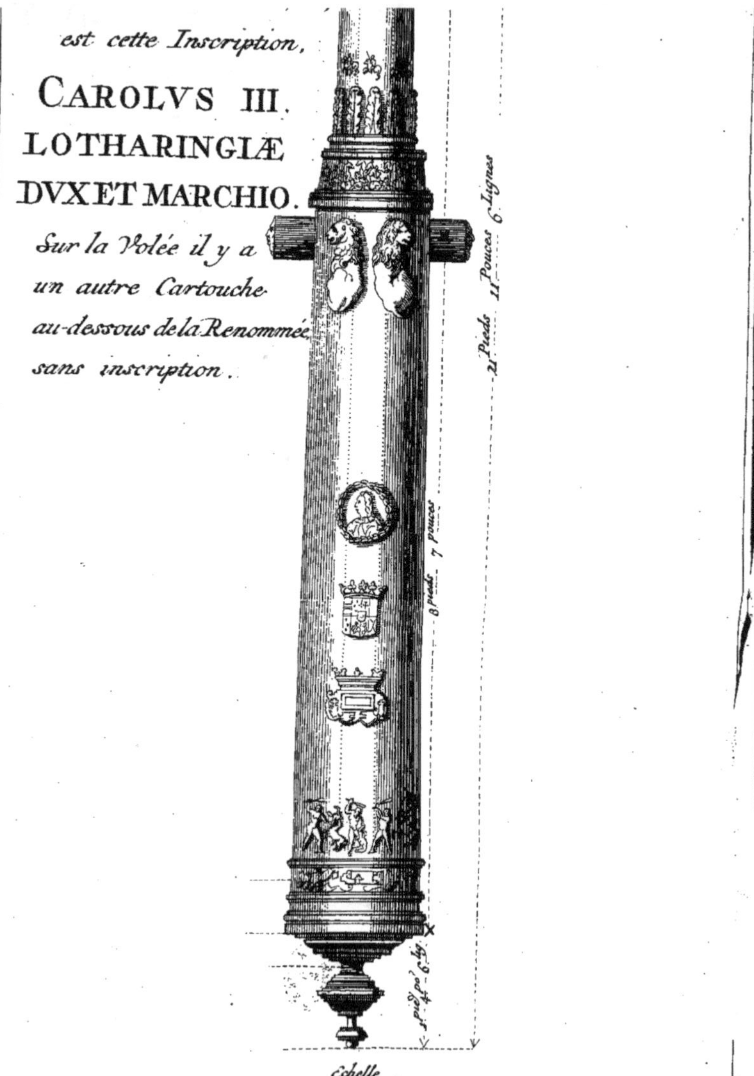

est cette Inscription,
CAROLVS III.
LOTHARINGIÆ
DVX ET MARCHIO.
Sur la Volée il y a
un autre Cartouche
au-dessous de la Renommée
sans inscription.
21 Pieds 11 Pouces 6 Lignes
8 pieds 7 pouces
1 pied 4 po. 6 lig.
échelle

Le Mortier de 12 pouces de diamétre, portant dans sa chambre 18 l. de Poudre, fut aussi éprouvé, & étant pointé à 45 degrez, poussa sa Bombe à . . . . 1500 toises.

M. de Vigny prétend qu'au moïen de quelque petit changement qu'il a fait faire aux entretoises des Affûts, une Piéce de 24 porte à toute volée à 2000 toises, qu'il dit être toute sa portée, ou à peu près, & les autres à proportion. On ne s'accorde point sur la portée des Piéces.

LA célébre Coulevrine de Nancy, qui a servi de matière à tant de raisonnemens, entr'autres, sur sa portée, aiant été remarqué, qu'elle ne portoit pas plus loin qu'une Piéce de même calibre & de longueur à l'ordinaire, & que même elle ne portoit pas juste son Boulet, peut trouver ici naturellement sa place.

M. Stresor, Commissaire ordinaire de l'Artillerie, qui, outre l'inclination particulière qu'il a pour le mêtier de l'Artillerie, posséde encore parfaitement le dessein, a bien voulu m'aider de celui-ci qui est très-fidéle.

En l'année 1699, un de mes Amis qui ne cherchoit qu'à fortifier les connoissances qu'il avoit acquises dans le Corps, en recueillant les sentimens de tous ceux qui y ont quelque expérience, me demanda le mien sur cette inégalité. Je le lui donnai de la manière que voici:

„ SI j'ose dire mon sentiment à un Officier qui a autant creu-
„ sé & approfondi que vous avez fait, les difficultez les plus
„ considérables de la Pyrotechnie, Monsieur, il me paroît,
„ que le peu de justesse qu'on remarque dans les coups
„ qu'on tire de la Coulevrine de Nancy, pourroit venir de
„ l'une de ces deux causes:
„ La première, qu'elle est peut-être de ces Piéces qu'on
„ appelle folles, & dont l'ame n'a jamais été forée droit,
„ ou qui sont plus chargées de métal d'un côté que d'au-
„ tre, ou qui ont été allézées inégalement, ensorte qu'il reste
„ certains creux dans des endroits de l'ame, qui sont quelque-
„ fois profonds de trois lignes, dans lesquels le Boulet ap-

» puïant en roulant à sa sortie plus qu'il ne fait dans les au-
» tres parties dont la surface est plus unie & plus de niveau,
» & en faisant pancher la Piéce de ce côté, lui cause un
» ébranlement qui en desajuste entièrement le tir.
» La seconde raison qu'on peut apporter de cette iné-
» galité, est que cette Piéce aiant trop de longueur & le Bou-
» let y faisant plus de chemin que dans une autre, il se tour-
» mente aussi davantage pour sortir, & ébranle la Piéce avec
» tant de violence, que du moment qu'elle a eu passé l'en-
» droit où elle est en équilibre; particuliérement si sa culasse
» n'a pas assez de pesanteur, il en gourmande si fort la vo-
» lée, qu'elle saigne, & ne peut plus avoir une consistence fixe
» sur son Affût, & qu'elle souffre quelque dérangement dans
» la manière dont elle avoit été pointée: & il est vrai-sembla-
» ble que si elle étoit moins longue, elle seroit moins sujette
» à cet inconvenient. Il faut donc examiner:
» Si la platte-forme est bien de niveau.
» Si les rouës de l'Affût sont bien égales en hauteur & en
» situation.
» Si la Piéce n'est point trop légére à sa culasse.
» Si les tourillons sont posés dans une juste proportion.
» S'ils reposent aussi bien également dans l'entaille de l'Af-
» fût.
» Si cette entaille est bien ronde & bien égale par-tout, en-
» sorte que le tourillon, par la secousse de la Piéce, quand
» elle tire, ne puisse point avancer ni reculer dans sa place.
» Si la culasse n'est pas assez pesante, il faut, en tirant, atta-
» cher au bouton des sacs remplis de pierres, ou de boulets
» pour l'affermir.
» Il faut se servir de Gargouges, quand on en aura pesé très-
» exactement la Poudre.
» Si on se sert de Lanternes à l'ordinaire, prendre garde,
» que le Canonnier ne verse pas indiscrétement sa Poudre dans
» la Piéce en plus grande ou en moindre quantité qu'il ne
» doit.
» Voir aussi si la Piéce n'est pas évasée inégalement à sa
» bouche.

Enfin,

„ Enfin, il faut tout obſerver très-exactement, après quoi, „ ſi on ne peut pas découvrir la cauſe de cette portée inéga- „ le & incertaine, il faudra convenir, que, pour en tirer un „ meilleur ſervice, il ſeroit expédient de la faire ſcier pour „ la rendre moins longue, & apparemment par-là le dé- „ faut ſera corrigé.

Mais, ne me contentant pas de mes ſimples conjectures, j'eus recours à un des plus habiles & des plus conſommés Lieutenans du Corps, qui me fit la réponſe ſuivante: *M. Rigollot.*

„ SUivant mon ſens, & ma connoiſſance, Monſieur, je ré- „ pons à ce que vous me demandez. Ce n'eſt pas la longueur „ d'une Piéce plus qu'une autre moins longue, qui empêche „ qu'elle ne tire juſte; au contraire, il doit ſembler qu'un Bou- „ let conduit par l'ame d'une Piéce longue, qui eſt comme un „ long canal, ſe contient bien mieux, pour être porté droit „ à ſon objet, que celui qui eſt conduit par un plus court „ canal.

„ Toute Piéce qui tire tantôt haut, tantôt bas, & ainſi à „ droit & à gauche, contre le gré & l'habileté de celui qui la „ pointe, s'appelle Piéce folle. Ce défaut vient de l'un de ces „ deux principes: le premier eſt, quand elle eſt mal forée; & „ le ſecond, pour avoir été trop fréquemment exécutée, ſans „ avoir été bien rafraîchie, elle s'échauffe en telle ſorte „ qu'elle s'arce: ceci arrive plus communément à celles qui „ ſont trop chargées de fonte au bourrelet. Je ne m'en ſuis que „ trop bien apperçû à quatre Piéces de la fonte de Lion, qui „ l'étoient ſi fort qu'au bout d'environ un mois de ſervice, „ au premier Siége de Barcelone, elles ſe trouvérent, par-là, „ inutiles pendant le reſte du Siége, ſinon qu'à faire du bruit; „ c'étoit, cependant, hors ce défaut, les plus belles Piéces „ qui aient jamais paru. Ne vous fiez pourtant à ce diſcours, „ Monſieur, qu'autant qu'il ſe pourroit trouver quelque cho- „ ſe de conforme aux Habiles, dont le Corps eſt ſi rempli à „ preſent.

Et

Et poussant encore plus loin ma curiosité, j'écrivis au feu Sieur Baltazar Keller, qui me répondit ce que vous allez lire.

„ POur vous dire mon sentiment, Monsieur, sur la question
„ que vous m'avez fait l'honneur de me communiquer au
„ sujet de l'inégalité des coups de la grande Coulevrine de
„ Nancy, j'estime que cela provient en partie de sa grande
„ longueur, aussi-bien de ce qu'elle tire moins loin à propor-
„ tion, que les Piéces d'une moindre longueur, suivant une
„ épreuve que feu M. du Metz avoit faite contre d'autres
„ Piéces, lorsqu'on avoit amené celle-là à la Citadelle de Dun-
„ kerque. Car il semble que sur cette expérience & d'autres
„ qui ont ci-devant été faites ailleurs, des Piéces excessi-
„ vement longues, contre des plus courtes, qu'il y a une cer-
„ taine proportion du tems que la Poudre allumée dans la
„ Piéce doit avoir à sortir pour produire son effet expulsif
„ du Boulet, dont par le retardement trop long la force se
„ perd en partie, & peut aussi causer l'inégalité des coups,
„ en donnant quelque variation au Boulet, pour le jetter d'un
„ côté & d'autre, & rompre son cours droit. Cette inégalité
„ peut provenir aussi de celle de l'ame de la Piéce; car il est
„ fort difficile, même presque impossible, de faire tenir le
„ noyau si bien assûré dans un moule si extraordinairement
„ long, que la chûte & le bouillonnement du métal chaud ne
„ le puisse ébranler ni varier; que l'ame de la Piéce ne sera
„ pas droite; & par conséquent une telle Piéce ne peut jamais
„ tirer juste. Voilà le raisonnement qui m'a paru le plus conve-
„ nable sur cette question, sauf d'autres épreuve de per-
„ sonnes plus éclairées, & un juste examen de la Piéce, par
„ lesquelles on pourroit découvrir des raisons plus pertinentes
„ des défauts de cette Piéce. Je ne présume pas que mon rai-
„ sonnement soit juste, mais je vous assûre que je suis, &c.

Sur ces trois raisonnemens, chacun choisira ce qu'il croira lui convenir; car, peut-être n'avons-nous pas réussi ni les uns ni les autres dans nos préjugez.

L'usage

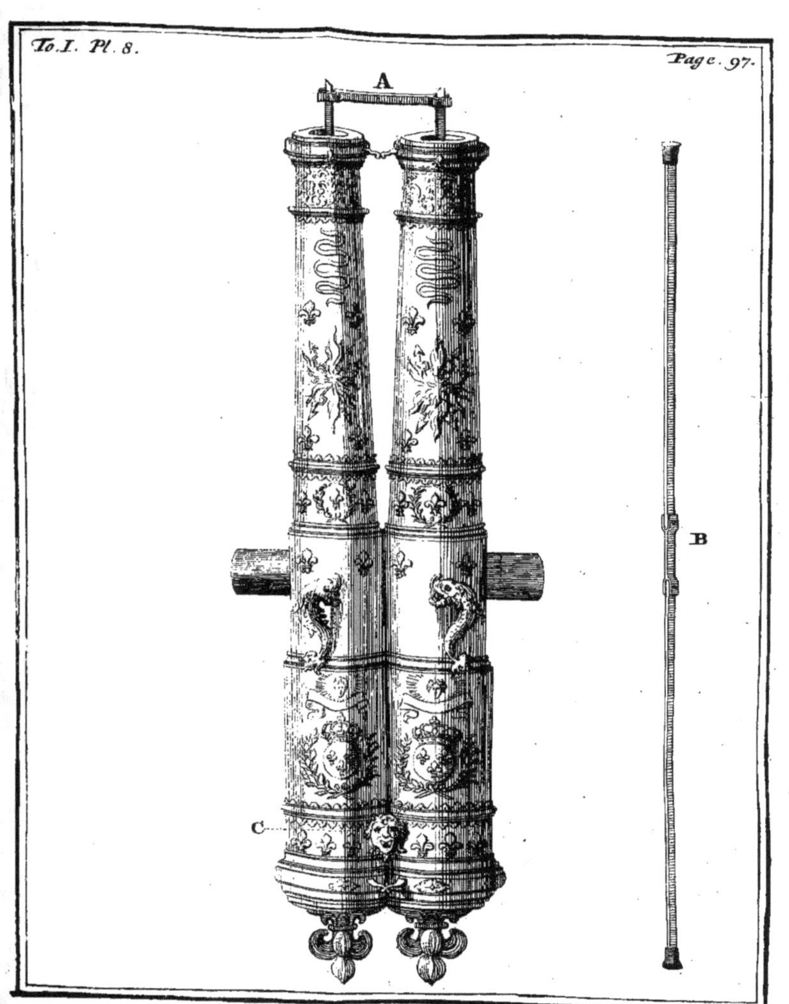
To. I. Pl. 8.
Page. 97.
A
B
C

L'usage des grosses Piéces est de ruiner les défenses d'une Ville assiégée, de faire brêche à une muraille, & de démonter les Piéces de la Batterie ennemie ; à quoi elles servent aussi quand on les tire de la Ville assiégée, sur les Batteries des Assiégeans.

Les plus petites Piéces qu'on nomme de Campagne, de 12 & au-dessous, servent à tirer sur les Troupes ennemies, à ruiner des Ponts, rompre des Escadrons & des Bataillons, & empêcher la construction des ouvrages de terre.

UN Fondeur de Lion, nommé Emery, a imaginé une Piéce jumelle, dont vous trouverez ici la figure.

EXPLICATION DE LA FIGURE.

A *Figure de la barre de fer dans les Canons.*
B *Figure de la barre de fer hors les Canons.*
C *Lumière commune.*

Les deux Canons sont de 4 l. de balle de la longueur de 5 pieds 4 pouces, fondus ensemble avec une seule lumière pour les deux, & on les charge avec deux barres de fer attachées ensemble, qui s'étendent de 12 pieds, & pésent 65 livres.

On en peut tirer aussi à Boulet comme des autres Canons.

Ce deſſein eſt d'une Piéce jumelle qui a quelque rapport à celle du Sieur Emery, à la réſerve de la chambre qui eſt ici bizarre pour ſa figure. On n'a pas fait plus de cas de cette Piéce-ci, que de l'autre.

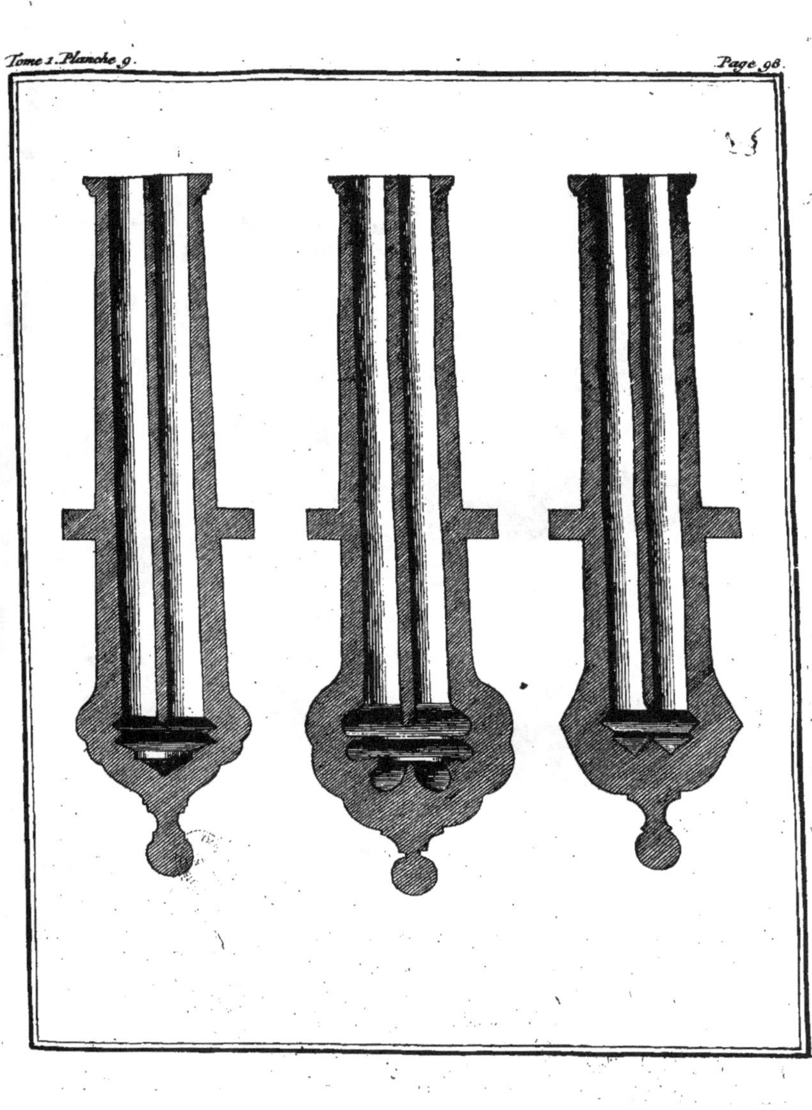

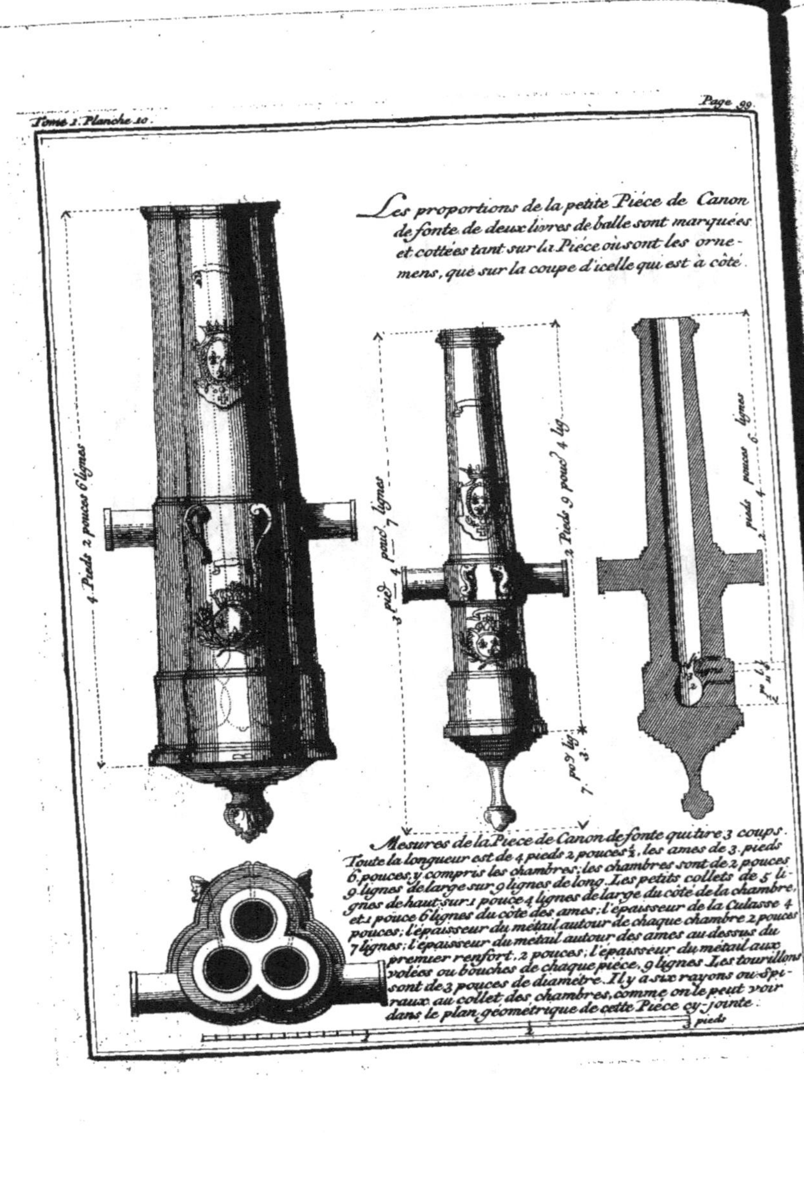
Tome 1. Planche 10.
Page 99.
Les proportions de la petite Piéce de Canon
de fonte de deux livres de balle sont marquées
et cottées tant sur la Piéce où sont les orne-
mens, que sur la coupe d'icelle qui est à côté.
4. Pieds 2 pouces 6 lignes
2 Pieds 9 poud 4 lig.
Mesures de la Piece de Canon de fonte qui tire 3 coups.
Toute la longueur est de 4 pieds 2 pouces ½, les ames de 3. pieds
6. pouces, y compris les chambres; les chambres sont de 2 pouces
9 lignes de large sur 9 lignes de long. Les petits collets de 5 li-
gnes de haut sur 1 pouce 4 lignes de large du côté de la chambre,
et 1 pouce 6 lignes du côte des ames; l'epaisseur de la Culasse 4
pouces; l'épaisseur du métail autour de chaque chambre 2 pouces
7 lignes; l'épaisseur du métail autour des ames au dessus du
premier renfort, 2 pouces; l'épaisseur du métail aux
volées ou bouches de chaque piéce, 9 lignes. Les tourillons
sont de 3 pouces de diamétre. Il y a six rayons ou Spi-
raux au collet des chambres, comme on le peut voir
dans le plan géometrique de cette Piéce cy-jointe.
3 pieds

Cependant un Religieux Italien aiant rassemblé toutes ces idées différentes de Piéces à plusieurs bouches, trouvées en France & chez les Etrangers, est parvenu à introduire parmi nous les Piéces à trois bouches, appellées triples Canons, dont la première fut fondue dans l'Arsenal de Paris le .... & sur ce modéle, un nombre considérable d'autres ont été fondues depuis dans l'Arsenal de Douay. En voici la figure & les proportions.

ALPHABET SERVANT A L'EXPLICATION

de toutes les parties des Armes pour les Piéces.

A *Lanterne montée, & en état pour servir la Piéce.*
B *Lanterne développée, qui fait voir sa proportion pour la largeur & la hauteur du cuivre, & de sa boëte, par rapport à son calibre.*
C *Boëte de bois, sur laquelle est montée la lanterne de cuivre.*
D *Hampe ou bâton, qui s'emmanche dans la boëte.*
E *Refouloir sur sa hampe.*
F *Collet du refouloir.*
G *Ecouvillon sur sa hampe, & garni de sa peau de mouton.*
H *Ecouvillon de la nouvelle invention, avec ses soies de Sanglier, & monté sur sa hampe.*
I *Autre Ecouvillon à vent, couvert de peau, & monté sur sa hampe creuse, aiant au bout une virolle.*
K *Virolle par laquelle on soufle pour faire entrer le vent dans la hampe.*
L *Tirebourre.*
M *Bouttefeu.*
N *Chat double à trois pointes.*
O *Chat simple à une pointe.*
P *Chat de nouvelle invention.*
Q *Dégorgeoir.*
R *Fourniment.*
S *Sac à amorce.*
T *Entonnoir pour les amorces.*
V *Coin de mire.*
X *Fronteau de mire.*
Y *Chapiteau à couvrir les Piéces.*
Z *Levier à remuer les Piéces.*

TITRE

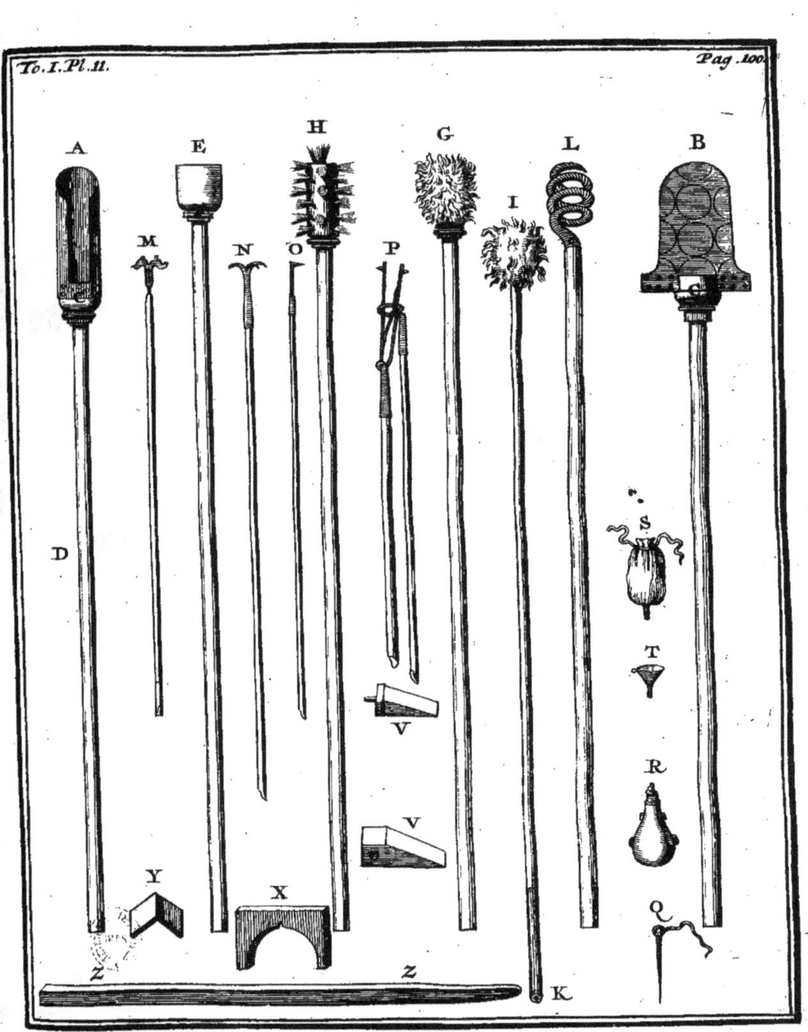
To. I. Pl. 11.
Pag. 100.
A
E
H
G
L
B
I
M
N
O
P
D
S
T
V
V
R
Y
X
Q
Z
Z
K

TITRE II.

Des Armes pour les Piéces.

CE qu'on appelle armes des Piéces, ou pour les Piéces, consiste en lanternes, écouvillons, refouloirs, tirebourres, dégorgeoirs, fournimens, bouttefeux, coins de mire, &c.

La Lanterne ou Cuillière est ce qui sert à porter la Poudre dans l'ame de la Piéce.

La figure ci à côté vous la représente. Elle peut servir de modèle pour des Lanternes de toutes sortes de calibres, comme on le connoîtra par l'alphabet.

La Lanterne est composée de deux Piéces : sçavoir d'une boëte de bois d'orme tournée au calibre de la Piéce pour laquelle elle est destinée, & longue d'un calibre & demi avec son vent.

Et d'un morceau de cuivre qui est attaché avec la boëte par des cloux aussi de cuivre, à la hauteur d'un demi calibre.

Cette Lanterne doit avoir trois calibres & demi de longueur, & deux calibres de largeur, & être arrondie par le bout de devant pour charger les Piéces ordinaires.

La charge ordinaire de Poudre, comme on l'a déja dit pour les Piéces à l'ancienne manière, est les deux tiers de la pesanteur du Boulet, & le tiers ou la moitié pour les Piéces de la nouvelle invention, suivant les occasions.

Et la Lanterne doit contenir le tiers de cette charge.

La Lanterne de trente-trois pése	7	livres.
Celle de vingt-quatre pése	6	
Celle de seize pése	4	
Celle de douze pése	3	
Celles de huit & de six pésent	2	
Celles de quatre & de trois pésent	1	

On paie 22 s. jusqu'à 25 s. de la livre de cuivre fournie & emploïée avec les cloux, anneaux & virolles.

La boëte vaut ordinairement 3 s. & jusqu'à 5 s.

La grosse boëte pése . . . . 2 l. ½
La moyenne pése . . . . 2.
La petite pése . . . . ¾

La hampe est de bois de frêne ou de hêtre d'un pouce & demi de dirmétre, longue pour les Piéces depuis douze jusqu'à trente-trois, de 12 pieds; & pour celles de huit & de quatre, elle doit être seulement longue de 10 pieds : & pour les Piéces de la nouvelle invention, la plus longue doit être de 8 pieds; & la plus courte de 6 pieds pour les Piéces de huit & de quatre.

La hampe vaut ordinairement 10 f. piéce, & jusqu'à 15 f.
La grosse hampe pése . . . . 8 l. ½
La moyenne pése . . . . 7.
La petite pése . . . . 6.

Le Refouloir est une boëte montée sur une hampe comme celle dont on vient de parler, & de même bois : il est lié dans le collet avec de gros fils de laiton, pour empêcher qu'il ne se fende en refoulant le fourage qu'on met sur la Poudre & sur le Boulet.

Son poids est le même que le poids de la hampe & de la boëte ci-dessus.

L'Ecouvillon est de même bois que le refouloir & de même longueur, fait en ovale par-devant, sans moulure autour.

On l'enveloppe de peau de mouton avec sa laine la plus longue qu'il se peut.

Il a moins de 2 lignes de diamétre que le refouloir pour la place de la peau.

La grande peau de mouton repassée & bien fournie de poils coûte 15 ou 20 f. ordinairement, & peut couvrir trois de ces écouvillons.

La boëte de la lanterne, celle du refouloir, ou celle de l'écouvillon, sont percées d'environ 2 pouces & ½ pour recevoir le bout de la hampe sur laquelle ils sont montés, lequel est arrêté d'une cheville de bois qui passe à travers.

On monte quelquefois sur une même hampe un refouloir

fouloir & un écouvillon, l'un à un bout, l'autre à l'autre.

L'Ecouvillon pour la Piéce de nouvelle invention différe de celui de la Piéce à l'ordinaire, par sa garniture qui est de crin ou de soies de sanglier passés dans la boëte en tous sens en la manière d'un goupillon: ces soies obéïssent en entrant dans la Piéce; & quand elles ont trouvé la concavité de l'ame, elles se déplient entièrement, & vont partout chercher la crasse & le feu qui pourroient être restés après le coup tiré.

Il avoit encore été trouvé une autre sorte d'Ecouvillon, dont la tête étoit une manière de vessie couverte de peau que l'on enfloit en soufflant, quand elle étoit au fond de la Piéce, par la hampe qui étoit creuse: & quand le balon étoit plein, on en fermoit le bout qui étoit en dehors avec une virolle de cuivre. On peut se servir à sa fantaisie de l'un ou de l'autre.

Le Tirebourre avec sa hampe peut revenir à 25 ou 30 f. Il entre 4 l. de fer dans le gros, & 2 l. dans les autres, compris la douille.

Ce sont deux branches, griffes ou pointes de fer, tournées en forme de serpent sur une douille. On s'en sert pour tirer le fourage des Piéces, quand on veut faire sortir la charge, & pour en sortir aussi toutes les ordures qui pourroient y être entrées.

Douille est l'ouverture du fer qui reçoit la hampe, sur laquelle est monté le tirebourre, qui est attaché par deux cloux placés dans deux petits trous, qu'on appelle yeux, à côté de la douille.

Les Bouttefeux se font de toutes sortes de bois. Ils sont longs de deux à trois pieds, gros d'un pouce, fendus par le bout pour y passer le premier bout d'une brasse de mêche, laquelle est tournée autour: l'autre bout repassant sur celle qui est tournée, passe dans la fente du Bouttefeu qui l'empêche de se détortiller. On peut par ce moyen allumer les deux bouts de mêche qu'on allonge facilement à mesure qu'elle brûle.

Le Chat est un instrument de fer, monté sur une hampe

pe de bois, & qui sert à visiter les Piéces après leur épreuve pour en chercher les chambres. Il y en a de plusieurs sortes, comme on le voit par la figure.

Leur usage sera expliqué plus au long au Titre qui traitera de l'épreuve des Piéces, dans la troisième Partie de cet Ouvrage.

Les Dégorgeoirs servent à dégorger la lumière des Piéces, quand elle est engagée par la Poudre ou par quelques ordures.

Ils sont de bon fer doux, ou de gros fil d'archal, crainte qu'ils ne rompent dans la lumière.

On les fait en tarière à vis ou en triangle du côté de la pointe: leur longueur est depuis 12 jusques à 20 pouces, y compris la boucle qui doit être à la tête: leur grosseur pour les lumières neuves aura environ deux lignes, & ils seront un peu plus gros pour celles qui seront un peu plus évasées.

Le Fourniment doit contenir au moins une livre de Poudre pour amorcer les Piéces, être fermé avec un bon ressort de cuivre crainte du feu. Sa matière est de corne ou de cuir bouilli. On le pend à un cordon que les Canonniers portent en écharpe.

Il y a des Sacs de cuir aiant un tuyau de cuivre à leur extrémité, & servant à porter l'amorce pour les Piéces.

Il y a aussi des Entonnoirs servant à couler l'amorce dans la lumière des Piéces.

Les Coins de mire servent à pointer les Piéces, c'est-à-dire, à les élever à la hauteur où on les désire.

Il faut qu'ils soient de bois d'orme ou de chêne, longs depuis 12 jusqu'à 15 pouces, larges depuis 6 jusqu'à 8, hauts de 8 à 10 pouces par la tête, réduits à 1 ou 2 pouces par la queuë.

Il y a sur les côtez une entaille pour mettre les doigts, afin de les retirer ou avancer en pointant les Piéces.

On les assit sur la femelle des Affûts.

On y met souvent un manche pour mieux servir: & quand on les veut hausser, on met dessous une calle de bois, qu'on appelle le chevet du Coin de mire.

Le

Le Fronteau de mire doit être de chêne sec de 4 pouces d'épaisseur, d'un pied de haut, & de 2 pieds & ½ de long.

Le Chapiteau est composé de deux piéces de bois de chêne assemblées comme il se voit ici. Il sert pour couvrir la lumière des Piéces, & empêcher que la pluie ou le vent ne gâtent ou n'emportent l'amorce.

On se sert aussi de plaques de plomb pour couvrir les lumières, afin qu'il n'y entre point d'ordures.

A l'égard du Levier, on ne sçauroit en dire le prix juste; car à Mets il vaut 7 f. 6 d., 5 f. à Sarrelouis, 1 f. à Bézançon, & 10 f. quelquefois dans les endroits où les bois sont plus rares.

Mais pour épargner cette dépense, il faut, en passant les marchez pour fournir des bois de remontage dans les Places, charger les Entrepreneurs d'y fournir des Leviers.

Un gros Levier d'orme de 7 pieds de long pésera 16 à 20 l.

Un petit de 6 pieds pésera 10 à 14 l.

TITRE III.

Boulets, & Boulets rouges.

CE qu'on demande aux Boulets, est qu'ils soient bien ronds, bien ébarbés & sans soufflûres.

Bien ronds & bien ébarbés, afin qu'ils fassent leur chemin droit dans la Piéce sans l'érafler ni l'écorcher.

Sans soufflûres, afin qu'ils ne piroüettent point en l'air, & que le vent ne s'y engouffre point.

Et enfin, qu'ils soient du poids, dont ils doivent être, ces sortes de vuides étant quelquefois cause qu'ils pésent moins que leur calibre ne porte : à quoi il faut prendre garde; car le Roi seroit lézé de païer un Boulet sur le pied de 24 l., qui n'en péseroit que 23.

Il seroit à désirer qu'ils ne fussent pas de fer aigre; car en les remuant ils se cassent facilement.

Voici la différence qu'il y a entre le calibre des Piéces & celui que doivent avoir les Boulets destinés pour y servir :

cette différence vient du vent qu'il faut donner pour que les Boulets puissent avoir plus de jeu dans la Piéce.

TABLE

DU CALIBRE DES PIÉCES,
& du diamétre des Boulets.

Cette Table est encore de Butterfield.

Calibre des Piéces.				*Diamétre & Poids des Boulets.*			
Onces.	**Pouces.**	**Lignes.**	**Fractions.**	**Onces.**	**Pouces.**	**Lignes.**	**Fractions.**
1.	0.	9.	$\frac{5}{16}$	1.	0.	9.	
2.	0.	11.	$\frac{3}{4}$	2.	0.	11.	$\frac{11}{32}$
3.	1.	1.	$\frac{7}{16}$	3.	1.	1.	
4.	1.	2.	$\frac{3}{4}$	4.	1.	2.	$\frac{9}{32}$
5.	1.	4.		5.	1.	3.	$\frac{3}{8}$
6.	1.	4.	$\frac{7}{8}$	6.	1.	4.	[illegible]
7.	1.	5.	$\frac{16}{32}$	7.	1.	5.	$\frac{3}{32}$
8.	1.	6.	$\frac{1}{8}$	8.	1.	6.	
10.	1.	8.	$\frac{1}{32}$	10.	1.	7.	
12.	1.	9.	$\frac{1}{3}$	12.	1.	8.	$\frac{7}{32}$
14.	1.	10.	$\frac{7}{16}$	14.	1.	9.	$\frac{11}{16}$
Livres.	**Pouces.**	**Lignes.**	**Fractions.**	**Livres.**	**Pouces.**	**Lignes.**	**Fractions.**
1.	1.	11.	$\frac{1}{2}$	1.	1.	10.	$\frac{11}{16}$
2.	2.	5.	$\frac{19}{32}$	2.	2.	4.	$\frac{9}{16}$
3.	2.	9.	$\frac{13}{16}$	3.	2.	8.	$\frac{2}{3}$
4.	3.	1.	$\frac{5}{16}$	4.	3.	0.	
5.	3.	4.	$\frac{1}{8}$	5.	3.	2.	$\frac{3}{4}$
6.	3.	6.	$\frac{2}{3}$	6.	3.	5.	$\frac{3}{16}$
7.	3.	8.	$\frac{7}{8}$	7.	3.	7.	$\frac{3}{8}$
8.	3.	11.		8.	3.	9.	$\frac{3}{8}$
9.	4.	0.	$\frac{7}{8}$	9.	3.	11.	$\frac{3}{16}$
10.	4.	2.	$\frac{9}{16}$	10.	4.	0.	$\frac{13}{16}$
11.	4.	4.	$\frac{1}{4}$	11.	4.	2.	$\frac{7}{16}$
12.	4.	5.	$\frac{3}{4}$	12.	4.	3.	$\frac{15}{16}$

Ca-

Calibre des Piéces.				*Diamétre & Poids des Boulets.*			
Livres.	Pouces.	Lignes.	Fractions.	Livres.	Pouces.	Lignes.	Fractions.
13.	4.	7.	1/16	13.	4.	5.	11/32
14.	4.	8.	9/16	14.	4.	6.	1/8
15.	4.	9.	7/8	15.	4.	7.	7/8
16.	4.	11.	7/32	16.	4.	9.	5/8
17.	5.	0.	7/16	17.	4.	10.	11/32
18.	5.	1.	9/16	18.	4.	11.	1/8
19.	5.	2.	19/32	19.	5.	0.	1/2
20.	5.	3.	23/32	20.	5.	1.	5/8
21.	5.	4.	3/4	21.	5.	2.	1/6
22.	5.	5.	25/32	22.	5.	3.	1/4
23.	5.	6.	11/16	23.	5.	4.	1/2
24.	5.	7.	5/8	24.	5.	5.	1/3
25.	5.	8.	2/3	25.	5.	6.	4/12
26.	5.	9.	1/2	26.	5.	7.	1/8
27.	5.	10.	1/2	27.	5.	8.	1/16
28.	5.	11.	1/3	28.	5.	8.	7/8
29.	6.	0.	1/6	29.	5.	9.	2/3
30.	6.	1.	1/32	30.	5.	10.	1/12
31.	6.	1.	25/32	31.	5.	11.	1/3
32.	6.	2.	5/8	32.	6.	0.	1/32
33.	6.	3.	12/32	33.	6.	0.	25/32
34.	6.	4.	1/8	34.	6.	1.	5/8
35.	6.	4.	7/8	35.	6.	2.	5/8
36.	6.	5.	17/32	36.	6.	2.	3/4
37.	6.	6.	9/32	37.	6.	3.	7/12
38.	6.	6.	15/16	38.	6.	4.	7/32
39.	6.	7.	19/32	39.	6.	5.	
40.	6.	8.	12/32	40.	6.	5.	7/32
41.	6.	9.		41.	6.	6.	7/32
42.	6.	9.	2/3	42.	6.	6.	10/32
43.	6.	10.	1/3	43.	6.	7.	1/2
44.	6.	10.	29/32	44.	6.	8.	1/32
45.	6.	11.	9/16	45.	6.	8.	[illegible]
46.	7.	0.	1/4	46.	6.	9.	5/16

Calibre des Piéces.				*Diamétre & Poids des Boulets.*			
Livres.	Pouces.	Lignes.	Fractions.	Livres.	Pouces.	Lignes.	Fractions.
47.	7.	0.	$\frac{25}{32}$	47.	6.	9.	$\frac{10}{12}$
48.	7.	1.	$\frac{1}{3}$	48.	6.	10.	$\frac{3}{8}$
49.	7.	1.	$\frac{29}{32}$	49.	6.	10.	$\frac{14}{16}$
50.	7.	2.	$\frac{9}{16}$	50.	6.	11.	$\frac{9}{16}$
55.	7.	5.	$\frac{1}{2}$	55.	7.	2.	$\frac{7}{24}$
60.	7.	7.	$\frac{25}{32}$	60.	7.	4.	$\frac{3}{4}$
64.	7.	10.		64.	7.	6.	$\frac{3}{4}$

On dira ici en passant, qu'il est rare de rencontrer toûjours bien juste les proportions dont on vient de parler, parce que quelquefois la Piéce se trouvera trop évasée, ou le Boulet ne sera pas rond, ou l'instrument dont on se servira, ne sera pas fait dans toute la régularité qui est à désirer, ou l'Officier n'aura pas l'intelligence nécessaire pour prendre ses mesures; & cela fait que souvent deux Officiers calibreront différemment une même Piéce, mais la différence ne doit pas être considérable.

Pour le prix des Boulets; dans les principales forges de Champagne, qui sont celles de Signy le petit, & de Hurtau, l'Entrepreneur paie 22 liv. du millier de la mine de fer aux Propriétaires de la mine.

Les 8 autres livres pour faire la somme de 30 liv. par millier pesant de Boulets, qui est le prix que le Roi en donne, se paient aux Ouvriers pour les coquilles, pour les façons; aux Commis pour la distribution de l'argent, le charbon, & la reception des Ouvrages.

Outre ce il faut observer, que les Maîtres de la mine donnent à l'Entrepreneur 4 l. de fer pour cent, qui ont 104 l. au lieu de 100 l.

Le calibre des Boulets se trouve marqué sur la régle ou sur le calibre. J'ai déja dit qu'on pouvoit les peser. Mais on se sert encore d'un expédient pour les calibrer quand on n'a point de compas ou de régle marquée de pouces & de lignes.

Prenez

Prenez la circonférence du Boulet avec une petite corde bien juste: pliez ensuite cette corde en trois: apportez cette mesure ainsi pliée sur votre régle; les pouces & les lignes qu'elle vous donnera, seront le calibre de votre Boulet.

Pourvû que le Boulet soit du calibre de la Piéce, il ne faut pas se soucier s'il pése moins ou plus qu'il ne doit.

On trouvera en faisant quelques inventaires, des Boulets creux, des Boulets à l'ange ou à chaîne, des Boulets à deux têtes, des messagers, & d'autres Boulets qui portent des noms extraordinaires. Comme toutes ces sortes de Boulets ne sont pas présentement d'usage, j'en dirai peu de chose. Il suffit seulement de sçavoir, que ce qu'on appelle Boulets creux, sont certaines boëtes de fer longues, dont le diamétre est du calibre d'une Piéce telle qu'on veut, & longues de deux calibres & demi ou environ. Ces boëtes sont véritablement creuses, & renferment de l'artifice & des balles de plomb, des cloux, & de la mitraille de fer. On faisoit entrer dans ces boëtes, par le bout qui touchoit à la Poudre dans l'ame de la Piéce, une Fusée de cuivre entrant à vis dans un écrou, chargée comme celles des Bombes, & qui s'allumoit par le feu de la Piéce, & qui, le portant ensuite à l'artifice de ces boëtes ou Boulets creux, les obligeoit à crever dans l'endroit où ils tomboient. Ces Boulets devoient faire un grand fracas & même l'effet d'une Fougasse ou espéce de mine aux endroits où ils feroient entrés. On observoit de ne mettre sur ce Boulet que la moitié du fourage ordinaire.

Un Boulet creux du calibre de vingt-quatre pesoit en fer . . . . 60 l.

Et chargé de plomb . . . . 79.

Il contenoit 6 l. de Poudre.

Sa Fusée avoit de longueur 6 pouces; son diamétre par la tête 15 lignes, réduit par le bas à 10 lignes; la lumière 4 lignes de diamétre. On frottoit la tête du Boulet de térebentine pour y faire tenir le poulvrain, afin que le feu se communiquât plus promptement à la Fusée.

Mais toutes les fois qu'on en a fait l'épreuve; ou ces Boulets ont crevé en l'air; ou ils ne sont allé frapper la butte ou le le blanc que par leur largeur & de travers, & non par leur pointe; ou les Fusées n'ont point pris, ou elles se sont éteintes; & leur effet par conséquent est devenu entièrement inutile.

Ce qu'on appelle Boulets messagers, sont des Boulets creux dont on se servoit autrefois pour porter des nouvelles dans une Place de Guerre, & on ne mettoit qu'une foible charge de Poudre pour les faire tomber où on vouloit: & ces sortes de Boulets étoient d'ordinaire couverts de plomb, & la plûpart étoient de plomb sans mêlange de fer.

Les Boulets à l'ange, à chaîne, & autres, étoient pour faire plus d'exécution, ou dans une Ville, ou dans un Camp: & on en peut prendre une idée dans ce qui est dit ci-devant de la Piéce d'Emery, Fondeur.

Mais quelques inventions qu'on ait imaginées jusqu'à present, il en faut toûjours revenir à l'ancien usage, qui est le plus sûr & le moins embarassant.

Un ancien Officier d'Artillerie a proposé pour la mer un Boulet. Ce Boulet a deux têtes, & est garni au milieu de la même composition dont on charge les Carcasses: on l'enveloppe d'une toile ou drap souffré qui prend feu par celui du Canon, & qui le porte dans les voiles des vaisseaux.

Ce Boulet est percé à l'une des têtes pour y mettre la Fusée qui a communication à la charge du Canon; & le Boulet avec son enveloppe tient lieu de fourage, afin que la charge du Canon se communique à la Fusée du Boulet.

Dans les Magasins bien fournis on trouve des Passe-balles qui servent à calibrer des Boulets de tous calibres. C'est une planche de bois, de fer, ou de cuivre, qui est percée en rond pour tel calibre qu'on veut, ensorte qu'un Boulet y puisse passer en effleurant seulement les bords; cette planche a une queuë ou manche un peu long pour la tenir: & comme ce seroit quelquefois une chose de trop longue haleine que de faire passer tous les Boulets par ce trou, on se contente de porter ce Passe-balle sur chaque Boulet pour en vérifier le calibre.

D'autres gens arrêtent ces Passe-balles sur deux forts pieux, entre

entre lesquels ils placent sur terre un madrier ou une planche de bois disposée en talus ou glacis, afin qu'à mesure qu'on laisse tomber un Boulet par le Passe-balle, ce Boulet coule loin, & aille trouver le lieu où on les empile.

Les Boulets s'empilent de la manière qu'on verra à la Figure ci-après.

UN des plus intelligens Commissaires ordinaires de l'Artillerie nous a donné des Tables fort exactes de toutes les manières dont s'arrangent & s'empilent les Boulets. C'est ce que vous allez lire.

M. de Marigny, fait depuis Commissaire provincial, & Chevalier de S. Louis.

TABLE

Contenant sept cens soixante différentes Piles trèsutiles pour compter dans un moment un grand nombre de Boulets & de Bombes, ou Grénades, par la seule connoissance d'un côté de la base d'une Pile, & de son sommet, divisées en quarante-neuf Colonnes.

LA première marque le nombre du côté de la base.

La seconde, le total des piles quarrées depuis 5 jusqu'à 2870.

Les 39 autres marquent le total des piles oblongues.

Et les 8 restantes indiquent le côté de la base.

Les chiffres qui sont au-dessus marquent le nombre des Boulets qui finissent le sommet des piles.

Le total des piles oblongues en ces Tables est depuis 8 jusqu'à 11060.

Avec la facilité de ces Tables on aura plûtôt compté 100 mille Boulets, Bombes & Grénades juste, qu'un autre, sans cette pratique, n'en pourroit compter 5 à 6 mille.

Ce n'est pas toutesfois pour les nouveaux Officiers que je les ai rapportées ici; car elles surpassent un peu leur portée

tée & leur intelligence; mais les plus avancés pourront s'en ſervir fort utilement.

Explication & uſage des Colomnes contenues dans les Tables ſuivantes.

LA première colonne de la Table A marque la baſe du côté des piles depuis 2 Boulets juſqu'à 20.

La ſeconde colonne marque le total des piles quarrées vis-à-vis les chiffres de la première.

Par exemple: Je veux ſçavoir ce que contient une pile quarrée de Boulets, Bombes ou Grénades, dont le côté de la baſe m'eſt connu 9, finiſſant ſon ſommet par 1, comme la figure ci à côté repréſentée.

A *Plan ou Baſe de la pile quarrée de 9 Boulets.*
B *Pile quarrée de Boulets au nombre de* 285.
C *Côté de baſe de 9 Boulets.*
D *Boulets à chaîne ou à l'ange.*
E *Boulet composé d'artifice.*
F *Même Boulet ſans artifice.*
G *Boulet creux avec ſa Fuſée.*
H *Paſſe-boulets ou paſſe-balles de diverſes ſortes, & de plu-ſieurs calibres.*
I *Machine ſervant à calibrer les Boulets, aiant deux côtez & une couliſſe pour envoïer les Boulets vers leurs piles.*

9 fois 9 -- 81.
8 fois 8 -- 64.
7 fois 7 -- 49.
6 fois 6 -- 36.
5 fois 5 -- 25.
4 fois 4 -- 16.
3 fois 3 -- 9.
2 fois 2 -- 4.
1 fois 1 -- 1.
285.

Sans le ſecours de cette Table A, je ſerois obligé de multiplier 9 par 9, 8 par 8, 7 par 7, 6 par 6, 5 par 5, 4 par 4, 3 par 3, 2 par 2, & 1 par 1: le produit de ces multiplications additionné enſemble rendra pour total de ma pile 285 Boulets, que je trouve dans la ſeconde colonne vis-à-vis 9 de la première.

Si je veux encore ſçavoir par cette même Table ce que contient une pile quarrée dont le côté de baſe m'eſt connu 15; je regarde dans la ſeconde colonne, & je trouve 1240 vis-à-vis 15, qui eſt ce que doit contenir la pile parfaite qui a pour côté de baſe 15.

Une

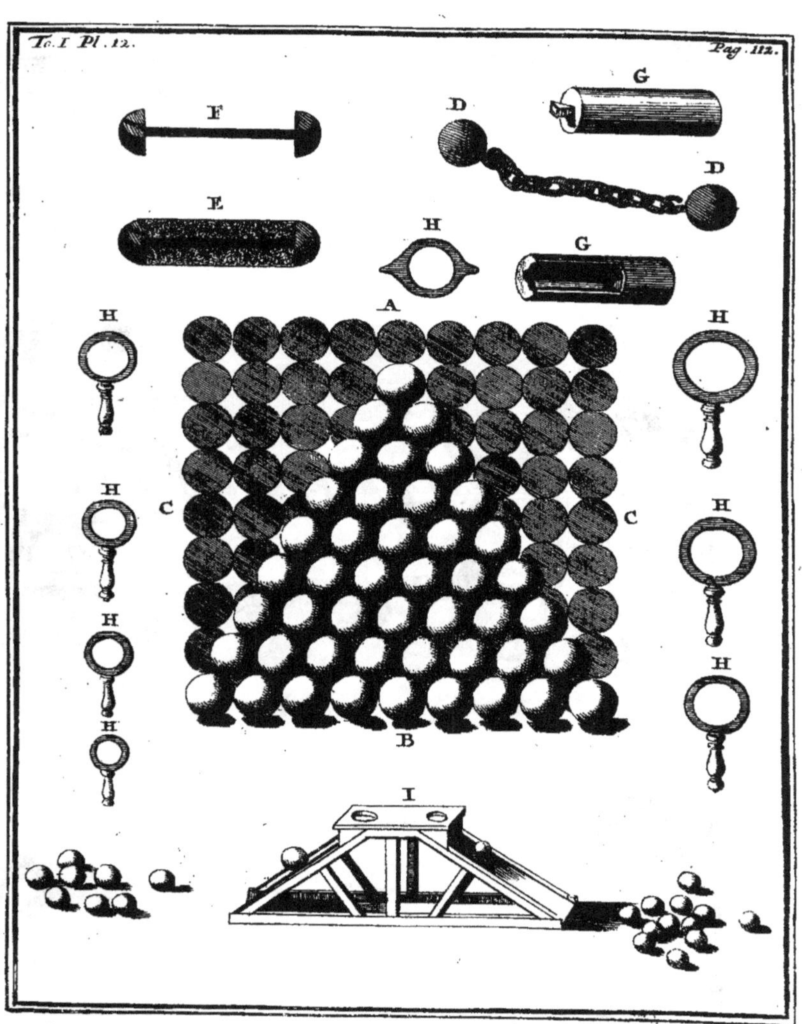
F
D
G
D
E
H
G
A
H
H
C
C
H
H
H
H
H
B
I

33
24
20
18
16
12
10
8
6
5
4
3
2
1

Une autre pile quarrée a pour côté de baſe 5; ſon total doit être de 55, qu'on trouvera dans la ſeconde colonne vis-à-vis 5 de la première. Le nombre total de toutes les piles quarrées ſe trouvera dans les deux colonnes aiant ſeulement la connoiſſance des côtez de la baſe.

Tous ſommets de piles quarrées doivent finir par un Boulet.

Il y a 19 ſortes de piles quarrées dans la ſeconde colonne: la dernière eſt de 2870, vis-à-vis 20 de la première qui eſt ſon côté de baſe, ne pouvant ſe faire de plus grandes piles quarrées qui paſſent ce nombre-là.

Les colonnes de la Table B marquées par 2, 3, 4, *par le ſom.* ſont pour les piles oblongues; c'eſt-à-dire, pour trouver le total des piles longues où le ſommet finit par le nombre des chiffres qui ſont au-deſſus de chaque colonne.

Exemple: Une pile dont le côté de baſe m'eſt connu 2, ſon ſommet finiſſant par le même nombre 2; je trouve dans la colonne marquée 2 *par le ſom.* de la Table B, 8 pour le total de la pile, vis-à-vis 2 de la première colonne de la Table A, qui ſert de côté pour toutes les piles de ces deux Tables A & B.

Une autre pile dont le côté eſt 6, finiſſant ſon ſommet par 4; dans la colonne marquée 4 *par le ſom.* de la Table B, je trouve vis-à-vis 6 de la première colonne de la Table A 154 pour le total de la pile dont j'ignorois le nombre.

Il y a dans cette Table B 57 ſortes de piles, depuis 8 juſqu'à 3500.

Dans la Table C, la première colonne ſert toûjours de côté de baſe pour toutes les autres. Celles qui ſuivent, ſont pour les piles longues, finiſſant leurs ſommets par 5, 6, 7, 8, & 9: chaque colonne donne le nombre total des piles qui finiſſent leurs ſommets par le nombre du chiffre qui eſt marqué au-deſſus de chaque colonne.

Exemple: Je trouve une pile qui finit ſon ſommet par 9, & qui a pour côté de baſe 12; je regarde dans la colonne 9 vis-à-vis 12 de la première, je trouve 1274 pour le total que contient la pile.

On peut trouver dans cette Table C 95 ſortes de piles, dont le total eſt depuis 17 juſqu'à 4550.

La Table D ſuivante eſt pour les piles longues qui finiſſent leurs ſommets par 10, 11, 12, 13, & 14.

La première ſert toûjours de côté de baſe pour toutes les piles contenues dans chaque page.

Exemple: Je trouve une pile qui finit ſon ſommet par 10, & qui a pour baſe de côté, 8: je regarde dans la colonne 10 des ſommets, vis-à-vis 8 de la première; je trouve 528 pour le total de la pile.

Cette Table contient 95 ſortes de piles, depuis 32 juſqu'à 5600.

On trouvera facilement toutes les autres par la même pratique, ſans qu'il ſoit néceſſaire d'apporter d'exemple pour chaque Table en particulier.

La Table E eſt pour les piles 15, 16, 17, 18, & 19; & contient 95 ſortes de piles, depuis 47 juſqu'à 6650.

La Table F eſt pour les piles 20, 21, 22, 23, & 24; & contient 95 ſortes de piles, depuis 62 juſqu'à 7700.

La Table G eſt pour les piles 25, 26, 27, 28, & 29; & contient pareillement 95 ſortes de piles, depuis 77 juſqu'à 8750.

La Table H eſt pour les piles 30, 31, 32, 33, & 34; & contient comme les autres 95 ſortes de piles, depuis 92 juſqu'à 9800.

La Table I eſt pour les piles 35, 36, 37, 38, & 39; & contient de même 95 ſortes de piles, depuis 107 juſqu'à 10850.

La Table K ne contient que 19 ſortes de piles, dont le ſommet eſt 40, c'eſt-à-dire, depuis 122 juſqu'à 11060; la première colonne marquée par 1, 2, 3, &c. ſervant de baſe comme dans les autres Tables ci-deſſus.

Table

TABLE DES PILES quarrées de Boulets. A		*Total des Piles oblongues de Boulets, finissant le sommet par les Chiffres qui sont au-dessus des colonnes de cette Table.* B		
Côté de la base des Piles quarrées égales à la hauteur.	Total des Piles quarrées, finissant le sommet par un Boulet.	par 2 par le sommet.	par 3 par le som.	par 4 par le som.
par 2	5	8	11	14
par 3	14	20	26	32
par 4	30	40	50	60
par 5	55	70	85	100
par 6	91	112	133	154
par 7	140	168	196	224
par 8	204	240	276	312
par 9	285	330	375	420
par 10	385	440	495	550
par 11	506	572	638	704
par 12	650	728	806	884
par 13	819	910	1001	1092
par 14	1015	1120	1225	1330
par 15	1240	1360	1480	1600
par 16	1496	1632	1768	1904
par 17	1785	1938	2091	2244
par 18	2109	2280	2451	2622
par 19	2470	2660	2850	3040
par 20	2870	3080	3290	3500

Total des Piles oblongues de Boulets, finissant le sommet par les Chiffres qui sont au-dessus des Colonnes de cette Table.

C

Côté de la base des Piles oblongues de Boulets.	par 5 par le som.	par 6 par le som.	par 7 par le som.	par 8 par le som.	par 9 par le som.
par 2	17	20	23	26	29
par 3	38	44	50	56	62
par 4	70	80	90	100	110
par 5	115	130	145	160	175
par 6	175	196	217	238	259
par 7	252	280	308	336	364
par 8	348	384	420	456	492
par 9	465	510	555	600	645
par 10	605	660	715	770	825
par 11	770	836	902	968	1034
par 12	962	1040	1118	1196	1274
par 13	1183	1274	1365	1456	1547
par 14	1435	1540	1645	1750	1855
par 15	1720	1840	1960	2080	2200
par 16	2040	2176	2312	2448	2584
par 17	2397	2550	2703	2856	3009
par 18	2793	2964	3135	3306	3477
par 19	3230	3420	3610	3800	3990
par 20	3710	3920	4130	4340	4550

Total des Piles oblongues de Boulets, finissant le sommet par les Chiffres qui sont au-dessus des Colonnes de cette Table.

D

Côté de la base des Piles oblongues de Boulets.	par 10 par le som.	par 11 par le som.	par 12 par le som.	par 13 par le som.	par 14 par le som.
par 2	32	35	38	41	44
par 3	68	74	80	86	92
par 4	120	130	140	150	160
par 5	190	205	220	235	250
par 6	280	301	322	343	364
par 7	392	420	448	476	504
par 8	528	564	600	636	672
par 9	690	735	780	825	870
par 10	880	935	990	1045	1100
par 11	1100	1166	1232	1298	1364
par 12	1352	1430	1508	1586	1664
par 13	1638	1729	1820	1911	2002
par 14	1960	2065	2170	2275	2380
par 15	2320	2440	2560	2680	2800
par 16	2720	2856	2992	3128	3264
par 17	3162	3315	3468	3621	3774
par 18	3648	3819	3990	4161	4332
par 19	4180	4370	4560	4750	4940
par 20	4760	4970	5180	5390	5600

Total des Piles oblongues de Boulets, finissant le sommet par les Chiffres qui sont au-dessus des colonnes de cette Table.

E.

Côté de la base des Piles oblongues de Boulets.	par 15 par le som.	par 16 par le som.	par 17 par le som.	par 18 par le som.	par 19 par le som.
par 2	47	50	53	56	59
par 3	98	104	110	116	122
par 4	170	180	190	200	210
par 5	265	280	295	310	325
par 6	385	406	427	448	469
par 7	532	560	588	616	644
par 8	708	744	780	816	852
par 9	915	960	1005	1050	1095
par 10	1155	1210	1265	1320	1375
par 11	1430	1496	1562	1628	1694
par 12	1742	1820	1898	1976	2054
par 13	2093	2184	2275	2366	2457
par 14	2485	2590	2695	2800	2905
par 15	2920	3040	3160	3280	3400
par 16	3400	3536	3672	3808	3944
par 17	3927	4080	4233	4386	4539
par 18	4503	4674	4845	5016	5187
par 19	5130	5320	5510	5700	5890
par 20	5810	6020	6230	6440	6650

Total des Piles oblongues de Boulets, finissant le sommet par les Chiffres qui sont au-dessus des Colonnes de cette Table.

F

Côté de la base des Piles oblongues de Boulets.	par 20 par le som.	par 21 par le som.	par 22 par le som.	par 23 par le som.	par 24 par le som.
par 2	62	65	68	71	74
par 3	128	134	140	146	152
par 4	220	230	240	250	260
par 5	340	355	370	385	400
par 6	490	511	532	553	574
par 7	672	700	728	756	784
par 8	888	924	960	996	1032
par 9	1140	1185	1230	1275	1320
par 10	1430	1485	1540	1595	1650
par 11	1760	1826	1892	1958	2024
par 12	2132	2210	2288	2366	2444
par 13	2548	2639	2730	2821	2912
par 14	3010	3115	3220	3325	3430
par 15	3520	3640	3760	3880	4000
par 16	4080	4216	4352	4488	4624
par 17	4692	4845	4998	5151	5304
par 18	5358	5529	5700	5871	6042
par 19	6080	6270	6460	6650	6840
par 20	6860	7070	7280	7490	7700

Total des Piles oblongues de Boulets, finissant le sommet par les Chiffres qui sont au-dessus des Colonnes de cette Table.

G.

Côté de la base des Piles oblongues de Boulets.	par 25 par le som.	par 26 par le som.	par 27 par le som.	par 28 par le som.	par 29 par le som.
par 2	77	80	83	86	89
par 3	158	164	170	176	182
par 4	270	280	290	300	310
par 5	415	430	445	460	475
par 6	595	616	637	658	679
par 7	812	840	868	896	924
par 8	1068	1104	1140	1176	1212
par 9	1365	1410	1455	1500	1545
par 10	1705	1760	1815	1870	1925
par 11	2090	2156	2222	2288	2354
par 12	2522	2600	2678	2756	2834
par 13	3003	3094	3185	3276	3367
par 14	3535	3640	3745	3850	3955
par 15	4120	4240	4360	4480	4600
par 16	4760	4896	5032	5168	5304
par 17	5457	5610	5763	5916	6069
par 18	6213	6384	6555	6726	6897
par 19	7030	7220	7410	7600	7790
par 20	7910	8120	8330	8540	8750

Total des Piles oblongues de Boulets, finissant le sommet par les Chiffres qui sont au-dessus des Colonnes de cette Table.

H.

Côté de la base des Piles oblongues de Boulets.	par 30 par le som.	par 31 par le som.	par 32 par le som.	par 33 par le som.	par 34 par le som.
par 2	92	95	98	101	104
par 3	188	194	200	206	212
par 4	320	330	340	350	360
par 5	490	505	520	535	550
par 6	700	721	742	763	784
par 7	952	980	1008	1036	1064
par 8	1248	1248	1320	1356	1392
par 9	1590	1635	1680	1725	1770
par 10	1980	2035	2090	2145	2200
par 11	2420	2486	2552	2618	2684
par 12	2912	2990	3068	3146	3224
par 13	3458	3549	3640	3731	3822
par 14	4060	4165	4270	4375	4480
par 15	4720	4840	4960	5080	5200
par 16	5440	5576	5712	5848	5984
par 17	6222	6375	6528	6681	6834
par 18	7068	7239	7410	7581	7752
par 19	7980	8170	8360	8550	8740
par 20	8960	9170	9380	9590	9800

Total des Piles oblongues de Boulets, finissant le sommet par les Chiffres qui sont au-dessus des Colonnes de cette Table.

I.

Côte de la base des piles oblongues de Boulets.	par 35 par le som.	par 36 par le som.	par 37 par le som.	par 38 par le som.	par 39 par le som.
par 2	107	100	113	116	119
par 3	218	224	230	236	242
par 4	370	380	390	400	410
par 5	565	580	595	610	625
par 6	805	826	847	868	889
par 7	1092	1120	1148	1176	1204
par 8	1428	1464	1500	1536	1572
par 9	1815	1860	1905	1950	1995
par 10	2255	2310	2365	2420	2475
par 11	2750	2816	2882	2948	3014
par 12	3302	3380	3458	3536	3614
par 13	3913	4004	4095	4186	4277
par 14	4585	4690	4795	4900	5005
par 15	5320	5440	5560	5680	5800
par 16	6120	6256	6392	6528	6664
par 17	6987	7140	7293	7446	7599
par 18	7923	8094	8265	8436	8607
par 19	8930	9120	9310	9500	9690
par 20	10010	10220	10430	10640	10850

Total des Piles oblongues de Boulets, dont le sommet finit par 40.

K

Côté de la base des Piles oblongues de Boulets.	par 40 par le sommet.
par 2	122
par 3	248
par 4	420
par 5	640
par 6	910
par 7	1232
par 8	1608
par 9	2040
par 10	2530
par 11	3080
par 12	3692
par 13	4368
par 14	5110
par 15	5920
par 16	6800
par 17	7752
par 18	8778
par 19	9880
par 20	11060

Table pour connoître les superficies du côté des Piles de Boulets.

L

Côté de la base des Piles de Boulets.	Total des superficies du côté des Piles de Boulets.
par 2	3
par 3	6
par 4	10
par 5	15
par 6	21
par 7	28
par 8	36
par 9	45
par 10	55
par 11	66
par 12	78
par 13	91
par 14	105
par 15	120
par 16	136
par 17	153
par 18	171
par 19	190
par 20	210

Ces deux Colonnes marquées L *sont pour connoître le total de la superficie d'un côté de Pile, & le total de celles qui ont plus de* 40 *pour leur sommet.*

Exemple : Si je trouvois une pile qui finît son sommet par 51, & qui eût pour côté de base 8, je regarderois dans la Table K à la colonne 40, où je trouve vis-à-vis 8 côté de base, 1608 pour le total de la pile dont le sommet finiroit par 40, & qui auroit 8 pour côté de base. Mais comme il y a 11 superficies depuis 40 jusqu'à 51, je regarde dans la seconde colonne de la Table L vis-à-vis 8 côté de base connu, où je trouve 36 pour côté de superficie : je multiplie ces 36 par 11, dont le produit est 396 : j'ajoute ces 396 à 1608 ; ce qui fait 2004 pour le total des Boulets dont le sommet finiroit par 51. La même chose pourra se pratiquer lorsqu'il se trouvera des piles qui finissent leur sommet au-delà de 40.

Quoique j'aie fait entrer dans ma premiére Edition, des Tables très-belles & très-nettes pour démontrer la maniére d'empiler des Boulets, & d'en connoître le nombre par les superficies ; la justice qu'on doit à tout le monde, demande que je fasse part au Corps des découvertes que M. Goëzaud, Commissaire & Garde de l'Artillerie à Philippeville, a faites sur cet article, & de ce qu'il m'en a écrit en l'année 1698, un peu après l'impression de mes Mémoires. C'est un Officier très-versé dans les Mathématiques, très-galant Homme, & qui fait bien le service. Voici sa lettre.

Lettre de M. Goëzaud sur l'empilement des Boulets.

JE vous prie de trouver bon que je vous marque le plaisir que j'ai eu dans la lecture de vos Mémoires d'Artillerie. Je ne puis mieux le faire, qu'en vous disant, que je m'applique depuis assez long-tems à la recherche & à la lecture des livres qui traitent de cet Art, sans en avoir rencontré qui m'aient satisfait ; mais, que je trouve enfin dans le votre ce que je cherchois inutilement dans tous les autres. Je sçais bien, Monsieur, que son mérite & son utilité sont au-dessus de tous les éloges que j'en pourrois faire ; aussi je ne veux pas

Première Partie des Tables de M. Goëzaud, pour trouver le nombre des Boulets rangés en Piles.

Longueurs des Piles à leurs sommets.

Nombres naturels. Et hauteur des Piles. / Nombres piramidaux.	1	2	3	4	5	6	7	8	9	10	11	12	13	14	15	16	17	18	19	20	21	22	23	24	25	26
1																										
2	5	8	11	14	17	10	23	26	29	32	35	38	41	44	47	50	53	56	59	62	65	68	71	74	77	80
3	14	20	26	32	38	44	50	56	62	68	74	80	86	92	98	104	110	116	122	128	134	140	146	152	158	164
4	30	40	50	60	70	80	90	100	110	120	130	140	150	160	170	180	190	200	210	220	230	240	250	260	270	280
5	55	70	85	100	115	130	145	160	175	190	205	220	235	250	265	280	295	310	325	340	355	370	385	400	415	439
6	91	112	133	154	175	196	217	238	259	280	301	322	343	364	385	406	427	448	469	490	511	532	553	574	595	616
7	140	168	196	224	252	280	308	336	364	392	420	448	476	504	532	560	588	616	644	672	700	728	756	784	812	840
8	204	240	276	312	348	384	420	456	492	528	564	600	636	672	708	744	780	816	852	888	924	960	996	1032	1068	1104
9	285	330	375	420	465	510	555	600	645	690	735	780	825	870	915	960	1005	1050	1095	1140	1185	1230	1275	1320	1365	1410
10	385	440	495	550	605	660	715	770	825	880	935	990	1045	1100	1155	1210	1265	1320	1375	1430	1485	1540	1595	1650	1705	1760
11	506	572	638	704	770	836	902	968	1034	1100	1166	1232	1298	1364	1430	1496	1562	1628	1694	1760	1826	1892	1958	2024	2090	2156
12	650	728	806	884	962	1040	1118	1196	1274	1352	1430	1508	1586	1664	1742	1820	1898	1976	2054	2132	2210	2288	2366	2444	2522	2600
13	819	910	1001	1092	1183	1274	1365	1456	1547	1638	1729	1820	1911	2002	2093	2184	2275	2366	2457	2548	2639	2730	2821	2912	3003	3094
14	1015	1120	1225	1330	1435	1540	1645	1750	1855	1960	2065	2170	2275	2380	2485	2590	2695	2800	2905	3010	3115	3220	3325	3430	3535	3640
15	1240	1360	1480	1600	1720	1840	1960	2080	2200	2320	2440	2560	2680	2800	2920	3040	3160	3280	3400	3520	3640	3760	3880	4000	4120	4240
16	1496	1632	1768	1904	2040	2176	2312	2448	2584	2720	2856	2992	3128	3264	3400	3536	3672	3308	3944	4080	4216	4352	4488	4624	4760	4896
17	1785	1938	2091	2244	2397	2550	2703	2856	3009	3162	3315	3468	3621	3774	3927	4080	4233	4386	4539	4692	4845	4998	5151	5304	5457	5610
18	2109	2280	2451	2622	2793	2964	3135	3306	3477	3648	3819	3990	4161	4332	4503	4674	4845	5016	5187	5358	5529	5700	5871	6042	6213	6384
19	2470	2660	2850	3040	3230	3420	3610	3800	3990	4180	4370	4560	4750	4940	5130	5320	5510	5700	5890	6080	6270	6460	6650	6840	7030	7220
20	2870	3080	3290	3500	3710	3920	4130	4340	4550	4760	4970	5180	5390	5600	5810	6020	6230	6440	6650	6860	7070	7280	7490	7700	7910	8120

Seconde Partie des Tables de M. Goëzaud, pour trouver le nombre des Boulets rangés en Piles.

Longueurs des Piles à leurs sommets.

Nombres triangulaires.	Nombres naturels. Et hauteur des Piles.	Nombres piramidaux. 27	28	29	30	31	32	33	34	35	36	37	38	39	40	41	42	43	44	45	46	47	48	49	50	51	52
	1																										
3	2	83	86	89	92	95	98	101	104	107	110	113	116	119	122	125	128	131	134	137	140	143	146	149	152	155	158
6	3	170	176	182	188	194	200	206	212	218	224	230	236	242	248	254	260	266	272	278	284	290	296	302	308	314	320
10	4	290	300	310	320	330	340	350	360	370	380	390	400	410	420	430	440	450	460	470	480	490	500	510	520	530	540
15	5	445	460	475	490	505	520	535	550	565	580	595	610	625	640	655	670	685	700	715	730	745	760	775	790	805	820
21	6	637	658	679	700	721	742	763	784	805	826	847	868	889	910	931	952	973	994	1015	1036	1057	1078	1099	1120	1141	1162
28	7	868	896	924	952	980	1008	1036	1064	1092	1120	1148	1176	1204	1232	1260	1288	1316	1344	1372	1400	1428	1456	1484	1512	1540	1568
36	8	1140	1176	1212	1248	1284	1320	1356	1392	1428	1464	1500	1536	1572	1608	1644	1680	1716	1752	1788	1824	1860	1896	1932	1968	2004	2040
45	9	1455	1500	1545	1590	1635	1680	1725	1770	1815	1860	1905	1950	1995	2040	2085	2130	2175	2220	2265	2310	2355	2400	2445	2490	2535	2580
55	10	1815	1870	1925	1980	2035	2090	2145	2200	2255	2310	2365	2420	2475	2530	2585	2640	2695	2750	2805	2860	2915	2970	3025	3080	3135	3190
66	11	2222	2288	2354	2420	2486	2552	2618	2684	2750	2816	2882	2948	3014	3080	3146	3212	3278	3344	3410	3476	3542	3608	3674	3740	3806	3872
78	12	2678	2756	2834	2912	2990	3068	3146	3224	3302	3380	3458	3536	3614	3692	3770	3848	3926	4004	4082	4160	4238	4316	4394	4472	4450	4628
91	13	3185	3276	3367	3458	3549	3640	3731	3822	3913	4004	4095	4186	4277	4368	4459	4450	4641	4732	4823	4914	5005	5096	5187	5278	5369	5460
105	14	3745	3850	3955	4060	4165	4270	4375	4480	4585	4690	4795	4900	5005	5110	5215	5320	5425	5530	5635	5740	5845	5950	6055	6160	6265	6370
120	15	4360	4480	4600	4720	4840	4950	5080	5200	5320	5440	5560	5680	5800	5920	6040	6160	6280	6400	6520	6640	6760	6880	7000	7120	7240	7360
136	16	5032	5168	5304	5440	5576	5712	5848	5984	6120	6256	6392	6528	6664	6800	6936	7072	7208	7344	7480	7616	7752	7888	8024	8160	8296	8432
153	17	5763	5916	6069	6212	6375	6528	6681	6834	6987	7140	7293	7446	7599	7752	7905	8058	8211	8364	8517	8670	8823	8976	9129	9282	9435	9588
171	18	6555	6726	6897	7068	7239	7410	7581	7752	7923	8094	8265	8435	8607	8778	8949	9120	9291	9462	9633	9804	9975	10146	10317	10488	10659	10830
190	19	7410	7600	7790	7980	8170	8360	8550	8740	8930	9120	9310	9500	9690	9880	10070	10260	10450	10640	10830	11020	11210	11400	11590	11780	11970	12160
210	20	8330	8540	8750	8960	9170	9380	9590	9800	10010	10220	10430	10640	10850	11060	11270	11480	11690	11900	12110	12320	12530	12740	12950	13160	13370	13580

pas entreprendre de lui en donner. Cependant, je ne sçaurois m'empêcher de dire, qu'il est si propre à former d'habiles Officiers d'Artillerie, que ceux qui ne le deviendront pas dorenavant, ne le voudront pas être, en aiant un moyen si facile.

Suite de la lettre de M. Gobzaud.

Vos Tables à empiler Boulets ont apparemment été faites sur le modéle de celles que j'ai l'honneur de vous envoïer, dont j'ai donné des copies depuis plus de 15 ou 20 ans à tous les Officiers d'Artillerie qui en ont voulu avoir. Je n'y mets point d'explication; celle qui est dans votre Livre étant à peu près, tant pour le discours que pour les termes, la même que j'ai donnée à ces Messieurs. Je parlerai seulement d'une petite circonstance qu'on a oubliée: c'est que ces Tables peuvent servir non-seulement à trouver le nombre des Boulets rangés en piles, mais aussi à faire des piles d'un certain nombre de Boulets proposé qui ne soient pas rangés; ce que je n'explique pas plus au long, étant facile à trouver.

Au défaut de cette Table, on peut se servir d'une régle courte à ceux qui s'en feront fait une petite habitude, qui est aussi de mon invention, & que je me donne l'honneur de vous mettre ici sans beaucoup de démonstration; mais où je suis obligé d'expliquer quelques termes dont je me sers.

On peut considérer de deux sortes de piles: les unes dont la base est quarrée, & les autres parallélogrammes ou oblongues.

Celles dont la base est quarrée, finissent toûjours au sommet par un seul Boulet: je les appelle piles pyramidales.

Celles dont la base n'est point quarrée, finissent par autant de Boulets moins un, que le plus long côté de ladite base excéde le plus petit.

Chacune des quatre faces d'une pile pyramidale, & chacune des deux petites faces des piles oblongues, sont disposées en triangles équilatéraux; ensorte que si la base ou premier rang de l'un desdits triangles est, par exemple, de 8 Boulets, le 2e sera de 7, le 3e de 6, le 4e de 5, le 5e de 4, le 6e de

Suite de la lettre de M. Goëzaud. de 3, le 7e de 2, & le 8e de 1. L'addition de ces huit chiffres est ce que j'appellerai nombre ou surface triangulaire : ainsi je dirai que 36 est le nombre triangulaire de 8 ; que celui de 9 est 45 ; celui de 10, 55 ; & ainsi des autres, comme ils sont marqués à la première colonne de la Table pour compter les Boulets.

Pour trouver un nombre, ou une surface triangulaire, sans faire cette addition, ajoutez ensemble la base & le sommet, & multipliez le produit par la moitié de la hauteur. Par exemple, pour trouver le nombre triangulaire de 8, dites 8 & 1 font 9, lequel nombre multiplié par 4 fait 36. Autre exemple : pour avoir le nombre triangulaire de 9, dites 9 & 1 font 10, multipliez par 4 $\frac{1}{2}$ font 45.

Nota. Si le nombre des termes est impair, il faut seulement, pour plus de facilité, multiplier la base sans y ajouter le sommet par sa plus grande moitié : par exemple, 9 multiplié par 5 fait 45.

Ce nombre 45 se trouvera être 6 fois $\frac{1}{3}$ dans la pile pyramidale du nombre naturel 9. Ainsi multipliant

$$\begin{array}{r} 45 \\ \text{par} \ . \ . \ 6\ \tfrac{1}{3} \\ \hline 270 \\ 15 \\ \hline \end{array}$$

on aura pour le ——— contenu de la pile pyramidale 285.

Mais pour avoir ce multiplicateur 6 $\frac{1}{3}$, voici comme il faut s'y prendre. Doublez la hauteur 9 ; ce qui fait 18 : ajoutez-y 1, fait 19 ; dont le tiers 6 $\frac{1}{3}$ est le multiplicateur que vous cherchez. On trouvera de même tous les autres.

Autre

Autre Exemple.

Suite de la lettre de M. Gotzand.

Si on pouvoit faire une pile quarrée de cent Boulets de hauteur, je dirois pour la compter :

100
&... 1
font 101 que je multiplie par la moitié de 100 qui est. . 50
produit. . . 5050 nombre triangulaire de 100.

Pour trouver combien de fois ce nombre 5050 seroit contenu dans la pile, j'additionne ces nombres,

100
100
1
produit . . 201
dont le tiers . . 67 est le nombre que je cherche.

Multipliant donc . . 5050
par. . . 67

35350
30300

Je trouverois que la pile quarrée de 100 Boulets de hauteur seroit 338350.

Des Piles longues.

Une pile longue doit être regardée comme composée d'une pile pyramidale, & d'autant de nombres triangulaires de ladite pile, qu'il y a de Boulets moins un à son sommet : par exemple, une pile de 9 de hauteur, & de 5 de longueur par le sommet.

Pile pyramidale de 9 285
Pour les 5 moins un du sommet, c'est-à-dire 4, fait 4 fois 45, nombre triangulaire de 9, c'est-à-dire . . 180
Total de la pile . . . . . 465.

Je

Suite de la lettre de M. Goëzaud.

Je reprens encore le même exemple, & je le fais pour abréger, de cette manière :

	9
	9
	1
	19
dont le tiers . .	$6\frac{1}{3}$
joint au sommet . . .	4
fait . . .	$10\frac{1}{3}$
multiplié par . .	45
	50
	40
	15
fait. . . .	465.

Autre Exemple.

19 de hauteur.
50 de longueur par le sommet.

Nombre triangulaire de 19	190
Nombre de fois que 190 est dans la pile . . .	13
Lequel nombre 13 joint à 50 moins 1, c'est-à-dire	49
fait	62

	190
	62
	380
	1140
Total. . . .	11780.

Autre

Suite de la lettre de M. Goëzaud.

Autre Exemple.

16 de haut.

100 de longueur par le sommet : & j'exprimerai de cette manière dans les autres exemples.

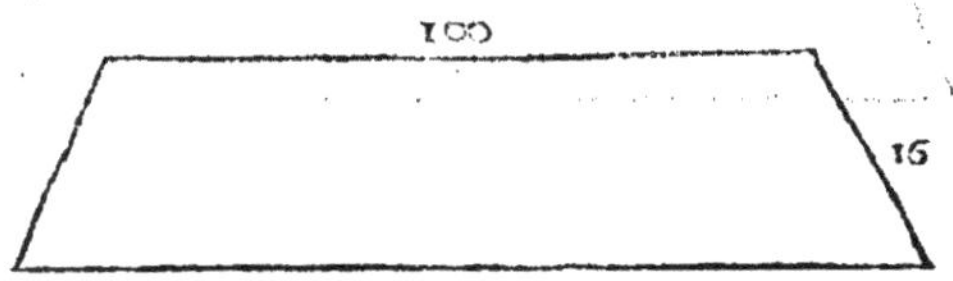

Pour peu qu'on soit rompu à cette régle, on la trouvera très-facile, comme je l'ay déja dit, & on abrége beaucoup en faisant dans son esprit les petites opérations nécessaires pour trouver le nombre triangulaire, & la quantité de fois qu'il doit être dans la pile. Comme pour l'exemple ci-dessus : je dis en moi-même 16 & 16 font 32 & 1 font 33, dont le tiers est 11, qui joint à 99 l., fait . . . 110

Ensuite, pour le nombre triangulaire, je dis encore en moi-même 16 & 1 font 17, multipliez par 8 font 136

660
330
110

Total . . . 14960

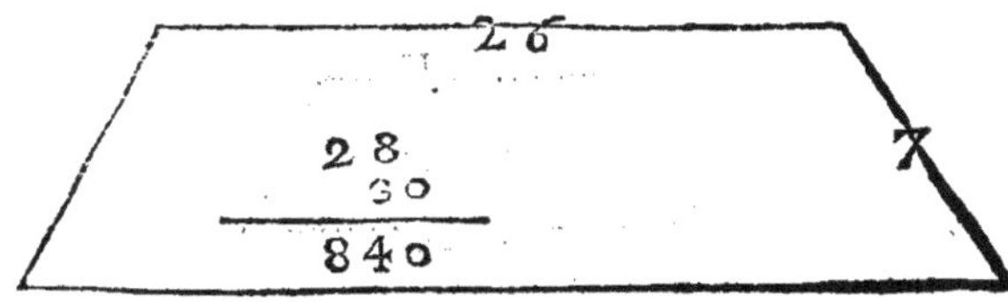

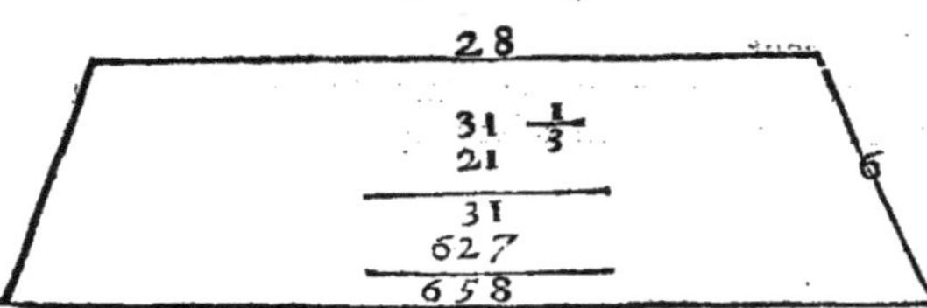
28
31 1/3
21
31
627
658
6

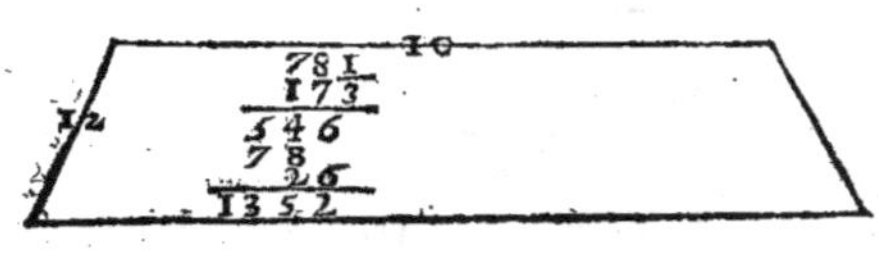
10
781
173
546
78
26
1352
12

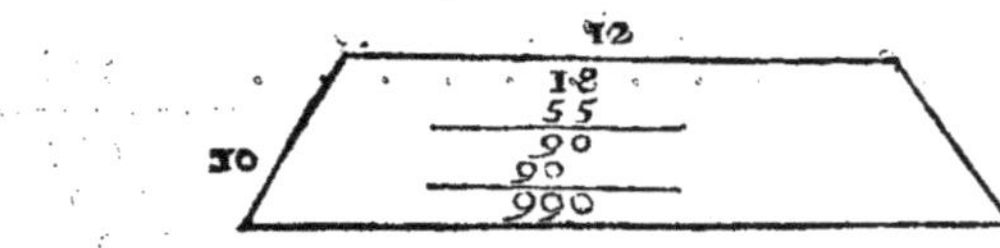
12
18
55
90
90
990
10

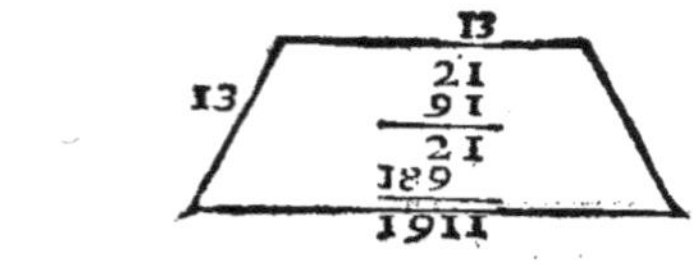
13
21
91
21
189
1911
13

Puis

Puiſque je ſuis en train ſur le chapitre des Boulets, je vous parlerai d'une machine dont nous nous ſommes ſervis fort utilement pour calibrer tous les nôtres, & avec laquelle on les ſépare aiſément & promptement, quelque mêlés qu'ils ſoient. Je l'ai faite d'un madrier A, d'environ 11 pieds de long, bien rabotté & dreſſé par les côtez, à l'un deſquels j'ai fait clouer bien ferme la planche B de ½ pied de hauteur, faiſant l'angle A B droit ou à équerre. J'ai mis ſur la ſurface A A du madrier, les coins 33, 24, 20, 18, &c.; ces coins font en C un angle droit. Ils ſont éloignés de la bordure de la quantité du diamétre des Boulets dénotés par les nombres 33, 24, 20, 18, &c. & de mêmes hauteurs, largeurs, & diſtances entre eux. Cette machine eſt montée ſur 4 pieds, dont les deux qui ſont ſous les gros calibres, ſont de demi pied plus longs que les deux autres. Quand on met par le bout le plus élevé un Boulet, il roule dans la machine; ou bien s'il s'arrête, par exemple, au coin 24, le Boulet eſt de 33; s'il s'arrête au coin 20; il eſt de 24; ſi au coin de 18, il eſt de 20, & ainſi du reſte. Je n'ai point mis d'échelle au deſſein que j'ai fait de ce Paſſe-boulet, un pouce allant pour un pied, & une ligne pour un pouce.

Des Boulets rouges.

CE qu'on appelle Boulet rouge, eſt un Boulet qu'on fait effectivement rougir pour mettre le feu dans les maiſons de la Ville qu'on attaque.

On creuſe une place en terre : on y allume une groſſe quantité de charbon de bois ou de terre.

Par-deſſus on met une forte grille de fer.

Quand ce feu eſt dans toute ſa force, on met les Boulets ſur la grille.

Ils s'y rougiſſent en très-peu de tems.

On a des tenailles ou des cueilléres de fer pour les prendre.

On les porte dans la Piéce qui n'en doit point être éloignée, après qu'on a mis de la terre glaiſe, s'il ſe peut, ſur la poudre dont la Piéce eſt chargée, & qu'on l'a extrêmement refoulée avec le refouloir : & ſans mettre aucun fourage ſur le Boulet, on met le feu à la lumière de la Piéce ; le coup part, & par-tout où paſſe le Boulet, s'il rencontre quelques matières combuſtibles, il les allume, & y porte l'incendie.

Il faut remarquer, que, lorſque les tranchées ſont devant la Batterie de Boulets rouges, on bourre la poudre avec du fourage ; parce que ſi on y mettoit de la terre glaiſe, les morceaux pourroient aller bleſſer & tuer les Travailleurs.

Les Boulets rouges ne ſe tirent qu'avec des Piéces de huit & de quatre ; parce que, ſi les Piéces étoient d'un plus fort calibre, les Boulets ſeroient trop difficiles à ſervir.

Je ne crois pas devoir ômettre de donner ici un extrait des prix dont on convint, en 1692, avec le Sieur..... Propriétaire des forges de..... en Champagne pour tous les Ouvrages de fer coulé qu'on y fait ordinairement fabriquer.

Il pourra ſervir non-ſeulement pour les Boulets, mais encore pour les Bombes, Grénades, & pour toutes les ſortes de ferrures qui ſont propres aux Affûts, ſoit en les prenant dans les forges, ſoit en les rendant dans les Villes les plus voiſines de ces Forges.

Le

Le millier pesant de fer coulé en Boulets, pris dans les forges, revient, comme il a déja été dit, à . . 30 liv.

Le millier de fer coulé en Bombes & en Grénades pris dans les forges, à . . . . 40.

Le millier de fer coulé en Affûts, pris dans les forges, revient à . . . . 45.

La voiture des fers coulés, depuis ces forges jusqu'à Valenciennes, lui est païée sur le pied de 24 lieuës à raison de 15 s. du millier pesant par chacune lieuë, qui est 18 liv. par millier; de manière que, comprenant le prix de la voiture dans celui des munitions,

Les Boulets coûteront rendus dans Valenciennes, le millier, tous fraix compris. . . . . . 48 liv.

Les Bombes & Grénades . . . . 58.

Les Affûts de fer coulé . . . . 63.

A l'égard de la voiture par eau, qui est celle de Charlemont, elle est païée à raison de 6 liv. par chacun millier pesant.

Le fer forgé en susbandes, étriers, crochets de retraite & boulons pour Affûts de Mortiers, à raison de 3 s. la livre rendu à Valenciennes.

Plus 200 milliers de fer battu en bandes & barreaux, dont 160 milliers sont de fer à la lime, & 40 milliers de fer commun, suivant les échantillons qui lui en ont été donnés, à raison, sçavoir, celui à la lime, de 8 liv. 15 s., & le fer commun, à 7 liv. 10 s., le tout poids de marc, voituré & rendu à Douay.

Il est païé à mesure qu'il livre les munitions à Charlemont, ou à Valenciennes, en rapportant par lui des récépissez des Gardes-magasins d'Artillerie de ces Places, lesquels récépissez sont visés du Lieutenant qui commandera l'Artillerie en Flandres.

Il est tenu de faire la fourniture de tous ces ouvrages, & de les faire rendre dans les Places de leur destination, suivant le marché.

On lui délivre tous les passeports nécessaires pour l'affranchissement des droits dûs pour raison, tant du transport de ces munitions, que pour la marque du fer, & pour les matériaux servans à leur fabrication.

Il y a encore des forges en Comté, dans lesquelles on fait fabriquer les ouvrages qui sont destinés, tant pour les Places d'Allemagne & de Bourgogne, que pour les Places du Rhone & de l'Isére, & même pour le Roussillon; & les prix des fers coulés dans ces forges-là, sont ceux qui suivent:

30 liv. le millier de fer coulé en Boulets de 40, 36, 33, 24, 18, 16, 12, 10, 8, 6, 4.

Et 33 liv. pour les Boulets du calibre de 3, de 3 ½, de 2, & au-dessous.

45 liv. les Bombes & les Grénades rendues à Bézançon pour l'une & l'autre Bourgogne; à Beffort pour Brisac & les Places d'Alsace; & à Auxonne pour Lion & les Places de Piedmont & de Roussillon.

Prix des Fers coulés rendus dans les Places, sçavoir à Auxonne, par les Fourneaux les plus voisins.

Détail de la dépense pour les Bombes. L'Entrepreneur du fourneau d'Echalonge paie au Maître de la forge,

Pour le millier de fonte de fer pris dans son ouvrage	29	liv.
Aux Potiers pour la façon d'un millier pesant en Bombes	8.	
Pour l'ébarbage & le vuidage du millier pesant en Bombes	1.	
Pour les arbres, lances, cloux, terre & sable. .	2.	
Pour le charbon servant à cuire les chappes & noyaux, par chaque millier.	2.	
Pour la voiture du fourneau sur le port, par millier		10 f.
Et par eau de là à Auxonne, le millier revient à	1.	10.
	44	liv.

L'Entrepreneur paie

Détail de la dépense pour les Boulets.

Pour la fonte prise dans l'ouvrage	29	liv.
Pour la façon par millier	3.	
Pour la voiture du fourneau d'Echalonge à Auxonne, tant par eau que par terre	2.	
Le millier pesant de Boulets revient donc à. .	34	liv.

Les

Les fers coulés qui sont à la forge de Lévilly, reviennent à 30 f. plus que ceux de la forge d'Echalonge, à cause de la voiture qui coûte 40 f. de plus, étant 2 lieuës loin de la riviere: si-bien que le millier pesant de Bombes rendu à Auxonne, revient à . 45 l. 10 f.

Le millier en Boulets . . . . 35. 10.

Les deux fourneaux ci-dessus sont les lieux où l'Entrepreneur a le meilleur marché, à cause de la facilité des voitures: on les prend pour les fers coulés de la Marine.

Les fers coulés qui se font au fourneau d'Igny se païent tant pour la fonte que la façon, comme il a été dit; & augmentent à cause de la plus grande distance d'Auxonne, de 15 f. par millier: si-bien que le millier de Bombes revient à : . . . . 46. 5.

Le millier de Boulets à . . . . 36. 5.

Les prix des fers coulés qui se font faits au fourneau de Norvesein, ne sont pas réglés; parce que le Maître de ce fourneau veut avoir 36 liv. du millier de la fonte en Boulets sans sa façon, ni la voiture, le fourneau étant à 12 lieuës d'Auxonne.

Sur ce pied-là le millier pesant en Boulets reviendroit à plus de . . . . 40.

A Bézançon.

LEs fourneaux les plus voisins de Bézançon sont, Sortant, Moulin, & Marsem.

La fonte & façon tant de Bombes que de Boulets comme dessus, & la voiture par terre jusqu'à Bézançon, le millier pesant de Bombes revient rendu à Bézançon à . . . . 46. 10.

Le millier pesant de Boulets à . . . . 34. 10.

Les fers coulés qui se font au fourneau de Lonlan, Lorian & Montagné, qui se voiturent à Bézançon, augmentent à cause des voitures.

Le millier pesant en Bombes revient à . . . . . 47. 10.

Et les Boulets à . . . . 37. 10.

A Bel-

A Belfort.

Tous les fers coulés qui se font dans les forges, c'est-à-dire, de Lonlan, Lorian, & Montagné, qui sont destinés pour Belfort, reviennent à beaucoup plus à cause de la grande distance de 10 ou 11 lieuës.

Le millier pesant en Bombes, rendu à Belfort, revient à . . . . 49 liv.

Le millier pesant en Boulets à . . . . 35. 10f.

En 1690, M. le Marquis de la Frézelière fit marché avec des Maîtres de forges de Lorraine & de Champagne, pour reprendre dans quelques Places de son département tous les vieux fers coulés de nul service, en vieilles Bombes & Grénades, vieilles Piéces de Canon, & Boulets défectueux; & les remplacer de fers coulés neufs & de service, en Boulets, Bombes, & Grénades, à raison de 1 l. de neuf contre 3 l. de vieux.

Et de reprendre aussi tous les vieux fers battus, consistans, tant en ferrures d'Affûts à Mortiers, qu'autres, & de les remplacer par des fers battus neufs, tant en autres ferrures d'Affûts, qu'en fleaux à peser avec platteaux, chaînes & poids, à raison de 1 l. de fer battu neuf, pour 2 l. de vieux.

On ne se repose pas toûjours sur le seul soin des Maîtres de forges pour les ouvrages qu'ils font couler dans leurs fourneaux; Messieurs les Lieutenans y envoient des Officiers d'Artillerie pour veiller à la bonne construction & fabrication des munitions, & pour faire faire diligence.

Ils servent aussi beaucoup à faire observer l'économie pour la dépense qui se fait à ces sortes d'ouvrages. Et parce qu'il est peu d'Officiers qui en aient une pleine connoissance, & qu'il est néanmoins nécessaire qu'ils en soient instruits pour pouvoir servir plus utilement dans ces forges, supposé qu'ils y soient envoïés; j'ai fait répondre par un des plus habiles Hommes que nous aïons en fait d'ouvrages de fers coulés, un mémoire par Articles, des questions qu'on peut faire là-dessus, & on le voit ici naturellement comme il a été donné, & comme il a été répondu.

Deman-

Demandes.	*Réponses.*
CE que je demande sur les Forges, est de sçavoir où se prend la Mine de fer.	ELle se trouve dans la terre en différens endroits, & est de différente nature : il y a des Mines en pierres, les autres en grains, comme de la navette.
Comment elle se ramasse, & par quelles gens.	Il y a des hommes stilés à la trouver & ramasser, lesquels la lavent aux fontaines les plus prochaines, & la rendent pure: celle qui est en pierre, on la brûle avant que de la mettre dans le Fourneau.
Combien on leur donne par jour.	Ordinairement on leur paie pour tirer & laver 30 liv. du cent de tonneaux, mesure ou jauge de Reims.
Comment elle se voiture aux Fourneaux.	Elle se voiture suivant les lieux; aux uns par bouriques & mulets; aux autres où le terrain est plus facile, par tomberaux : & on les paie suivant la distance des lavoirs aux Fourneaux.
Ce qu'on en fait quand elle est arrivée.	On la met en moye ou tas près la charge du Fourneau.
Comment, & où on la fond.	Elle se fond dans le Fourneau, où on la met par proportion sur le charbon par chaque heure : on met dans le Fourneau trois poinçons de charbon, & deux tiers d'un poinçon de mine.
Combien de tems il faut qu'un Fourneau chauffe.	Le Fourneau est en feu trois jours avant que de commen-

 cer

cer à couler du fer: & quand il eſt en train, on coule ordinairement trois milliers de fer en 24 heures.

Combien de milliers il contient.

Il contient ordinairement deux milliers: & quand il eſt plein, on coule la gueuſe ou d'autres ouvrages.

Si on ne met point quelques drogues dans le Fourneau en fondant la mine.

On y met de la caſtine. Il y en a où il ſe trouve de la mine dedans, qui eſt la meilleure; & aux lieux où il n'y a point de celle-là, on ſe ſert de gréve de rivière ou de pierre à faire de la chaux. Elle ſe met ſur le charbon, environ la quinzième partie de la mine.

Combien il faut d'hommes pour faire une fonte.

Il faut pour charger un Fourneau deux hommes qui gagnent par jour chacun 10 ſ.

Combien ils gagnent.

Il faut un Fondeur qui gagne 20 ſ. par jour; un Garde qui gagne 15 ſ.; un Meneur de lettain, qui eſt la craſſe qui ſort du Fourneau, qui gagne 10 ſ.

Combien de voies de bois s'y emploïent.

On ne ſe ſert de bois que réduit en charbon: il s'en uſe par jour trois voitures de chacune vingt poinçons. Pour les faire il faut 16 cordes de bois de 5 pieds de hauteur, & 7 de large; la longueur du bois eſt de 3 pieds & ½.

Si le fer fondu ſe met en gueuſe ou en ouvrages.

On l'emploie en gueuſe d'environ 1600 juſqu'à 2000 l. peſant. Si on le veut en ouvrages, on le prend tout liqui-

de

de dans le Fourneau avec des cuilliers de fer battu.

Ce que c'est qu'une gueuse.

C'est un lingot d'environ 15 pieds de longueur en équierre de trois faces, d'environ 9 pouces chaque face.

Si on la refond pour en faire des ouvrages.

On la fond dans une Affinerie, mais pas si liquide qu'elle sort du Fourneau pour en faire du fer battu. La gueuse ne sert que pour faire du fer battu.

Tout ce qu'on observe pour parvenir à couler des Boulets.

On affine la fonte plus que pour la gueuse, c'est-à-dire, qu'on met moins de mine sur le charbon dans le Fourneau.

Comment leurs coquilles sont faites.

On prépare des coquilles de fer coulé suivant les calibres.

Comment les noyaux sont faits pour les coquilles.

On ne fait des noyaux pour les Boulets que pour faire les coquilles ; lesquels noyaux sont de la grosseur qu'on veut les Boulets.

Leur matière & leur disposition.

A l'égard des Bombes, Grénades & Boulets creux, on fait des noyaux de terre bien battus & bien choisis, suivant le vuide qu'on veut donner à la Bombe, à la Grénade, & au Boulet creux; & sur ce noyau on y ajoute d'une autre terre plus douce de l'épaisseur qu'on veut que la Bombe soit. Ensuite on y fait une chappe de terre plus forte. Après quoi on ôte la terre qui sert pour l'épaisseur, & on rejoint la chappe sur le noyau; puis on le coule.

Autant pour les Bombes & Grénades.

On suspend le noyau dans la chappe par un arbre de fer qui passe par la bouche.

Autant pour les Affûts de fer.

On moule les Affûts sur des Affûts de bois; & quand la chappe est faite & bien séchée, on l'enterre après avoir ôté le moule de bois, & on lâche le fer comme la gueuse.

Autant pour les Boulets creux.

Pour les Boulets creux, voïez comme pour les Bombes.

Autant pour les pièces de fer qui se coulent dans les Forges pour servir aux Affûts de bois.

Le fer qui sert aux Affûts de bois, est fer battu & forgé sous le marteau, qui provient des gueuses après avoir été affiné à l'Affinerie.

Les noms des outils qui servent aux Fourneaux.

Sont des ringards, pelles de fer pour tirer la crasse, crochart, qui est un gros crochet plat, un autre petit crochet rond, une plaquette, qui est une petite pelle unie d'environ trois pouces en longueur & deux en largeur, pour entretenir la thuière.

Le prix des munitions.

Sur le Fourneau, les Boulets à raison de 30 liv. du millier.

Des Bombes, Grénades, Boulets creux, 40 liv.; les Affûts 45 liv.

Les noms différents qu'on donne aux Ouvriers emploïés à tous ces ouvrages, chacun suivant leurs fonctions: comme Potiers, Fondeurs, &c.

Ce sont Fondeurs, Chargeurs, Garde-meneur de lettain ou crasse: pour la Forge, Affineur, Valets d'Affineur, Marteleur, Chauffeur, & Goujat.

Pour

Pour les ouvrages de fer coulé en potterie ou munitions, un Maître Potier & ses Valets, comme il est dit ci-devant pour le Fourneau : mais pour la Forge ordinaire, deux Affineurs & deux Valets, un Marteleur, deux Chauffeurs & un Goujat.

Comment s'allésent les ouvrages qui en ont besoin.

On les fore avec des forets plats à proportion de la bouche ; & après on les cure avec des crochets plats.

Comment s'ébarbent les Boulets, les Bombes, & les Grénades.

On ébarbe les Bombes & les Boulets de même avec des marteaux à main bien acérés.

Et avec ces éclaircissemens j'aurois extrémement désiré d'avoir quelque vûë des Forges & Fourneaux.

Il y a différentes situations de Forges & Fourneaux, d'autant qu'il y en a qui sont près des mines éloignées des charbons ; les autres près des charbons éloignées des mines ; d'autres qui ont les charbons & la mine auprès, qui sont les meilleures, en cas qu'il y ait bien de l'eau pour les faire travailler.

TITRE VI.

Des Cartouches, Gargouges, Gargouches, ou Gargousses.

ON se sert indifféremment de ces mots pour signifier une espéce de boëte faite d'un parchemin, ou d'un papier en plusieurs doubles, ou d'une feuille de fer blanc, ou même de bois qui renferme la charge de Poudre & le Boulet, & qui se met dans une Piéce lorsqu'on est tellement pressé de tirer, qu'on n'a pas le tems de s'ajuster.

EXPLICATION DE LA FIGURE

des Cartouches & Gargouges.

A *Gargouge de toile, qui ne contient que de la Poudre.*
B *Coupe de la Gargouge de toile.*
C *Gargouge de toile portant sa Cartouche; la première remplie de Poudre, & la Cartouche remplie de plomb, de cloux, ou d'autre mitraille.*
D *Coupe de la Gargouge de toile & de sa Cartouche chargée.*
E *Cartouche de bois chargée de balles de plomb, son couvercle séparé.*
F *Gargouge de papier ou de parchemin chargée de Poudre.*
G *Cartouche de fer blanc fermant avec un couvercle, chargée de balles de plomb, & de mitraille.*
H *Cartouche de fer blanc fermée avec un tampon de bois, sur lequel s'attachent les bords de la Cartouche.*
I *Cartouche à pomme de pin, qui a un platteau de bois pour base, & un Boulet de médiocre calibre placé dessus, semé de balles de plomb trempées dans de la poix ou du gaudron.*
K *Chemise de toile pour cette Cartouche.*
L *Cartouche à grappe de raisin, dont la base est un platteau de bois qui porte dans son milieu un noyau de bois, autour duquel s'arrange sur le gaudron ou sur la poix bon nombre de balles de plomb.*
M *La même Cartouche couverte d'un raiseau pour contenir les balles de plomb, & empécher qu'elles ne tombent.*
N *Cartouche à mousquetaire chargée de Poudre, & portant sa balle de plomb au bout: ce qui arreste cette balle, est une petite queuë de plomb qui y a été laissée en la coulant dans le moule.*

Sa longueur sans la balle est de quatre calibres de la balle.

Il faut remarquer que, quand on tire à Gargouges & à Cartouches, on embrêle la Piéce sur son Affût, afin qu'elle soit toûjours à la même hauteur.

Quand

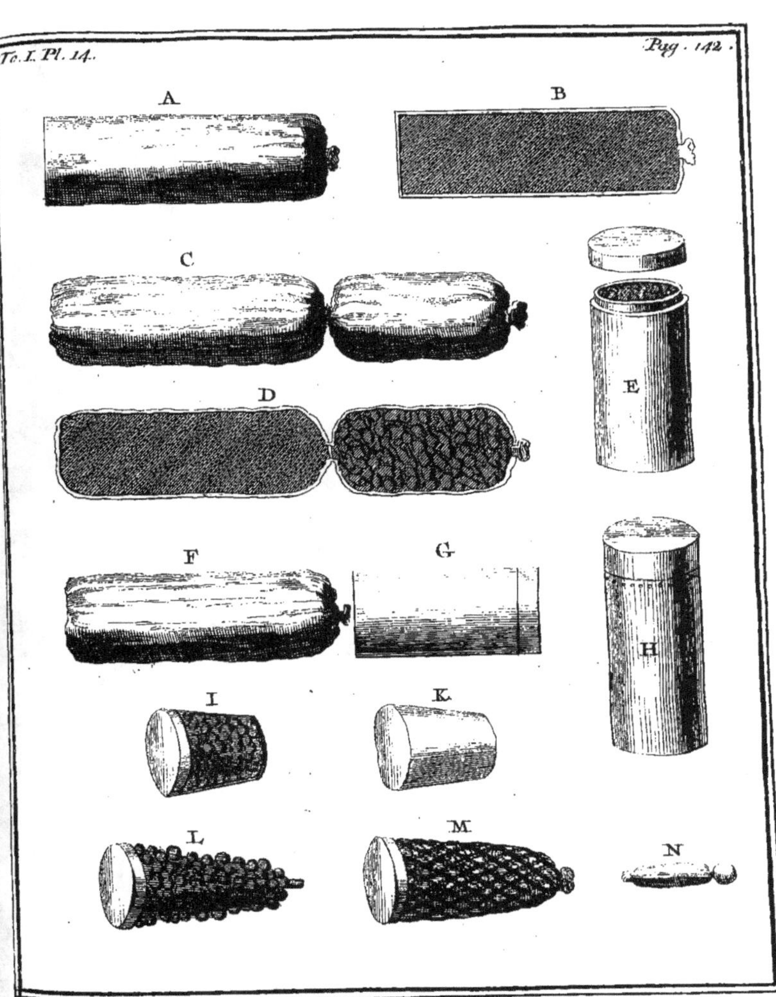
To. I. Pl. 14.
Pag. 142.
A
B
C
D
E
F
G
H
I
K
L
M
N

Quand on n'y met pas de Boulet, on y met des balles de plomb, des cloux, des chaînes, & de la mitraille de fer, afin que le coup écarte davantage.

Sur-tout, les Cartouches à grappes de raisin, qui sont des balles de plomb jointes avec de la poix, enfermées d'une toile claire, & disposées sur une petite planche en forme piramidale, autour d'un piquet de bois qui s'éléve du milieu de la planche, sont d'une grande utilité dans un Combat ou dans une Bataille.

Il y a des moules de bois dont on se sert pour serrer ces Gargouges & Cartouches, afin de pouvoir les faire avec plus de propreté & de justesse.

On fait aussi des Cartouches à mousquetaires, qui portent la charge de Poudre & la balle au bout: & le Soldat n'a autre chose à faire quand il veut charger son Fusil ou son Mousquet, que de déchirer avec la dent cette Cartouche, qui est très-bien collée par-tout, par le bout qui doit répondre à la lumière & au bassinet du canon du Fusil ou du Mousquet, où il amorce; & cette invention abrége beaucoup de tems.

Il faut encore observer, que, quoique bien des Officiers & des Auteurs, même fort habiles, confondent la Cartouche avec la Gargouge; il est certain néanmoins que l'usage nous apprend que la Gargouge ne doit s'entendre que de ce qui renferme la Poudre seule.

Et que la Cartouche est ce qui renferme les cloux, chaînes, balles de plomb, & autres mitrailles & ferrailles, qu'on met dans la Piéce au lieu de Boulet, soit sur une Brêche ou sur un Retranchement, soit lorsqu'on se trouve près des Ennemis dans une Bataille: on dit alors tirer à Cartouche.

Ex-

Explication plus ample de la Gargouge, & de la Cartouche.

Gargouges.

LEs Gargouges ſont de papier, parchemin, ou toile. Les meilleures & les plus ſûres ſont celles qui ſont faites de parchemin, parce que le feu ne s'y attache point : le parchemin ne fait que griller ſans s'attacher à la Piéce : le papier & la toile ont cette incommodité, qu'ils laiſſent preſque toûjours quelque lambeau accroché au métal de l'ame de la Piéce avec du feu ; ce qui a ſouvent cauſé de fort fâcheux accidens : & ordinairement ces ſortes de malheurs arrivent quand on eſt près de l'Ennemi & preſſé ; car quand il faut ſervir une Piéce, les Canonniers négligent d'écouvillonner. La nouvelle Gargouge qu'on fourre dans la Piéce, rencontrant ce papier ou cette toile allumée, prend feu, & en reſſortant de la Piéce, briſe avec la hampe de la lanterne ou de l'écouvillon, les bras & les jambes de ceux qui chargent, & les tue fort ſouvent.

Lorſqu'on ſera obligé de ſe ſervir de papier ou de toile dans l'occaſion, il ne faut pas oublier d'écouvillonner à chaque coup, & de celles de parchemin de trois en trois coups.

La longueur des Gargouges ſera de 4 calibres de la Piéce, où elles devront ſervir, dont un demi calibre ſervira à fermer le cul, & un autre pour fermer le deſſus quand la Poudre y ſera, qui doit être la charge ordinaire du Canon. Celles de parchemin ne feront qu'un tour avec un peu plus de largeur pour la couture ; elles ſeront trempées dans le vinaigre, afin de les coudre plus facilement : à celles de toile la largeur de la couture doit être en dedans la Gargouge ; les ourlets ſeront froncés avec de la ficelle.

Cartouches.

ON pourra à celles de toile laiſſer deux calibres de plus au-deſſus de ce qui ſera froncé étant pleines de Poudre ; cela ſert à y mettre des balles de plomb ou de la mitraille ; le tout

bien

bien fermé. On en pourra faire autant avec le parchemin; & alors elles se nomment Cartouches : elles sont bonnes pour tirer promptement & de près. Quand on pourra avoir des Cartouches de fer blanc, elles vaudront mieux : elles portent plus loin. Elles auront de longueur un calibre & demiquart, le diamétre comme les Gargouges, fermées par un bout de fer blanc ainsi qu'une mesure : & lorsqu'on aura rempli la Cartouche de balles à la hauteur d'un calibre, on y fera entrer un tampon de bois, long d'un demi calibre, sur lequel vous attacherez avec des cloux les bords de la Cartouche. En les fourrant dans l'ame des Piéces, il faudra prendre garde que le côté du tampon soit mis le premier dans la Piéce.

On fait encore des Cartouches en pommes de pin. C'est un boulet de même fer que les autres, qui fait le noyau de la Cartouche : sa figure est en piramide ronde ; la base est égale au calibre d'un Boulet proposé pour la Piéce avec laquelle on voudra la tirer ; sa hauteur est d'un calibre & demi. On le trempe dans la poix gaudronnée ; ensuite on le roule sur des balles de plomb : & quand il est bien couvert de balles de plomb, on le trempe dans le même gaudron ; après quoi, on peut s'en servir en poussant le gros bout devant dans la Piéce

Mais les Cartouches de fer blanc vallent mieux sur terre, & coûtent moins de tems à faire. Les Pommes de pin sont bonnes pour tirer sur mer ; car, outre que les balles qui y sont attachées, en s'écartant blessent bien des gens sur le grand pont, le noyau fait encore bien du fracas où il touche.

On pourra aussi remplir les Cartouches de fer blanc de toutes sortes d'espéces de ferrailles. Si on manque de matières dans les occasions pour faire des Gargouges & Cartouches ; on pourra charger le Canon à l'ordinaire, & y mettre par-dessus le fourage, de la ferraille, des balles de plomb, ou de petits boulets, même jusqu'à de petits cailloux ronds : de cette façon les Piéces en souffriront davantage, mais dans l'occasion le génie doit suppléer au défaut de ce qui manque.

On peut remarquer par toutes ces manières différentes de Gargouges & de Cartouches, que le Boulet creux dont nous avons parlé au Titre des Boulets, est aussi une espéce de Cartouche. Mais, quoiqu'il y ait divers sentimens sur sa longueur, sur la poudre & la mitraille ou le plomb dont il doit être rempli, supposé qu'on veuille s'en servir; la plus commune opinion est, que, quand on a inventé ces sortes de Boulets, on a eu en vûë, & la première intention a été de les faire entrer dans l'épaisseur du mur d'une Fortification, afin qu'ils pussent y faire, comme on a déja dit, l'effet d'une Fougasse. Sur ce pied les Boulets du calibre de vingt-quatre doivent être de 2 calibres & ½ ou environ de hauteur.

Ils sont d'une égale épaisseur par-tout, c'est-à-dire, de 12 lignes.

Ils sont ouverts par le culot de presque toute la largeur du Boulet.

L'autre bout est seulement ouvert dans le milieu de 11 à 12 lignes, avec un écrou pour recevoir une Fusée de cuivre à vis.

Depuis cette lumière jusqu'à un calibre de hauteur, c'est un vuide destiné pour y renfermer toute la poudre qui peut y entrer: & à cet endroit il y a une séparation de fer qu'on y a faite exprès en coulant le Boulet.

Depuis cette séparation jusqu'au bas du Boulet, est un espace vuide, où on coule du plomb fondu pour rendre le Boulet plus pesant: & afin que ce plomb ne ressorte pas aisément du Boulet, il y a plusieurs rainûres ou entailles de fer qui règnent tout autour & par le dedans du culot, où le plomb fondu s'engage & se trouve forcé de rester. De manière qu'il se peut bien faire que ce plomb & la poudre fassent le poids de 25 l., comme on a déja remarqué.

J'ai observé cependant dans un Boulet creux du calibre de trente-trois, que pour éviter la dépense d'une partie du plomb on avoit coulé le culot tout d'une piéce avec le Boulet, ensorte que l'épaisseur du fer du culot occupoit la hauteur d'un calibre, & le surplus qui étoit vuide, avoit 2 calibres

bres de hauteur & sans séparation; ce qui donnoit 3 calibres de hauteur en tout au Boulet creux : & ce Boulet de trente-trois pése seul 109 l.

Sa concavité contenoit 37 l. de plomb en balles de vingt-deux à vingt-quatre à la livre, d'où on peut conjecturer que ce plomb étant fondu, il y seroit encore resté un vuide considérable pour la Poudre qu'on y auroit voulu faire entrer.

TITRE V.

Des Affûts.

NOus voici aux Affûts, qui est une des choses de l'Artillerie auxquelles il faut davantage s'attacher, parce que de là dépend tout le service des Piéces, qui sans Affût ne sçauroient s'exécuter avec facilité, & demeureroient entièrement inutiles dans un Siége.

Il y a de plusieurs sortes d'Affûts.

Ceux de Place, appellés aussi bâtards ou marins, à basses roulettes.

Ceux de Place à hauts roüages.

Ceux de Marine, faits à l'imitation des Affûts dont on se sert sur les vaisseaux.

Et ceux qui servent en Campagne, qui sont encore de deux sortes; les uns à l'ancienne manière, les autres de la nouvelle invention.

Commençons par ceux de Campagne à l'ancienne manière; ils nous donneront une idée plus ample de tous les autres, & nous connoîtrons mieux ce qui en fera la différence. Mais disons auparavant, qu'il est des régles générales qu'on peut suivre pour faire des Affûts de tous calibres. L'Instruction qu'on va lire, & la figure qui y est jointe, pourront beaucoup servir pour faciliter à un Officier le moyen de tracer un flasque d'Affût en quelque endroit qu'il se trouve; & de se faire entendre à quelque Charpentier ou Charron que ce soit, même n'aiant nulle connoissance des Ouvrages d'Artillerie.

Trait général des Flasques pour toutes sortes de Calibres.

SUppoſant premièrement qu'on ait un madrier ABCD, dont la largeur AA & BB ſoit égale à l'épaiſſeur que doit avoir le flaſque depuis la tête juſqu'au ceintre, on tracera le flaſque en cette manière : On marquera d'abord ſur le côté CB la tête CE qui eſt de trois calibres, & ajoûtant ſur une ligne droite la ligne CE, la diſtance des tourillons à la platte-bande de la culaſſe, le bouton & la moitié de la largeur de l'entretoiſe de mire, on aura une ligne dont on prendra la grandeur pour marquer du point E le point F ſur AB.

Du point C comme centre, & de l'intervalle GF on décrira l'arc FG : on marquera FG de deux pouces moindre que CE, & on menera CG.

On fera ER égale à EC, & du point R on abaiſſera RT perpendiculaire à CG : on y prendra TS égale à l'entaille de l'eſſieu, & SV à la largeur de l'eſſieu qu'on coupera en deux également en X, duquel point on abaiſſera la perpendiculaire XQ, ſur laquelle on prendra XY égale à la hauteur de l'eſſieu, & ZY égale au demi-diamétre du bout de l'eſſieu Z comme centre ; & de l'intervalle du rayon de la rouë on fera l'arc PPP qui coupera XQ en Q.

On diviſera enſuite AD en 5 parties égales ; & du point I qui eſt la ſeconde diviſion, on menera IH, après avoir marqué le point H ſur DC, enſorte que IH ſoit égale à la longueur que doit avoir la croſſe.

Au point I on élévera IL perpendiculaire à IH, & au point HHL perpendiculaire à GH menée du point G au point H, le point M milieu de HL ſera le centre de l'arc IH, auquel à l'arc PPP on mettra la tangente NO.

Du point d'attouchement P comme centre, & de l'intervalle PH, on décrira l'arc H*a*, le point *a* diſtant de H de deux pouces moins qu'au ceintre, ou quatre moins qu'à la tête CE, & on mettra *ab* paralléle à NO, ou pour le mieux on fera l'eſpace *qb* plus grand que H*a* d'un pouce, & on menera par le point I, *ib* perpendiculaire à *ab*.

Du

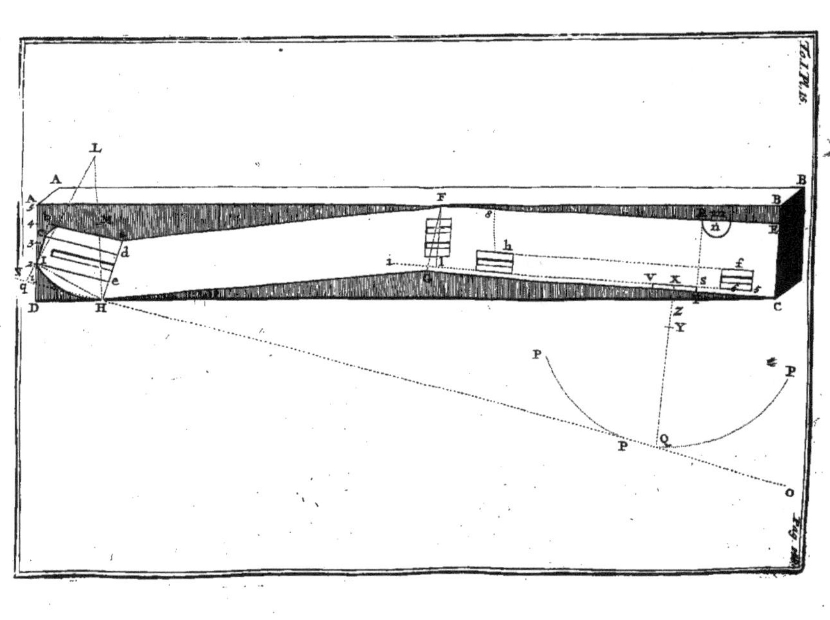
Tom. I. Pl. 15.
A
L
A
B
F
B
E
h
f
i
G
V X s
D
H
C
Z
Y
P
P
Q
P
O
Pag.

Du point I on prendra I *c* égale à l'épaiſſeur de l'entretoiſe de lunette, qui ſe tracera paralléle à *a b* ſuivant ſes proportions.

Pour l'entretoiſe de mire, on abaiſſera la perpendiculaire F *l* à G C, plaçant cette entretoiſe, enſorte que la ligne F *l* ſe trouve au milieu de ſa largeur, & que le milieu de ſa hauteur ſoit auſſi le milieu de F *l*.

Pour les entretoiſes de couche & de volée, on menera *i* 5 paralléle à G C de la diſtance de T S, & *bf* paralléle à *i* 5 de la diſtance de l'épaiſſeur de l'entretoiſe : le point 6 ſe prendra également diſtant de la tête C E & de l'eſſieu; après quoi il ſera facile de placer l'entretoiſe de volée: mais pour celle de couche, du point R & de l'intervalle des tourillons à la platte-bande, on ſera l'arc 8 *b*; le point *b* déterminera le milieu de cette entretoiſe.

Maintenant pour le lieu des tourillons, on prendra R *m* égale au demi-diamétre du tourillon, & on abaiſſera *m n* perpendiculaire à F E & d'un pouce de long; & le point *n* ſera le centre du tourillon.

Enfin on arrondira le flaſque à la tête en F & en C à diſcrétion, & à la croſſe en *b*; & le flaſque ſera entiérement tracé.

FIGURE DU CORPS D'UN AFFUT de Campagne.

A *Plan de l'Affût avec sa ferrure.*
B *Plan du bois de l'Affût sans ferrure.*
C *Flasque ou côté de l'Affût avec sa ferrure.*
D *Flasque ou côté de l'Affût sans ferrure.*

Les Bois néceſſaires pour conſtruire un corps d'Affût, ſont

DEux flaſques d'orme.
L'entretoiſe de volée.
L'entretoiſe de couche.
L'entretoiſe de mire.
L'entretoiſe de lunette ou du haut d'Affût.
Une femelle de chêne.

Ferrures du corps de l'Affût.

DEux heurtoirs.
2 Contreheurtoirs.
2 Sous-contreheurtoirs.
2 Susbandes.
4 Chevilles à tête platte.
4 Chevilles à tête de diamant.
4 Boulons.
6 Contrerivûres.
4 Crochets de retraite ſervant auſſi de contrerivûres.
4 Bouts d'Affûts.
2 Liens de flaſques.
2 Lunettes, l'une deſſus, l'autre deſſous.
1 Anneau d'embrêlage & ſon boulon.
16 Clavettes.
406 Cloux: ſçavoir 330 à tête de diamant, & 76 à tête platte.

Les

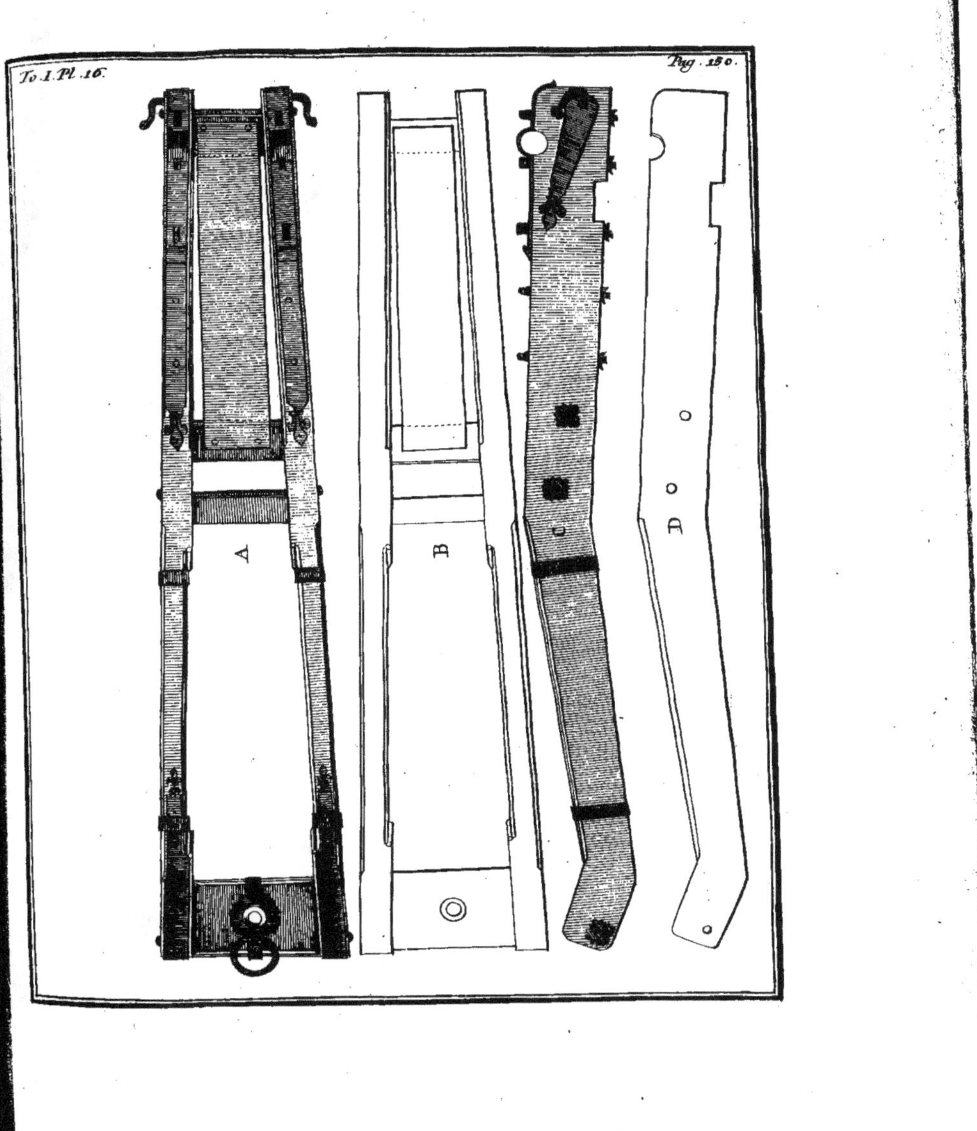
To. I. Pl. 16.
Pag. 150.
A
B
C
D

Les Bois qui entrent sur chacune des deux Rouës, ou qui y servent, sont

UN Essieu d'orme.
1 Moyeu d'orme.
6 Jantes d'orme.
12 Rais de chêne.
6 Goujons de chêne.

Ferrure de l'Essieu.

DEux Equignons.
1 Maille.
5 Brebans.
2 Heurtequins.
2 Etriers.
2 Anneaux de bout d'essieu.
2 Esses avec leurs clavettes.
2 Sayes.

La Ferrure de chacune des deux Rouës d'Affûts.

SIx bandes de rouës.
60 Cloux pour les bandes, c'est-à-dire, 10 cloux à chacune.
6 Liens simples.
6 Liens doubles.
18 Chevilles de liens.
2 Cordons.
2 Frettes.
16 Caboches.
2 Emboëtures de fonte ou de fer avec leurs tenons.
6 Crampons d'emboëture.
Le Tenon de l'emboëture.

Ce n'est point assez de sçavoir les noms de toutes ces parties, si on n'en connoît la figure.

EX-

EXPLICATION DE LA FIGURE
de la coupe d'une Rouë d'Affût.

A *Moyeu.*
B *Diamétre du gros & du petit bout.*
C *Le diamétre du bout.*
D *Mortoises où se placent les rais.*
E *Les grandes & petites emboëtures, qui s'appellent communément boëtes.*
F *Les deux frettes.*
G *Les deux cordons.*
H *Le côté du dedans des rais.*
I *Face du derrière des rais.*
K *La patte des rais avec son crochet.*
L *La broche qui entre dans la jante.*
M *La jante.*
N *Mortoise de la jante.*
O *Le trou du goujon.*
P *Goujon.*
Q *Bande de rouë.*
R *Lien simple.*
S *Lien double.*
T *Cheville de lien.*
V *Le corps de l'essieu.*
X *L'encastrement de l'Affût.*
Y *Les fusées.*
Z *Anneau d'essieu.*

a *Crampon de tenon d'emboëtures.*
b *Brebans.*
c *Cloux de rouës.*
d *Maille pour tenir les équignons.*
e *Equignons.*
f *Heurtequin.*
g *Branches d'étriers.*
h *Sayes.*

EX-

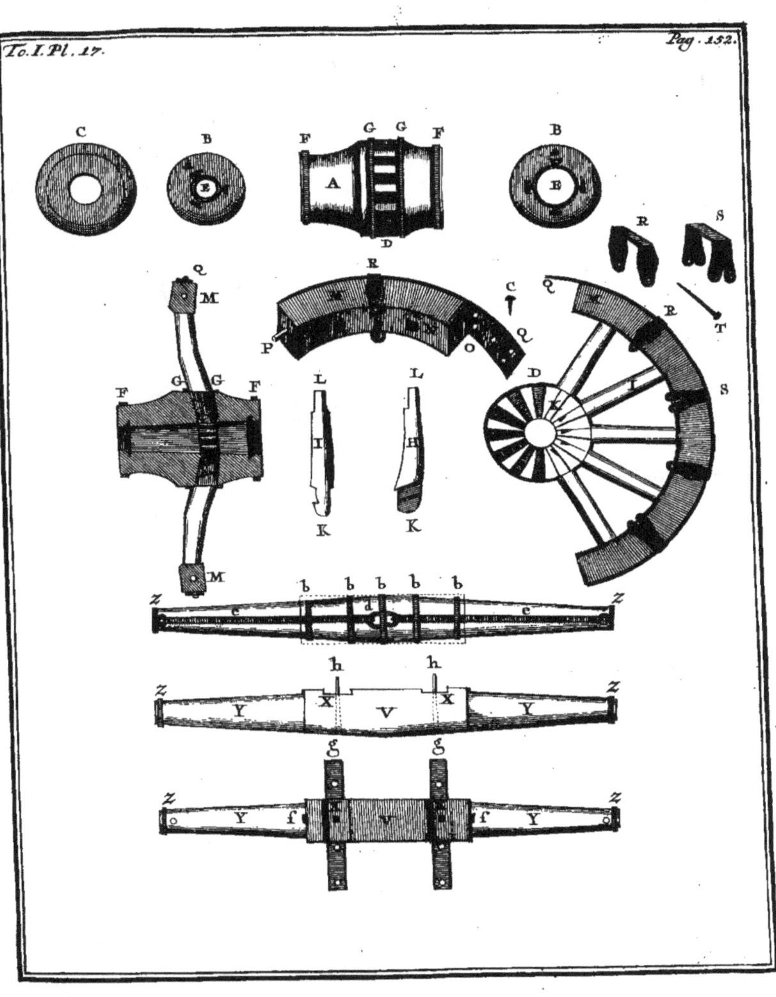

To. I. Pl. 17.
Pag. 152.

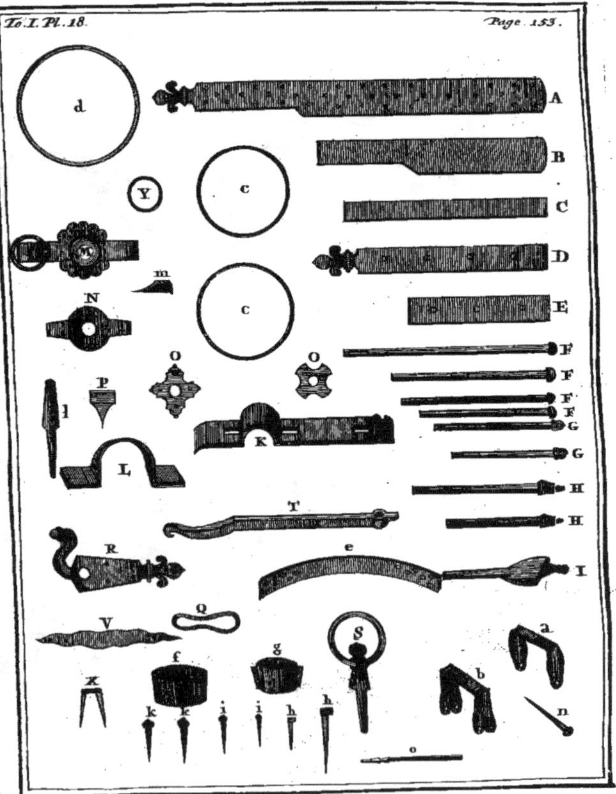

To. I. Pl. 18.
Page 153.

EXPLICATION DE LA FIGURE
qui fait voir comme sont faites les Ferrures qui entrent sur le corps & sur les rouës d'un Affût.

A *Bande du bout d'Affût.*
B *Bande de la tête d'Affût.*
C *Lien d'Affût.*
D *Contreheurtoir.*
E *Sous-contreheurtoir.*
F *Boulons.*
G *Chevilles à tête de diamant.*
H *Chevilles à tête platte.*
I *Heurtoir.*
K *Susbande.*
L *Etrier.*
M *Plaque de lunette.*
N *Contreplaque de lunette.*
P *Contrerivûres.*
O *Heurtequins.*
Q *Maille qui tient les deux équignons accrochés.*
R *Crochet de retraite.*
S *Anneau d'embrélage avec son boulon.*
T *Equignon.*
V *Brebans.*
X *Crampon.*
Y *Anneau du bout d'essieu.*

a *Lien simple.*
b *Lien double.*
c *Frettes.*
d *Cordon.*
e *Bande de rouë.*
f *Boëte du gros bout.*
g *Boëte du menu bout.*
h *Grande & petite caboches.*
i *Petits cloux.*
k *Cloux à tête de diamant.*
l *Esse.*
m *Clavette.*
n *Clef de lien.*
o *Saye.*

J'Avois eu intention de donner ici par de ſimples Tables les proportions des Affûts, tant pour les bois que pour les ferrures. Mais, outre qu'il eſt bon qu'on ſçache comment on donne ces ſortes de meſures en Flandres, & comme on les donne en Allemagne ; il n'eſt pas aiſé de faire quadrer les Mémoires de ces deux départemens, non-ſeulement à cauſe que les proportions ſont différentes en quelques petites choſes, mais encore parce que ceux qui prennent ces proportions, ont chacun leur manière de raiſonner, & s'expliquent différemment ; y en aiant qui ſpécifient les piéces de bois & de fer qui entrent ſur les Affûts, par leur groſſeur, longueur, & leur poids ; & d'autres qui ſe contentent de faire mention de la longueur, profondeur & hauteur des entailles & délardemens qui ſe font ſur les Affûts pour y loger les piéces de bois & de fer qui y ſont néceſſaires.

D'ailleurs, les Tables, quoique fort utiles pour les Officiers qui ont déja de la connoiſſance dans ces matières, embaraſſent & embrouillent de jeunes Gens qui ne ſont pas toûjours bien formés aux chiffres, & qui ſe trompent ſouvent en prenant une meſure pour l'autre. Ainſi j'ai cru que je ferois beaucoup mieux de rapporter d'abord mot pour mot ce que je trouve dans mes Mémoires, que de faire aucun abrégé qui pourroit ne pas aſſez contenter le Lecteur : & je prétens même qu'il en ſera mieux inſtruit par la différente manière de s'exprimer des Officiers de départemens différents, dont les uns relévent ce qui peut avoir été ômis par les autres, leſquels tous néanmoins, à le bien prendre, & à conſidérer les choſes de près, conviennent toûjours pour le fond des principes, & ne différent que pour quelques pouces & quelques lignes ; ce qui n'eſt d'aucune conſéquence, & ne ſçauroit apporter aucun préjudice au ſervice.

Celui qui ſe trouvera en Flandres, ſera travailler à la manière qui y a été introduite, ou par feu M. Dumets, ou par M. de Vigny.

En

En Allemagne la même chose suivant les proportions de M. le Marquis de la Frézelière.

A l'égard des autres départemens, on y suit indifféremment l'une & l'autre manière, & il s'y est peu fait de changemens.

Je vous donnerai tout de suite les proportions des Avantrains, qui sont une dépendance nécessaire des Affûts de Campagne: & je commencerai par le Mémoire de Flandres.

PREMIÈREMENT.

Manière de feu M. Dumets pour les Affûts de Campagne & leurs Avantrains.

PROPORTIONS DES BOIS DES AFFUTS.

Corps d'Affût à Piéce de trente-trois.

DEux flasques de bois d'orme sec de 14 pieds de long & 6 pouces d'épaisseur, aiant 17 pouces de large à la volée, 15 pouces au haut du ceintre, & 13 pouces à l'entretoise de lunette.

Le ceintre de 7 pouces peu plus ou peu moins, selon la largeur des flasques.

Quatre entretoises de bon bois de chêne sec: sçavoir,
Celle de volée.
Celle de couche.
Celle de mire;
Et celle de lunette.

Les trois premières de 8 pouces de large, & de 6 pouces d'épaisseur.

Et celle de lunette, qui se peut faire de bois d'orme, de 18 pouces de large, & 5 pouces & ½ d'épaisseur.

L'Affût doit avoir 16 pouces de large à l'endroit des tourillons, & 19 pouces à l'entretoise de couche; ce qui régle la largeur du reste de l'Affût.

Il faut faire doubles mortoises & doubles tenons; les tenons

nons de 4 pouces & ½ de long, bien chevillés, & le tout bien juste.

Il faut de distance depuis le haut du ceintre jusqu'au bout du devant de l'Affût, 6 pieds & ½.

Les heurtoirs se posent, & l'ouverture s'en fait à 17 pouces du devant de l'Affût; & l'ouverture des tourillons joignant, qui doit avoir 6 pouces, & être enfoncée de 3 pouces, est ronde.

Corps d'Affût à Piéce de vingt-quatre.

DEux flasques d'orme sec de 13 pieds & ½ de longueur, & 5 pouces & ½ d'épaisseur, aiant 15 pouces de large à la volée, 13 pouces à l'entretoise de couche, & 11 pouces à celle de lunette.

Le ceintre d'environ 7 pouces, comme dit est.

Quatre entretoises comme celles ci-dessus; celle de lunette de 16 pouces de large, & 5 pouces d'épaisseur.

La largeur de l'Affût 14 pouces & ½ à l'endroit des tourillons, & 17 pouces à l'entretoise de couche, le reste se réglant là-dessus.

La distance du bout jusqu'au haut du ceintre, 6 pieds 4 pouces.

L'ouverture des heurtoirs à 15 pouces du bout, & celle des tourillons joignant, de 5 pouces 4 lignes.

Il faut aussi doubles mortoises & doubles tenons.

Corps d'Affût à Piéce de seize.

DEux flasques de même bois de 13 pieds 3 pouces de longueur, 14 pouces de large au devant, 12 pouces au ceintre, 10 pouces à l'entretoise de lunette, & 5 pouces d'épaisseur.

Le ceintre 5 pouces 3 lignes, si faire se peut.

La largeur de l'Affût 12 pouces 3 lignes à l'endroit des tourillons, & 15 pouces à l'entretoise de couche, &c.

La distance du haut du ceintre au bout, de 6 pieds 3 pouces.

L'ou-

L'ouverture des heurtoirs à 14 pouces.

Celle des tourillons de 4 pouces & ½ de diamétre.

Les entretoiſes de chêne de 6 pouces 9 lignes de large, & 4 pouces 9 lignes d'épaiſſeur.

Celle de lunette de 15 pouces de large, & 4 pouces & ½ d'épaiſſeur.

Les mortoiſes & tenons doubles.

Corps d'Affût à Piéce de douze.

DEux flaſques de même bois de 12 pieds de long; de 4 pouces & ½ d'épaiſſeur, 13 pouces de largeur au devant, 11 pouces au ceintre, & 9 pouces & ½ à l'entretoiſe de lunette.

Le ceintre de 6 pouces 3 lignes.

La largeur entre les deux flaſques à l'endroit des tourillons, de 10 pouces, & à l'entretoiſe de couche, de 13 pouces.

La diſtance du bout au haut du ceintre, 6 pieds.

L'ouverture des heurtoirs à 13 pouces du bout; celle des tourillons de 4 pouces 3 lignes.

Les entretoiſes pareilles à celles ci-deſſus.

Celle de lunette de 14 pouces de large, & 4 pouces 3 lignes d'épaiſſeur.

Corps d'Affût à Piéce de huit.

DEux flaſques de 10 pieds 4 pouces de longueur, 4 pouces d'épaiſſeur, 12 pouces de largeur au devant, 10 pouces au ceintre, & 9 pouces à l'entretoiſe de lunette.

Le ceintre de 5 pouces 3 lignes, & du haut du ceintre au bout 5 pieds 2 pouces.

La largeur de l'Affût 7 pouces & ½ à l'endroit des tourillons, 11 pouces 3 lignes à l'entretoiſe de couche.

Les entretoiſes de 5 pouces & ½ de large, & 4 pouces d'épaiſſeur; celle de lunette de 12 pouces de largeur, & 3 pouces 9 lignes d'épaiſſeur.

L'ouverture des heurtoirs à 11 pouces du bout.

Celle des tourillons de 3 pouces 9 lignes.

Corps d'Affût à Piéce de quatre.

LEs flasques de 9 pieds de longueur, 3 pouces d'épaisseur, 10 pouces de largeur au devant, 8 pouces & ½ au ceintre, & 7 pouces à l'entretoise de lunette.

Le ceintre de 5 pouces, & du haut au bout, 4 pieds 8 pouces.

La largeur entre les deux flasques, de 7 pouces à l'endroit des tourillons, & 9 pouces à l'entretoise de couche.

L'ouverture des heurtoirs à 9 pouces du bout.

Celle des tourillons de 3 pouces 3 lignes.

Les entretoises de 4 pouces de large, & 3 pouces d'épaisseur.

Celle de lunette de 10 pouces de largeur, & 3 pouces d'épaisseur.

Roüages à Piéce de trente-trois.

LEs moyeux de bois d'orme verd, de 22 pouces de longueur, 20 pouces de diamétre par le milieu, 18 pouces par le gros bout, & 16 par le menu.

Vingt-quatre rais de bois de chêne bien sec, de 2 pieds & ½ de long, & 4 pouces 3 lignes de face.

L'empatage de 4 pouces 9 lignes, le crochet bien fait, & l'épaulement bon.

Douze jantes de bois d'orme sec, de 6 pouces & ½ de hauteur, & 4 pouces & ½ d'épaisseur.

Les roües aiant en tout 4 pieds 10 pouces de hauteur.

L'essieu d'orme, de 7 pieds & ½ de longueur, & 12 pouces de diamétre.

Roüages à Piéce de vingt-quatre.

LEs moyeux de même bois, de 21 pouces de longueur, 16 pouces de diamétre par le gros bout, & 14 pouces de l'autre.

Les

Les rais de bois de chêne bien fec, même longueur de 4 pouces de face.

L'empatage de 4 pouces & ½, le crochet comme ci-devant.

Les jantes d'orme, de 6 pouces de haut, 4 pouces d'épaisseur, même hauteur.

Ee l'essieu pareil au précédent.

Roüages à Piéce de seize.

LEs moyeux de même bois, de 19 pouces & ½ de long, 15 pouces de diamétre par le gros bout, & 13 par l'autre.

Les rais de chêne sec, de 2 pieds 2 pouces de long, 3 pouces & ½ de face; l'empatage de 4 pouces.

Les jantes de 5 pouces de haut, 3 pouces & ½ d'épaisseur, & de bois d'orme.

La hauteur des roues de 4 pieds 2 pouces.

L'essieu de 7 pieds 4 pouces, & 10 pouces de diamétre.

Roüages à Piéce de douze.

LEs moyeux d'orme, de 19 pouces de long, 14 pouces de diamétre par le gros bout, & 12 pouces par l'autre.

Les rais de chêne sec, même longueur, & 3 pouces 3 lignes de face.

L'empatage de 3 pouces & ½.

Les jantes d'orme, de 4 pouces 8 lignes de haut, 3 pouces 3 lignes d'épaisseur.

Même hauteur, & l'essieu pareil qu'à seize.

Roüages à Piéce de huit.

LEs moyeux d'orme verd, de 18 pouces de long, 11 pouces de diamétre par le gros bout, & 9 pouces par l'autre.

Les rais de chêne sec, de 2 pieds 2 pouces de long, & 3 pouces de face.

Les jantes d'orme, de 4 pouces & ½ de haut, & 3 pouces & ½ de large, la hauteur de 4 pieds.

L'essieu

L'essieu de 9 pouces de diamétre, même longueur.

Roüages à Piéce de quatre.

LEs moyeux d'orme de même bois seront de 17 pouces de long, 9 pouces & ½ de diamétre par le gros bout, & 8 pouces par l'autre.

Les rais de chêne sec, de 2 pieds 2 pouces de long, & 2 pouces & ½ d'épaisseur.

L'empatage de 3 pouces.

Les jantes de bois d'orme, de 4 pouces de haut, & 2 pouces & ½ d'épaisseur.

Même hauteur que celle de huit, & l'essieu pareil.

Du Bois de l'Avantrain.

IL se fait de trois sortes d'Avantrains; c'est-à-dire, le gros, le moyen, & le petit. Le gros sert aux Piéces de trente-trois & de vingt-quatre; le moyen aux Piéces de seize & de douze; le petit aux Piéces de huit & de quatre, & au-dessous.

Un Avantrain à grosses Piéces est fait comme il est ici représenté.

EXPLICATION DE LA FIGURE de l'Avantrain.

A *Limonniers.*
B *Entretoise avec susbandes de fer.*
C *Epars.*
D *La sellette.*
E *La plaque de fer.*
F *La cheville ouvrière.*
G *Les sayes.*
H *Contresayes.*
I *Bouts de limonniers.*
K *L'essieu.*

L *Let*

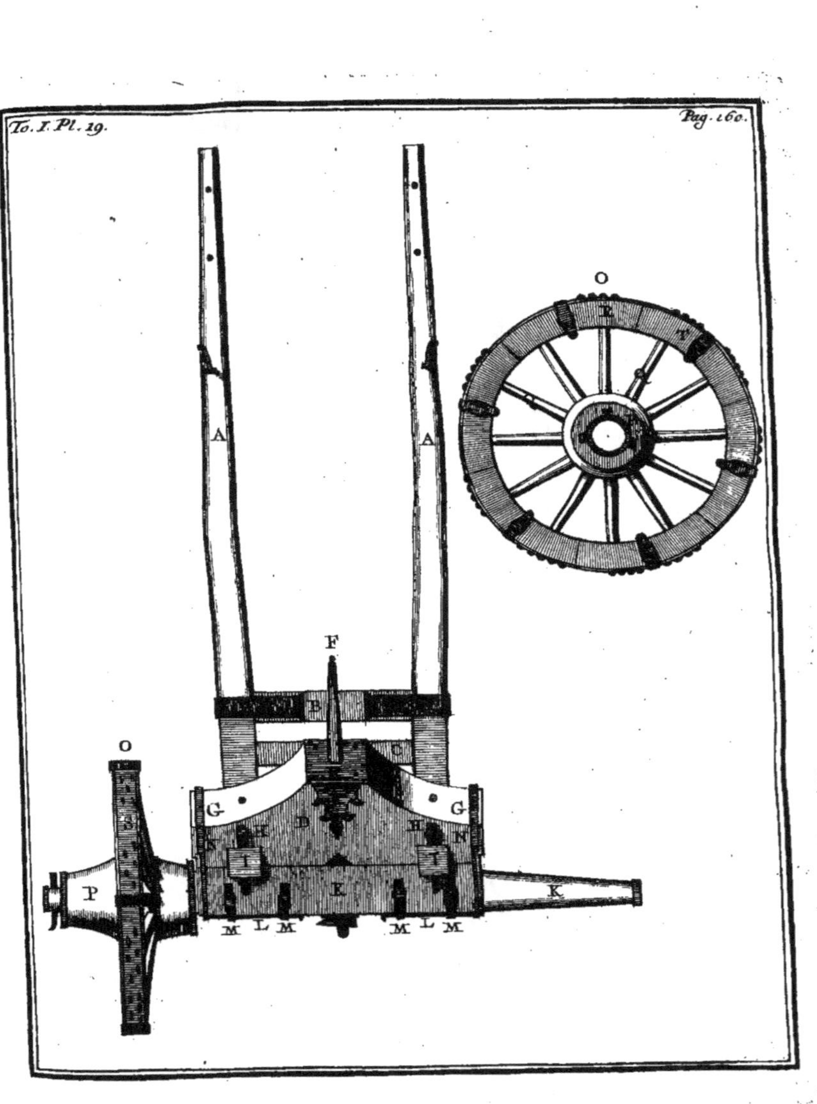
A
A
O
R
T
F
B
C
O
G
G
D
H
H
N
N
S
I
I
P
E
K
M
L
M
M
L
M

L *Les équignons.*
M *Les brebans.*
N *Les étriers.*
O *Les rouës.*
P *Le moyeu.*
Q *Les rais.*
R *Les jantes.*
S *Les bandes.*
T *Les liens.*

LEs moyeux en ſont de bois d'orme verd, de 16 pouces de long, 8 pouces de diamétre par le gros bout, & 6 pouces & ½ de l'autre.

Les rais de chêne bien ſec, l'empatage de 2 pouces & ½: il n'en faut que vingt.

Les jantes d'orme ſec, de 3 pouces & ½ de haut, & 2 pouces & ½ d'épaiſſeur: il n'en faut que dix.

Les rouës aiant 3 pieds 3 pouces de hauteur.

L'eſſieu d'orme, de 6 pieds 3 pouces de long, & 6 pouces de diamétre.

Deux limons de chêne ou d'orme, de 8 pieds 3 pouces de long.

L'entretoiſe ou épars de 2 pieds, ſans compter les tenons.

La ſelette de bon bois d'orme ou de chêne, de 3 pieds 4 pouces de long, 5 pouces & ½ d'épaiſſeur, & 18 pouces de haut au milieu; l'endroit où ſe met la platine, de 8 pouces de large; le reſte évidé.

TITRE VI.

Des Ferrures des Affûts & des Avantrains, & des différentes manières d'Affûts.

Ferrures pour corps d'Affût de trente-trois.

DEux heurtoirs de 1 pouce 4 lignes de diamétre, peſant

environ . . . . 24 l.

Deux contreheurtoirs de 5 pouces 4 lignes de large, & 5 lignes d'épaisseur, pesant environ . . 28.

Deux sous-contreheurtoirs du poids d'environ. 6.

Quatre chevilles à tête platte de 1 pouce 3 lignes de diamétre, pesant environ . . . . 25.

Deux grandes chevilles à tête platte du même diamétre, qui traversent l'essieu & les étriers, pesant environ . . . . 20.

Quatre chevilles à tête de diamant, ou rondes, de même diamétre, pesant environ. . . . . 26.

Quatre boulons qui traversent l'Affût, de 1 pouce & ½ de diamétre, pesant . . . . 56.

Deux crochets de retraite, aiant un gland au bout, & la queuë longue de 15 pouces, & large de 4 pouces près du crochet, où ils sont percés pour passer un boulon à servir de contrerivûre; on fait une fleur de lis ou quelqu'autre façon au bout de la queuë; ces deux crochets pesant . . . . . . 26.

Six contrerivûres pour les boulons, pesant . . 12.

Quatre bouts d'Affût bien battus, larges de 5 pouces, 2 lignes d'épaisseur, ceux de derriere de 4 pieds de long, pesant environ . . . . 50.

Quatre liens de flasques de 2 pouces 4 lignes de large, & 1 ligne & ½ d'épaisseur, pesant . . . 20.

La lunette aiant le dessus en forme de rose, son ouverture de 6 pouces & ½, pesant les deux environ . 16.

L'anneau de lunette avec son boulon, pesant . 12.

Deux susbandes de 5 pouces & ½ de large, & 6 lignes d'épaisseur, bien tournées & percées bien juste pour les têtes des chevilles, pesant environ . . 36.

Vingt clavettes doubles, pesant environ . . . 6.

Cloux à tête de diamant & à tête platte pour attacher les bouts d'Affût & liens de flasques, environ . . . . 14.

377 l.

Pour

Pour le Roüage.

DOuze bandes de 4 pouces 2 lignes de large, & 5 lignes d'épaisseur, pesant . . . . 150 l.
Cent vingt cloux pour les bandes, pesant environ . . . . 60.
Douze liens doubles ou fourchus, pesant environ 66.
Douze liens simples, pesant . . . . 48.
Trente-six chevilles de liens, pesant . . . . 12.
Quatre cordons, pesant . . . . 48.
Quatre frettes, pesant . . . . 50.
Six clefs de cordons, pesant . . . . 4.
Seize caboches pour les frettes, pesant . . . . 1.
Quatorze crampons pour les boëtes, pesant . . 5.

444 l.

Pour l'Essieu.

DEux équignons de 2 pieds & ¼ de long bien coudés, avec leur maille, pesant environ . . . . . 45 l.
Cinq brebans, pesant . . . . 8.
Deux heurtequins, pesant . . . . 3.
Deux anneaux de bouts d'Affût, pesant . . 3.
Deux esses d'un pouce de diamétre, pesant. . . 5.
Deux étriers, pesant . . . . 30.

94 l.

Les ferrures d'Affûts de trente-trois, sur le pied ci-dessus, doivent peser . . . . 915 l. ou environ.

Pour corps d'Affût de vingt-quatre.

DEux heurtoirs de 1 pouce 2 lignes de diametre, pesant environ . . . . 20 l.
Deux contreheurtoirs de 5 pouces 2 lignes de large, & 5 lignes d'épaisseur, pesant . . . . 25.
Deux sous-contreheurtoirs, pesant environ . . . 6.

Quatre chevilles à tête platte de 1 pouce de diamétre, pesant	20l.
Deux grandes chevilles à tête platte de même diamétre, qui traversent l'essieu & les étriers, pesant environ	18.
Quatre chevilles à tête de diamant de même diamétre, pesant	20.
Quatre boulons qui traversent l'Affût, de 1 pouce 3 lignes de diamétre, pesant	44.
Deux crochets de retraite semblables aux autres, pesant	20.
Six contrerivûres, pesant	10.
Quatre bouts d'Affûts semblables à ceux de l'autre ferrure, pesant environ	40.
Quatre liens de flasques, pesant	16.
La lunette aiant dessus & dessous	10.
L'anneau de lunette & son boulon, pesant .	8.
Deux susbandes bien tournées & percées bien juste, pesant	36.
Vingt clavettes doubles, pesant environ . . .	5.
Cloux à tête de diamant & à tête platte, environ	12.
	310l.

Roüages.

Douze bandes de 3 pouces & ½ de large, & 5 lignes d'épaisseur, pesant	134l.
Cent vingt cloux à bandes, pesant environ . .	60.
Douze liens doubles, pesant environ	54.
Douze liens simples, pesant environ	40.
Trente-six chevilles de liens, pesant	10.
Quatre cordons, pesant	40.
Quatre frettes, pesant	44.
Six clefs de cordon, pesant	3.
Seize caboches pour les frettes, pesant . . .	1.
Quatorze crampons pour les emboëtures, pesant	4.
	390l.

Essieu.

Essieu.

Deux équignons de 2 pieds & ½ de long bien coudés, & leur maille, pesant . . . . 40 l.
Cinq brebans, pesant . . . . 7.
Deux heurtequins, pesant . . . . 3.
Deux anneaux de bouts d'essieu, pesant . . . 3.
Deux esses de 1 pouce de diamétre, pesant . . 5.
Deux étriers, pesant environ . . . . 30.

88 l.

Les ferrures d'Affût de vingt-quatre doivent peser sur le pied ci-dessus . . . . 788 l. ou environ.

Pour le corps d'Affût de seize.

IL faut un peu diminuer les proportions des ferrures, ensorte qu'elles ne passent pas . . . . . . 740 l.

Pour les Affûts de douze.

AUxquels il ne faut que 12 liens aux roüages : il faut aussi diminuer les proportions des ferrures, ensorte qu'elles ne passent pas . . . . 650.
Celles de huit doivent être d'environ . . . . . 600.
Et celles pour Affûts de quatre, dont on ne lie point les rouës, & où on ne met que six chevilles, ne doivent pas passer . . . . 500.

Ferrures d'Avantrain.

SEize bandes & cent cloux pour les rouës, pesant environ . . . . 70 l.
Quatre cordons, pesant environ . . . . 14.
Quatre frettes, pesant environ . . . . 16.
Six clefs de cordons, pesant environ . . . . . 1.

Quatre boëtes pour les rouës ; les deux grandes de 5 pouces de diamétre par le dedans, & 3 pouces de large ; & les petites 3 pouces aussi par le dedans, pesant . . . . 14 l.

Huit crampons pour les boëtes, pesant . . . . 2.

Deux équignons longs de 2 pieds 8 pouces, coudés à 1 pied & ½, pesant . . . . 12.

Quatre brebans, pesant . . . . 2.

La platine de la sellette de fer battu, aiant 24 pouces de long, & 12 de large, coupée en rose aux côtez, percée pour dix-huit ou vingt cloux, pesant . . . 8.

La cheville ouvrière longue de 3 pieds 3 pouces, de 7 pouces & ½ de tour à l'endroit le plus gros, les bouts en fusée, aiant sous la sellette une double clavette, & une petite plaque de fer sous l'essieu pour la passer, pesant . . . . 30.

Deux sayes, pesant . . . . 4.

Deux contresayes, pesant . . . . 3.

Deux anneaux de bouts d'essieu, pesant . . . 1½.

Deux esses, pesant . . . . 2.

Deux ragots, pesant . . . . 1½.

Deux étriers qui prennent sur les bouts de la sellette, pesant . . . . 10.

Deux liens d'épars longs de 2 pouces 4 lignes, larges de 2 pouces & ½, percés pour environ trente cloux, pesant . . . . 8.

198 l.

Emboëtures de fonte pour Roüages de trente-trois.

LEs deux grandes de 9 pouces de diamétre en dedans, & 8 pouces de large, faites un peu en entonnoir.

Les deux petites 5 pouces 4 lignes de diamétre, & 5 pouces de largeur.

De

To. I. Pl. 20. Pag. 167.

To. I. Pl. 21. Pag. 167.

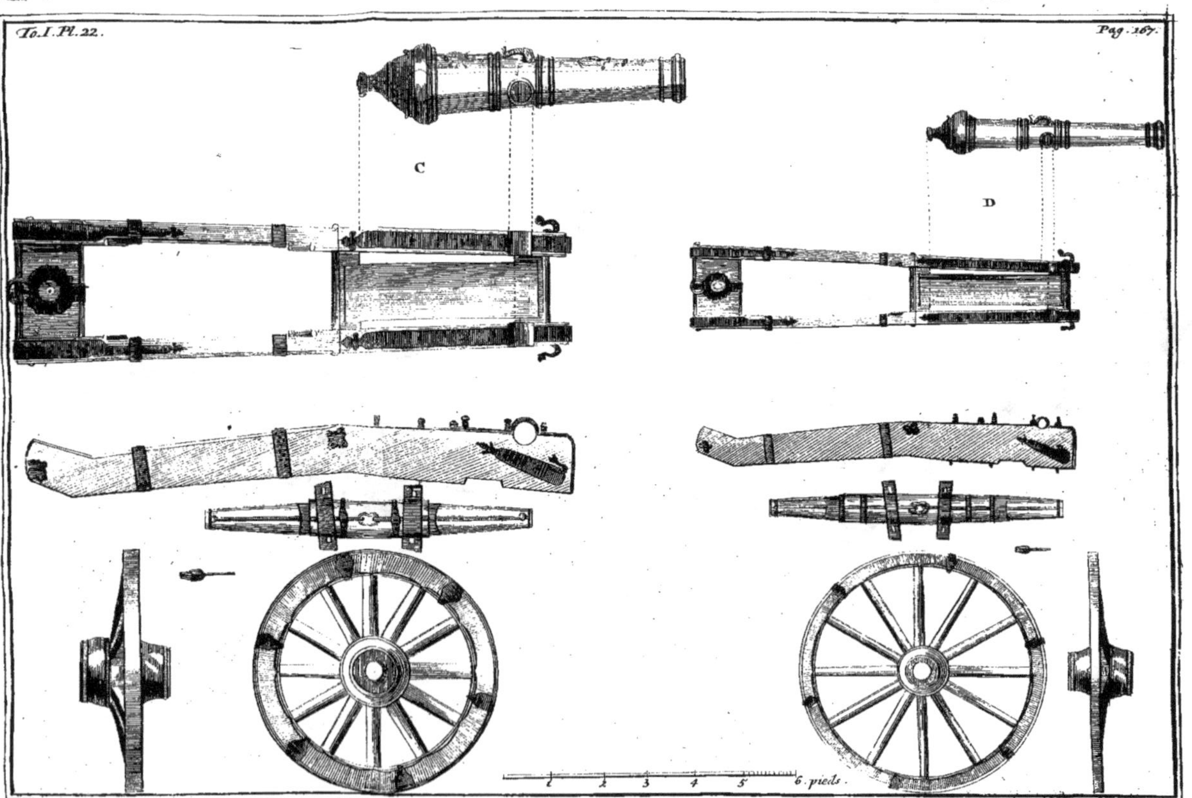
C
D
1
2
3
4
5
6. pieds.

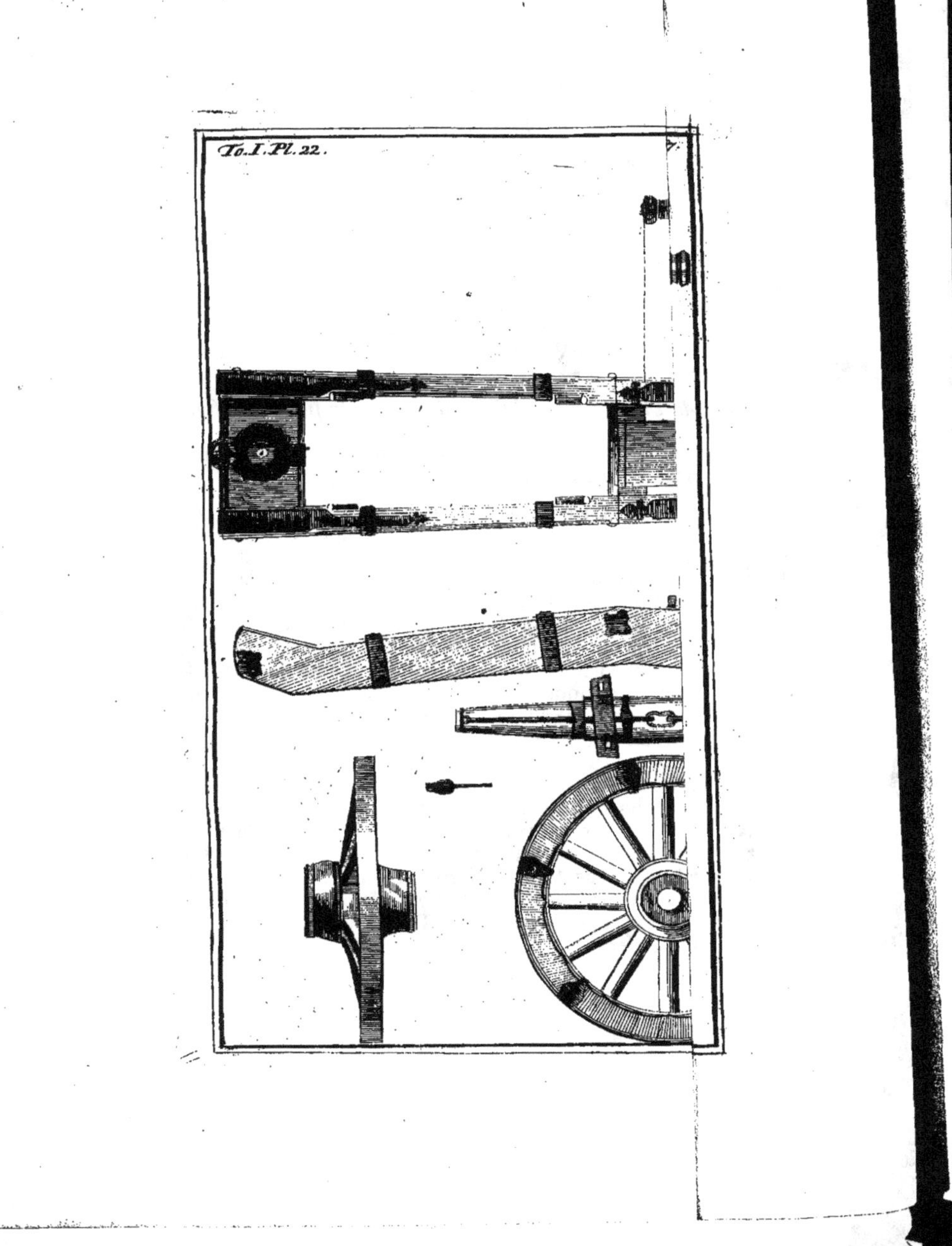
To. I. Pl. 22.

De vingt-quatre.

LEs deux grands de 8 pouces & ½ de diamétre en dedans; même largeur un peu en entonnoir.

Les petites 5 pouces 2 lignes de diamétre.

De seize.

LEs grandes de 7 pouces & ½.

Les petites de 4 pouces 6 lignes.

Il ne s'en met guéres aux autres Affûts.

Les Affûts que M. de Vigny fait faire à Douay, sont pareils aux figures ci à côté.

A *Figure de Piéce de 12 à l'ordinaire, montée sur son Affût de Campagne.*

B *Figure de Piéce de 12 à l'Espagnole, ou de la nouvelle invention, montée sur son Affût de Campagne.*

Cette figure B & les planches qui la suivent, la premiére marquée C représentant un Affût de 24, & la seconde marquée D représentant un Affût de 4, serviront de modéles pour des Affûts de tous calibres à Piéces de la nouvelle invention, cela suffisant, parce qu'outre qu'en Flandres ces sortes de Piéces ne sont pas beaucoup estimées, & que par conséquent on n'en renouvelle guéres les Affûts, on verra les proportions par le détail des Affûts de cette espéce, dans ce que nous dirons du département d'Allemagne. Ainsi je passe aux Affûts à l'ancienne maniére, & des calibres dont on se sert le plus ordinairement en Flandres. Et pour en connoître plus distinctement & plus précisément les proportions & les mesures, aussi-bien que les noms des piéces de bois & de fer qui entrent dans leur construction, on n'a qu'à jetter les yeux sur la figure d'un Affût complet de vingt-quatre qui suit, & sur le devis pour les Affûts de tous calibres, que M. de Vigny a eu lui-même la bonté de m'envoïer; en quoy M. Hervy, Commis au Contrôle de l'Artillerie en Flandres, & M. Thomassin, Capitaine général des Ouvriers, m'ont beaucoup aidé.

E X-

EXPLICATION DE LA FIGURE d'un Affût complet de vingt-quatre, à la manière de M. de Vigny.

A *Flasques.*
B *Ceintre de flasques.*
C *Talons de flasques.*
D *Entretoise de volée.*
E *Entretoise de couche.* } avec leurs mortoises sur le flasque, vû en dedans.
F *Entretoise de mire.*
G *Entretoise de lunette.*
H *Semelle.*
I *Ornemens de flasques.*
K *Astragalles.*
L *Crochets de retraite.*
M *Susbandes.*
N *Contreheurtoirs.*
O *Place des tourillonu*
P *Heurtoirs.*
Q *Chevilles à tête platte.*
R *Cheville à tête de diamant.*
S *Fleurs de lis de contreheurtoirs.*
T *Liens de flasques.*
V *Bout d'Affût de lunette.*
X *Lunette.*
Y *Anneau d'embrélage.*
Z *Boulon & contrerivûre.*

a *Moyeux.*
b *Gros bout du moyeu.*
c *Menu bout du moyeu.*
d *Rais.*
e *Jantes.*
f *Essieu.*
g *Place de l'essi e.*
h *Lien simple.*
i *Lien double.*
k *Cordon.*
l *Frette.*
m *Bandes de rouës.*
n *Esse.*
o *Clavette.*

Ce même Affût vû par-dessous se trouve à la figure suivante.

Manière

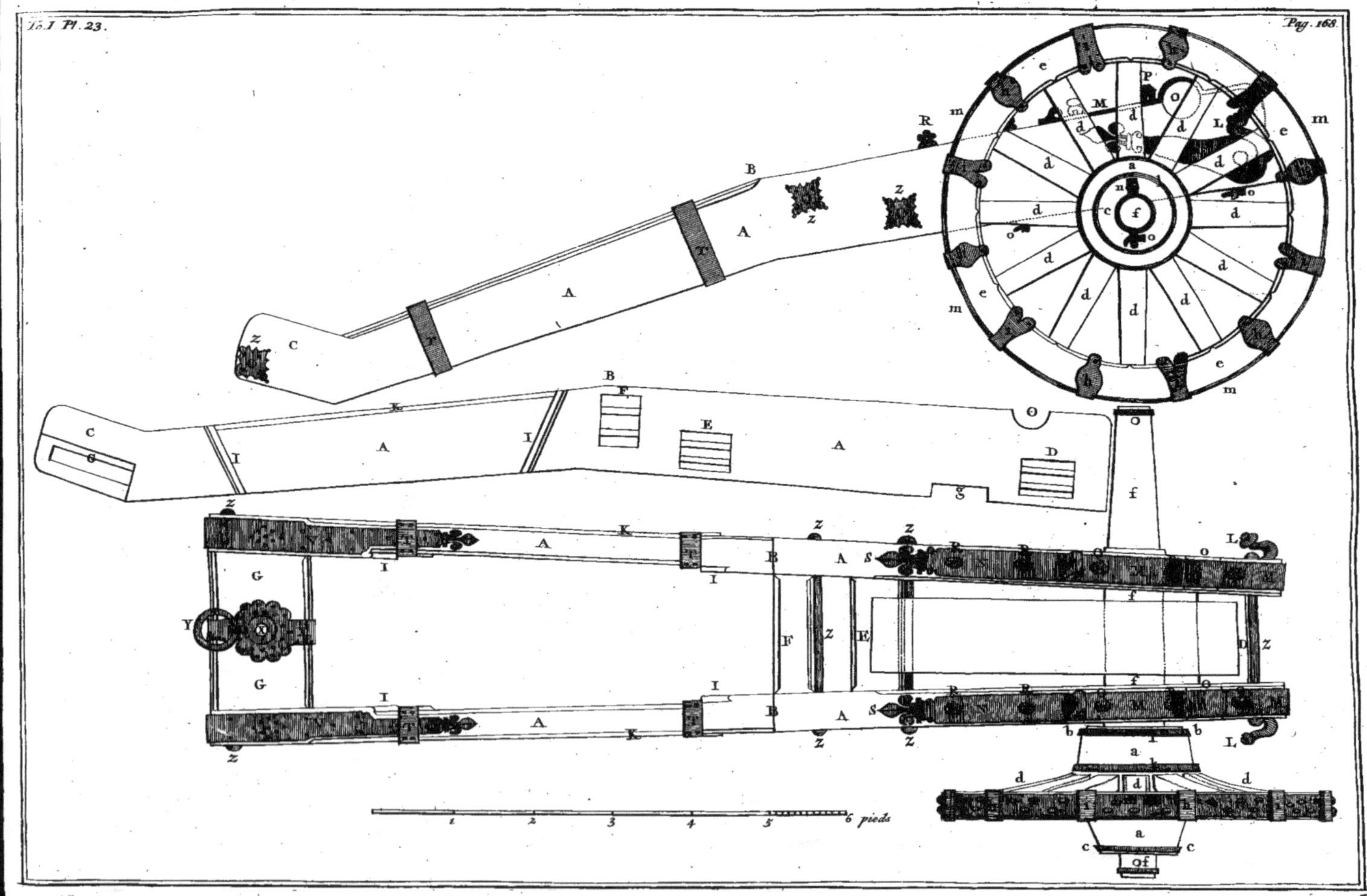
To. 1 Pl. 23.
Pag. 168.
6 pieds

Profil du corps d'affust de campagne avec sa ferrure.

A

Plan du corps d'affust de campagne veu par le dessous avec sa ferrure.

B

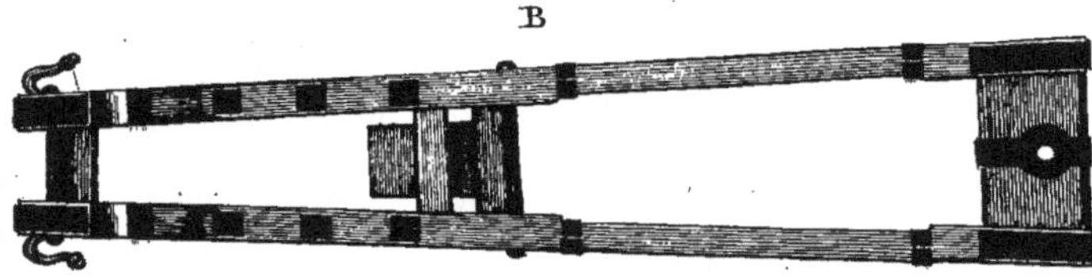

Manière de M. de Vigny *pour les Affûts de Campagne.*

Proportions d'Affûts à Canon.

ILs sont composés de deux flasques d'orme, & de quatre entretoises de chêne; le plus sec est le meilleur.

L'Affût de 33 doit avoir 14 pieds de longueur; les flasques 16 pouces de hauteur à la tête, 14 pouces à l'entretoise de mire, 12 pouces au talon, 6 pouces d'épaisseur, & 7 pouces & demi de ceintre. L'entretoise de volée ou de devant, celles de couche & de mire, de 8 pouces de largeur, & de 6 pouces d'épaisseur; & celle de lunette de même épaisseur, mais de 16 pouces de largeur. L'entretoise de volée se place de la tête venant au heurtoir à 6 pouces, & donne 15 pouces d'ouverture à l'Affût entre les tourillons: celle de couche se place de manière qu'il faut qu'il y ait de son milieu au heurtoir 3 pieds 10 pouces: celle de mire qui se met sur le champ ou sur son étroit, se place au définitif du ceintre, qui doit être de 7 à 8 pouces: celle de lunette se place au talon, & n'a qu'un tenon à chaque bout: les trois autres en ont deux, & se logent dans les mortoises; elles doivent être recouvertes, & donner 19 pouces d'ouverture pour loger la culasse.

L'Affût de vingt-quatre doit avoir 13 pieds & ½ de long; les flasques 15 pouces de hauteur à la tête, 13 pouces à l'entretoise de mire, & 11 au talon, 5 pouces & ½ d'épaisseur, & 7 pouces de ceintre. Les entretoises de devant, de couche & de mire, de 7 pouces & ½ de largeur, & de 5 pouces & ½ d'épaisseur; & celle de lunette de même épaisseur, mais de 15 pouces de large. L'entretoise de devant se place de la tête venant au heurtoir, à 5 pouces & ½, & doit donner 14 pouces d'ouverture à l'Affût entre les tourillons: celle de couche se place de manière qu'il faut qu'il y ait de son milieu au heurtoir 3 pieds 10 pouces; elle doit donner 18 pouces d'ouverture pour placer la culasse de la Piéce qui sera mise dessus: celle de mire qui se met sur son étroit, se place au définitif du ceintre qui doit être de 7 pouces: & celle de lunette se place au talon; elle n'a qu'un tenon à chaque bout, & les trois autres en ont deux: elles se logent dans les mortoises, & doivent être recouvertes.

L'Affût de seize doit avoir 13 pieds de long; les flasques 14 pouces de hauteur à la tête, 12 à l'entretoise de mire, 10 au talon, & 5 pouces d'épaisseur. Les entretoises de devant, de couche & de mire, doivent être de 7 pouces de large, de 5 d'épaisseur; & celle de lunette de la même épaisseur, de 14 pouces de large. L'entretoise de devant se place à 5 pouces de la tête venant au heurtoir, & doit donner 13 pouces d'ouverture à l'Affût: celle de couche se place à la même distance que celle de vingt-quatre venant au ceintre, & doit donner 16 pouces & ½ d'ouverture à l'Affût pour la culasse de la Piéce: l'entretoise de mire qui se met sur son étroit, se place au définitif du ceintre, qui doit être de 6 pouces & demi; & celle de lunette au talon, & n'a qu'un tenon à chaque bout: les trois autres comme celles de vingt-quatre.

L'Affût de douze doit avoir 12 pieds & ½ de long; les flasques 13 pouces de hauteur à la tête, 11 à l'entretoise de mire, 9 au talon, & 4 pouces & ½ d'épaisseur. Les entretoises de devant, de couche & de mire, 6 pouces & ½ de large, & 4 pouces & ½ d'épaisseur; & celle de lunette de même épaisseur, mais de 13 pouces de large. L'entretoise de devant se place à 4 pouces & ½ de la tête de l'Affût venant au heurtoir, & lui donne d'ouverture 12 pouces & ½: celle de couche se place depuis le devant du heurtoir jusqu'à son milieu à 3 pieds 10 pouces, & doit donner d'ouverture à l'Affût 15 pouces pour loger la culasse de la Piéce: l'entretoise de mire, qui se met sur son étroit, se place au définitif du ceintre qui doit être de 6 pouces; & celle de lunette au talon: les tenons de l'entretoise comme il est dit ci-devant.

L'Affût de huit doit être de 10 pieds & ½ de longueur; les flasques de 12 pouces de hauteur à la tête, 10 à l'entretoise de mire, 8 au talon, & 4 pouces d'épaisseur. Les entretoises de devant, de couche & de mire, doivent être de 6 pouces de large, & de 4 pouces d'épaisseur; & celle de lunette de la même épaisseur, & de 12 pouces de largeur. L'entretoise de devant

devant se place à 4 pouces de la tête de l'Affût venant au heurtoir, & lui donne entre les tourillons 10 pouces: celle de couche se place depuis le devant du heurtoir venant au ceintre à 3 pieds à son milieu, & doit donner 12 pouces d'ouverture pour placer la culasse de la Piéce qui sera mise dessus: celle de mire se met sur son étroit, & se place au définitif du ceintre qui doit être de 5 pouces ½; & celle de lunette au talon: ces quatre entretoises n'ont qu'un tenon à chaque bout, & elles doivent être recouvertes.

L'Affût de quatre doit être de 10 pieds de longueur; les flasques de 11 pouces de hauteur à la tête, 9 à l'entretoise de mire, 7 au talon, & 3 pouces & ½ d'épaisseur. Les entretoises de devant, de couche & de mire, de 5 pouces & ½ de large, de 3 pouces & ½ d'épaisseur; & celle de lunette de la même épaisseur, & de 11 pouces de large. L'entretoise de devant se place à 3 pouces & ½ de la tête de l'Affût venant au heurtoir, qui doit lui donner entre les tourillons 8 pouces & ½: celle de couche se place ensorte que, depuis le devant du heurtoir à son milieu, il y ait 3 pieds 1 pouce, & donne 10 pouces & ½ d'ouverture pour placer la culasse de la Piéçe qui sera mise dessus: celle de mire qui se met sur son étroit, se place au définitif du ceintre qui doit avoir 5 pouces; & celle de lunette au talon: les entretoises comme celles de l'Affût de huit.

Poids de toutes sortes de Ferrures de corps d'Affûts à l'ordinaire, à la manière de M. de Vigny.

Piéces de	33.	24.	16.	12.	8.	4.
DEux contreheurtoirs.	63 l.	55 l.	52 l.	42l.	32 l.	25 l.
2 Heurtoirs. . .	28.	25.	23.	18.	15.	11'
2 Susbandes . .	59.	55.	46.	36.	23.	19.
2 Crochets de retraite	30.	27.	25.	21.	16.	13.
4 Chevilles à tête platte . .	45.	35.	30.	24.	15.	14.
4 Chevilles à tête de diamant . .	36.	31.	29.	24.	19.	17.
4 Boulons de traverse	45.	37.	33.	31.	29.	18.
2 Lunettes, une dessus & une dessous.	13.	12.	10.	9.	8.	7.
1 Anneau d'embrêlage	12.	11.	9.	7.	5.	4.
2 Grands bouts d'Affût pour le derrière	21.	18.	14.	11.	10.	7.
2 Petits bouts pour le devant. . .	13.	10.	7.	6.	5.	4.
2 Petites fleurs de lis	2 $\frac{1}{4}$.	2.	1 $\frac{1}{4}$.	1 $\frac{1}{2}$.	1 $\frac{1}{4}$.	1.
4 Liens de flasques.	11.	9.	8.	7.	6.	4.
6 Contrerivûres .	9.	8.	7.	6.	5.	4.
6 Sous-contrerivûres	4.	3 $\frac{1}{2}$.	3 $\frac{1}{4}$.	2 $\frac{1}{4}$.	2 $\frac{1}{2}$.	2.
20 Clavettes . .	7.	6.	5.	4.	3.	2.
350 Cloux à tête de diamant. . . .	13.	12.	10.	9.	7.	6.
2 Etriers	42.	39.	38.	26.	23.	18.
2 Equignons . .	62.	55.	45.	39.	33.	22.
2 Esses.	9.	7.	5.	4.	3.	2 $\frac{1}{2}$.
3 Brebans. . . .	11.	10.	8.	7.	5.	4.
1 Maille	3 $\frac{1}{2}$.	2 $\frac{1}{2}$.	2.	1 $\frac{3}{4}$.	1 $\frac{1}{2}$.	1.
2 Sayes . . .	7.	6.	5.	4.	3.	2.
2 Anneaux de bouts d'essieu . .	2.	1 $\frac{3}{4}$.	1 $\frac{1}{2}$.	1 $\frac{1}{4}$.	1.	1.
2 Heurtequins. .	4.	3 $\frac{1}{2}$.	3.	2 $\frac{3}{4}$.	2 $\frac{1}{2}$.	1 $\frac{1}{2}$.

Les

PROPORTIONS DES BOIS DES ROUES D'AFFUTS A CANON QUI SE FONT PRESENTEMENT

en Flandres, lesquelles Rouës doivent avoir 4 pieds 10 pouces de hauteur; les Moyeux & les Jantes d'orme, & les Rais de chêne. On cheville les Rais des Rouës de 24, de 16, & de 12, à mesure qu'on les place dans les Moyeux, & non pas ceux de 8 & de 4. Les Moyeux s'emploient verds, les Jantes seches, & les Rais très-secs; ce qui a donné lieu de dire: Pour faire de bonnes Rouës il faut Moyeux de deux jours, Jantes de six mois, & Rais de trois ans.

		Piéces. de 33.		de 24.		de 16		de 12.		de 8.		de 4.	
		Pouces.	Lignes.	Pouces.	Lignes.	Pouces.	Lignes.	Pouces.	Lignes.	Pouces.	Lignes.	Pouces.	Lignes.
Moyeux.	Longueur.	23.	0.	23.	0.	22.	0.	21.	0.	19.	0.	18.	0.
	Face du gros bout.	16.	0.	15.	0.	14.	0.	13.	0.	12.	0.	11.	0.
	Face du menu bout.	14.	0.	13.	0.	12.	0.	11.	0.	10.	0.	9.	0.
	Bouge du moyeu	19.	0.	18.	0.	17.	0.	16.	0.	15.	0.	14.	0.
	Ouverture des mortoises, longueur.	4.	6.	4.	0.	3.	9.	3.	6.	3.	2.	2.	11.
	Largeur.	1.	9.	1.	8.	1.	7.	1.	6.	1.	5.	1.	4.
Jantes.	Longueur.	30.	0.	30.	0.	30.	0.	30.	0.	30.	0.	30.	0.
	Hauteur	6.	0.	5.	6.	5.	3.	5.	0.	4.	6.	4.	6.
	Epaisseur.	4.	6.	4.	0.	3.	9.	3.	6.	3.	2.	2.	11.
Rais. Ceux des rouës de 8 & de 4 sont à pan.	Longueur.	26.	0.	26.	0.	26.	3.	27.	0.	27.	3.	27.	6.
	Hauteur de la patte.	5.	0.	4.	9.	4.	6.	4.	3.	4.	0.	3.	9.
	Epaisseur.	2.	0.	1.	10.	1.	9.	1.	8.	1.	2.	1.	0.
	Face des rais.	4.	6.	4.	0.	3.	9.	3.	6.	3.	2.	2.	11.
Les Boëtes ou emboëtures se font de cuivre, ou de fer.	Ouverture des boëtes pour ces roües par le gros bout.	8.	6.	8.	0.	7.	6.	7.	0.	6.	6.	6.	0.
	Par le menu bout.	6.	0.	5.	6.	5.	0,	4.	6.	4.	0.	3.	6.

Poids des Ferrures pour ces Roües.

	Piéces de 33.	de 24.	de 16.	de 12.	de 8.	de 4.	
12 Bandes.	204 livres.	190 livres.	168 livres.	144 livres.	130 livres.	120 livres.	
Largeur.	4 pouces.	3 pouces ½.	3 pouces ¼.	3 pouces	2 pouces ¾.	2 pouc. ½.	
Epaisseur.	6 lignes.	6 lignes.	6 lignes.	6 lignes.	5 lignes.	5 lignes.	
12 Liens doubles.	66 livres.	47 livres.	42 livres.	36 livres.	il ne leur en faut point		
12 Liens simples.	54 livres.	45 livres.	36 livres.	30 livres.	28 livres.	24 livres.	
36 Chevilles de liens.	24 livres.	20 livres.	18 livres.	16 livres.	8 livres.	6 livres.	Il n'y a que 12 chevilles aux Roües de 4.
120 Cloux de bandes.	30 livres.	25 livres.	20 livres.	18 livres.	16 livres.	14 livres.	
2 Grandes frettes.	25 livres.	22 livres.	20 livres.	18 livres.	14 livres.	13 livres.	
2 Petites.	20 livres.	17 livres.	16 livres.	15 livres.	12 livres.	10 livres.	
Leur largeur.	2 pouces ¾.	2 pouces ½.	2 pouces ¼.	2 pouces	1 pouce ¾.	1 pouc. ½.	
4 Cordons.	66 livres.	52 livres.	40 livres.	30 livres.	24 livres.	20 livres.	
Leur largeur.	14 lignes.	13 livres.	12 lignes.	11 livres.	9 lignes.	8 lignes.	
30 Caboches.	18 livres.	17 livres.	16 livres.	15 livres.	14 livres.	13 livres.	
14 Crampons qui se mettent sur les tenons des boëtes.	15 livres.	14 livres.	13 livres.	12 livres.	10 livres.	8 livres.	
Les 4 boëtes ou emboëtures de fer pésent	70 livres.	60 livres.	55 livres.	50 livres.	45 livres.	40 livres.	

Toutes ces Ferrures doivent être de bon fer, & bien appliqué.

Les Bois des corps d'Affûts en blanc, c'eſt-à-dire, ſans Ferrures, péſent: ſçavoir,

CElui de trente-trois	680 l.
Celui de vingt-quatre	580.
Celui de ſeize	480.
Celui de douze	380.
Celui de huit	260.
Celui de quatre	150.

Les Rouës péſent en blanc, c'eſt-à-dire, ſans Ferrures: ſçavoir,

CElles de trente-trois	800 l.
Celles de vingt-quatre	700.
Celles de ſeize	600.
Celles de douze	520.
Celles de huit	360.
Celles de quatre	320.

Les Eſſieux en blanc, ſervans à ces Rouës, péſent: ſçavoir,

CEux de trente-trois	160 l.
Ceux de vingt-quatre.	150.
Ceux de ſeize	90.
Ceux de douze	64
Ceux de huit	55.
Ceux de quatre	48.

Le tout prêt à recevoir la ferrure.

Toutes les emboëtures pour le gros bout du moyeu des Affûts ont 4 tenons; celles du petit bout n'en ont que 2.

EN Flandres on ne fait point d'Affûts à forfait, y aiant toûjours dans les Magasins des provisions de bois, fer, & charbon. Néanmoins par estimation, & eu égard aux prix qu'on paie présentement pour les matériaux de cette qualité, les Affûts reviennent au Roi à ce qui suit: & il faut observer que M. de Vigny ne fait plus emploïer que des emboëtures de fer dans tous les roüages, pour éviter la dépense de celles de fonte; parce qu'il s'en perd beaucoup.

Les bois des corps d'Affûts reviennent environ : ceux	de 33 & de 24. à	25 l.	5 f.
	de 16 . . .	20.	
	de 12 . . .	13.	
	de 8 . . .	10.	10.
	de 4 . . .	7.	10.

La façon de ces corps d'Affûts : ceux	de 33 & de 24, à	6 liv.	
	de 16 & de 12,	4.	10.
	de 8 & de 4,	2.	10.

Les bois d'une paire de roues : ceux	de 33 & de 24, à	21 liv.	5.
	de 16 . . .	18.	
	de 12 . . .	16.	10.
	de 8 . . .	14.	10.
	de 4 . . .	12.	10.

La façon de ces rouës : celles	de 33 & de 24. à	8 liv.	
	de 16 . . .	7.	
	de 12 . . .	6.	10.
	de 8 & de 4,	4.	10.

Le prix des ferrures peut être environ.	pour les corps d'Affûts	3. 6d. la liv.
	pour les roüages.	2. 6. la liv.

Les bois du corps d'un Avantrain environ à. 5 liv.
La façon à . . . . 1. 10.
Ceux des roüages à . . . . 7.
La façon à . . . . 2. 10.
Les ferrures à . . . . 2. 6. la liv.

On met présentement des emboëtures de fer par-tout, comme

TABLE DES PROPORTIONS POUR MONTER LES PIECES DE CANON DES SIX CALIBRES ORDINAIRES TANT LONGUES QUE COURTES ET CARABINEÉS.

Sur ces proportions ont esté faits un grand nombre d'ouvrages à Auxonne pendant l'année 1688 par les soins de M.r le Marquis de la Frezeliere.

Observer que les affusts dont les rouages sont composez de jantes, rais et moyeux sont appellez affusts de campagne et que les affusts de place ont leur rouage d'une seule piece de bois de chesne.

N°	Les Pieces de 33 sont toujours longues, il n'y a que des affusts longs de campagne qui puissent leur servir, les pieces courtes de 33 ne marchent point en campagne, il ne leur est point necessaire d'affusts de cette sorte. Les Pieces des 4 autres calibres sont longues et courtes. Pour chacune de ces pieces il faut un affust de campagne et un de place. L'on commence cette table par les proportions des pieces parce qu'elles doivent regler les proportions des affusts qui changent suivant que les pieces ont plus ou moins de longueur et de grosseur.	PIECES LONGUES de 33. Affust de Campagne	PIECES LONGUES de 24. Affust de Campagne	PIECES LONGUES de 24. Affust de Place	PIECES COURTES de 24. Affust de Campagne	PIECES COURTES de 24. Affust de Place	PIECES LONGUES de 16. Affust de Campagne	PIECES LONGUES de 16. Affust de Place	PIECES COURTES de 16. Affust de Campagne	PIECES COURTES de 16. Affust de Place	PIECES LONGUES de 12. Affust de Campagne	PIECES LONGUES de 12. Affust de Place	PIECES COURTES de 12. Affust de Place	PIECES LONGUES de 8. Affust de Campagne	PIECES LONGUES de 8. Affust de Place	PIECES COURTES de 8. Affust de Campagne	PIECES COURTES de 8. Affust de Place	PIECES LONGUES de 4. Affust de Campagne	PIECES LONGUES de 4. Affust de Place	PIECES COURTES de 4. Affust de Campagne	PIECES COURTES de 4. Affust de Place
1	Diametre de la piece derriere les tourillons suivant lequel l'on fait l'ouverture de l'affust entre les deux flasques pour loger la piece, qui sont assemblez par l'entretoise de rollée, ...	16. pouces.	15. pou.	15. pou.	12. pou. 8. li.	12. pou. 8. li.	13. pou.	13. pou.	11. pou. 8. li.	11. pou. 8. li.	12. pou.	12. pou.	9. pou. 8. li.	10. pou.	10. pou.	9. pou. 6. li.	9. pou. 6. li.	9. pou.	9. pou.	7. pou.	7. pou.
2	Diametre de la piece à la platte bande de la culasse suivant lequel l'on fait l'ouverture de l'affust entre les deux flasques assemblez par l'entretoise de couche sur le milieu de laquelle tombe la platte bande, le delardement ... qui se fait à chaque flasque fait partie de l'ouverture.	20. pouces.	19. pou.	19. pou. ½.	19. pou.	19. pou. ½.	16. pou. ½.	16. pou. ½.	16. pou.	16. pou.	15. pou.	15. pou.	14. pou.	13. pou.	13. pou.	12. pou. ½.	12. pou. ½.	11. pou. ½.	11. pou. ½.	10. pou.	10. pou.
3	Les proportions de la teste de l'affust reglant celle du bout des flasques qui sont assemblez par l'entretoise de lunette, laquelle a de longueur dans oeuvre ... l'ouverture de l'affust.	2. pie. 2. po.	22. pou.	20. pou. ½.	2. pieds.	20. pou.	21. pou.	18. pou.	22. pou.	19. pou.	20. pou.	16. pou. ½.	17. pou.	19. pou.	16. pou. ½.	18. pou.	17. pou.	17. pou.	15. pou.	16. pou.	15. pou. ½.
4	Longueur de chaque flasque.	14. pieds.	13. pie. ½.	9. pi. 3. po.	10. pi. 8. po.	7. pieds.	13. pieds.	9. pieds.	10. pi. 3. po.	6. pi. 10. po. ½.	12. pi. ½.	9. pieds.	6. pi. ½.	12. pieds.	7. pi. 10. po.	9. pieds.	6. pieds.	11. pi. ½.	7. pi. ½.	8. pieds.	6. pieds.
5	Longueur divisée par partie, à commencer de la teste de l'affust jusqu'à l'ouverture des tourillons.	12. pouces.	12. pou.	12. pou.	10. pou.	10. pou.	12. pou.	12. pou.	10. pou.	10. pou.	10. pou. ½.	10. pou. ½.	10. pou.	10. pou.	10. pou.	9. pou.	9. pou.	9. pou.	9. pou.	8. pou. ½.	9. pou.
6	Longueur de l'ouverture du tourillon qui est le diametre du tourillon de la piece, lequel doit estre encastré au moins de la moitié de son diametre.	6. pou.	6. pou.	6. pou.	5. pou. 3. li.	5. pou. 3. li.	5. pou.	5. pou. ½.	4. pou. ½.	4. pou. ½.	4. pou. ½.	4. pou.	4. pou.	4. pou.	3. pou. 9. li.	3. pou. 9. li.	3. pou. 9. li.	3. pou. 9. li.	3. pou. 9. li.	3. pou. ½.	3. pou. ½.
7	Longueur du logement de la piece qui doit estre prise du derriere de son tourillon jusqu'à la platte bande de sa culasse, laquelle pose à plomb sur le milieu de l'entretoise de couche.	3. pi. 9. po.	3. pi. 9. po.	3. pi. 9. po.	20. pou.	20. pou.	3. pi. 9. po.	3. pi. 9. po.	20. pou.	20. pou.	3. pi. 9. po.	3. pi. 9. po.	20. pou.	3. pi. ½.	3. pi. ½.	16. pou.	16. pou.	3. pi. ½.	3. pi. ½.	16. pou.	16. pou.
8	Longueur du milieu de l'entretoise de couche jusqu'au ceintre de l'affust.	16. po.	16. po.	4. po. ½.	4. po. ½.	4. po. ½.	15. po.	4. po.	4. po.	4. po.	15. po.	14. po.	14. po.	15. po.	14. po.	4. po.	8. po.	15. po.	4. po.	15. po.	7. po.
9	Longueur depuis le ceintre de la crosse jusqu'au bout de l'affust.	16. po.	16. po.	15. po.	15. po.	15. po.	16. po.	15. po.	15. po.	15. po.	15. po.	14. po.	14. po.	15. po.	12. po.	13. po. ½.	10. po. ½.	13. po.	10. po. ½.	12. po. ½.	10. po. ½.
10	Les 5 principales longueurs estant prises il restera entre l'angle du ceintre de l'affust et l'angle du ceintre de la crosse, la longueur de	6. pi. 1. po.	5. pi. 7. po.	2. pi. 4. po. ½.	6. pi. 1. po. 3. li.	2. pi. 4. po. 3. li.	5. pi. 3. po.	2. pi. 3. po.	5. pi. 9. po. 3. li.	2. pi. 4. po.	5. pieds.	2. pi. 3. po.	2. pi. 2. po.	5. pi. 4. po. ½.	2. pi. 3. po.	5. pi. 2. po.	2. pi. 2. po.	6. pieds.	2. pi. 2. po. ½.	4. pi. 7. po.	2. pi. 2. po.
11	Ceintre de l'affust.	6. po.	6. po.	5. po.	7. po.	4. po.	6. po.	5. po.	7. po.	4. po.	6. po.	5. po.	4. po.	6. po.	4. po.	7. po.	4. po.	6. po.	4. po.	7. po.	4. po.
12	L'ebrasure de la teste du flasque est abbatue et arrondie de	3. po.	3. po.	3. po.	2. po. ½.	2. po. ½.	2. po. ½.	2. po. ½.	2. po. ½.	2. po. ½.	2. po. ½.	2. po.	2. po.	2. po.	2. po.	2. po.	2. po.	2. po.	2. po.	2. po.	2. po.
13	L'ebrasure du bout du flasque est abbatue et arrondie à distance du bout de l'affust de	5. po.	5. po.	5. po.	4. po. ½.	4. po. ½.	5. po.	5. po.	4. po. ½.	4. po. ½.	5. po.	5. po.	4. po. ½.	4. po.	4. po.	4. po.	4. po.	4. po.	4. po.	4. po.	4. po.
14	Hauteur du flasque à la teste de l'affust compris les angles abatus et arrondis.	18. po.	17. po. ½.	18. po.	16. po.	18. po.	16. po. ½.	18. po.	15. po.	18. po.	15. po.	18. po.	18. po.	14. po.	18. po.	13. po.	18. po.	13. po.	18. po.	12. po.	18. po.
15	Hauteur du flasque au ceintre de l'affust qui se regle sur deux pouces de diminution de la teste.	16. po.	15. po. ½.	16. po.	13. po. ½.	14. po.	14. po. ½.	15. po.	13. po.	14. po.	13. po.	15. po.	14. po.	13. po.	14. po.	11. po.	14. po.	11. po.	14. po.	10. po. ½.	14. po.
16	Hauteur du flasque au ceintre de la crosse.	13. po. ½.	13. po.	11. po. ½.	11. po.	10. po.	12. po.	11. po.	11. po.	10. po.	11. po.	10. po. ½.	10. po.	10. po.	10. po.	9. po.	10. po.	9. po.	10. po.	8. po.	10. po.
17	Hauteur du flasque au renflement de la crosse.	14. po. ½.	14. po.	12. po. ½.	12. po.	11. po.	13. po.	12. po.	12. po.	11. po.	12. po.	11. po. ½.	11. po.	11. po.	11. po.	10. po.	11. po.	10. po.	11. po.	9. po.	11. po.
18	Hauteur du flasque au bout d'affust compris les angles abbatus et arrondis.	10. po.	10. po.	9. po. ½.	9. po.	8. po.	9. po.	9. po.	9. po.	8. po. ½.	8. po.	8. po. ½.	8. po.	7. po.	8. po.	7. po.	8. po.	7. po.	8. po.	7. po.	8. po.
19	Epaisseur du flasque depuis la teste de l'affust jusqu'à 2 pouces et demi au delà du ceintre et à l'endroit de l'entretoise de lunette.	6. po.	6. po.	6. po.	5. po. ½.	5. po. ½.	5. po.	5. po.	5. po.	4. po. 9. li.	4. po. 9. li.	4. po. 9. li.	4. po. ½.	4. po. ½.	4. po. ½.	4. po. ½.	4. po.	4. po.	4. po.	4. po.	4. po.
20	Epaisseur du flasque entre les deux moulures du ceintre de l'affust et de l'entretoise de lunette.	4. po. ½.	4. po. ½.	4. po. ½.	4. po.	4. po.	3. po. 9. li.	3. po. ½.	3. po. 9. li.	3. po. 3. li.	3. po. ½.	3. po. ½.	3. po. 3. li.	3. po.	3. po.	3. po. 3. li.	3. po.	3. po.	3. po.	3. po.	3. po.
21	L'entretoise de rollée est encastrée à simples tenons dans les flasques de son épaisseur et larg.r et à distance de la teste de l'affust de.	6. po.	6. po.	6. po.	5. po. ½.	5. po. ½.	6. po.	6. po.	5. po. ½.	5. po. ½.	5. po. ½.	5. po. ½.	5. po. ½.	5. po. ½.	5. po. ½.	5. po. ½.	4. po.	5. po.	5. po.	5. po.	4. pouces
22	Et la distance du bas de l'affust de.	2. po.	2. po.	2. po.	2. po.	2. po.	2. po.	2. po.	2. po.	2. po.	2. po.	2. po.	2. po.	2. po.	2. po.	2. po.	4. po.	2. po.	2. po.	2. po.	4. pouces
23	Epaisseur de l'entretoise de rollée.	5. po. ½.	5. po. ½.	5. po. ½.	4. po. ½.	4. po. ½.	4. po. ½.	4. po. ½.	4. po.	4. po. ½.	4. po. ½.	4. po.	4. po.	4. po. ½.	4. po.	4. po.	4. po.	4. po.	4. po.	4. po.	4. po.
24	Sa largeur.	7. po. ½.	7. po.	7. po.	7. po.	6. po.	6. po.	6. po.	6. po.	6. po.	6. po.	6. po.	6. po.	6. po.	6. po.	6. po.	6. po.	6. po.	6. po.	6. po.	5. po.
25	L'entretoise de couche est encastrée à simples tenons dans les 2 flasques de son épaisseur et larg.r, sa distance de l'entretoise de rollée pour recevoir la culasse de la piece dont la platte bande passe au milieu de cette entretoise qui est distante du bas de l'affust de 3 po. elle a d'épaisseur.	5. po. ½.	5. po. ½.	6. po.	4. po. ½.	5. po.	5. po.	5. po.	4. po. 3. li.	4. po. ½.	4. po. 9. li.	4. po. ½.	4. po.	4. po. ½.	4. po. 3. li.	4. po. 3. li.	4. po. 3. li.	4. po.	4. po.	4. po.	4. po.
26	La largeur de l'entretoise de couche.	9. po.	8. po.	9. po.	7. po. 3. li.	8. po.	7. po. ½.	8. po.	7. po.	8. po.	7. po.	8. po.	8. po.	7. po.	7. po.	7. po.	7. po.	6. po.	7. po.	6. po.	7. po.
27	L'entretoise de mire est encastrée à double tenons dans les 2 flasques de son épaisseur et hauteur entre les angles du ceintre et à distance de l'entretoise de couche suffisante pour loger le bouton de la piece, elle est placée à 2 pouces du derriere de l'affust, elle a d'épaisseur.	6. po.	6. po.		5. po.		5. po.		5. po.		4. po. 9. li.			4. po. ½.		4. po. ½.		4. po.		4. po.	
28	L'entretoise de mire a de hauteur.	10. po.	9. po.		8. po.		8. po.		8. po.		8. po.			8. po.		8. po.		7. po.		7. po.	
29	L'entretoise de lunette fait l'assemblage à simples tenons depuis le bout de l'affust jusqu'au ceintre de la crosse ...	1. po. ½.	1. po. ½.	1. po. ½.	1. po. ½.	1. po. ½.	1. po. ½.	1. po. ½.	1. po. ½.	1. po. ½.	1. po. ½.	1. po. ½.	1. po. ½.	1. po. ½.	1. po. ½.	1. po. ½.	1. po. ½.	1. po. ½.	1. po. ½.	1. po. ½.	1. po. ½.
30	La mortoise et tenons ...	3. po.	3. po.	3. po.	3. po.	3. po.	3. po.	3. po.	3. po.	3. po.	2. po. ½.	2. po. ½.	2. po. ½.	2. po.	2. po.	2. po.	2. po.	2. po.	2. po.	2. po.	2. po.
31	Epaisseur de l'entretoise de lunette qui est égale à celle de la teste du flasque.	6. po.	6. po.	6. po.	5. po.	5. po.	5. po.	5. po.	5. po.	5. po.	4. po. 9. li.	4. po. 9. li.	4. po. 9. li.	4. po. ½.	4. po. ½.	4. po. ½.	4. po. ½.	4. po.	4. po.	4. po.	4. po.
32	Sa largeur qui est égale à la hauteur de la teste du flasque est de.	18. po.	17. po.	15. po.	16. po.	15. po.	16. po.	14. po.	15. po.	16. po.	15. po.	12. po.	14. po.	14. po.	12. po.	13. po.	10. po.	13. po.	12. po.	12. po.	10. po.
33	Longueur des tenons égale à la profondeur des mortoises, entre la ...	5. po.	5. po.	5. po.	5. po.	5. po.	2. po.	4. po.	4. po.	4. po.	4. po.	3. po. ½.	3. po. ½.	3. po. ½.	3. po. ½.	3. po. ½.	3. po. ½.	3. po. 3. li.	3. po. 3. li.	3. po. 3. li.	3. po. 3. li.
34	Epaisseur des tenons égale à l'ouverture des mortoises.	1. po. ½.	1. po. ½.	1. po. ½.	1. po. ½.	1. po. ½.	1. po. ½.	1. po. ½.	1. po. ½.	1. po. ½.	1. po. ½.	15. lig.	15. lig.	15. lig.	15. lig.	15. lig.	15. lig.	15. lig.	15. lig.	15. lig.	15. lig.
35	La semelle passe depuis l'entretoise de mire sur l'entretoise de couche et pose sur celle de rollée et courre jusques à 2 pouces de la teste, elle a de longueur.	5. pi. 8. po.	5. pi. 8. po.	5. pi. 8. po.	3. pi. 11. po.	2. pi. 7. po.	5. pi. 7. po.	4. pi. 11. po.	3. pi. 10. po.	2. pi. ½.	5. pi. ½.	4. pi. 10. po.	2. pi. ½.	5. pi. ½.	4. pi. ½.	2. pi. 4. po.	2. pi. 3. po.	5. pi. ½.	4. pi. ½.	2. pi. 4. po.	2. pi. 3. po.
36	Son épaisseur est de.	1. po. ½.	1. po. ½.	1. po. ½.	1. po. ½.	1. po. ½.	1. po. ½.	1. po. ½.	1. po. ½.	1. po. ½.	15. lig.	15. lig.	15. lig.	15. lig.	15. lig.	15. lig.	15. lig.	15. lig.	15. lig.	15. lig.	15. lig.
37	Le devant de l'essieu aux affusts de campagne est en angle droit au derriere de l'ouverture du tourillon, et aux affusts de Place le derriere de l'essieu a la même situation, l'entaille dans le flasque 2 pou. au moins, sa largeur est égale au corps de l'essieu de.	8. po. ½.	7. po. ½.	6. po.	6. po.	5. po.	7. po.	5. po. ½.	5. po.	4. po. 9. li.	5. po. ½.	4. po. 9. li.	4. po. ½.	5. po.	4. po. ½.	4. po. 3. li.	4. po.	4. po. 3. li.	4. po.	4. po.	4. po.
	Poids de la ferrure du corps d'un affust.	525. L	480. L	370. L	300. L	340. L	400. L	320. L	280. L	300. L	375. L	300. L	270. L	350. L	270. L	220. L	240. L	320. L	260. L	200. L	215. L
	Poids de la ferrure du rouage.	475.	430.	60.	350.	50.	360.	50.	320.	45.	345.	40.	40.	320.	40.	200.	30.	290.	30.	180.	30.
	Poids de l'affust sur son rouage ferré.	2600. L	2500. L	1240. L	1600. L	1000. L	1800. L	1100. L	1400. L	850. L	1600. L	1000. L	700. L	1400. L	900. L	1000. L	600. L	1300. L	850. L	900. L	550. L
	Prix du fer à 3. s. 6. d. la livre fourny, façonné et employé.	175. tt	159. tt 5.	75. tt 5.	183. tt 15.	68. tt 5.	133. tt	64. tt 15.	105. tt	60. tt 7. s. 6. d.	126. tt	59. tt 10.	54. tt 5.	117. tt 5.	54. tt 5.	73. tt 10.	47. tt 10.	106. tt 15.	50. tt 15.	66. tt 13.	42. tt 17. s. 6. d.
	Prix du bois.	20. tt	20. tt	12. tt	20. tt	12. tt	20. tt	12. tt	17. tt	12. tt	17. tt	10. tt	10. tt	17. tt	10. tt	17. tt	10. tt	17. tt	10. tt	17. tt	10. tt
	Prix de la façon.	35.	34.	12. 10.	31.	12. 10.	31.	12. 10.	26.	12. 10.	26.	12. 10.	12. 10.	23.	12. 10.	21. 10.	12. 10.	21. 10.	12. 10.	21. 10.	12. 10.
	Prix d'un affust sur son rouage ferré, auquel il faudra ajouter la valeur des boites de fonte lors que les rouages en seront et oster le prix des boites de fer.	230. tt	213. tt 5.	99. tt 15.	164. tt 15.	92. tt 15.	184. tt	89. tt 5.	148. tt	84. tt 17. s. 6. d.	169. tt	82. tt	76. tt 15.	157. tt 5.	76. tt 15.	112. tt	70. tt	145. tt 5.	73. tt 5.	105. tt 3.	65. tt 7. s. 6. d.
	Prix des boetes ou emboiteures de fonte à 15. s. la livre fournies et façonnées.	90. tt	75. tt		24. tt		22. tt 10.		18. tt 15.							15. tt				13. tt 10.	

TABLE DES PROPORTIONS DES ROUAGES ET DES ESSIEUX, POUR MONTER LES AFFUSTS DE CAMPAGNE QUI SERVENT AUX PIECES DE CANON des 6 calibres ordinaires, longues et courtes, et pour les rouages d'avantrains et de chariots a tous usages, suivant les ouvrages qui se faisoient à Auxonne en 1688

Observer de faire mettre tous les roüages d'un Equipage d'artillerie a la meme voie. La plus Ordinaire en France est celle de 4 pieds moins un pouce po.r les roüages des affusts et pour tous les rouages de derriere des chariots. Les Roüages de devant et des avantrains ont 4 pieds. Pour parvenir au juste a la voie que l'on veut donner il faut remarquer combien les roües ont d'Ecu et y proportionner la longueur du corps de l'Essieu.	33. Rouage Pour affust long.	24. Rouages Pour affust long.	24. Rouages Pour affust court.	16. Rouages Pour affust long.	16. Rouages Pour affust court.	12. Rouage Pour affust long.	8. Rouages Pour affust long.	8. Rouages Pour affust court.	4. Rouages Pour affust long.	4. Rouages Pour affust court.	Gros Avantrain le Roüage a 5. jantes et 10. rais.	Moyen Avantrain le Roüage n'a que 5. jantes et 10. rais.	Petit Avantrain le Roüage n'a que 5. jantes et 10. rais.	Chariot a porter canon. le rouage du derriere a 6. jantes et 12 rais, celui de devant n'a que 5 jantes et 10. rais.	Chariot a porter mortier avec son affust: le rouage du derriere a 6 jantes et 12 rais, celui de devant n'a que 5 jantes et 10 rais	Chariot a porter ponton de Cuivre le Roüage du derriere a 6 jantes et 12 rais, celui de devant n'a que 5. jantes et 10. rais.	Chariot a porter munitions le Roüage du derriere a 6 jantes et 12 rais, celui de devant n'a que 5. jantes et 10. rais.	Charette d'Artillerie	Trimbale a pezer
Hauteur des Roües.	4.pie.10.po.	4.pie.10.po.	4.pie.7.po.	4.pi.10.po.	4.pi.7.po.	4.pi.10.po.	4.pi.7.po.	4.pi.7.po.	4.pi.7.po.	4.pi.7.po.	2.pi.11.po.	2.pi.10.po.	2.pi.9.po.	hauteur des roües de derriere 4.pi.7.po. hauteur des roües de devant 3.pi.4.po.	hauteur des roües de derriere 4.pi.7.po. hauteur des roües de devant 3.pi.4.po.	hauteur des roües de derriere 4.pi.7.po. hauteur des roües de devant 3.pi.4.po.	hauteur des roües de derriere 4.pi.8.po. hauteur des roües de devant 3.pi.4.po.	5.pi.2.po.	6.pieds
Les Jantes doive.t avoir la longueur a proportion de la hauteur des roües, et de hauteur.	6.pouces	5.pou.½	4.pou.8.li.	5.pouces	4.po.7.li.	4.pou.8.li.	4.pou.2.li.	3.pou.½	3.pou.½.	3.pou.4.li.	3.pou.10.li.	3.pou.½.	3.pou.3.li.	5.pouces	5.pouces	4.pou.4.li.	3.pouces	4.pou.½.	5.pouces
Épaisseur des Iantes	4.pouces	3.pou.9.li.	3.pou.3.li.	3.pou.6.li.	3.pou.1.li.	3.pou.3.li.	3.pou.1.li.	2.pou.5.li.	2.pou.5.li.	2.pou.2.li.	2.pou.8.li.	2.pou.5.li.	2.pou.2.li.	3.pouces	3.pouces	2.pou.8.li.	2.pouces	2.pou.7.li.	3.pou.2.li.
La longeur des rais depend pareillement de la hauteur des roües, la largeur de la patte qui entre dans le moyeu au bout de la quelle se fait le Crochet, est de	4.pou.4.li.	4.pouces	3.po.2.li.	3.po.9.li.	3.pouces	3.po.2.li.	2.po.10.li.	2.pou.½	2.pou.½	2.po.4.li.	2.po.4.li.	2.po.3.li.	2.po.2.li.	2.po.10.li.	2.po.10.li.	2.po.4.li.	2.po.2.li.	3.pou.	3.po.4.li.
Cette largeur est ce qui s'appelle la face du rais entre le moyeu et la jante; et la largeur de cette face qui touche le moyeu diminuée au gros affust a l'endroit de la jante de 3 lignes et de 2 au petit affust: de la face du rais est de	4.pouces.	3.pou.9.li.	3.pouces	3.po.4.li.	2.po.9.li.	3.pouces	2.po.7.li.	2.po.3.li.	2.po.3.li.	22.lig.	2.pou.	22.lig.	20.lig.	2.po.4.li.	2.po.4.li.	2.pou.	22.lig.	2.po.9.li.	3.po.1.li.
Dans la longueur du moyeu se doive.t placer les 2 boëtes sans qu'elles touche.t les mortoises ou se fait l'empattement des rais, le moyeu a de longueur.	22.pouces	22.pouces	19.pou.	21.pouces	18.pouces	20.pouces	19.pouce	16.pouces	18.pouces	15.pou	15.pou.	14.po.½.	14.pou.	17.pou.	17.pou.	15.pou.	15.pou.	18.pou.	18.pou.
Dans le bouge du moyeu, se sont les mortoises pour enrrier de l'ouverture desquelles et de la patte des rais; depend l'ecu de la roüe qui doit estre en dehors de la roüe de 4 ou 3 pouces au plus le diametre du moyeu au bouge est de	20.pouces	17.pou.½	15.po.4.li.	16.pouces	14.po.4.li.	15.pouces	13.pouces	12.po.4.li.	12.po.4.li.	9.po.½	11.po.½	10.po.½	9.po.½	14.po.	14.po.	11.po.½	9.po.8.li.	13.po.	15.pou.
Diametre du moyeu au gros bout.	17.pouces	14.pouces	12.pouces	13.pouces	10.po.9.li.	12.pouces	10.pou.½.	9.po.4.li.	8.po.10.li.	7.po.4.li.	8.po.2.li.	8.pou.	7.pou.	11.po.½	11.po.½	8.po.½	7.po.4.li.	10.pou.	12.pou.
Diametre au menu bout	14.pouces	12.pouces	9.pouces	11.pouces	8.pou.½	9.pou.½	8.pou.½.	7.pouces	7.pouces	5.po.8.li.	6.pou.½	5.po.9.li.	5.pou.	9.pou.	9.pou.	6.po.8.li.	5.po.½.	8.pou.	10.pou.
La longueur du corps de l'essieu augmente ou diminüe a proportion de la voye que l'on veut donner et pour la voye ordinaire de 3.pie. 11.po. et de 4.po. d'ecu au rouage l'Essieu doit avoir de longueur	2.pie.5.po.	2.pie.4.po.	2.pie.½	2.pi.4.po.	2.pi.6.po.½	2.pi.5.po.	2.pie.½	2.pi.7.po.½	2.pi.5.po.	2.pi.9.po.	2.pi.9.po.	2.pi.9.po.	2.pi.9.po.	2.pi.10.po.	2.pi.10.po.	2.pi.8.po.½	2.pi.9.po.	3.pieds	3.pieds
La hauteur de l'Essieu dans laquelle se prend l'épaullement et l'entaille	10.pouces	9.Pouces.	7.pou.½	8.pou.½	6.pou.½	7.pou.½	6.pou.½	6.pouces	6.pouces	5.pouces	6.pouces	5.pou.½	5.pouces	7.pouces	7.pouces	5.pouces	5.pou.½.	6.pouces.	7.pouces
La largeur de l'Essieu est un peu plus du tiers du diametre du moyeu au bouge.	8.pou.½	7.pou.½	6.pouces	7.pouces	5.pouces	6.pouces	5.pouces	4.po.3.li.	4.po.3.li.	4.pouces	4.po.½	4.po.2.li.	4.pouces	5.po.4.li.	5.po.4.li.	4.pou.½	4.pouces	4.pou.½	5.pou.½
Entaille de l'Essieu pour le joindre aux flasques.	15.lignes	15.lignes	15.lignes	15.lignes	10.pouces	15.lignes	1.pouce	1.pouce	1.pouce	1.pouce	1.pouce	1.pouce	1.pouce	15.lignes	15.lignes	15.lignes	1.pouce	1.pouce	15.lignes

comme on a déja dit ; elles peuvent être païées sur le pied de la ferrure des corps d'Affûts.

JE fais suivre la manière de M. le Marquis de la Frézelière, qu'on verra toute entière pour toutes sortes d'Affûts dans deux Tables qui en ont été dressées par son ordre : ces Tables sont trop belles & trop intelligibles pour ne les pas mettre ici telles qu'elles sont.

EX-

EXPLICATION DE LA FIGURE qui représente un Affût de Campagne de vingt-quatre.

A *Plan de l'Affût ferré & monté sur son roüage.*
B *Profil d'un côté de flasque du même Affût monté.*

La Planche qui suit, représente une Piéce de vingt-quatre de la nouvelle invention, montée sur son Affût de Campagne.

EXPLICATION DE LA FIGURE qui représente un Avantrain d'Allemagne.

D *Plan de l'Avantrain sans sa sellette & sur son roüage.*
E *Côté d'une des limonnieres vûe en dedans.*
F *Sellette à part sur son essieu ferré.*

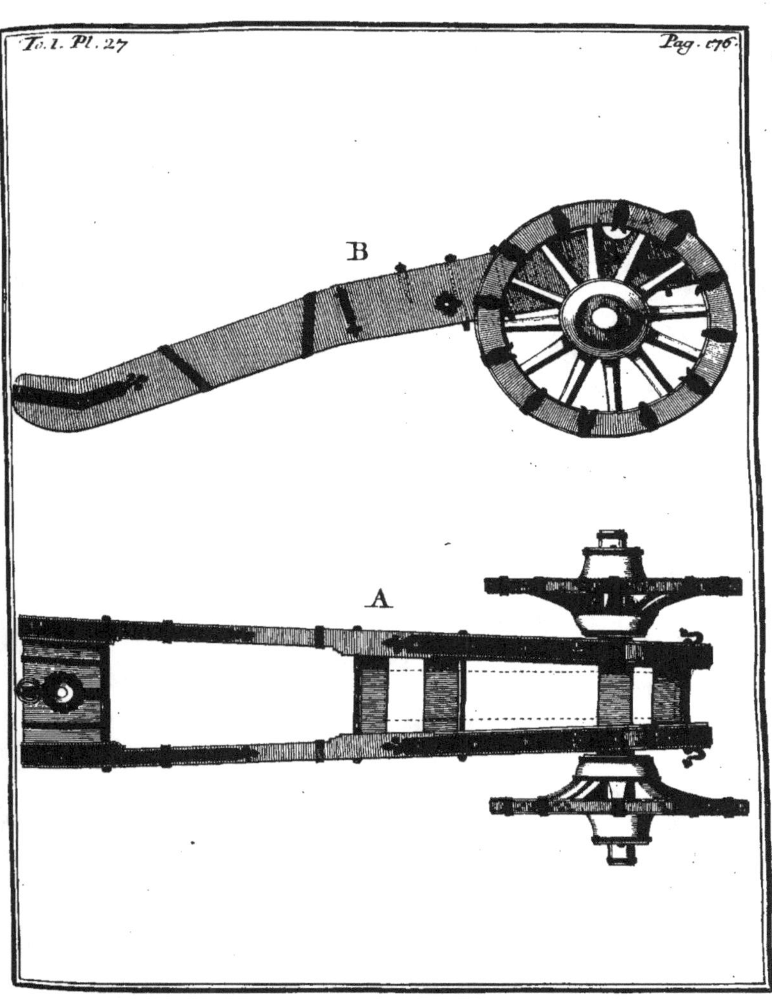
B
A

To. I. Pl. 28.
Pag. 176.

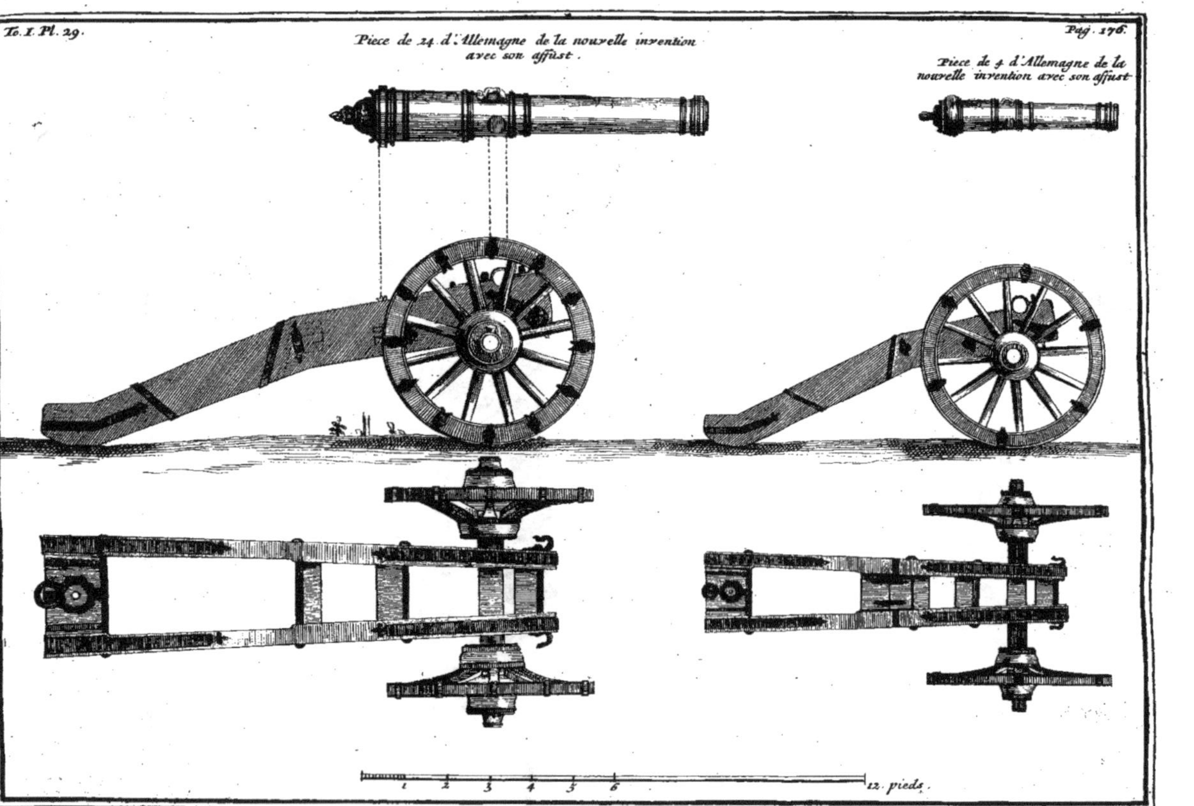
To. I. Pl. 29.
Pag. 176.
Piece de 24 d'Allemagne de la nouvelle invention avec son affust.
Piece de 4 d'Allemagne de la nouvelle invention avec son affust
1 2 3 4 5 6
12. pieds.

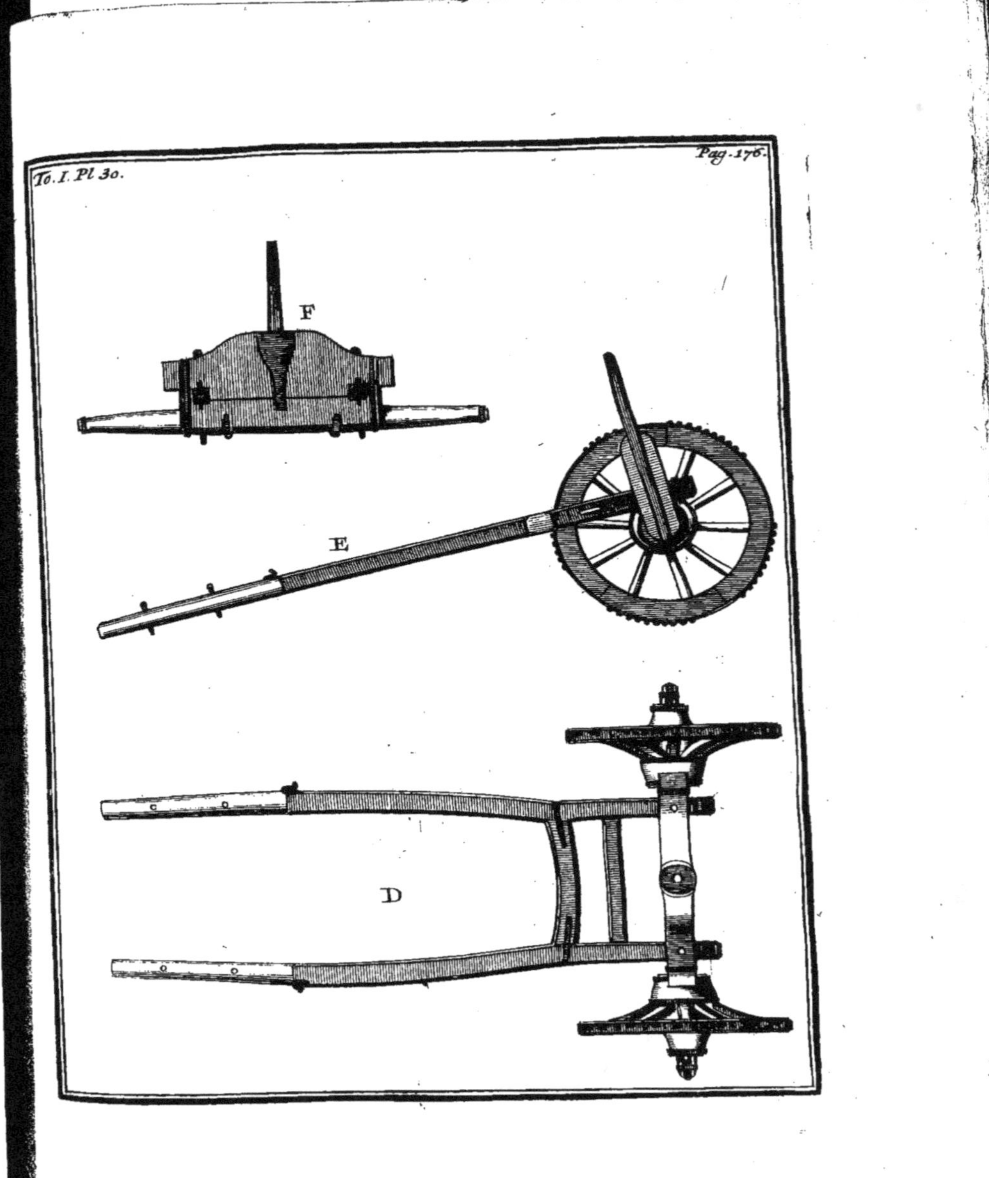
F
E
D

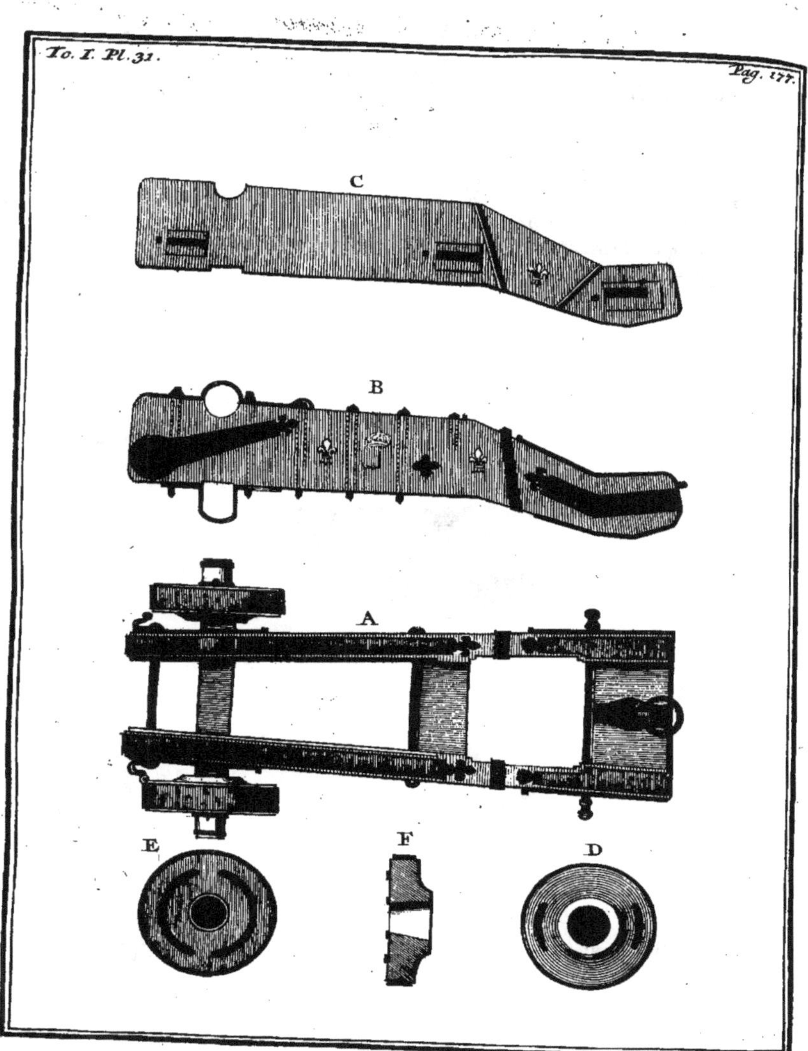
To. I. Pl. 31.
Pag. 177.
C
B
A
E
F
D

EXPLICATION DE LA FIGURE de l'Affût, appellé Bâtard, Marin, ou de Place, pour Piéce de vingt-quatre longue, à la *Vauban*, dans le département de M. le Marquis *de a Frézelière.*

A *Plan de l'Affût avec sa ferrure.*
B *Profil du dehors du flasque avec sa ferrure.*
C *Profil du flasque par le dedans sans ferrure.*
D *Roue ou roulette vue par le dedans.*
E *Roue ou roulette vue par le dehors.*
F *Profil de la roulette.*

VOici d'autres Tables plus récentes données par les Capitaines des Ouvriers qui travaillent actuellement à tous ces ouvrages-là à Auxonne.

EX-

PROPORTIONS DES ROUAGES COMME ILS SE FONT PRESENTEMENT AU DEPARTEMENT D'ALLEMAGNE.

	Longueur du moyeu	Diametre au gros bout	Diametre au petit bout	Diametre au bouge	Largeur de la mortoise	Face du rais	Longueur de la patte	Hauteur des jantes	Epaisseur des jantes	Hauteur des roües	Ecuanteur des roües	Longueur du corps de l'Essieu	Hauteur (du corps) de l'Essieu	Epaisseur de l'Essieu	Ouverture des boëstes du gros bout	au petit bout	Prix
Proportions de la paire de roües de 33.	22 po.	16 po.	14 po.	19 po.	4 po.	4 po.	5 po.	6 po.	4 po.	4 pi. 10 po.		2 pi. 5 po.	10 po.	8 po. ½	8 po. ½	6 po.	23 tt
Proportions de la paire de roües de 24.	22 po.	15 po.	13 po.	18 pouces.	3 po. 9 li.	3 po. 9 li.	4 po. ½	5 po. ½	3 po. 9 li.	4 pi. 10 po.		2 pi. 4 po.	9 po.	7 po. ½	7 po. ½	5 po. ½	22 tt
Proportions de la paire de roües de 16.	21 po.	13 po.	11 po.	16 pouces.	3 po. ½	3 po. ½	4 po.	5 po.	3 po. ½	4 pi. 10 po.		2 pi. 4 po.	8 po.	7 po.	7 po.	5 po.	20 tt
Proportions des roües de 12.	20 po.	12 po.	10 po.	15 pouces.	3 po. 2 li.	3 po.	3 po. ½	4 po. 9 li.	3 po. 3 li.	4 pi. 7 po.		2 pi. 5 po.	7 po. ½	6 po. ½	6 po. ½	4 po. ½	16 tt
Proportions des roües de 8.	19 po.	11 po.	9 po.	14 pouces.	3 po.	3 po.	3 po. 3 li.	4 po. 4 li.	3 po.	4 pi. 7 po.		2 pi. 5 po.	6 po. ½	6 po.	6 po.	4 po.	13 tt
Proportions des roües de 4.	18 po.	10 po.	8 po.	13 pouces.	2 po. 9 li.	2 po. 9 li.	2 po. 3 li.	3 po. 10 li.	2 po. ½	4 pi. 7 po.		2 pi. 4 po.	6 po.	5 po. 2 li.	5 po. 2 li.	3 po. 2 li.	11 tt 10 s.
Proportions des roües de 24. de la nouvelle invention carabinées.	19 po.	12 po.	10 po.	15 pouces.	3 po. 2 li.	3 po. 2 li.	4 po. 8 li.	4 po. 10 li.	3 po. 3 li.	4 pi. ½		2 pi. 5 po.	7 po. ½	6 po. ½	6 po. ½	4 po.	
Proportions des roües de 16. carabinées.	18 po.	11 po.	9 po.	14 pouces.	3 po.	3 po.	4 po. 3 li.	4 po. ½	3 po.	4 pi. ½		2 pi. 5 po.	7 po.	6 po.	6 po.	3 po. ½	
Proportions des roües de 12. carabinées.	17 po.	10 po. ½	8 po. ½	13 pouces	2 po. 9 li.	2 po. ½	3 po. 3 li.	4 po. ½	2 po. 9 li.	4 pi. ½		2 pi. ½	6 po. ½	5 po. ½	5 po. ½	3 po. 2 li.	
Proportions des roües de 8. carabinées	16 po.	9 po. ½	7 po. ½	12 pouces	2 po. ½	2 po. 4 li.	3 po.	3 po. 10 li.	2 po. ½	4 pi. 4 po.		2 pi. 7 po.	6 po. 3 li.	5 po. 2 li.	5 po. 2 li.	3 po.	
Proportions des roües de 4. carabinées.	15 po.	9 po.	7 po.	11 pouces.	2 po. 3 li.	2 po. 2 li.	2 po. 10 li.	3 po. ½	2 po. 3 li.	4 pi. 4 po.		2 pi. 8 po.	6 po.	4 po. 8 li.	4 po. 8 li.	2 po. 8 li.	
Proportions des roües a porter corps de canon et mortiers avec leurs affusts de fer coulé.	17 po.	12 po.	10 po.	15 pou. ½	3 po.	2 po. 8 li.	3 po. ½	5 po.	3 po.	4 pi. 7 po. et de devant 3 pi. 4 po.		2 pi. 8 po.	6 po. ½	6 po. 4 li.	6 po. 4 li.	4 po.	16 tt pour le train 18 tt
Proportions des roües de charoiste a porter munitions.	15 po.	9 po.	10 po.	11 pouces.	3 po. 3 li.	2 po. 2 li.	3 po. ½	3 po. 2 li.	2 po. 3 li.	4 pi. 7 po. et de devant 3 pi. 4 po.		2 pi. 8 po.	5 po.	4 po. ½	4 po. ½	4 po.	27 tt
Proportions des roües a porter Pontons de cuivre.	16 po.	11 po.	9 po.	15 pouces.	3 po.	2 po. ½	3 po. ½	4 po. ½	2 po. 9 li.	4 pi. 5 po. et de devant 3 pi. 4 po.		2 pi. 8 po.	6 po. ½	6 po.	6 po.	4 po.	34 tt
Proportions de la paire de roües de Triqueballe	18 po.	12 po. ½	10 po. ½	16 pouces.	3 po.	2 po. 8 li.	3 po. 8 li.	5 po.	3 po.	6 pi.		2 pi. 6 po.	7 po. 6 li.	6 po. 6 li.	6 po. ½	4 po. ½	22 tt y compris le corps.
Proportions de la paire de roües d'avantrain de 33. et de 24.	15 po.	9 po.	7 po.	11 pouces.	2 po. ½	2 po.	3 po.	4 po.	2 po. 9 li.	2 pi. 11 po.		2 pi. 10 po.	5 po. 2 li.	4 po. ½	4 po. ½	3 po. 2 li.	10 tt y compris le corps.
Proportions de la paire de roües d'avantrain de 16. et de 12.	14 po.	8 po.	6 po.	10 pouces.	2 po. 4 li.	1 po. 10 li.	2 po. 9 li.	3 po. 2 li.	2 po. ½	2 pi. 11 po.		2 pi. 10 po.	5 po.	4 po. 3 li.	4 po. 3 li.	3 po.	10 tt y compris le corps.
Proportions de la paire de roües d'avantrain de 8. et de 4.	14 po.	7 po. 4 li.	5 po. 4 li.	9 pouces	2 po. 2 li.	1 po. 8 li.	2 po. ½	3 po.	2 po. 3 li.	2 pi. 9 po.		2 pi. 9 po.	4 po. ½	4 po.	4 po.	2 po. 8 li.	10 tt y compris le corps.
Proportions de la paire de roües pour affust de mortier de 8. po. de diametre.	17 po.	11 po.	9 po.	14 pouces.	3 po. 2 li.	2 po. 8 li.	3 po. 2 li.	4 po. 10 li.	2 po. ½	4 pieds.		2 pi. 7 po.	7 po.	6 po.	6 po.	4 po.	
Proportions de la paire de roües pour affust de mortier de 7. po. de diametre.	17 po.	10 po.	8 po.	13 pouces	3 po.	2 po. ½	3 po.	4 po. ½	2 po. 4 li.	4 pieds.		2 pi. 7 po.	6 po.	5 po.	5 po.	3 po.	

PROPORTIONS DES AFFUSTS A CANON SUR ROUAGES COMME ILS SE FONT PRESENTEMENT AU DEPARTEMENT D'ALLEMAGNE.

	Longueur des flasques.	Hauteur des flasques à la teste.	Hauteur des flasques au Ceintre.	Hauteur des flasques au Ceintre de la Crosse.	Hauteur de la Crosse.	Longueur de la Crosse.	Epaisseur du flasque.	Ceintre des flasques.	Largeur de l'Entretoise de lunette.	Epaisseur de cette Entretoise.	Hauteur de l'Entretoise de mire.	Epaisseur de cette Entretoise.	Largeur de l'Entretoise de couche.	Epaisseur de cette Entretoise.	Largeur de l'Entretoise de volée.	Epaisseur de cette Entretoise.	Longueur des Tenons.	Epaisseur des Tenons.	Delardement des flasques depuis l'entretoise de mire et celle de lunette.	Delardement des flasques pour le logement de la piece.		
Pour affust de 33. Piece longue.	14. pieds	18. pou.	16. pou.	14. pou.	15. pou.	19. pou.	6 po. 3. li.	6. pou.	18. pou.	6. po. 3. li.	10. pou.	6. po. 3. li.	8 po. 6. li.	6. po. 3. li.	7. pou.	6. pou.	5 po. 6. li.	1. po. 8. li.	1. po. 6. li.	10. lignes	De 33. longue.	Prix. 12.ᵗᵗ
De 24. piece longue.	13. pi. 6. po.	17. pou.	15. pou.	13. pou.	14. pou.	18. pou.	6. pou.	6. pou.	17. pou.	6. pou.	9. po. 6. li.	6. pou.	8. pou.	6. pou.	6. pou. 6. li.	5. po. 6. li.	5. pou.	1. po. 6. li.	1. po. 4. li.	8. lig.	De 24. longue.	Prix 12.ᵗᵗ
De 16. piece longue.	13. pieds.	16. pou.	14. pou.	12. pou.	13. pou.	17. pou.	5. po. 3. li.	6. pou.	16. pou.	5. po. 3. li.	9. pou.	5. po. 3. li.	7. po. 6. li.	5. po. 3. li.	6. pou.	5. pou.	4. po. 9. li.	1. po. 5. li.	1. po. 3. li.	7. lig.	De 16. longue.	Prix. 11.ᵗᵗ
De 12. piece longue.	12. pieds.	15. pou.	13. pou.	11. pou.	12. pou.	16. pou.	4. po. 9. li.	5. po. 6. li.	15. pou.	5. pou.	8. pou.	4. po. 9. li.	7. pou.	4. po. 9. li.	5. pou. 8. li.	4. po. 9. li.	4. po. 6. li.	1. po. 4. li.	1. po. 3. li.	6. lig.	De 12. longue.	Prix. 11.ᵗᵗ
De 8. piece longue.	12. pieds.	14. pou.	12. pou.	10. pou.	11. pou.	14. pou.	4. po. 6. li.	5. po. 6. li.	14. pou.	4. po. 6. li.	7. po. 6. li.	4. po. 6. li.	6. po. 6. li.	4. po. 6. li.	5. po. 6. li.	4. po. 6. li.	3. po. 6. li.	1. po. 3. li.	1. po. 3. li.	5. lig.	De 8. longue.	Prix. 10.ᵗᵗ
De 4. piece longue.	11. pi. 9. po.	13. pou.	11. pou.	9. pou.	10. pou.	13. pou.	4. pou.	5. pou.	13. pou.	4. pou.	7. pou.	4. pou.	6. pou.	4. pou.	5. pou.	4. pou.	3. pou.	1. pou.	1. pou.	4. lig.	De 4. longue.	Prix. 10.ᵗᵗ
De 33. piece Carabinée Courte.	12. pi. 6. po.	17. pou.	15. pou.	13. pou.	14. pou.	16. pou.	6. pou.	6. pou.	16. pou.	6. pou.	10. pou.	6. pou.	8. pou.	6. pou.	7. pou.	5. po. 6. li.	4. po. 3. li.	1. po. 6. li.	1. po. 6. li.	10. lig.	De 33. Carabinée courte.	Prix. 12.ᵗᵗ
De 24. Carabinée.	12. pieds.	16. pou.	14. pou.	12. pou.	13. pou.	15. pou.	5. po. 4. li.	6. pou.	15. pou.	5. pou. 4. li.	9. pou.	5. po. 4. li.	7. po. 6. li.	5. po. 4. li.	6. po. 6. li.	5. po. 4. li.	4. pou.	1. po. 6. li.	1. po. 6. li.	8. lig.	De 24. Carabinée.	Prix. 12.ᵗᵗ
De 16. Carabinée.	12. pieds.	15. pou.	13. pou.	11. pou.	12. pou.	14. pou.	5. pou.	6. pou.	14. po. 6. li.	5. pou.	8. pou.	5. pou.	7. pou.	5. pou.	6. pou.	5. pou.	3. po. 6. li.	1. po. 3. li.	1. po. 2. li.	7. lig.	De 16. Carabinée.	Prix. 11.ᵗᵗ
De 12. Carabinée.	11. pieds.	14. pou.	12. pou.	10. pou.	11. pou.	13. pou.	4. po. 9. li.	6. pou.	14. pou.	4. po. 9. li.	7. po. 6. li.	4. po. 9. li.	6. po. 6. li.	4. po. 9. li.	5. po. 8. li.	4. po. 6. li.	3. po. 4. li.	1. po. 2. li.	1. pou.	6. lig.	De 12. Carabinée.	Prix. 11.ᵗᵗ
De 8. Carabinée.	9. pieds.	13. pou.	11. pou.	9. pou.	10. pou.	13. pou.	4. po. 6. li.	6. pou.	13. pou.	4. po. 6. li.	7. pou.	4. po. 6. li.	6. pou.	4. po. 6. li.	5. po. 6. li.	4. po. 6. li.	3. pou.	1. pou.	1. pou.	6. lig.	De 8. Carabinée.	Prix. 10.ᵗᵗ
De 4. Carabinée.	8. pi. 8. po.	12. pou.	10. pou.	8. pou.	9. pou.	12. pou.	4. pou.	6. pou.	12. pou.	4. pou.	6. po. 6. li.	4. pou.	5. po. 6. li.	4. pou.	5. pou.	4. pou.	3. pou.	10. lign.	10. lig.	5. lignes	De 4. Carabinée.	Prix. 10.ᵗᵗ

ETAT DES FERRURES QUI S'APPLIQUENT AUX AFFUSTS CY DESSUS Y COMPRIS CELLE DES ROUAGES ET CE QUE PEZE CHACUNE PIECE MENTIONNÉE DANS CET ÉTAT

suivant leurs calibres & proportions.

	2 Heurtoirs pezant	2 Contre heurtoirs pezant	2 Susbandes et leurs boullons pezant	4 Chevilles a teste de diamant pezant	2 Chevilles a point perdue pezant	2 Plattebandes pezant	2 Chevilles a teste platte pezant	2 Crochets de retraite pezant	4 Liens de flasques pezant	2 Bouts d'affust pezant	5 Boullõs d'entretoises et leurs contre rivures pezant	4 Contre rivures quarrées pezant	1 Bandeau pezant	2 Lunettes une dessus et une dessous pezant	2 Liens d'entretoises de lunettes pezant	1 Anneau d'embrelage et son boullon pezant	2 Estriers pezant	270 Petits clouds pour attacher la ferrure pezant	2 Envies pezant	2 Happes pezant	2 Heurtoirs d'essieux pezant	2 Equignons pezant	2 Esses pezant	2 Brabans avec leurs clouds pezant	16 Clavettes pour les corps d'affusts pezant	12 Bandes de roües pezant	120 Clouds pour attacher les bandes de roües pezant	24 Liens de rouens et leurs 36 chevillettes pezant	4 Frettes pezant	4 Cordons pezant	4 Emboestures pezant	16 Crampons de roües pour les bouts des emboestures pezant	TOTAL des ferrures	
De 24. piece longue.	27. L	54. L	76. L	28. L	3. L	14. L	16. L	28. L	15. L	44. L	64. L	4. L	23. L	18. L	6. L	12. L	33. L	13. L	4. L	11. L	2. L	26. L	4. L	2. L	4. L	198. L	30. L	98. L	30. L	30. L	30. L	7. L	954. L	De 24. longue.
De 16. piece longue.	20.	43.	55.	24.	3.	12.	14.	20.	12.	34.	Il n'y en a plus que ça coste 56. L	4.	18.	15.	5.	11.	28.	13.	4.	Ce sont 2 anneaux au bout d'essieu 3. L	2.	20.	4.	2.	4.	180.	25.	75.	25.	25.	24.	7.	781.	De 16. longue.
De 12. piece longue.	19.	40.	50.	23.	3.	12.	14.	19.	12.	32.	48.	4.	17.	14.	5.	9.	27.	13.	4.	3.	2.	19.	3.	2.	4.	170.	25.	70.	20.	20.	20.	7.	726.	De 12. longue.
De 8. piece longue.	18.	36.	45.	22.	3.	11.	13.	18.	11.	30.	44.	4.	16.	14.	5.	9.	26.	12.	3.	2.	2.	18.	3.	2.	4.	163.	25.	Il ne s'en met plus que 12 à ce calibre 46. L	19.	19.	16.	7.	664.	De 8. longue.
De 4. piece longue.	17.	34.	42.	22.	3.	10.	12.	16.	11.	28.	40.	4.	15.	13.	4.	9.	24.	12.	2.	2.	1.	18.	3.	2.	4.	153.	22.	35.	18.	18.	14.	6.	611.	De 4. longue.
De 33. pie. Carabinée Courte.	27.	54.	76.	28.	3.	14.	16.	28.	15.	44.	5 boullons 64. L	4.	23.	18.	6.	12.	33.	13.	4.	Ce sont 2 happes qui pesent 11. L	2.	26.	4.	2.	4.	198.	30.	98.	30.	30.	30.	7.	954.	De 33 Carabinée courte.
De 24. pie. Carabinée.	20.	40	50.	24.	3.	12.	14.	19.	12.	33.	Il n'y en a plus que 48. L	4.	20.	15.	6.	10.	28.	13.	4.	10.	2.	20.	4.	2.	4.	170.	25.	75.	23.	23.	20.	7.	775.	De 24. Carabinée.
De 16. pie. Carabinée.	19.	30.	42.	20.	3.	12.	14.	17.	11.	30.	40.	4.	19.	14.	6.	9.	26.	13.	4.	2 anneaux de bout d'essieu 3. L	2.	19.	3.	2.	4.	160.	25.	60.	19.	19.	16.	7.	672.	De 16. Carabinée.
De 12. pie. Carabinée.	18.	27.	35.	13.	3.	12.	14.	16.	11.	29.	36.	4.	18.	14.	6.	9.	25.	12.	3.	2.	2.	19.	3.	2.	4.	150.	25.	Il ne s'en met plus que 12 à ce calibre 33. L	17.	17.	15.	5.	599.	De 12. Carabinée.
De 8. pie. Carabinée.	17.	22.	31.	12.	2.	11.	13.	15.	10.	28.	34.	4.	17.	13.	5.	8.	24.	10.	2.	1.	1.	18.	2.	1.	4.	106.	19.	26.	13.	13.	14.	3.	509.	De 8. Carabinée.
De 4. pie. Carabinée.	16.	18.	26.	10.	2.	10.	12.	14.	10.	24.	30.	4.	16.	8.	5.	8.	21.	10.	2.	1.	1.	16.	2.	1.	4.	96.	18.	23.	11.	11.	12.	3.	439.	De 4. Carabinée.

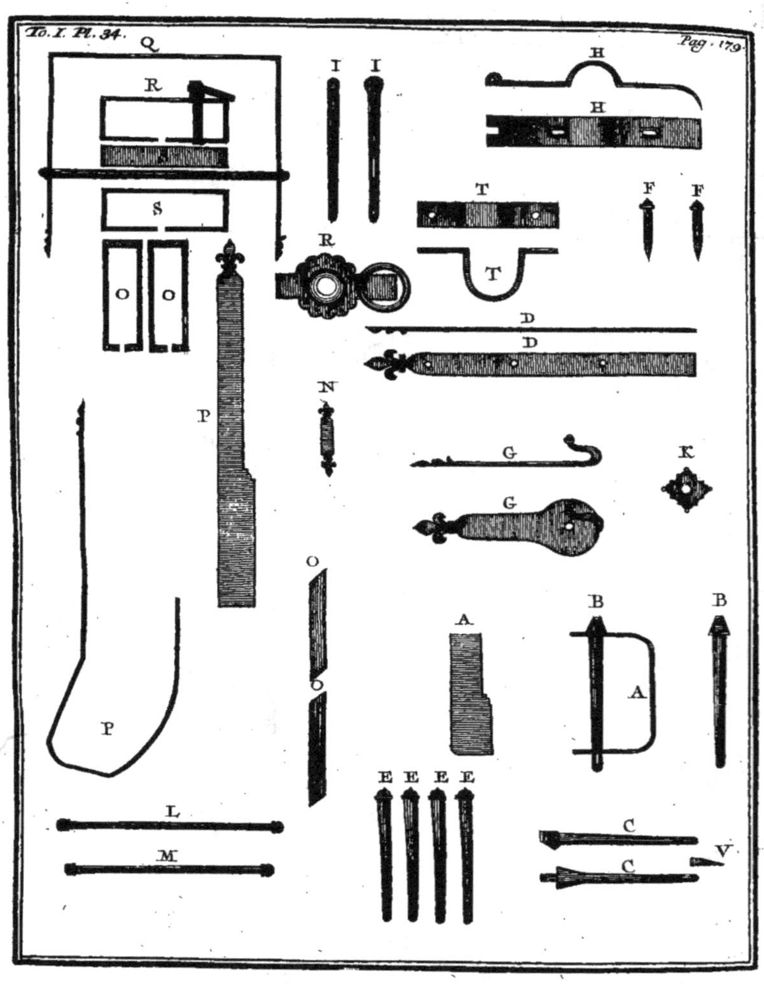
To. I. Pl. 34.
Pag. 179.
Q
R
S
O O
P
P
I I
R
N
O
O
L
M
H
H
T
T
F F
D
D
G
G
K
A
B
A
B
E E E E
C
C
V

EXPLICATION DE LA FIGURE de la Ferrure d'Affût de vingt-quatre pour Piéce longue de Campagne, selon M. le Marquis *de la Frézelière.*

A *Platte-bande vue de deux côtez.*
B *Cheville à tête platte vue de même.*
C *Heurtoir vu de même.*
D *Contreheurtoir de même.*
E *Quatre chevilles à tête de diamant.*
F *Deux chevilles à tête de diamant, à pointe perdue.*
G *Crochet de retraite vu de deux manières.*
H *Susbande vue de même.*
I *Cheville à charnière vue de même.*
K *Contrerivure quarrée.*
L *Boulon qui sert à l'entretoise de mire, & qui passe au travers du flasque.*
M *Boulon de volée.*
N *Contrerivure longue.*
O *Liens de flasque vus de deux manières.*
P *Bout d'Affût vu de deux manières.*
Q *Bandeau d'Affût avec son boulon.*
R *Lien de l'entretoise de lunette, avec sa lunette & l'anneau d'embrélage.*
S *Liens simples de l'entretoise de lunette.*
T *Etriers vus de deux côtez.*
V *Clavette.*

EXPLICATION DE LA FIGURE

qui repréſente la Ferrure de l'Affût de Place ou à roulettes, pour Piéce longue de vingt-quatre, à la maniére de M. le Marquis *de la Frézelière.*

A *Platte-bande vue de deux manières.*
B *Cheville à tête platte de même.*
C *Heurtoir de même.*
D *Contreheurtoir de même.*
E *Quatre chevilles à tête de diamant.*
F *Deux chevilles à tête de diamant, à pointe perdue.*
G *Crochet de retraite vu de deux manières.*
H *Susbande vue de même.*
I *Cheville à charnière vue de même.*
K *Contrerivure quarrée vue de deux manières.*
L *Boulon qui ſert à l'entretoiſe de couche.*
M *Boulon de volée.*
N *Liens de flaſque vus de deux manières.*
O *Chevilles d'abbatage qui ſe paſſent dans les liens.*
P *Bout d'Affut vu de deux manières.*
Q *Bandeau d'Affût avec ſon boulon.*
R *Boulon de retraite vu de deux manières.*
S *Lien de l'entretoiſe de lunette ſans lunette, avec ſon boulon & ſon anneau d'embrelage.*
T *Etriers vus de deux façons, dont un ſur l'eſſieu.*
V *Corps de l'eſſieu ponctué, ſur lequel on ſuppoſe que la ferrure ſoit appliquée.*
X *Equignon.*
Y *Rondelles vûes de deux manières.*
Z *Anneau du bout de l'eſſieu vu de deux manières.*

a *Heurtequin.*
b *Envie.*
c *Breban vû de deux manières.*
d *Eſſes.*
e *Crampons de roulettes en dehors de l'Affût vus de deux manières.*

f *Ban-*

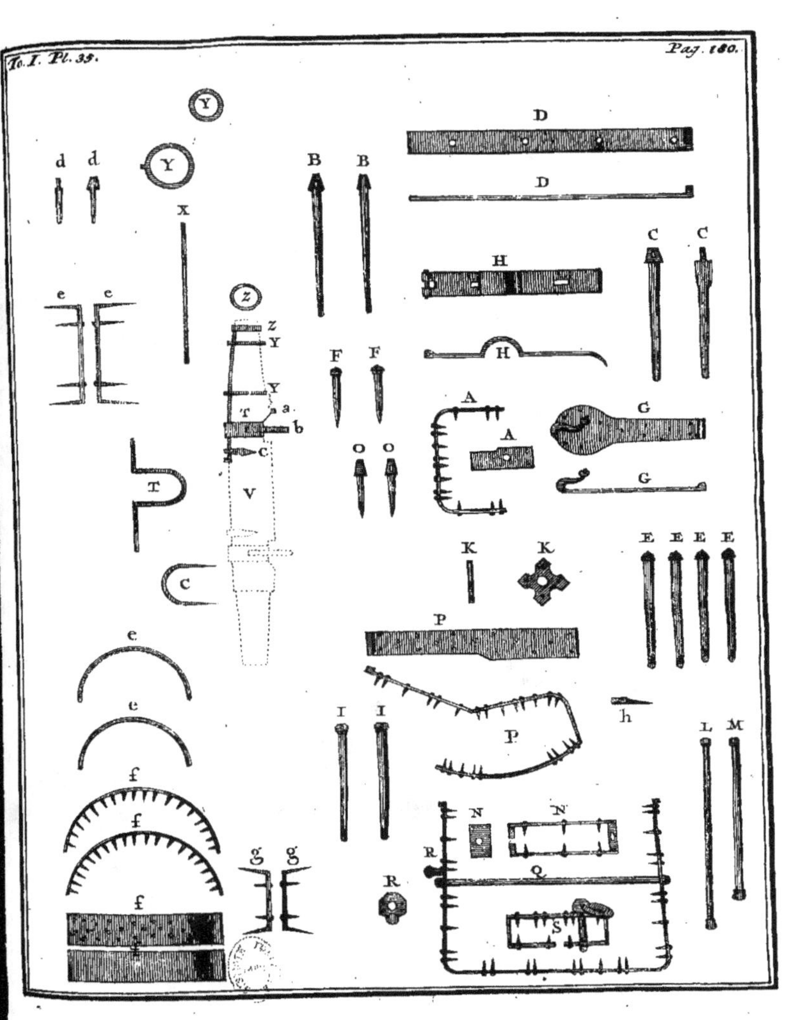
To. I. Pl. 35.
Pag. 180.
Y
D
d d
Y
B B
D
X
C C
H
e e
Z
Z
Y
F F
H
Y
T a
b
A
G
c
O O
A
T
V
G
E E E E
K K
C
P
e
h
e
I I
P
L M
f
N N
f
R
g g
R
Q
f
S
f

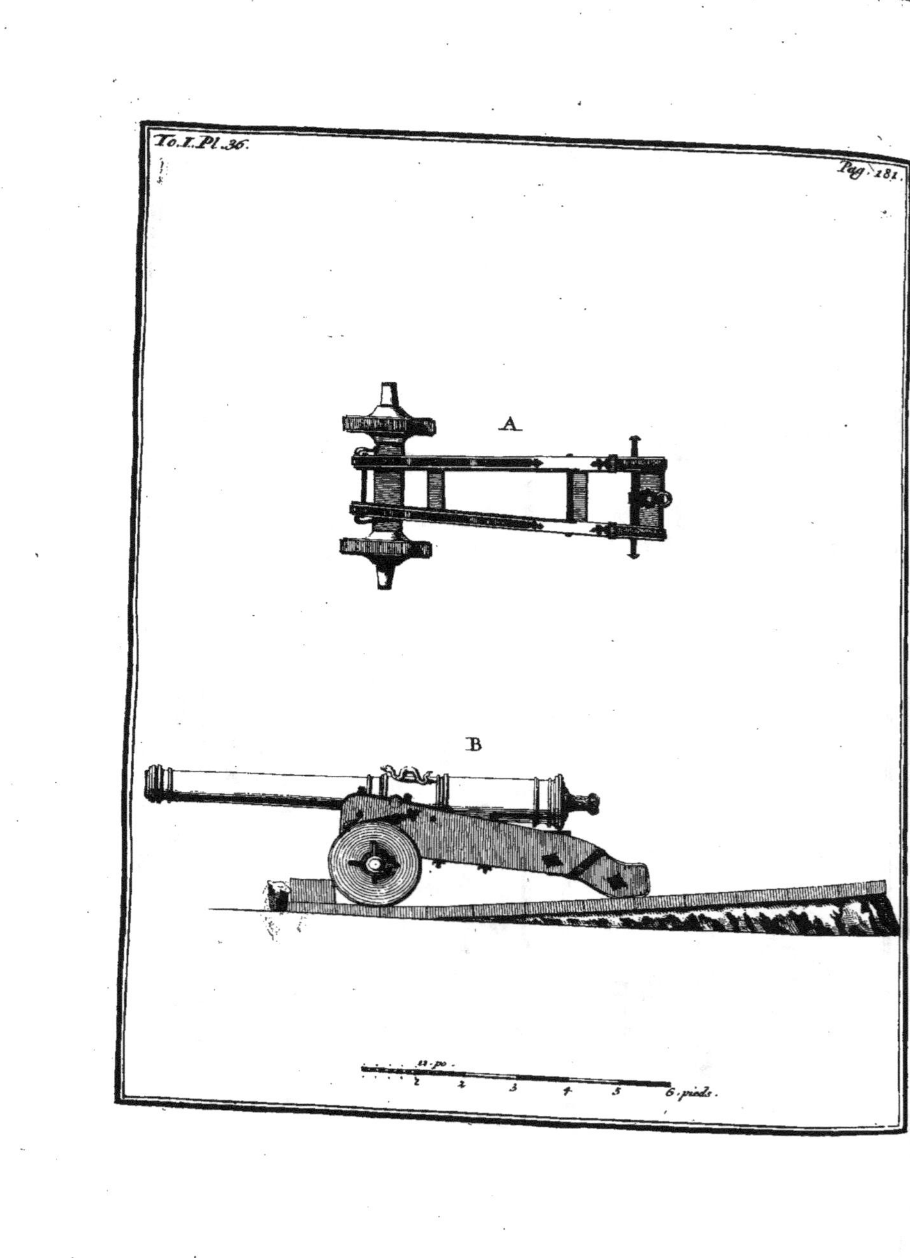
To. I. Pl. 36.
Pag. 181.
A
B
12. po.
6. pieds.

f *Bandage.*
g *Petits crampons de roulettes en dedans de l'Affût.*
h *Clavette.*

On peut remarquer le nombre de cloux qu'il y a sur chacune des piéces de fer qui s'attachent.

La figure qui suit, fera voir en quoi les Affûts de cette qualité qui se font en Flandres, différent de ceux-là.

EXPLICATION DE LA FIGURE qui représente un Affût Marin, ou Bâtard, ou de Place à Piéce de quatre, dans le département de Flandres.

A *Plan de l'Affût ferré & monté sur ses roulettes.*
B *Piéce de quatre montée sur son Affût & en Batterie sur une Platte-forme, pour tirer à barbette, c'est-à-dire, sans épaulement & à découvert.*

Abrégé des Proportions de Flandres pour les Affûts de Place marins de tous Calibres.

Pour Piéce de trente-trois.

LEs flasques ont 7 pieds de long, & 6 pouces & ½ d'épaisseur.

Les ferrures tant de l'Affût que des rouës, & de l'essieu, où on ne met point d'équignons, pésent . 360 l.

Pour Piéce de vingt-quatre.

LEs flasques 7 pieds de long, & 6 pouces d'épaisseur.

Les ferrures pésent . . . . 320 l.

Pour Piéce de seize.

LEs flasques 7 pieds de long, & 5 pouces & ½ d'épaisseur.

Les ferrures pésent . . . . 280 l.

Pour Piéce de douze.

LEs flasques 7 pieds de long, & 5 pouces d'épaisseur.

Les ferrures pésent . . . . 240 l.

Pour Piéce de huit.

LEs flasques 6 pieds de long, & 4 pouces & ½ d'épaisseur.

Les ferrures pésent . . . . 180 l.

Pour

Pour Piéce de quatre.

LEs flasques 6 pieds de long, & 4 pouces d'épaisseur.

Les ferrures pésent . . . . 155 l.

Ces proportions sont pour les Piéces qui se fondent à Douay ordinairement, & il les faut changer pour les autres Piéces, suivant leur grosseur & longueur, & leur donner plus ou moins d'ouverture selon qu'elles le désirent. On ne met point d'équignons aux essieux; & le boulon d'entretoise de lunette se ferme avec une clavette par-dessous la lunette, à cause des deux bouts qui sortent pour pousser l'Affût avec des leviers.

Suite de ces proportions pour un Affût de Place servant à une Piéce de vingt-quatre à l'ancienne manière, de celles qui se fondent à Douay.

L'Ouverture de l'Affût aux tourillons . . . 15 pouces.
L'ouverture à l'entretoise de couche . . . 17 pouces.
L'ouverture à l'entretoise de lunette . . . 18 pouces.
Longueur de chaque flasque . . . 7 pieds.
Longueur du logement de la Piéce depuis les tourillons jusqu'à la platte-bande. 3 pieds, 10 pouces.
Ceintre de l'Affût . . . . 4 pouces.
Hauteur du flasque à la tête de l'Affût . . 17 pouces.
Hauteur du ceintre de l'Affût . . . . . . 12 pouces.
Hauteur du ceintre de la crosse . . . . . 12 pouces.
Epaisseur du flasque . . . . 6 pouces.
Délardement pour loger la Piéce . . . . ½ pouce.
Délardement entre les deux moulures selon le besoin & la prudence de l'Ouvrier.

Pro-

Proportions du Roüage fait d'une Piéce, & de l'Essieu.

HAuteur des rouës . . . . 20 pouces.
Epaisseur de la rouë à l'endroit de l'essieu . . 12 pouces.
Epaisseur au bandage . . . . 6 pouces.
Ouverture de la rouë au gros bout . . . 8 pouces.
Ouverture au petit bout . . . . 7 pouces.
Longueur du corps de l'essieu . . 2 pieds, 7 pouces.
Largeur de l'essieu . . . . 9 pouces.
La fusée de l'essieu a 6 pouces de longueur au-delà de l'épaisseur du roüage, pour servir d'appui au levier, & a en tout de longueur . . . . 18 pouces.
L'entaille de l'essieu dans le flasque . . . 2 pouces.
Le poids de la ferrure de l'Affût est de 290 l.
La ferrure du roüage . . . . . . 30 l.

A l'égard du prix du fer, il est différent selon les lieux : à Douay on le tire des Forges, & les Ouvriers d'Artillerie le façonnent ; ainsi on ne peut dire précisément à combien il revient, & ainsi de l'Affût entier.

Autres proportions des Roüages des Affûts Bâtards, expliquées d'une autre maniére.

TOutes les rouës ont 20 pouces de hauteur : & lorsqu'on n'a pas de bois assez gros pour les faire d'une piéce, on les fait de deux, assemblées avec des clefs bien chevillées.

Les rouës pour Affût à Piéce de trente-trois ont 13 pouces d'épaisseur au milieu, comme si on disoit le moyeu revenant à 6 pouces & ½ aux extrémitez, comme qui diroit épaisseur des jantes.

Le bandage est de deux piéces, & n'a qu'une ligne d'épaisseur.

L'ouverture pour passer l'essieu dans les rouës est de 8 pouces & ½ au gros bout, & de 7 pouces & ½ au menu bout.

Celles

Celles de vingt-quatre ont 12 pouces au milieu, venant à 6 aux extrémitez.

L'ouverture pour paſſer l'eſſieu eſt de 8 pouces au gros bout & 7 au menu.

Celles de ſeize ont 11 pouces au milieu, & 5 & ½ aux extrémitez.

L'ouverture 7 pouces & ½ au gros bout, & 6 & ½ au menu.

Celles de douze ont 10 pouces au milieu venant à 5.

L'ouverture 7 pouces au gros bout, & 6 pouces au menu.

Celles de 8 ont 9 pouces au milieu, venant à 4 & ½ aux extrémitez.

L'ouverture 6 pouces & ½ au gros bout, 5 & ½ au menu.

Celles de quatre ont 8 pouces au milieu, & 4 aux extrémitez.

L'ouverture 6 pouces au gros bout, & 5 au menu.

On fait paſſer les eſſieux de 6 pouces hors des rouës, pour y avoir priſe avec des leviers, auſſi-bien qu'aux boulons d'entretoiſe de lunette, dont on fait auſſi paſſer des têtes pour pouvoir mettre les Piéces en Batterie.

Raiſonnement de feu M. Laiſné, *l'un des plus appliqués Officiers de l'Artillerie, ſur ces Affûts.*

» CEs Affûts marins s'appellent préſentement Affûts de Place. Les bois qu'on emploie à faire les flaſques & les rouës d'une piéce, doivent être d'orme: & dans les lieux où on ne trouve pas de ce bois, on peut fort bien ſe ſervir de chêne. Ceux qui croiſſent dans les terres graſſes, ſont les meilleurs, étant coupés en bonne ſaiſon & bien ſéchés ſous des auvents avant de les mettre en œuvre. Les épaiſſeurs ſe donnent aux flaſques ſuivant le calibre des Piéces: on donne 6 pouces aux flaſques des plus groſſes Piéces, 5 pouces aux moyennes, & 4 pouces aux petites, ou 3 pouces & ½. Ce n'eſt pas que, le bois étant d'une bonne qualité, on ne puiſſe en diminuer quelques lignes: il en eſt de même du fer: il eſt certain que la bonté des matériaux & l'habileté de l'Ouvrier contribuent à la bonté de l'ouvrage. Les autres pro-

„ portions dépendent la plûpart des proportions des Piéces.
„ A l'égard des Piéces étrangeres qui sont de différentes „ grosseurs, il faut les voir & en prendre les proportions pour „ les pouvoir monter.

„ Et pour donner l'élévation à la Piéce sur son Affût, il faut „ voir les embrasûres où elles sont destinées. On donne or- „ dinairement 18 pouces de hauteur aux flasques des Affûts „ marins, & 22 pouces de diamétre aux rouës. S'il manque „ quelques pouces dans ces mesures, on les reprend sur l'es- „ sieu, auquel on donne plus de hauteur au corps, & moins „ d'entaille; c'est tout ce qu'il y a à observer dans cette manu- „ facture d'Affût.

Et comme on trouva d'abord quelque difficulté à se servir de ces Affûts en certaines places, à cause de la genouillière des embrasûres qui étoit trop haute, M. Laisné répondit ce qui suit:

„ Je ne crois pas qu'il y ait d'embrasûres où on ne puisse „ faire servir nos Affûts de Place, puisqu'on est toûjours „ maître d'élever la platte-forme à discrétion, supposé qu'on „ ne puisse pas baisser la genouillière de l'embrasûre; il n'y a „ que les embrasûres faites de pierre où cette impossibilité se „ rencontre.

„ Je conviens que des rouës plus hautes que celles de 22 „ pouces que nous donnons à celles des Affûts de Place, élé- „ vant les Affûts, les rendroient plus propres à servir à toutes „ sortes d'embrasûres. Mais on ne rencontre pas toûjours des „ bois propres à faire des rouës de cette hauteur, qui doivent „ être d'une piéce; joint que cette hauteur oblige de tenir les „ flasques plus longs. C'est ce qui a fait arrêter ces pro- „ portions, dont M. de Vauban est convenu avec M. de la Fré- „ zelière. “

Pour faire connoître qu'on monte les petites Piéces comme les grosses sur ces Affûts de Place, je vous donne le dessein & le devis d'un Affût marin ou de Place fait au Montroïal pour des Piéces de fer de ½.

Pro-

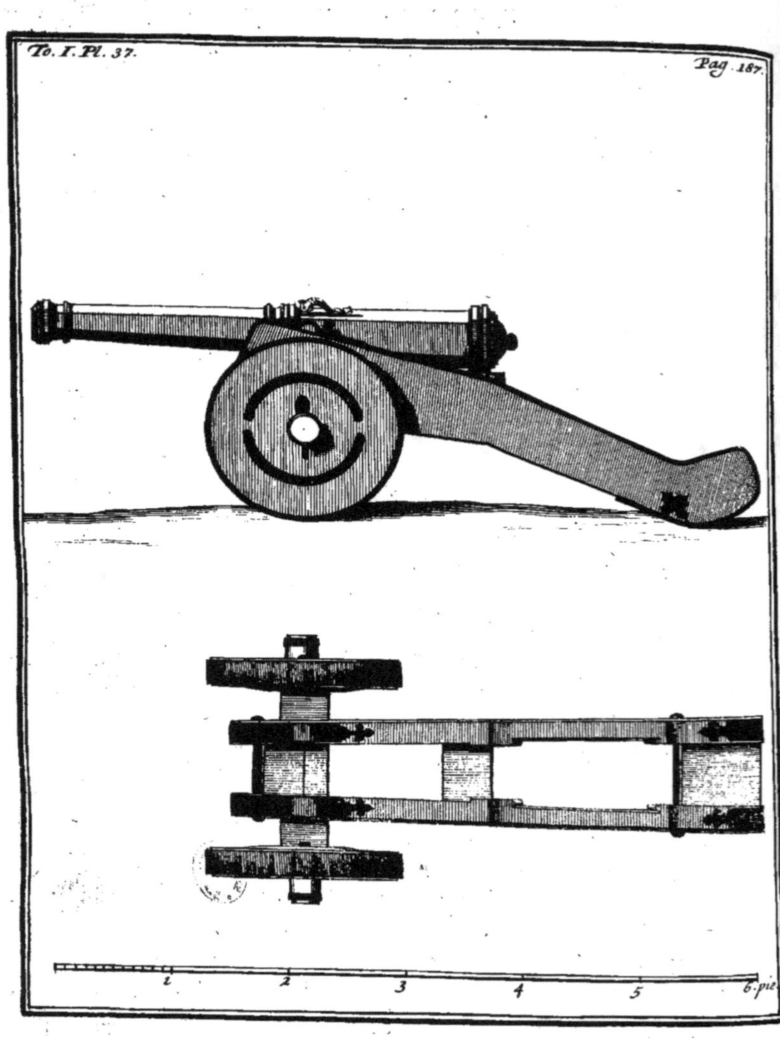
1
2
3
4
5
6. pie

Proportions.

LEs flasques ont de longueur . 4 pieds 7 pouces.
Leur épaisseur est de . . . . 2 pouces 8 lig.
La Largeur à la tête est de . . . . 10 pouces.
La largeur au ceintre est de . . . . 7 pouces.
Et au coude de lunette de . . . . 6 pouces.
Le coude a de longueur . . . . . 9 pouces.
L'ouverture de l'Affût à l'entretoise de volée . . . . 4 pouces 3 lig.
Ouverture à celle de mire . . . . 5 pouces 3 lig.
Ouverture à celle de lunette . . . 6 pouces 9 lig.
Largeur & épaisseur de l'entretoise de volée . . . . 4 pouces sur 3 po.
Largeur & épaisseur de celle de mire . 5 pouces sur 3 po.
Largeur & épaisseur de celle de lunette 7 pouces sur 3 po.
Les tourillons se posent à six pouces de la tête.
L'essieu se pose à cinq pouces de la tête par dessus; sa longueur est de 2 pieds 6 pouces.
Longueur du corps d'essieu . . 1 pied 5 pouces.
Sa hauteur & largeur est de . . . . 4 po. $\frac{1}{2}$ sur 3 po. $\frac{1}{2}$.
Les roulettes ont de hauteur . . . 20 pouces.
Leur épaisseur aux extrémitez & à l'œil 3 pou. sur 3 po. $\frac{1}{3}$.
La Piéce a de longueur, y compris le bouton. . . . . 4 pieds 2 pouces.

Devis de la Dépense.

CHaque Affût, y compris l'essieu & les roulettes, 4 liv. 10 s. de façon. On a pris des madriers à platte-forme de 3 pouces d'épaisseur sur 1 pied de largeur.

La ferrure ne passera pas 100 l. pesant, à raison de 1 s. 9 d. la livre de vieux fer qui a été pris dans le Château de Traerback.

Au mois de Novembre 1689, M. de Vauban avoit eu intentention de faire réformer quelque chose à ces sortes d'Affûts de Place ou marins.

Il en fit même faire un modéle à Ypres pour servir à une Piéce de seize, comme il est ici représenté.

Les proportions de chaque piéce de bois & de fer ont été prises sur le modéle : il y a une échelle sur le dessein, qui vous guidera.

Les flasques sont de deux piéces jointes ensemble avec des goujons à l'endroit des redans.

Les rouës sont de trois piéces jointes avec une bande de fer appliquée dessus en maniére de feüillage, au lieu de goujons, dont on n'a pu se servir pour cet usage, les piéces des rouës étant coupées en queuë d'aironde.

Ce n'est pas qu'on ne fasse des flasques d'une piéce, & des rouës aussi d'une piéce. Mais ceci est pour les lieux où on pourroit manquer de bois propre; ce qui peut arriver à cause de la hauteur qu'on donne à ces flasques, dans lesquels l'essieu n'est point encastré comme à l'ordinaire, mais seulement joint avec un lien ou une bande de fer attachée avec un boulon à chaque bout qui pénétre dans les flasques environ 6 pouces; cela est fait pour hausser la Piéce.

L'ouverture des tourillons n'a de profondeur que la moitié du calibre de la Piéce, quoiqu'elle ait ordinairement les deux tiers. Tout cela joint à la hauteur des flasques, la Piéce sur son Affût est élevée de 2 pieds & ½, bien que les rouës n'aient que 2 pieds de diamétre; ainsi on peut fort-bien tirer avec ces Affûts-là. Cependant il n'en a jamais été fait que seize, dont la ferrure est même demeurée imparfaite: & dans l'Affût de seize dont je vous donne la figure, il est entré 350 l. de fer.

On pourroit être dans quelque incertitude sur la hauteur des rouës de ces Affûts; parce que, dans les desseins qu'on voit ici, & dans les raisonnemens, elles se trouvent tantôt de 20 pouces, tantôt de 22, tantôt de 24. On aura pu remarquer qu'il a déja été fait sur cela des observations auxquelles feu M. Laisné répondit: mais ce qu'on peut dire en général, est que d'abord les rouës n'eurent que 20 pouces. La nécef-

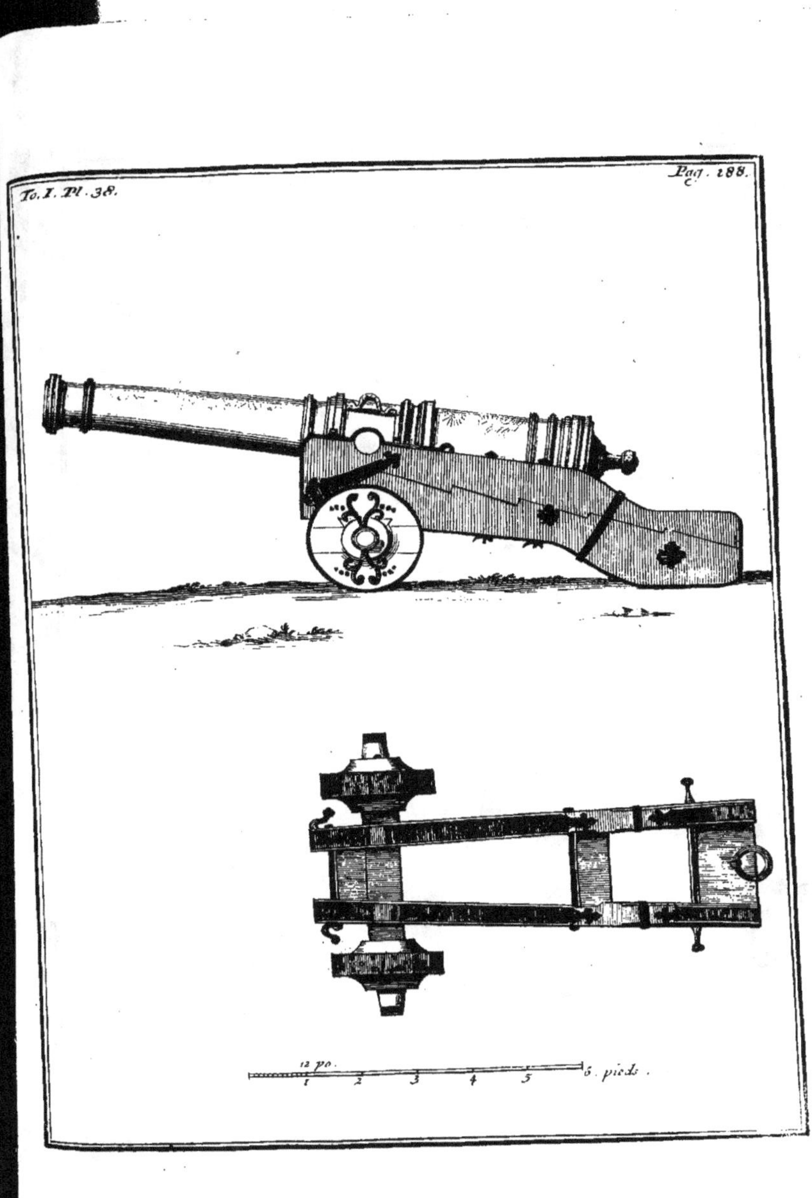
To. I. Pl. 38.
Pag. 188.
12 po.
1 2 3 4 5 6. pieds.

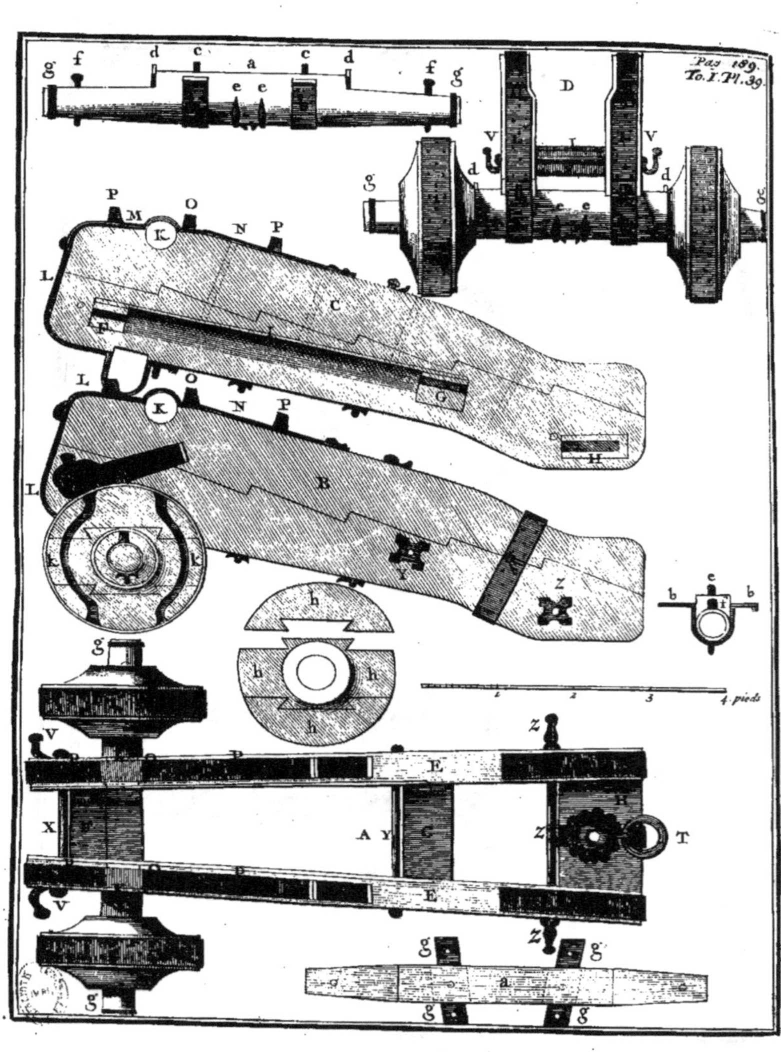
Pag. 189.
To. I. Pl. 39.
1 2 3 4 pieds

néceſſité fit connoître enſuite qu'il falloit leur donner plus de hauteur: enſorte qu'on en eſt venu juſqu'à les faire de 24 pouces, comme on le va voir; & c'eſt à cette meſure qu'il faut s'arrêter.

IL vient de me tomber entre les mains une Table générale des Affûts de Place de tous calibres, que M. de Vauban fit faire, il y a quelque tems, pour la défenſe des côtes de Bretagne. Sur cette Table a été dreſſé un deſſein qui fait voir ces ſortes d'Affûts de tous les côtez; ainſi je crois qu'il n'y a plus rien à déſirer à cet égard.

EXPLICATION DE LA FIGURE de l'Affût de vingt-quatre de Place, à la *Vauban*.

A *Plan de l'Affût ferré & monté ſur ſon roüage.*
B *Profil de l'Affût monté, vu par le dehors, ſes flaſques de deux pièces, & ſes rouës de trois.*
C *Profil du flaſque vu par le dedans.*
D *Même Affût monté ſur ſes rouës vu par le devant.*
E *Epaiſſeur des flaſques.*
F *Entretoiſe de volée.* } avec leurs mortoiſes ſur le flaſque vû en dedans.
G *Entretoiſe de couche.* }
H *Entretoiſe de lunette.* }
I *Semelle.*
K *Ouverture des tourillons.*
L *Plattes-bandes.*
M *Susbandes.*
N *Contreheurtoirs.*
O *Heurtoirs.*
P *Chevilles à tête platte.*
Q *Lieu de flaſque.*
R *Bout d'Affût.*
S *Lunette.*
T *Anneau d'embrélage.*
V *Crochet de retraite.*

 X *Bou-*

X *Boulon de volée.* }
Y *Boulon de l'entretoise de couche.* } avec leurs contrerivûres.
Z *Boulon de retraite.* }

a *Corps de l'essieu.*
b *Etrier.*
c *Envie.*
d *Heurtequin.*
e *Breban.*
f *Esses.*
g *Anneau du bout de l'essieu.*
h *Bois du roüage de plusieurs morceaux.*
i *Bandage de roües.*
k *Crampons sur le dehors des roües pour assurer & tenir ensemble l'assemblage du bois des roües.*

Affûts

TABLE DES PROPORTIONS DES AFFUSTS DE PLACE POUR LES CANONS DE TERRE des six calibres ordinaires.

Calibres des Pieces.	33.	24.	16.	12.	8.	4.
	Toi. Pie. Po.	Toi. Pie. Po.	Toi. Pie. Po.	Toi. Pie. Po.	Toi. Pie. Po.	Toi. Pie. Po.
Longueur des flasques	1 . 2	1 . 2	1 . 2	1 . 2	1 . 2	1 . 2
Longueur depuis la teste de l'affust a l'ouverture des tourillons	1	1	1	1	1	1
Diametre des tourillons	6	$5\frac{1}{4}$	5	$4\frac{1}{2}$	4	$3\frac{1}{4}$
Du derriere des tourillons a la platte bande de la culasse qui poze aplomb sur le milieu de l'entretoise de couche longueur	3 . 9	3 . 9	3 . 9	3 . 9	3 . 6	3 . 6
Diametre de la piece derriere les tourillons entre les flasques qui sont assemblez par l'entretoise de vollée	1 . 4	1 . 3	1 . 1	1	10	9
Diametre de la platte bande de la culasse entre les flasques assemblez par l'entretoise de couche	1 . 8	1 . $7\frac{1}{4}$	1 . $4\frac{1}{2}$	1 . 3	1 . 1	$11\frac{1}{2}$
Epaisseur des flasques	6	$5\frac{1}{2}$	5	$4\frac{1}{2}$	4	$3\frac{1}{2}$
Diametre des roües	2	2	2	2	2	2
Epaisseur des roües au bandage	6	$5\frac{1}{2}$	5	$4\frac{1}{2}$	4	$3\frac{1}{2}$
Epaisseur des roües a l'Essieu	1	11	11	10	9	$8\frac{1}{2}$
Ouverture de la roüe en dedans	7	6	6	5	$4\frac{1}{2}$	4
Ouverture en dehors	6	5	5	4	$3\frac{1}{2}$	3
Bout de l'Essieu passant au de la des roües pour appuïer le levier	6	6	6	6	6	6
Hauteur de l'Essieur	9	9	9	10	10	10
Sa largeur	7	6	6	5	$4\frac{1}{2}$	4
Sa longueur	5 . 10	5 . 6	5 . 2	5	4 . 10	4 . 10
Longueur du corps de l'Essieu entre les roües	2 . 10	2 . 8	2 . 4	2 . 4	2 . 4	2 . 4
Entaille de l'Essieu dans les flasques	2	2	2	2	2	2
Largeur des flasques a la teste les arrondissemens compris	1 . 11	1 . 10	1 . 9	1 . 8	1 . 7	1 . 7
Largeur du bout des flasques assemblez par l'entretoise de lunette	1 . 7	1 . 6	1 . 5	1 . 4	1 . 3	1 . 2
L'Entretoise de vollée est a simple tenon, et distante de le teste de l'affust	6	6	6	6	6	6
L'Entretoise de vollée est distante du bas de l'affust	3	3	3	2	2	2
Epaisseur de l'Entretoise de vollée	$5\frac{1}{2}$	$4\frac{1}{2}$	$4\frac{1}{2}$	4	4	4
Largeur de la mesme	7	6	6	6	5	5
Entretoise de couche a simples tenons distante du bas de l'affust de	3	3	3	2	2	2
Son Epaisseur	6	5	5	$4\frac{1}{2}$	4	4
Sa largeur	9	8	8	7	7	7
Epaisseur de l'Entretoise de lunette	6	5	5	$4\frac{1}{2}$	4	4
Largeur de la mesme	1 . 3	1 . 2	1 . 1	1 . 1	1 . 1	1
Les tenons sont egaux aux mortoises et ont de longueur	5	$4\frac{1}{2}$	4	$3\frac{1}{2}$	3	$2\frac{1}{2}$
Epaisseur de la Semelle qui passe de l'entretoise de couche a celuy de vollée	$1\frac{1}{2}$	$1\frac{1}{2}$	$1\frac{1}{2}$	1	1	1
De la platte forme au ceintre des tourillons il y a de hauteur	3 . 3	3 . 3	3 . 3	3 . 3	3 . 3	3 . 3

Bonnes qualitez de ces Affusts.

1. *Nota que l'on peut faire les flasques de trois pieces quand on n'a pas de bois de grosseur suffisante pour les faire d'une seule en les assemblant a redans arrestez par des goujons de bois comme il est figuré au dessein.*
2. *Que les roulettes peuvent estre aussi composées de trois comme il est representé avec exactitude par leurs desseins qui accompagne cette table.*
3. *Que dans les besoins ou peut faire les affusts de tous bois quand ils sont secs et coupez de longue-main.*

Les avantages que ces affusts ont par dessus ceux de campagne.

1.er *La solidité, attendu qu'entre les bois de mesme grosseur et de mesme nature, les plus courts sont les plus forts.*
2.e *Qu'on les peut avoir a meilleur marché puisque l'un portant l'autre ils ne reviendront pas a plus de cent livres piece bien que les bois passez au rabot, les roües faites au tour, et la ferrure tres proprement travaillée.*
3.e *Que toutes les grosseur de bois de 8 a 9 pouces carré en face y sont propres.*
4.e *Qu'ils occupent tres peu de place en comparaison des grands dans les arsenaux.*
5. *Qu'ils peuvent estre employez dans une infinité de lieux étroits, ou on ne sçauroit se servir de ceux de campagne.*
6. *Qu'a nombre egal il faut moins de platte formes qu'aux autres.*
7. *Piece par piece il doivent battre le canon monté sur des affusts de campagne parce que ceux cy montrent toujours leurs roüages et les autres jamais.*

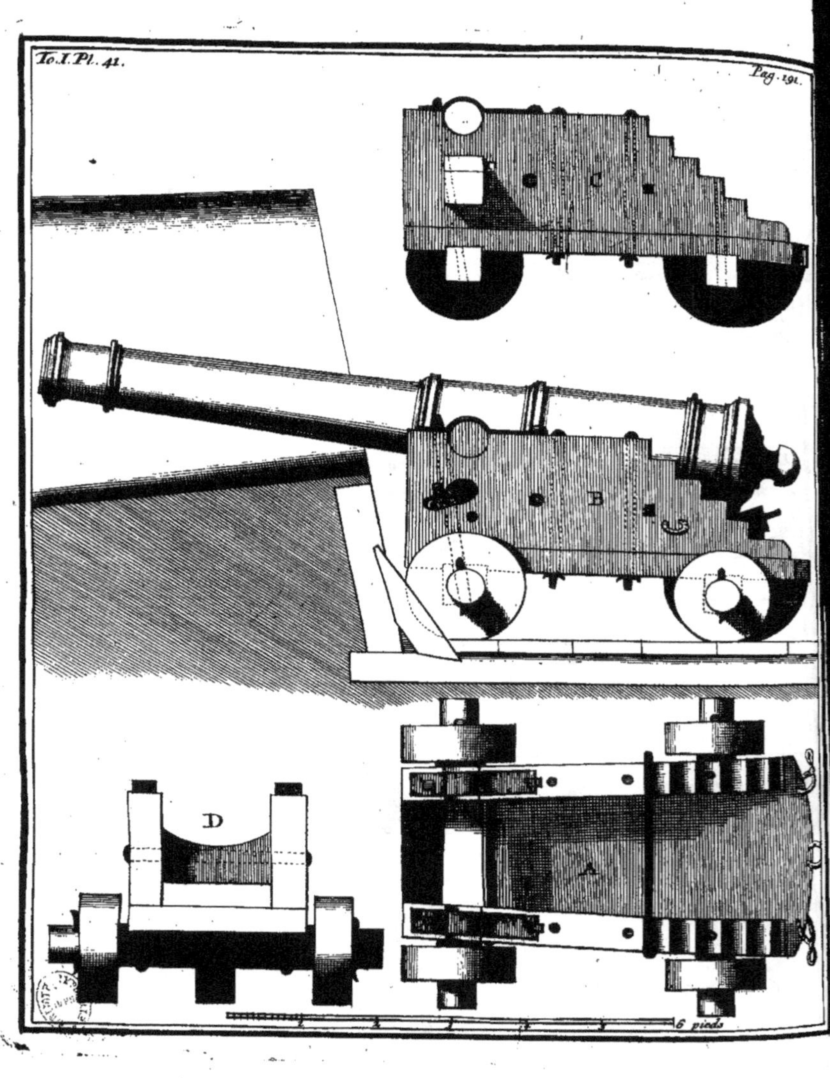
To. I. Pl. 41.
Pag. 191.
C
B
D
A
6 pieds

Affûts de Marine.

ON se sert d'Affûts de Marine en quelques Places voisines de la mer par la facilité qu'on a à les exécuter, & par l'épargne qu'on y fait, particulièrement pour monter les Piéces de fer qui ne veulent pas une aussi forte dépense que celles de fonte, ne pouvant pas résister aussi longtems.

En quelques endroits on en fait les flasques tout d'une piéce; les rouës se font aussi d'un seul morceau : en d'autres, quand on manque de bois, & qu'on veut ménager, on fait les flasques de deux piéces, & les rouës pareillement.

La Planche ci-jointe qui représente un Affût servant à une Piéce de trente-six de Boulet, fait voir distinctement toutes ces différences.

L'explication des proportions de cette Piéce de trente-six se trouve à la fin de ce devis, qui commence par les Affûts du plus bas calibre, & va toûjours en augmentant jusqu'à celui de trente-six.

EXPLICATION DE LA FIGURE de l'Affût de Marine à Piéce de trente-six.

A *Plan de l'Affût avec ses roulettes.*
B *Profil de l'Affût portant sa Piéce.*
C *Profil du dedans de l'Affût.*
D *Profil de l'Affût vû par le devant.*

Devis pour les proportions des Affûts de Marine, suivant leur calibre & leur longueur, envoïé par les Officiers d'Artillerie de Terre qui sont à Brest.

1°. POur une Piéce de quatre, qui aura 6 pieds de long, le fond ou table aura 3 pieds & ½ de long, 2 pouces d'épaisseur, 14 pouces de large par le devant, 17 pouces par le derrière;

rière. Tous les flasques, de quelque calibre que ce soit, doivent avoir un dixième de long moins que la table; & on donne aux flasques telle hauteur qu'on veut. Cette table aura pour la Piéce de quatre 3 pouces d'épaisseur, ainsi que l'entretoise, laquelle a aussi pour toutes sortes d'Affûts la même épaisseur que le flasque, & se place toûjours directement sous les tourillons. Le flasque sera pour cette Piéce divisé en cinq parties égales, dont trois sont pour le devant, & les deux autres pour le derrière, qui seront coupées en trois marches égales, lesquelles servent à donner plus ou moins de volée à la Piéce: les tourillons seront coupés à 4 pouces près de la tête de l'Affût: le corps de l'essieu de devant aura 15 pouces de long: les fusées 5 pouces & ½ chacune, & 3 pouces de grosseur.

L'essieu de derrière aura 27 pouces de long, dont le corps en aura 18; & les fusées 4 & ½ chacune, & 2 pouces & ½ de grosseur.

Les roues de devant 11 pouces de haut, & 3 d'épaisseur; celles de derrière 9 pouces de haut, & 2 & ½ d'épaisseur.

Il faut remarquer que les fusées des essieux sont aussi grosses à un bout qu'à l'autre; qu'elles ne vont point en diminuant comme celles des Affûts de Place ou bâtards; & qu'elles sont la grosseur du corps de l'essieu, qu'on ne fait qu'arrondir pour faire la fusée.

2°. Pour une Piéce de huit, & de 8 pieds de long, la table aura 4 pieds & ½ de long, 3 pouces d'épaisseur, 18 pouces & ½ de large par devant, 22 pouces par derriere le flasque, 4 pouces d'épaisseur. Le flasque divisé comme ci-devant aura trois marches: la place des tourillons à 5 pouces près de la tête du flasque: l'entretoise comme ci-devant: le corps de l'essieu de devant aura 19 pouces & ½ de long; les fusées 7 pouces & ½ chacune de long, & 4 pouces de grosseur.

L'essieu de derrière aura 23 pouces de long; les fusées 6 pouces & ½ chacune, & 3 pouces & ½ de grosseur.

Les roues de devant auront 13 pouces de haut, 4 pouces d'épaisseur; celles de derrière 11 pouces de haut, & 3 pouces & ½ d'épaisseur.

3°. Pour

3°. Pour une Piéce de douze, de 8 pieds de long, la table aura 4 pieds 8 pouces de long, 3 pouces & ½ d'épaisseur, 21 pouces de large par devant, 25 pouces par derrière; les flasques 4 pouces & ½ d'épaisseur ; la place des tourillons à 5 pouces & ½ près de la tête du flasque, qui sera en cinq comme ci-devant, & aura 4 marches.

L'essieu de devant aura par le corps 22 pouces de long, les fusées 8 pouces & ½ chacune, & 4 pouces & ½ de grosseur; celui de derrière 26 pouces de long, les fusées 7 pouces & ½ chacune, & 4 pouces de grosseur.

Les rouës de devant 14 pouces de haut, & 4 pouces & ½ d'épaisseur ; celles de derrière 12 pouces de haut, & 4 d'épaisseur.

4°. Pour une Piéce de dix-huit, de 9 pieds de long, la table aura 5 pieds 2 pouces de long, 3 pouces & ½ d'épaisseur, 23 pouces & ½ de large par devant, par derrière 28; le flasque 5 pouces d'épaisseur, & aura 5 marches; les tourillons placés à 6 pouces près de la tête de l'Affût.

L'essieu de devant aura 24 pouces & ½ de long, les fusées 9 pouces & ½ de long chacune, & 5 pouces de grosseur; celui de derrière 29 pouces de long, les fusées 8 pouces & ½ de long, & 4 pouces & ½ de grosseur.

Les rouës de devant auront 15 pouces de haut, 5 pouces d'épaisseur ; celles de derrière 13 pouces de haut, 4 pouces & ½ d'épaisseur.

5°. Pour une Piéce de vingt-quatre, de 9 pieds & ½ de long, la table aura 5 pieds ½ de long, 3 pouces 8 lignes d'épaisseur, 25 pouces & ½ de large par devant, 30 pouces par derrière ; le flasque 5 pouces & ½ d'épaisseur, & 5 marches ; les tourillons placés à 6 pouces & ½ de la tête du flasque.

Les corps de l'essieu de devant 27 pouces de long, les fusées 10 pouces 3 lignes de long chacune, & 5 pouces & ½ de grosseur; celui de derrière aura 4 pieds 2 pouces de long, dont le corps aura 2 pieds 7 pouces de long, & les fusées 9 pouces & ½ de long, & 5 pouces de grosseur.

Les rouës de devant 16 pouces de haut, & 5 pouces, d'éd'épaiſſeur; celles de derrière 14 pouces de haut, & 5 d'épaiſſeur.

6°. Pour une Piéce de trente-ſix, de 9 pieds & ½ de long, la table aura 5 pieds 8 pouces de long, & 4 pouces d'épaiſſeur, 29 pouces de large par le devant, 34 par le derrière; le flaſque ſera diviſé comme ci-devant, & aura 5 marches 6 pouces d'épaiſſeur; la place des tourillons à 7 pouces près de la tête du flaſque.

L'eſſieu de devant 30 pouces de long, les fuſées 11 pouces & ½ de long, & 6 pouces de groſſeur; celui de derrière 35 pouces de long, & les fuſées 10 pouces & ½ de long, & 5 pouces & ½ de groſſeur.

Les rouës de devant 18 pouces de haut, 6 pouces d'épaiſſeur; celles de derrière 16 pouces de haut, 5 pouces & ½ de groſſeur.

La Ferrure d'un Affût de trente-ſix.

DEux chevilles de 30 pouces de long, & 15 lignes de groſſeur, qui paſſent au travers de l'eſſieu de devant, & au travers de la table & du flaſque, dont la pointe ſert à goupiller la ſusbande.

Quatre autres de 26 pouces de long, & 15 lignes de groſſeur, qui paſſent au travers du milieu du flaſque & de la table.

Deux autres de 16 pouces de long, qui paſſent au travers de l'eſſieu de derrière & de la table, & ſortent ſur la deuxième marche du flaſque, & joint le tout enſemble, ont 15 lignes de groſſeur; deux gros cloux qui joignent le bout du flaſque avec la table.

Deux autres chevilles quarrées qui paſſent au travers des deux flaſques, une auprès de l'entretoiſe ſous les tourillons, & l'autre vers le bout du flaſque; deux crochets à œillets; deux plattes-bandes de 20 pouces de long, 3 pouces de large, 6 lignes d'épaiſſeur.

Quatre goupilles.

Il n'y a que les deux ſusbandes de goupillées, avec les chevilles du devant de l'Affût, & les deux chevilles quarrées qui paſ-

passent au travers de l'Affût, lesquelles ont 1 pouce & ½ de grosseur.

Toute la ferrure pése environ 135 ou 140 l., compris les esses.

Quoiqu'on vienne de voir ce que coûtent les Affûts en certains départemens ; il n'est pas possible de dire bien au juste à quoi ils pourroient revenir dans chaque Province en particulier; car le tems, la situation des lieux, & la saison-même, font varier le prix des bois & le prix du fer. Mais néanmoins, pour approcher le plus près qu'il se peut de cette connoissance, j'ai rassemblé plusieurs mémoires de prix païés en différens païs, & par le détail; ce qui donnera assez de lumières aux Officiers pour s'empêcher d'être trompés par les Ouvriers & par les Marchands.

Prix des bois d'Affûts de tous calibres rendus à Mézières.

PAr un marché que M. de la Frézelière a fait, la paire de flasques d'orme pour Affût de vingt-quatre,

Longs de 15 pieds,
Epais de 6 pouces & ½, } pour 12 francs.
Hauts de 22 pouces,

La paire de flasques d'orme de seize,

Longs de 14 pieds,
Epais de 5 pouces & ½, } pour 12 francs.
Hauts de 18 pouces,

La paire de flasques d'orme de douze,

Longs de 13 pieds 5 pouces,
Epais de 5 pouces, } pour le même prix.
Hauts de 15 pouces,

La paire de flasques d'orme de huit,

Longs de 12 pieds,
Epais de 4 pouces & ½,
Hauts de 14 pouces, } pour le même prix.

On lui doit aussi fournir l'essieu & les roüages: sçavoir, les essieux de bois d'orme pour Affûts des calibres ci-dessus, longs de 7 pieds, & aiant 7, 8, 9, & 10 pouces d'équarrissage, pour 20 s.

Les jantes d'orme pour Affûts de vingt-quatre,

Longues de 2 pieds 10 pouc.
Epaisses de 4 pouces & ½,
Hautes de 7 pouces, } à 30 liv. le cent.

Autres jantes d'orme pour Affûts au-dessous,

Longues de 2 pieds 10 pouc.
Larges de 4 pouces,
Hautes de 6 pouces, } à 30. liv. le cent.

Autres jantes d'orme,

Longues de 2 pieds 10 pouc,
Larges de 4 pouces,
Hautes de 5 pouces & ½ } à 30 liv. le cent.

La paire de moyeux d'orme de vingt-quatre,

Longs de 2 pieds,
Et de 22 pouces de diamétre, } à 50 f. la paire.

Pour l'Affût de seize,

Longs de 23 pouces,
Et de 20 pouces de diamétre, } à 50 f. la paire.

La

La paire de moyeux d'orme de douze,

Longs de 21 pouces, Et 18 pouces de diamétre, *Pour l'Affût de huit,* Longs de 19 pouces, Et 16 pouces de diamétre,	à 50 s. la paire.

La table de bois d'orme

Pour l'entretoise de lunette, Epaisse de 5 pouces, Haute de 15 pouces, Longue de 15 pieds,	à 4 liv. 10 s. piéce.

pour être réduite en 10 parties pour faire 10 entretoises de vingt-quatre & de seize.

La table de bois d'orme pour l'entretoise

De lunette de 12 & de 8, Longue de 15 pieds, Epaisse de 4 pouces, Haute de 14 pouces,	à 4 liv. 10 s. piéce.

pour être réduite de même en 10 entretoises.

Les rais de bois de chêne jeune,

Coupés de quartier, Longs de 2 pieds 10 pouces, Larges de 5 pouces, Aiant de face 4 pouces & ½, *Autres rais de Chêne,* Longs de 2 pieds 10 pouces, Larges de 4 pouces & ½, Aiant de face 3 pouces & ½, *Autres rais de Chêne,* Longs de 2 pieds 10 pouces, Larges de 4 pouces, Aiant de face 3 pouces & ½,	à 13 liv. le cent.

Le morceau de bois de Chêne,

Long de 2 pieds, Aiant 7 pouces de face, Epais de 6 pouces, Le morceau de bois de chêne, long de 2 pieds, aiant 6 pouces de face, épais de 5 pouces,	à 4 ſ. le pied.

Tous ces bois coupés dans le decours de la Lune de Septembre, livrés au pied-de-Roi, & remis dans les Magaſins de Mézières, tous fraix faits.

Mais à Auxonne,

LA paire de flaſques pour gros Affûts, rendus dans l'Arſenal, coûte . . . . 12 liv.

Les entretoiſes de bois de chêne, à 8 ſ. piéce . 1. 4 ſ.

La paire de moyeux . . . . 2.

Le

Le cent de rais . . . . 6 liv.

Le cent de jantes . . . . 16. 10 f.

Le millier pesant de fer, poids de forge, rendu à Auxonne . . . . 62. 10.

Le poids de forge est de 104 l., au lieu de 100 l; le tout poids de marc.

Les emboëtures de fonte fournies & emploïées reviennent à 15 f. la livre.

Les emboëtures de fer coûtent 4 f. la livre, lorsqu'on les fait faire séparément des autres ferrures: mais en les comprenant dans le marché des roüages, elles ne reviennent qu'à 3 f. 6 d., ainsi que les autres ferrures.

Pour mieux entendre le détail des articles qui concernent la valeur des bois, sans prétendre néanmoins faire aucune comparaison avec les prix qui précédent, ni avec ceux qui suivent; il faut sçavoir que l'orme pour faire une paire de gros flasques coûte 6 liv. d'achat en Bourgogne.

Et autres 6 liv. pour faire couper, ébrancher, ébaucher & scier de long, & pour la voiture dans l'Arsenal d'Auxonne: partant il revient à . . . . . 12 liv.

Le même orme doit produire l'entretoise de lunette & la paire de moyeux pour l'Affût; il coûte seulement la voiture, qui est de 1

Une toise de bois de chêne pour les trois autres entretoises . . . . 1. 4 f.

Une planche de chêne pour la semelle . . . 18.

L'essieu . . . . 1.

Les douze jantes . . . . 2.

Les vingt-quatre rais . . . . 1. 10.

Ainsi ce bois reviendroit à . . . . 19 12.

On diminue un écu sur les flasques pour chaque petit Affût, compris 5 f. sur l'essieu.

Les autres bois ne changent point de prix.

Le

Le bois pour l'Avantrain consiste en la sellette .	2 liv.	
La paire de limonnières avec l'entretoise & l'espare	1.	
Dix jantes	1.	12 f.
Les vingt rais	1.	4.
Les deux moyeux	1.	10.
Ainsi ce bois revient à	7 liv.	6 f.
Pour peindre l'Affût & l'Avantrain avec les roüages, il en coûte	6.	
Pour faire remplir les moyeux de terre glaise, & pour les faire graisser	1.	

M. de la Frézelière *a aussi fait les marchez suivans avec les Ouvriers.*

EN fournissant les bois aux Charpentiers, & aux Charrons, il leur donne:

Prix des corps d'Affûts à roüages.	12 liv. pour la façon de chacun corps d'Affût à roüages des calibres de 33 & de 24. 11 liv. pour la façon de chacun corps d'Affût de 16 & de 12. 10 liv. pour la façon de chacun corps d'Affût de 8, de 6, de 4, & de 3.
Prix des corps d'Affûts de Place.	8 liv. 12 f. pour la façon de chacun corps d'Affût marin, ou de Place de tous calibres.

Prix des roüages & essieux des Affûts de Campagne.	23 liv. pour le roüage d'un Affût de 33. 22 liv. pour le roüage d'un Affût de 24. 20 liv. pour le roüage d'un Affût de 16. 16 liv. pour le roüage d'un Affût de 12. 13 liv. pour le roüage d'un Affût de 8.	avec les essieux, & en mettant l'emboëtage.

11 liv.

	11 liv. 10 ſ. pour le roüage d'un Affût de 4 & de 3.	
Prix des roüages des Affûts de la nouvelle invention.	16 liv. pour le roüage d'un Affût de 12, qu'on fait ſervir pour les Piéces de 24 de la nouvelle invention. 13 liv. pour le roüage d'un Affût de 8, qu'on fait ſervir pour les Piéces de 16 de la nouvelle invention.	avec les eſſieux, & en mettant l'emboëtage.
Prix des roulettes & eſſieux des Afftûs marins.	4 liv. 10 ſ. pour chaque paire de roulettes d'une Piéce pour Affût de Place, & l'eſſieu.	

Et 10 liv. pour la façon de chaque Avantrain de tout calibre.

Il fait auſſi païer à ſes Forgeurs 3 ſ. 6 d. de chaque livre de fer neuf fourni par eux, & emploïé ſur les Affûts & les Avantrains.

Et 1 ſ. 9 d. pour la façon de chaque livre de vieux fer qui leur eſt fourni des Magaſins, & qu'ils remettent en œuvre.

Outre cela il paie 20 ſ. pour le prix & la façon des quatre clavettes garnies de leurs chaînettes pour chaque Affût à roüage.

Mais il eſt peu de Provinces où on puiſſe trouver un auſſi bon marché de toutes choſes. Par exemple, 10 Affûts de Campagne du calibre de 4, faits à la Rochelle au mois de Septembre 1692, ont coûté ce qui ſuit :

Bois & façon de chacun garni de ſa femelle . .	31 liv.
145 l. de fer ſur chacun, à 5 ſ. la livre . . .	36. 5 ſ.

192 l. ſur chacune paire de rouës, compris les emboëtures, à 4 ſ. la livre	38 liv. 8 ſ.
La paire de rouës avec l'eſſieu	20.
Peinture de l'Affût & de ſon roüage, chacun.	4.
	129 liv. 13 ſ.

Cet Affût avec ſon roüage tout peint & bien ferré revient à 129 liv. 13 ſ.

Chaque Avantrain complet tout peint & bien ferré revint à 68 liv. : ſçavoir,

Bois & façon	30 liv.
Ferrure	36.
Peinture	2.
	68 liv.

LE deſſein ci à côté eſt un Affût inventé par un Capitaine qui étoit en garniſon à Dunkerque au mois d'Octobre 1691. On fit monter ſur cet Affût une Piéce de dix qui tira quatre coups à Boulet, qui ne ſe trouvérent point differents par aucuns mouvemens, des coups tirés par les autres Piéces montées à l'ordinaire.

To. I. Pl. 43. Pag. 203.

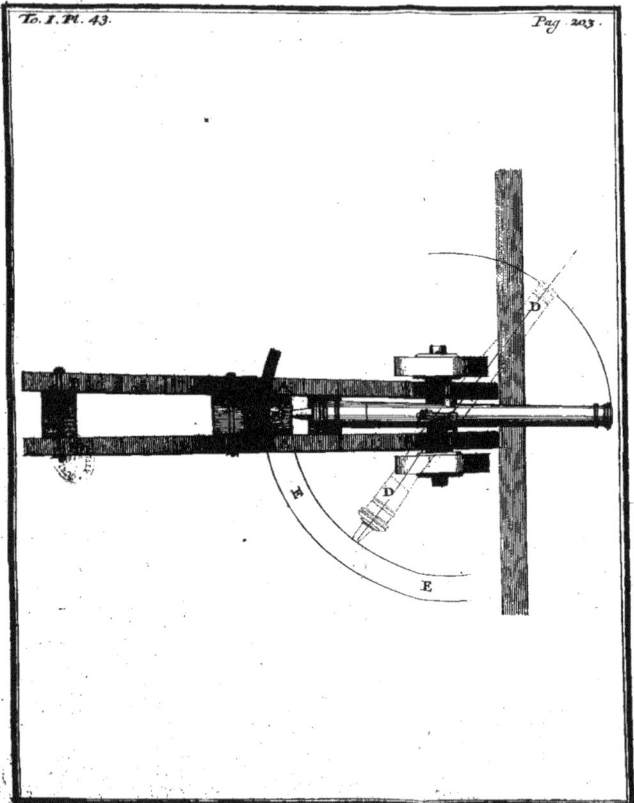

To. I. Pl. 42. Pag. 203.

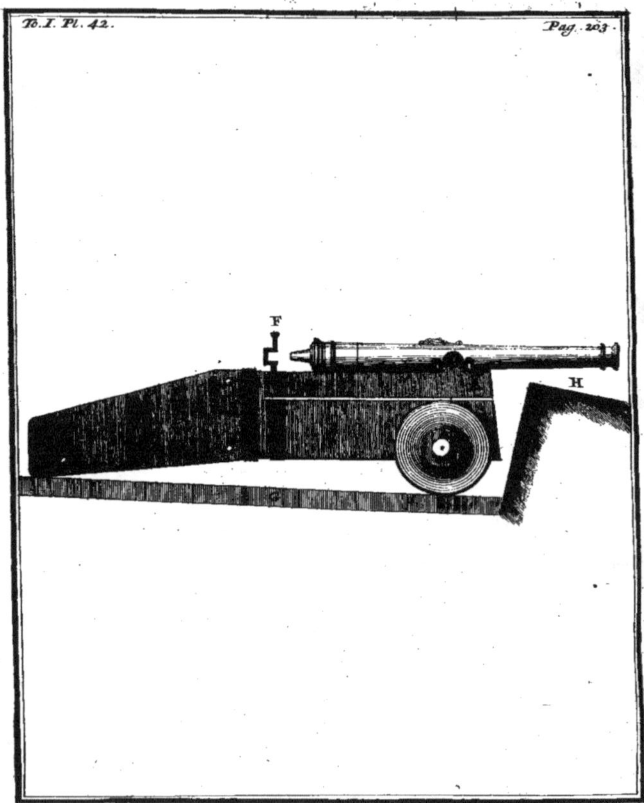

EXPLICATION DE LA FIGURE de l'Affût de Dunkerque.

A *Affût brisé.*
B *Affût ordinaire.*
C *Lanterne.*
D *Ce que la Piéce de Canon peut faire.*
E *Chemin que peuvent faire l'Affût & la Piéce.*
F *Clef qui sert à pointer la Piéce du côté qu'on veut.*
G *Platte-forme.*
H *Plongée du Parapet.*

M. Vaultier, Commissaire ordinaire de l'Artillerie, très-attentif aux choses qui regardent son mêtier, & qui est l'Auteur du Journal des Campemens des Armées du Roi en Flandres qui a eu tant d'approbation, a beaucoup perfectionné cet Affût.

Il a été fait, il y a quelques années, à Marseille des Affûts de fer à Piéce de ¼ de Boulet pour Notre-Dame de la Garde, par les soins de M. Mongin, *Commissaire ordinaire de l'Artillerie, construits de la manière suivante. C'est lui qui parle.*

„ IL faut deux bandes de fer larges de 4 pouces, épaisses de „ 6 à 7 lignes, dont j'ai formé deux flasques assemblés sur cette largeur, & placés sur leur épaisseur avec les entretoises à l'ordinaire, & les entailles pour loger les tourillons de la Piéce, & une autre pour l'essieu: un moyeu, des rais, & des jantes pour les rouës, tout semblables à ceux de bois, mais non pas si matériels; si-bien que, quand l'Affût seroit dessiné sur le papier, il ne paroîtroit pas différent des Affûts de bois, à l'épaisseur près. Ceux qui sont faits, pésent 130 l. chacun ou environ. Vous voïez qu'il n'y a rien d'extraordinaire ni de difficile dans leur construction, si-non que de sçavoir faire les rouës. Cependant ils sont fort commodes, maniables, & roulans, puisqu'on fait avancer & reculer avec une main ceux que j'ai fait faire, pourvû qu'ils soient sur un terrain ferme. On en peut faire depuis le plus petit calibre jusqu'à 8 l., pourvû qu'on fasse battre ces bandes de fer au martinet, de la manière & de la largeur qu'il faudra pour contenir le diamétre du métal de la Piéce qu'on voudra monter, si on veut s'en servir. „

„ Ces Affûts ont coûté 45 liv. piéce.

M. Foüard, Commissaire provincial de l'Artillerie, Officier très-intelligent, a fait voir qu'on pouvoit pousser plus loin cette découverte, à laquelle il a eu beaucoup de part, & a donné le raisonnement qui suit, sur des Affûts de fer à Piéces de gros calibres.

EX-

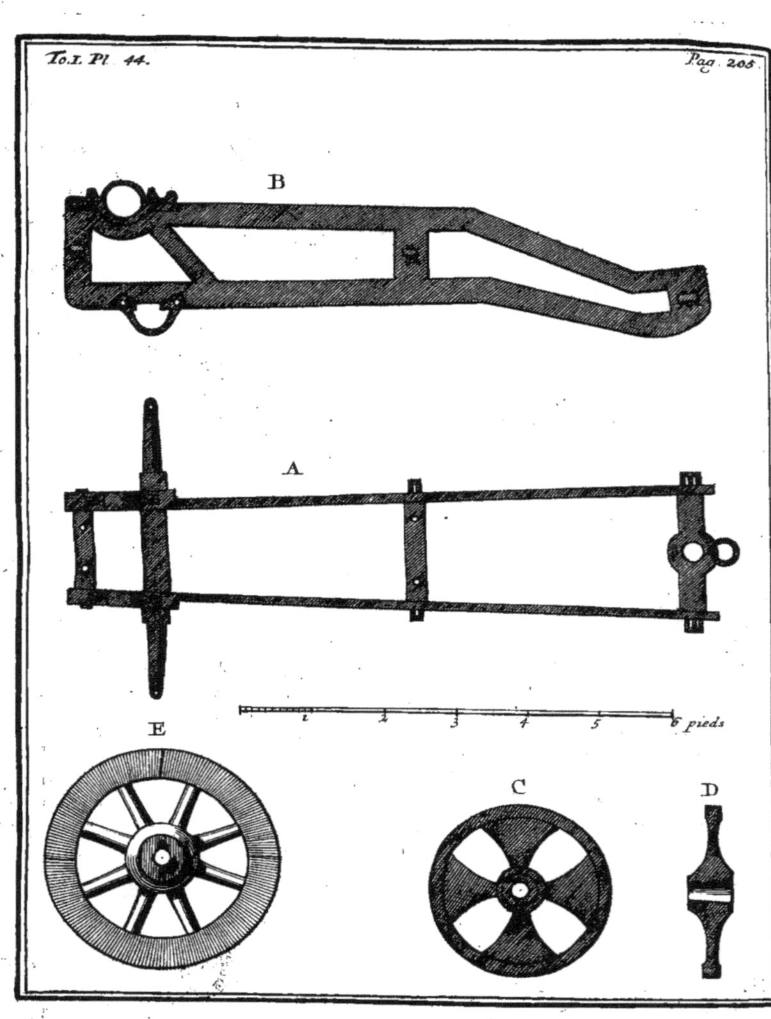
B
A
1
2
3
4
5
6 pieds
E
C
D

EXPLICATION DE LA FIGURE du premier dessein de fer battu de vingt-quatre, de M. *Foüard.*

A *Plan de l'Affût.*
B *Profil de l'Affût.*
C *Roulette de fer fondu vûe par le dehors.*
D *Profil de l'épaisseur de la roulette.*
E *Roulette de bois pour les Piéces depuis douze jusqu'à trente-trois.*

Raisonnement sur les Affûts de fer battu marqués sur le plan & profil ci-joints.

CEs Affûts ne différent en rien de ceux de bois que dans la matière, étant presque dans les mêmes proportions. Ils doivent être composés de deux flasques en cadre, comme il est marqué par le profil, aiant 9 pieds de long, assemblés par trois entretoises de fer, comme il est marqué sur le plan, avec des clavettes doubles, qui est la meilleure manière à mon sens, parce que ces Affûts se peuvent démonter facilement & remonter, en cas qu'il y eût quelque chose à racommoder; ce qui ne se pourroit pas faire de même si les entretoises étoient rivées.

Ce qu'ils ont encore de bon, est de pouvoir s'élargir & rétrécir très-facilement, en ajoutant des rondelles aux entretoises, ou en les coupant de ce dont on veut rétrécir l'Affût.

Ce dessein-ci est proportionné pour une Piéce de vingt-quatre de Place, & on peut encore le diminuer sur son épaisseur; ce qui le rendra beaucoup plus léger, quoique, suivant les proportions où il paroît, il ne doive pas plus peser qu'un de bois avec les ferrures qu'on y met ordinairement. Il est à propos de mettre à ces Affûts des rouës de bois à rais, comme il est marqué par le dessein, depuis trente-trois jusqu'à douze, parce qu'il est très-difficile de manier des Piéces d'une grosse pesanteur sur des Affûts à roulettes, ne pouvant pas se servir du levier qui est de la dernière nécessité pour cela.

L'essieu doit être de fer battu.

Mais pour les Piéces au-dessous de 12 l. de calibre, on leur fera des roulettes de fer fondu, comme il est marqué par le dessein, avec l'essieu de fer battu, comme aux autres; de sorte qu'il n'y aura point de bois dans les Affûts, que la semelle pour poser les coins de mire.

On pourra faire des Affûts de Campagne à la même manière sur les proportions qui leur sont nécessaires, à la réserve des rouës qu'il faut absolument faire de bois.

L'avan-

L'avantage de ces Affûts eſt très-grand, étant pour durer bon nombre d'années, & on épargne par ce moyen la remonte qu'on eſt obligé de faire de tems en tems; ce qui coûte conſidérablement, tant pour l'achat des bois, leur tranſport, & la façon des Affûts, que les ferrures, & la peinture.

L'eſſieu eſt attaché à l'Affût par le moyen d'un étrier, comme il eſt marqué au profil, lequel étrier eſt auſſi attaché à l'Affût par le moyen de deux boulons, que les deux trous, marqués au profil à l'endroit de l'eſſieu, démontrent. Ces affûts ſe peuvent mener avec des Avantrains comme les autres.

On doit diminuer les rouës, roulettes, & eſſieux, & la longueur & épaiſſeur de l'Affût, ſuivant les proportions des Piéces qu'on veut monter.

On pourroit bien faire des roulettes de fer fondu pour les gros Affûts; mais comme j'ai déja dit, les Piéces ſeroient trop difficiles à manier. De ſorte que je crois qu'il eſt abſolument néceſſaire de s'en tenir aux rouës de bois pour les Affûts de trente-trois, vingt-quatre, ſeize, & douze.

On verra les proportions de l'Affût par le moyen de l'échelle qui eſt au bas du deſſein.

L'utilité de ces Affûts eſt encore, en ce que toute l'Artillerie d'une Place peut demeurer toûjours montée ſur les remparts, ſans qu'on appréhende que les Affûts pourriſſent.

Ces Affûts aiant depuis été mis encore dans une plus grande perfection par M. Foüard, j'ai fait tirer le plan & le profil d'un autre de vingt-quatre qui eſt dans l'Arſenal de Paris, que vous avez ici.

EXPLICATION DE LA FIGURE
du second Affût de fer battu de M. *Foüard.*

A *Plan de l'Affût de fer, avec son roüage de fer.*
B *Profil de l'Affût de fer, monté sur son roüage & Avantrain.*
C *Avantrain de fer.*
D *Rouës, dont les jantès sont de bois, & les rais & le moyeu de fer.*

Il a eu ordre de faire travailler à un grand nombre d'autres à Vienne en Dauphiné; & il m'a mandé que ces Affûts pesoient: sçavoir,

Celui de trente-trois	2000 l.
Celui de vingt-quatre	1850.
Celui de seize	1600.
Celui de douze	1500.
Celui de huit	1250.
Celui de quatre	1050.
Celui de deux	750.
Celui d'une	600.

Il

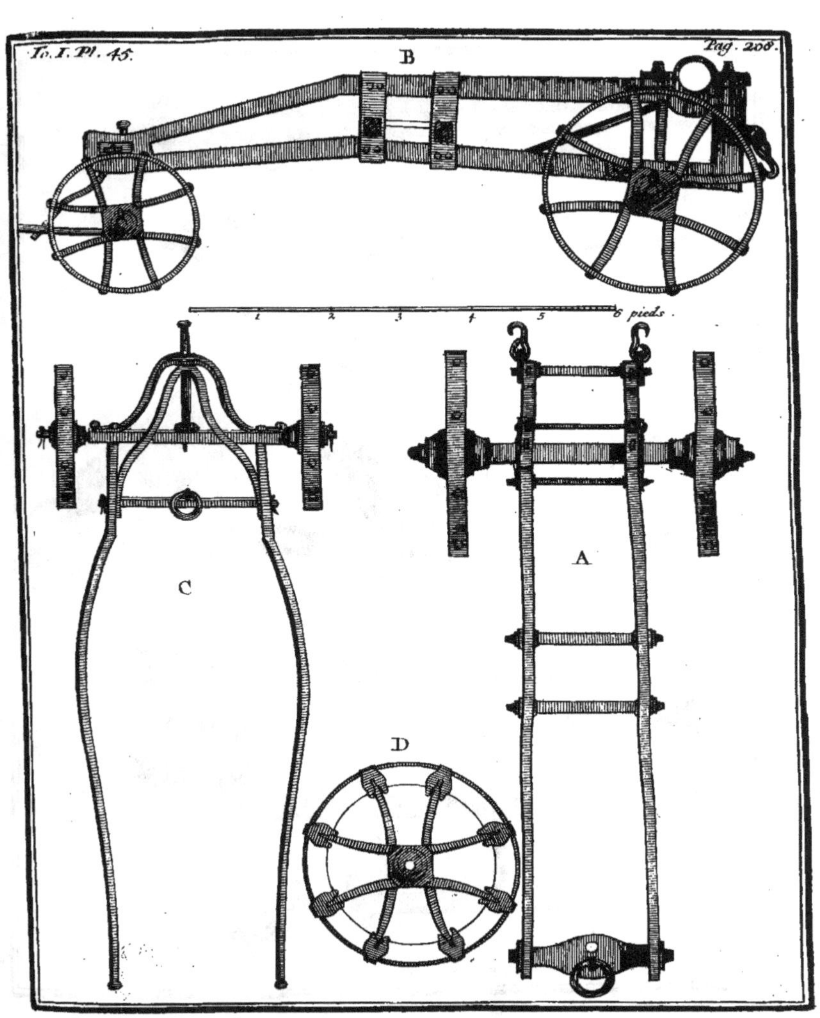

To. I. Pl. 45.
Pag. 208.
B
1
2
3
4
5
6 pieds.
C
A
D

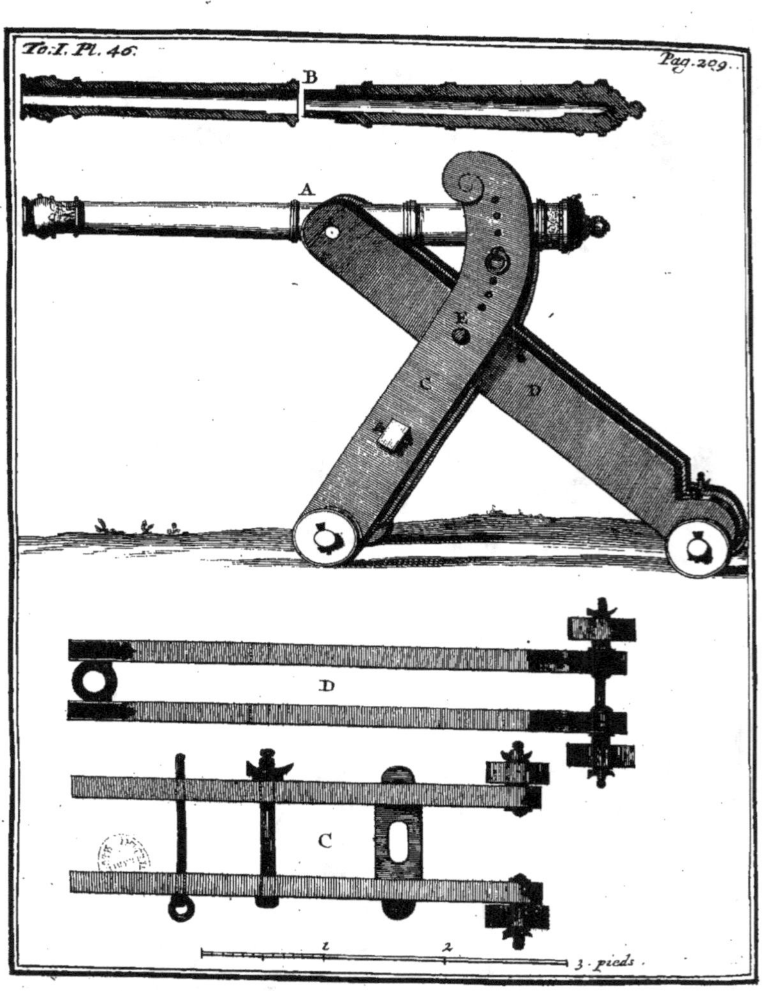
B
A
E
C
D
D
C
1
2
3. pieds.

Il s'est fait depuis peu des expériences dans le département & par les soins de M. le Marquis de la Frézelière pour des Affûts de fer fondu, qui ont très-bien réussi: & il n'est pas impossible qu'avec un peu de tems on ne prenne la résolution de s'en servir.

La façon d'Affût dont vous voïez ici les représentations, est particulière, & a été imaginée pour monter des Piéces brisées & des Piéces entières d'une nouvelle invention, qui ont été fondues à Perpignan par le Sieur Faure, Fondeur, qui a succédé aux Sagen, aussi Fondeurs. Les Piéces sont pareilles au dessein, & sont destinées pour servir dans les montagnes.

EXPLICATION DE LA FIGURE du premier Affût de *Faure*.

A *La figure première représente une Piéce entière montée sur son Affût.*

B *La figure seconde représente une Piéce brisée, aiant les mêmes proportions que la précédente.*

C *Les deux flasques de dessus, qui embrassent l'Affût, & qui sont arrêtés par un boulon.*

D *Les deux flasques du dedans, qui sont embrassés & retenus ensemble par le boulon.*

E *Boulon.*

L'Inventeur de ces Piéces & de cet Affût, aiant changé quelque chose à ce premier Affût, a envoïé le second Dessein qu'on va voir, avec ce raisonnement.

„ JE vous envoie le dessein d'un nouvel Affût, lequel est beau-
„ coup plus commode que l'autre, tant pour la facilité d'ê-
„ tre porté, que parce qu'il ne se démonte jamais pour s'en ser-
„ vir, & qu'il est de la moitié plus léger, & sera de meilleur ser-
„ vice. L'échelle qui est au bas du dessein, servira pour con-
„ noître les proportions tant du bois que du fer. Pour ce qui
„ est de l'assemblage de l'Affût du premier dessein, il se fait
„ comme les deux parties d'un placet ou le pied d'une table
„ brisée, comme vous pouvez voir par la Piéce montée au mê-
„ me dessein. Il est trop embarassant, par la nécessité qu'il y
„ a de démonter tout l'Affût pour placer la Piéce dans le trou
„ des tourillons; au lieu qu'au dernier, en ouvrant les susban-
„ des qui sont retenues par une charnière, on place la Piéce
„ sur ses tourillons, & on l'arrête par deux clavettes, comme
„ le démontre le dessein de la Piéce montée.

NOn seulement cette sorte d'Affût a été agréée de la Cour, mais on a encore approuvé les Piéces de 1 l. non brisées qu'on a fondues à Perpignan; & il y a eu ordre d'en faire fondre de pareilles dans l'Arsenal de Paris.

Les autres Piéces de 1 l. qu'on appelle renforcées, doivent avoir 5 pouces 9 lignes de diamétre à la culasse.

Celles-ci ont beaucoup moins.

Les Piéces ordinaires de 1 l. pésent 300 l. & plus.

Celles-ci n'en pésent pas la moitié.

Un mulet en peut porter une avec son Affût, & des munitions pour 12 coups.

En Roussillon, on leur fait des fournimens pour 12 coups, à 6 onces chacun, quoique quelques Officiers soient du sentiment qu'on les pourroit tirer à 4 onces.

On a aussi de petits sacs de cuir pour mettre 12 Boulets de leur calibre.

Ces

Ces Piéces ne s'éprouvent qu'avec la moitié de Poudre de la pesanteur du Boulet, n'aiant pas à beaucoup près l'épaisseur des autres Piéces.

Ces petites Piéces de la manière qu'elles sont montées, sont fort faciles à exécuter, parce qu'en déchargeant le mulet, on met la Piéce sur l'Affût, & on la peut tirer en même tems.

Les Kellers, *qui ont fondu depuis peu de ces Piéces, leur donnent les proportions suivantes:*

CEtte Piéce d'une livre de Boulet a l'ame de	1 pou. 11 lig. & ½ de diamét.
Elle a de longueur de la bouche à l'extrémité de la plattebande	4 pieds 8 pouces.
Depuis cet endroit jusqu'à l'extrémité du bouton . .	2 pouces 6 lignes.
Toute sa longueur est donc de	4 pieds 10 pouces. 6 lignes.
Mais pour en donner les mesures partie par partie, je trouve qu'elle a de l'extrémité du bouton à la plattebande de la culasse . . .	2 pouces 6 lignes.
Les moulures de la plattebande	10 lig. & ½.
{ Du derrière de la même plattebande à la lumière, 1 pouce 6 lignes. }	
Des moulures de la plattebande à l'astragalle. . . .	1 pouce 6 lignes.
L'astragalle a	4 lignes.
De l'astragalle à la plattebande du premier renfort . .	1 pied 2 pouces 9 lignes.
Les moulures de la plattebande	9 lignes.
	1 pied 8 pouces 8 lig. & ½.

	1 pied 8 pouces 8 lig. & ½.
Entre la platte-bande & l'astragalle	1 pouce.
L'astragalle	4 lignes.
Entre l'astragalle & la platte-bande près des tourillons . .	6 pouces 8 lignes.
La platte-bande	6 lignes.
Entre la platte-bande & l'astragalle	1 pouce 6 lignes.
L'astragalle	3 lig. & ½.
Depuis l'astragalle jusqu'à la bouche de la Piéce . . .	2 pieds 3 pouces 6 lignes.
	4 pie. 10 pouces 6 lignes.

Les moulures du collet, y compris l'astragalle, 2 pouces 7 lignes.
L'astragalle, 3 lignes.
Entre l'astragalle & les moulures du collet, 12 lignes.

Diamétre de la Piéce aux endroits ci-après nommés.

A la platte-bande de la culasse	4 pouces 7 lignes.
Entre l'astragalle & la platte-bande de la culasse	4 pouces 1 ligne.
A l'endroit de la première platte-bande du premier renfort	3 pouces 7 lignes.
A l'endroit des tourillons .	3 pouces 6 lignes.
A la volée près du collet .	3 pouces.
Le bourrelet près la bouche.	3 pouces. 10 lignes.
Tourillons	1 pouce 6 lignes.
Et les anses ont de long .	5 pouces 6 lignes.

EX-

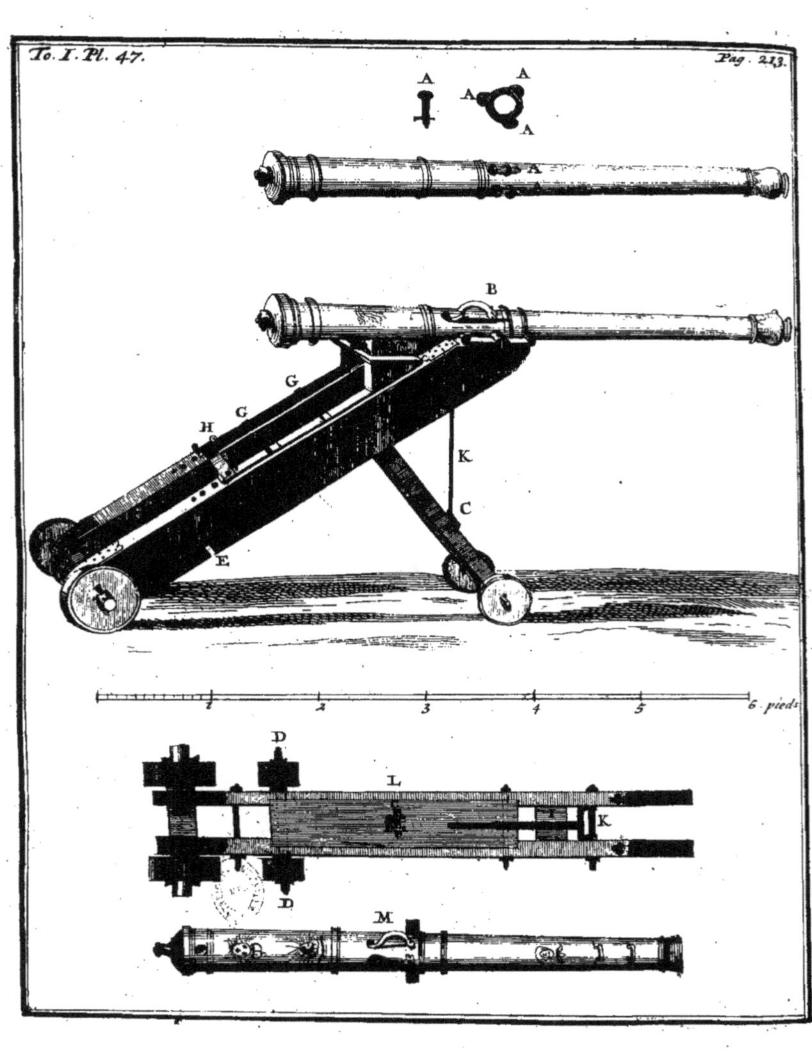

To. I. Pl. 47.
Pag. 213.
A
A
A
A
A
A
B
G
G
H
K
C
E
1
2
3
4
5
6. pieds
D
L
I
K
D
M

EXPLICATION DE LA II. FIGURE d'Affût de *Faure*.

A *Sont trois boulons de fer avec leurs clavettes qui traversent six orillons qui sont joints au corps de la Piéce fondue en Roussillon, comme marque la figure première.*

B *La figure seconde représente une Piéce fondue en Roussillon, non brisée, montée sur un nouvel Affût, lequel se joint & resserre pour être plus facilement porté, en défaisant sa clavette marquée* C, *à l'emboëture marquée* E.

C *Clavette.*

D *Essieu de fer.*

E *Emboëture.*

F *Sont deux coins de bois égaux, cloüés sur deux bandes de fer arrêtées en forme de cadre, & mouvant de haut en bas par le moyen des coulisses marquées* G, *qui servent à porter le coin de mire, & à l'arrêter par ce moyen de deux clavettes marquées* H.

G *Coulisses.*

H *Clavettes.*

I *C'est une entretoise qui empéche les flasques de se joindre.*

K *C'est une fourche de fer génée par un boulon & par une clavette, pour empécher que l'Affût ne s'affaisse.*

L *Figure troisième est le même Affût paroissant tout monté, vû par le dessous, & dont on a déja expliqué les parties.*

M *La figure quatrième est une Piéce pareille à celles que les* Kellers *ont fondues dans l'Arsenal de Paris.*

ENtre les nouvelles manières d'Affûts qui ont été inventées depuis ces dernières Guerres, on doit faire cas des deux Affûts que M. de S. Hilaire, Lieutenant d'Artillerie au département de Guyenne, & qui la commande présentement dans l'équipage de la Meuse, a imaginés.

Le premier Affût, pour mener commodément dans un chemin couvert & sans être vû de l'Ennemi, des Piéces légéres qui sont capables d'inquiéter extrêmement les Assiégeans, & de les déconcerter dans leur travail: car ces Piéces pouvant être en un moment transportées avec une grande facilité bien loin de l'endroit où elles ont tiré, les Assiégeans en croient le chemin couvert entièrement garni, & sont dans des allarmes continuelles.

Le second Affût sert à porter des Piéces de Campagne, dont les tourillons se placent entre deux branches de fer sur un pivôt à la Turcque; & un Homme seul avec sa main les tourne très-aisément, & les pointe sans remuer l'Affût, de quel côté il lui plaît.

Les desseins qui en sont ici, les feront mieux connoître.

A
B
D
H
G

Proportions d'un Affût de Contrescarpe pour une Piéce de quatre.

A La table de dessus a de longueur 3 pieds 10 pouces, de large par devant 15 pouces, par derrière 22 pouces, 4 pouces d'épaisseur.

B La table de dessous, longueur 3 pieds 9 pouces, largeur par le devant de 20 pouces, par le derrière 28 pouces, épaisseur 3 pouces.

C Les pilliers, longueur 22 pouces sans y comprendre les tenons. Les tenons s'encastrent de trois pouces dans la table dessus, & de quatre dans l'essieu de dessous, quatre pouces en quarre, sont placés à 6 pouces du devant, & à 1 pouce du bord de la table dessous, à finir à rien de celle de dessus.

Ceux de derrière éloignés de 21 pouces des deux du devant par le bas, & à 19 pouces par le haut, & à 2 pouces du bord des côtez.

D Les entretoises longues, celles du devant 15 pouces, celles du derrière 20 pouces, épaisseur 3 pouces & ½, largeur 10 pouces.

E Les liens courbes, largeur 3 pouces.

F Les liens d'entretoise ceintrés, longueur 1 pied 3 pouces, encastrés de 1 pouce & ½ de chaque côté, épaisseur 3 pouces, largeur 5 pouces, finissant à 3 pouces dans le milieu; mais on ne peut les voir sur la figure.

G Les essieux, 6 pouces de haut, 5 de large; celui de devant long de quatre pieds, celui de derrière 4 pieds & ½.
Les fusées longues de 8 pouces.

H Les roulettes, 18 pouces de diamétre, 5 pouces d'épais au droit du trou de la fusée, à finir à 3 pouces.

FERRURE, *on ne la peut faire voir sur la Figure.*

La crapaudine, épaisseur ½ pouce, 6 pouces en quarré, l'œil 3 pouces de diamétre, 4 cloux.

Le pivôt 13 pouces de long de dehors en dehors, 8 pou-

ces

ces, largeur proportionnée en dedans à la grosseur de la Piéce, & de ses tourillons.

Les deux susbandes, 8 pouces de long, 3 pouces de large, 10 lignes d'épaisseur.

Les neuf clavettes, 3 pouces de long, 1 ligne d'épaisseur, 4 boulons.

Le boulon garni de son anneau & de sa clavette.

Les quatre étriers, 7 à 8 pouces de longueur, 2 pouces de largeur.

Quatre heurtequins.

Vingt-deux chevilles à tête perdue.

Les quatre esses pour arrêter les roulettes.

Affût de Campagne de nouvelle invention trouvé par M. de S. Hilaire.

EXPLICATION DE LA FIGURE de cet Affût.

A *Platte-forme d'orme, sur laquelle sont établis la crapaudine & le pivôt, sur lequel tourne aussi la Piéce.*

B *Autre platte-forme d'orme, sur laquelle tourne la platte-bande de la culasse de la Piéce à l'endroit où on voit un cercle de fer.*

C *Tasseaux entre les deux plattes-formes.*

D *Brancards.*

E *Coffres entre les brancards.*

F *Avantrain.*

G *Trou sur la platte-forme par-où passe le boulon du pivôt.*

H *Pivôt de fer avec son boulon portant deux branches aussi de fer, sur lesquelles se logent les tourillons de la Piéce.*

I *Susbande qui se met sur la branche par-dessus les tourillons, & qui s'arrête avec des clavettes: il doit y avoir une susbande à chaque côté.*

K *Crapaudine de fer avec ses revers, dans le milieu de laquelle entre le boulon du pivôt.*

Les mêmes lettres de cet alphabet se trouveront repétées dans les articles qui traitent des proportions.

A Platte-

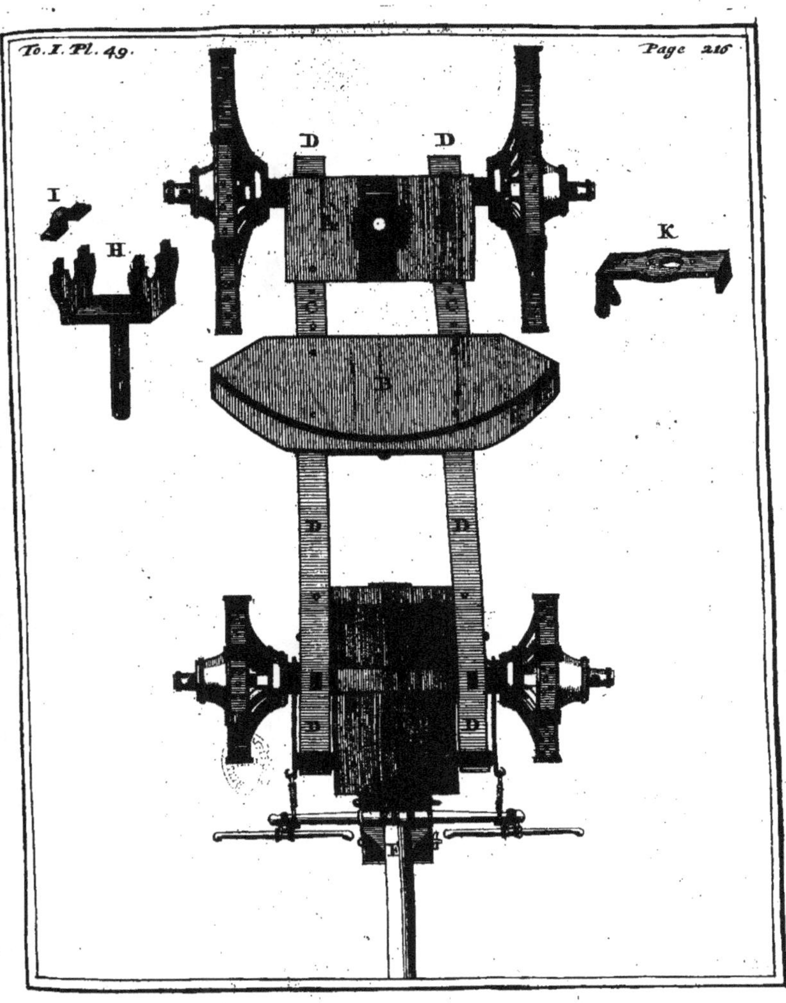
D
D
I
H.
K
B
D
D
D
D
E

A PLatte-forme d'orme, longue de 3 pieds, 4 pouces d'épais, 20 pouces de large, passée à rase de l'essieu de derrière.

B Une autre platte-forme d'orme, de 5 pieds de long, 1 pied 10 pouces de large, 10 pouces d'épais, encastrée du côté de l'Avantrain de $\frac{3}{4}$ de pouce dans les brancards, éloignée de l'autre de 11 ou 12 pouces.

C Deux tasseaux de 11 ou 12 pouces de long, 5 pouces de large, 4 pouces d'épais du côté de la première platte-forme, & 2 pouces du côté de l'autre, attachée avec deux chevillettes à pointe perdue sur les deux brancards.

D Deux brancards de brin de chêne, longs de 9 pieds & 5 pouces en quarré, éloignés l'un de l'autre sur l'essieu de derrière de 18 pouces : ils s'encastrent de 2 pouces & $\frac{1}{2}$ dans la sellette, & la sellette de 2 pouces & $\frac{1}{2}$ dans les brancards ; & sont posés sur l'essieu de devant à 22 pouces l'un de l'autre.

E Deux coffres qui se mettent entre les brancards : celui de devant posant sur la fourchette de bois de chêne de 10 lignes d'épais, le fond de 15 lignes, de 18 pouces de haut, 15 pouces de large ; l'autre de même épaisseur, 12 pouces de large, 16 pouces de haut.

Deux empanons de brin de chêne, de 6 pieds de long, 5 pouces de large, épais de 4 pouces du côté de l'essieu, à finir à 2 pouces à l'autre bout, encastrés de 2 pouces dans les sellettes, & de 2 pouces dans l'essieu, les débordant comme les brancards de 3 pouces.

La sellette de derrière d'orme, de 7 pouces de haut, 5 pouces de large, & 3 pouces de long.

Deux entretoises d'orme : la première joignant l'essieu de derrière, & affleurant le brancard par-dessus, de 8 pouces de large, 4 pouces d'épais ; les tenons de 6 pouces de large, & un pouce & $\frac{1}{2}$ d'épais : l'autre en étant éloignée de 19 pouces, 5 pouces de large, 4 pouces d'épais ; les tenons 4 pouces de large, 1 pouce & ½ d'épais.

Le lisoir de devant d'orme, 5 pouces de haut, 4 pouces 2 lignes de large, 3 pouces de long.

Deux moutons qui se posent à 1 pouce sous les bouts des brancards, hauteur 3 pouces 10 lignes, 4 pouces en quarré avec deux tenons : l'un entrant & affleurant le dessus des brancards de 5 pouces de long, 4 pouces de large, & 2 pouces d'épais; & l'autre dans le lisoir, de 3 pouces de long, même largeur & épaisseur.

Une courbe de frêne de 3 pouces en quarré, posant par le milieu sur le bout de la fourchette, & les deux bouts sous les brancards. On peut donner 4 ou 5 pouces de haut à l'endroit qui pose sur la fourchette.

Une fourchette d'orme, longue de 3 pieds, 5 à 6 pouces de large à l'endroit qui s'encastre dans le lisoir ; & aux deux bouts qui posent sur le rond, 4 pouces d'épais : elle s'encastre de 2 pouces dans le lisoir, & le lisoir de 2 pouces dans la fourchette arrêtée avec deux boulons, dont la tête est encastrée dans le lisoir par-dessous, & clavettés par-dessus.

F *Avantrain.*

Une sellette d'orme, de 3 pieds de long, 6 pouces de haut, 4 pouces & ½ à 5 pouces de large.

Le rond de bois d'orme, de 2 pieds & ½ de diamétre en dehors, épaisseur 2 pouces & ½, largeur 3 pouces 8 lignes, encastré de 15 lignes dans la sellette, & la sellette de 15 pouces dans le rond.

Deux armons de bois d'orme traversant la sellette & l'essieu, de 4 pieds de long, 3 pouces en quarré ; distance entre les deux bouts qui passent le rond derrière, 9 pouces.

Le timon de frêne, long de 9 pieds, 3 pouces 6 lignes en quarré, abattu hors des armons en chamfrain, entrant de 16 pouces dans les armons ; le trou du boulon à 6 pou-

6 pouces; celui de la cheville coulante à 13 pouces des bouts d'armons.

Longueur de la volée 3 pieds 8 pouces, & se pose à 9 pouces des bouts d'armons.

Longueur des paloniers 2 pieds & ½.

G Le trou sur la platte-forme pour passer le boulon du pivôt, à 9 pouces du bord de la platte-forme: à le prendre du centre, il a de diamétre 2 pouces 8 lignes, non compris la place de l'épaisseur de la boëte de fer qui s'encastre dans la platte-forme.

Roüages.

L'essieu de derrière long, compris les fusées, de 5 pieds 8 pouces: sçavoir, le corps de l'essieu 3 pieds, & les fusées 16 pouces, hauteur du corps de l'essieu 6 pouces, largeur 5 pouces, diamétre du gros bout des fusées 4 pouces 9 lignes, du menu 3 pouces.

L'essieu de devant même longueur, 5 pouces de haut, 4 pouces 3 lignes de large, diamétre du gros bout des fusées 4 pouces 2 lignes, du menu 2 pouces & ½.

Les rouës de derrière 4 pieds & ½ de haut, le moyeu 14 pouces de long, diamétre à l'empatage des rais 1 pied 1 pouce, au gros bout 9 pouces & ½, au menu 8 pouces; les jantes 4 pouces & ½ de haut, 3 pouces de large.

Les rais 2 pouces 3 lignes à l'empatage, & 1 pouce 10 lignes du côté des jantes.

Les rouës de devant 2 pieds 7 pouces de haut, le moyeu 14 pouces de long, diamétre à l'empatage des rais 11 pouces 4 lignes, au gros bout 8 pouces, au menu 7 pouces.

Les jantes 4 pouces & ½ de haut, 3 pouces de large; les rais 2 pouces de diamétre.

Ferrure de l'Affût de nouvelle invention à Piéce de quatre longue.

H Un pivôt traversé de son boulon : le pivôt de 10 pouces & ½ de hauteur compris l'épaisseur du fer ; 6 pouces hauteur au-dessous des tourillons ; 4 pouces & ½ hauteur des branches du tourillon ; 22 lignes épaisseur du fer ; 4 pouces 10 lignes largeur du pivôt par bas ; 1 pouce 11 lignes largeur des branches ; 3 pouces 4 lignes ouverture des tourillons ; 8 pouces ouverture entre les deux branches du pivôt.

Quatre pouces de diamétre la tête du boulon ; 16 pouces longueur de la queuë de boulon ; 2 pouces & ½ diamétre de la queuë.

I Deux pouces 2 lignes largeur des susbandes, 5 lignes d'épais ; 3 pouces longueur des branches ; 2 pouces ouverture du ceintre des branches ; largeur du ceintre 1 pouce 6 lignes.

K Crapaudine 5 pouces & ½ de large, 6 à 7 lignes d'épaisseur, 3 pieds de longueur, compris les queuës d'aironde, & le revers attaché à l'essieu ; le revers de la crapaudine par derrière de 13 pouces, & au devant de la platte-forme 3 pouces.

Deux jouës de 9 pouces de long, 2 pouces de large, 6 lignes d'épais.

Quatre boulons pour les deux jouës traversans la platteforme, clavettés dessous de 6 lignes de diamétre, 6 pouces de long.

Deux boulons aux branches de derrière de la crapaudine, traversans l'essieu, de 5 lignes de diamétre, 7 pouces de long clavettés.

Deux autres boulons traversans la crapaudine & la platte-forme, un derrière & l'autre devant le pivôt, de 5 lignes de diamétre, 6 pouces de long.

Une boëte qui s'encastre dans la platte-forme à l'œil par-où passe le boulon du pivôt ; épaisseur de fer 6 lignes, dia-

diamétre en dedans 2 pouces 8 lignes.

Une platine de fer, servant de contrerivûre à la crapaudine, de 4 lignes d'épais, 4 pouces de large, 1 pouce de long, attachée à l'entretoise avec deux liens d'un pouce de large chevillés.

Deux chevilles à pointe perdue pour attacher le revers de la crapaudine du côté de l'Avantrain.

Une rondelle & clavette pour le gros boulon.

Deux contresayes; la tête de 6 pouces de haut, 2 pouces de large; la queuë longue de 10 pouces traversans les bouts des brancards & empanons.

Deux sayes de 6 à 8 lignes de diamétre, 19 pouces de long, traversans la platte-forme, brancards, empanons, sellette & essieu, & équignons placés à 2 pouces du bord de la platte-forme.

Deux boulons, traversans la même platte-forme, brancards & empanons, placés à 1 pouce & ½ de l'autre bord de la platte-forme, de 6 lignes de diamétre, de 14 pouces de long.

Quatre boulons pour l'autre platte-forme, traversans la platte-forme, brancards & empanons, de 6 lignes de diamétre, 11 pouces de long, dont deux à 7 pouces du bord de la platte-forme, & les deux autres du côté de l'Avantrain à 2 pouces.

Deux crochets de retraite de 6 pouces de long, sans le revers, attachés avec 8 cloux chacun.

Deux étriers qui assemblent la selette à l'essieu, de 1 pouce & ½ de large, 6 lignes d'épais.

Deux liens de bouts de brancards de 1 pouce de large, 4 lignes d'épais.

Six liens de brancards & empanons, avec leurs chevilles, de 2 pouces & ½ de large, 4 à 5 lignes d'épais, dont deux se posent à 9 pouces de l'essieu; les deux autres en sont éloignés de 14 pouces; & les deux autres à 21 pouces.

Les deux liens de l'entretoise où passe le boulon du pivôt.

Trois crochets qui s'attachent à côté du brancard pour porter les armes de la Piéce, de 2 pouces de large, 5 lignes d'épais; le premier à 18 pouces de l'essieu de derrière, l'autre en étant à 2 pieds 9 pouces, & l'autre à 1 pied du bout des brancards de devant.

Quatre couplets.

Deux charnières.

Deux cadenats pour les coffres.

Quatre boulons pour tenir les deux coffres, traversans les brancards de 7 pouces de long, 6 lignes de diamétre.

Deux autres pour tenir la fourchette avec le lisoir, de 6 pouces de long.

Quatre autres pour tenir les moutons avec le brancard & le lisoir, de 7 pouces de long.

Trois autres pour tenir la courbe sur la fourchette & aux deux bouts sous les brancards, longs de 9 à 10 pouces.

Trente-quatre rondelles & 34 clavettes pour tous les boulons.

Ferrures de l'Avantrain.

Un crochet de bout de limon.

Une piéce d'armon de devant.

Une piéce de derrière.

Un boulon de timon de 6 lignes de diamétre, de 11 pouces de long.

Une cheville coulante, même longueur & diamétre.

Deux boulons de volée de 6 lignes de diamétre, 8 pouces de longueur.

Neuf lamettes pour les volées.

Deux crampons.

Deux cuillières de 6 lignes de diamétre, 18 pouces de long.

Deux sayes.

Quatre crampons de rond, 8 pouces de long, 1 pouce de

de large, 6 lignes d'épais.

Deux étriers de sellette de 1 pouce de large, 6 lignes d'épais.

Deux étriers de lisoir.

Une cheville de bout de timon.

Ferrures des Roüages.

Quatre happes.

Quatre anneaux de bout d'essieu.

Quatre esses.

Quatre heurtequins.

Quatre équignons longs de deux pieds & ½, un pouce en quarré.

Deux mailles.

Sept brebans.

Quatre boëtes de roues de derrière; les deux du gros bout de 5 pouces 2 lignes de diamétre; les deux du menu 3 pouces 2 lignes.

Quatre boëtes des roues de devant, les deux du gros bout de 4 pouces de diamétre; les deux du menu 2 pouces 8 lignes, 5 lignes d'épais.

Huit frettes & huit cordons de 1 pouce de large, 6 lignes d'épais.

Vingt-deux bandes de roues de 6 lignes d'épais, 3 pouces de large.

Vingt-deux liens de 3 pouces de large, 4 lignes d'épais, avec leurs chevilles.

Cent soixante cloux & caboches.

Quatre rondelles.

Un ceintre de fer de 4 lignes d'épais, & 1 pouce & ½ de large, encastré dans la platte-forme de 8 à 9 lignes, sur quoi pose & roule la culasse du Canon, attaché de quatre cloux à tête perdue.

Les

Les Affûts qui ſuivent, l'un de Campagne, l'autre de Place, ſont en uſage dans le Département de M. de Cray.

AFFUT DE CAMPAGNE.

A *Plan de l'Affût de Campagne de vingt-quatre avec ſon Avantrain.*

B *Profil de l'Affût de Campagne de vingt-quatre avec ſon Avantrain.*

AFFUT DE PLACE.

C *Plan de l'Affût de Place de vingt-quatre.*

D *Profil de l'Affût de Place de vingt-quatre.*

Vous remarquerez ſans doute que cet Affût de Place eſt différent de ceux dont je vous ai déja parlé. Il eſt à haut roüage avec des rais; & les autres ſont à rouës pleines, ou autrement baſſes roulettes. Les Affûts à roüages ont de tout tems été d'uſage dans les Places, & quelques-uns de ces Meſſieurs les Lieutenans, entr'autres M. de Vigny & M. de Cray ſe trouvant mieux de ces derniers, parce qu'ils ſont plus aiſés à manier, ils les ont conſervés dans leurs départemens. Ils différent des Affûts de Campagne par la ferrure, aiant beaucoup moins de fer ſur ceux-là que ſur les autres.

TITRE

To. I. Pl. 51.
Pag. 224.
D
C
1 2 3 4 5 6 pieds

B
A
1 2 3 4 5 6 pieds

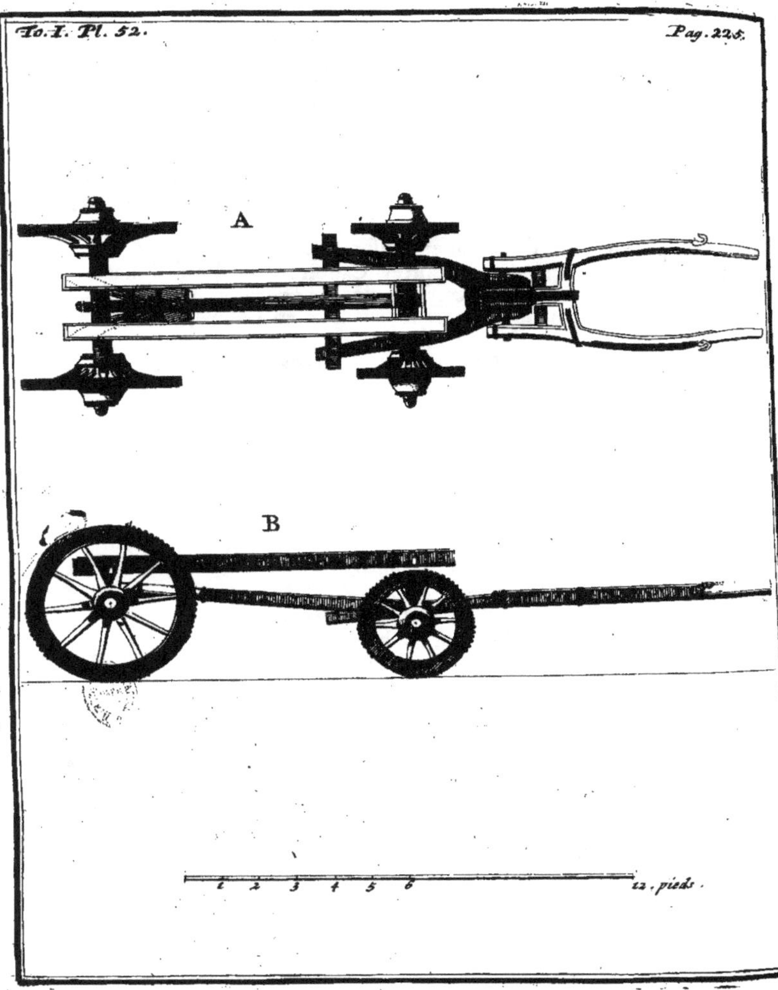
A
B
1 2 3 4 5 6 12. pieds.

TITRE VII.

Chariots à Canon, Triqueballes, & Traîneaux.

BIen que dans les Tables de M. le Marquis de la Frézelière on trouve des proportions pour les Chariots à Canon, on a jugé à propos de les donner encore dans ce Chapitre-ci, qui en traite expressément.

On fait des Chariots à porter Canon, tant pour soulager les Affûts, que pour occuper moins de chevaux, & pour passer plus facilement les mauvais chemins en Campagne.

Chariot à porter corps de Canon de vingt-quatre de balle.

LA construction s'en fait comme il suit : la Planche en marque la figure.

EXPLICATION DE LA FIGURE du Chariot à Canon à Piéce de vingt-quatre.

A *Plan du Chariot à Canon.*
B *Profil du Chariot à Canon.*

La fléche sera de bois de brin d'orme, longueur de 10 pieds, son diamétre de 5 pouces, le bout de devant qui se nomme mufle, sera applani dessus & dessous revenant à 3 pouces arrondi par le bout, bandé de fer de la même largeur ; cette bande épaisse de 1 ligne & ½, attachée avec 12 cloux à tête platte, & d'un boulon de demi pouce de diamétre, qui traversera les deux bouts de la bande & la fléche par le côté à 9 pouces du bout du mufle, lequel sera arrêté d'un côté avec une clavette. On fera un trou de 1 pouce & ½ sur le mufle qui traversera à 5 pouces du bout.

Train de derrière du Chariot.

L'Essieu sera proportionné à celui d'un Affût à Piéce de seize ; les rouës de même, à l'exception des doubles liens & susbandes.

La sellette qui sera posée sur l'essieu, doit être de bois d'orme, longue de 3 pieds 3 pouces, sa hauteur & largeur 6 pouces sur 7.

Le bout de derrière la fléche sera posé sur le milieu de l'essieu.

Les deux empanons de même bois, longs de 5 pieds & ½, le diamétre de 4 pouces, qui doivent embrasser les côtez de la fléche, seront arrêtez avec deux liens de fer en caboche : les bouts de derrière qui doivent être écartés de 8 pouces francs de celui de la fléche, reposeront aussi sur l'essieu, sur lequel la sellette sera posée & encastrée pour y recevoir les bouts de fléche & d'empanons : la sellette sera liée avec l'essieu d'un étrier de fer à chaque bout : les deux bouts d'empanons qui passeront de 4 pouces derrière l'essieu & la sellette, seront traversés de deux contre-fayes de fer à tête platte, pour être attachés d'un cloud à la sellette.

Train de devant du Chariot.

L'Essieu de bois d'orme, long de 6 pieds & ½ proportionné à celui d'un Affût à Piéce de huit, ferré de même. Les deux rouës auront 4 pieds de hauteur avec toutes leurs ferrures & emboëtures de fonte, comme à celles d'un Avant-train d'Affût de vingt-quatre.

Deux armons de bois d'orme, longs de 5 pieds & ½ à 6 pieds, de 4 pouces de diamétre, situés sur l'essieu à 20 pouces l'un de l'autre : la courbure des bouts de derrière sera de 3 pieds de long depuis le derrière de l'essieu, lesquels seront écartés l'un de l'autre de trois pieds francs.

La sassoire de même bois, longue de 5 pieds & ½, son diamétre de 3 pouces & ½ applani dessus. Elle sera posée sur les bouts

bouts d'armons à 4 pouces, attachés ensemble de deux chevilles de fer, dont la tête sera encastrée dans le bois, afin qu'il ne puisse empêcher la lassoire d'aller & venir suivant le mouvement des rouës. Elle sert pour faire glisser les bouts d'armons sous la fléche dans le tems que le Chariot tourne à droite ou à gauche. Les bouts de devant d'armon passeront devant l'essieu de 2 pieds & ½, ferrés de deux anneaux, percés sur les côtez à 6 pouces du bout pour passer le boulon de fer qui tient aussi les limonnières.

La sellette aura les mêmes proportions que celle du derrière: elle sera posée sur l'essieu, encastrée dessous à proportion des armons. Il y aura aussi une évidûre dans le milieu de 9 pouces de long & 3 pouces de hauteur, pour donner jeu au mufle de la fléche, qui doit être placé sur le milieu de l'essieu.

La sellette sera jointe à l'essieu avec deux étriers de fer, 12 caboches, & 2 sayes de fer, qui traverseront la sellette, les armons, & l'essieu.

Le lisoir sera proportionné à la sellette. Il sera posé dessus, attaché avec la cheville ouvrière de fer de 2 pieds de long & d'un pouce & ½ de diamétre; la cheville passera dans le milieu du lisoir, la sellette, le mufle de la fléche & l'essieu, sous lesquels elle sera arrêtée d'une clavette, & d'une rondelle sur la clavette pour servir de contrivûre, attachée de 4 cloux à l'essieu.

On fera deux mortoises sur le lisoir à 6 pouces des bouts pour y encastrer deux ranches de bois d'orme longues d'un pied, de 3 pouces de diamétre: elles servent à tenir les brancards en état sur le lisoir. Il doit y en avoir de même sur la sellette du train de derrière.

Les limonnières seront proportionnées à celles d'un Avantrain d'Affût à Piéce de vingt-quatre, avec cette différence qu'il y aura un têtard de même bois & grosseur que l'entretoise de limonnière, lequel sera encastré sur le milieu du derrière de l'entretoise par dedans, & passera l'épars; sa longueur ne passera pas les bouts de derrière de limonnière. Ces bouts seront placés à côté de ceux d'armon, arrêtés en-

ensemble avec un boulon de fer long de 2 pieds & ½, son diamétre d'un pouce 3 lignes, une tête par un bout, & claveté de l'autre.

Les deux brancards seront de bois de brin de chêneau, longs de 12 pieds & ½, le diamétre des bouts de devant 4 pouces, & 4 pouces ½ pour ceux de derrière. Ils seront assemblez par devant avec deux épars d'orme à la distance de 13 à 14 pouces l'un de l'autre; les épars auront 2 pouces de large sur 1 & ½ de hauteur. Le corps de brancard sera situé entre les ranches du lisoir & ceux de la sellette : c'est sur ce brancard que la Piéce de Canon repose pour être voiturée en Campagne.

Construction d'un Triqueballe servant à transporter le Canon d'une Place à une autre sans Chevre ni Crik.

Ce dessein de Triqueballe avec son échelle vient de Flandres.

EXPLICATION DE LA FIGURE du Triqueballe.

A *est le plan.*
B *est le profil.*

Il se trouvera quelque petite différence dans les deux raisonnemens suivans, parce qu'ils sont d'Officiers qui ont servi en différens Départemens; mais l'une ou l'autre manière est également bonne.

LE Triqueballe est composé d'un timon, de deux empanons, un essieu, de roues hautes de 7 pieds, & d'une sellette.

Le timon sera de brin de chêneau, long de 13 pieds. Sa grosseur par le gros bout de derrière aura 4 pouces & ½, réduit à 3 pouces par celui de devant, lequel bout sera enfourché d'un fer d'un pied de long, au bout duquel il y aura un crochet : l'enfourchure sera attachée avec 18 cloux, & d'un boulon de fer qui traversera la clavette par-dessus.

Deux empanons de bois d'orme, longs de 4 pieds & ½, le diamétre de 4 pouces & ½, lesquels seront attachés au derrière

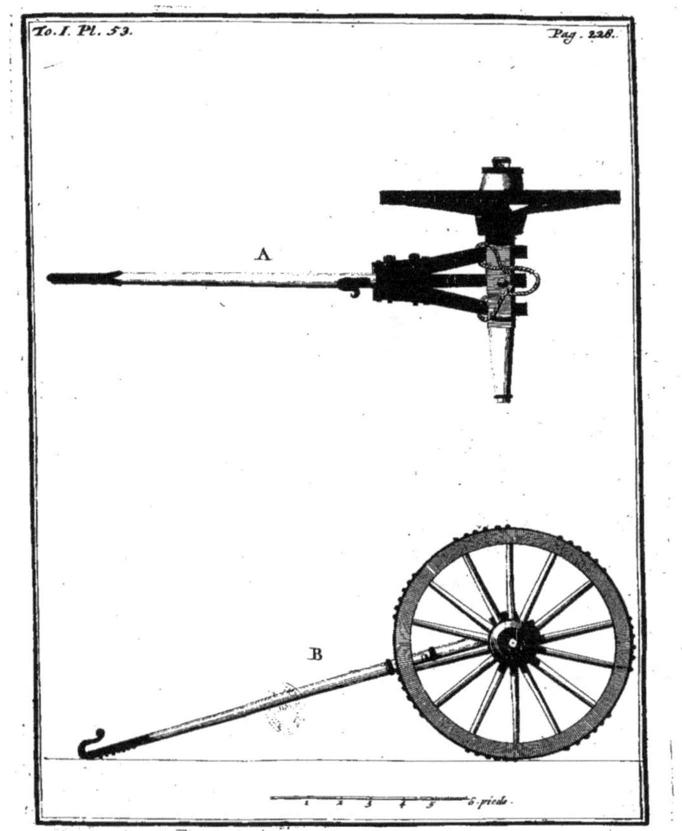
To. I. Pl. 53.
Pag. 228.
A
B
1 2 3 4 5 6 pieds.

rière du timon par les côtez avec deux chevilles de bois de chêne, & deux liens de fer arrêtés de 8 caboches sur le timon: au bout de l'assemblage des empanons, il y aura un crochet de fer à patte, lequel sera attaché avec 9 cloux.

Un essieu d'orme, long de 7 pieds, sa largeur & hauteur de même que le corps de celui d'un Affût de seize, ferré de même, sur lequel seront posés les bouts de derrière d'empanons & de timon.

La sellette sera de bois d'orme, longue de 2 pieds 10 pouces proportionnée à la grosseur du corps de l'essieu, attachée sur l'essieu de même que celle du train de derrière du chariot à porter corps de Canon.

Les deux rouës auront 7 pieds de hauteur, ferrées de même que les autres rouës d'Affût de seize, exceptés les liens doubles & simples des bandes. Le moyeu sera long de 20 pouces, son diamétre par le bouge aura 15 pouces & ½, autour duquel il y aura 7 rais de bois de chêne de 3 pouces & ½ de diamétre, & 7 jantes de bois d'orme, dont la hauteur & largeur sera de 5 pouces sur 4 pouces. Après quoi on passera les rouës dans les fusées de l'essieu.

Le diamétre de la grande emboëture du Triqueballe est de 7 pouces; la petite a de diamétre 4 pouces & ½.

Pour se servir du Triqueballe étant achevé, un Homme ou deux le rouleront sur la Piéce qu'on voudra transporter. Il n'importera pas que la bouche de la Piéce se trouve devant ou derrière le Triqueballe.

On passera une prolonge dans le crochet du bout de timon. Après quoi on levera le bout de timon en l'air, ensorte que le milieu de l'essieu soit perpendiculairement sur les anses de la Piéce. On passera dans ces anses une chaîne de fer assez forte pour porter une Piéce de vingt-quatre: elle sera longue de 10 à 12 pieds: les deux bouts seront tournés autour de l'essieu & de la sellette, de manière que les bouts de la chaîne soient arrêtés. Trois ou quatre hommes tireront la prolonge qui sera passée dans le crochet du bout de timon pour le faire baisser. En baissant il levera la Piéce en l'air. Quand il sera baissé de niveau, il faudra attacher le devant de la Piéce ou la culasse, si elle se rencontre devant avec le timon pour l'empêcher de relever. Si on ne vouloit pas mener la Piéce loin, neuf ou dix Hommes rouleront bien le Triqueballe: mais, si elle devoit aller à une demi-lieuë ou une lieuë, quatre chevaux suffiront, attachant une volée au crochet qui est situé près des empanons, & une autre à celui du devant: elle se peut mener par toute terre de cette façon. Quand on voudra la décharger où elle sera destinée, on déliera la Piéce du timon; & deux ou trois Hommes lâcheront doucement la corde qui sera au bout du timon, de crainte que le poids de la Piéce ne l'emporte trop vîte en l'air.

Le Détail ci-dessus suffiroit pour informer parfaitement des proportions du Triqueballe; mais cette maniére-ci est plus abrégée.

LA hauteur des rouës, 7 pieds.

La longueur des moyeux, 21 pouces.

La grosseur des moyeux 13 & 11 pouces.

Hauteur des jantes, 4 pouces & ½.

Epaisseur des jantes, 3 pouces & ½.

Longueur des rais, 3 pieds 2 pouces.

Longueur du timon, 14 pieds.

Grosseur au bout qui s'assemble dans l'essieu & le lisoir, 4 pouces & ½, & au bout où est le crochet, 3 pouces.

Longueur des empanons au bout qui s'assemble, d'une face 5 pouces, & de l'autre face 4 pouces.

Longueur de l'essieu, 6 pieds 9 pouces.

Diamétre des grandes emboëtures, 7 pouces.

Diamétre des petites emboëtures, 4 pouces & ½.

Grosseur de l'essieu, d'une face 8 pouces.

Et l'autre 7 pouces & ½.

Longueur du lisoir, 3 pieds d'une face.

Et de l'autre, 7 pouces & ½ & 7 pouces.

Il y entre environ 400 l. de fer, & il pése en tout près de 1200 livres.

Traî-

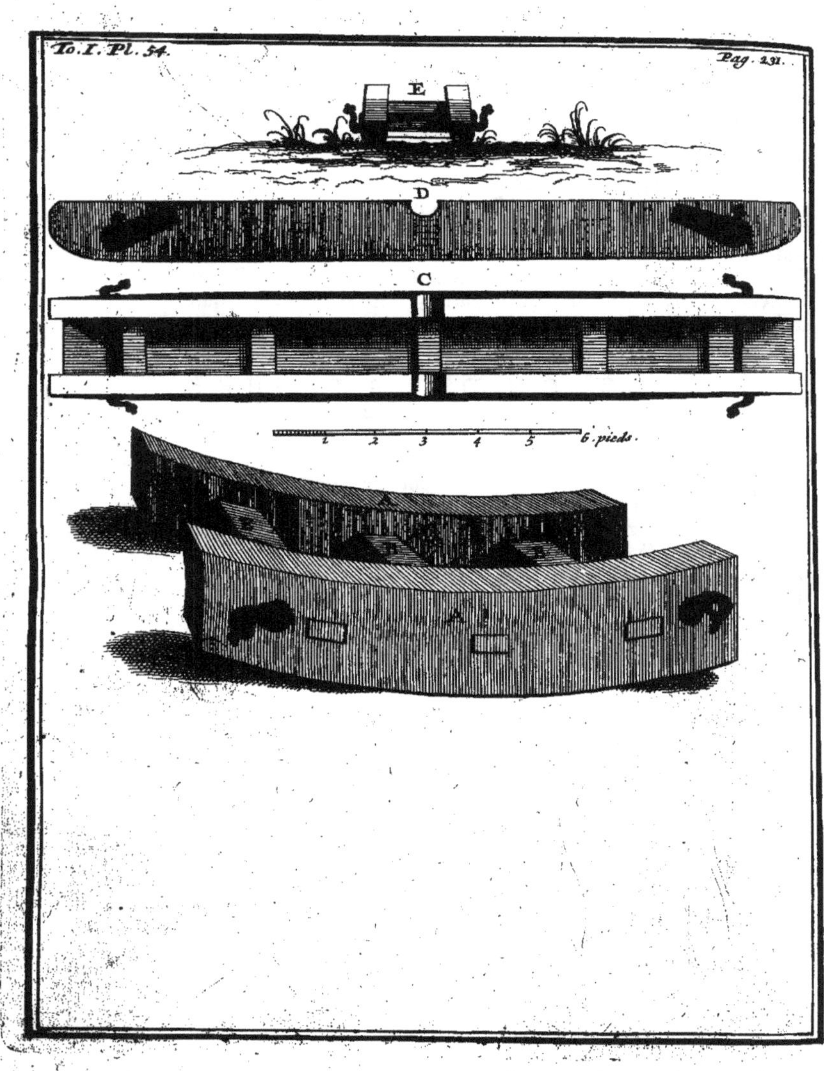
E
D
C
1 2 3 4 5 6. pieds.
A
A

Traîneaux.

LE Traîneau n'eſt compoſé que de deux piéces de bois jointes enſemble par deux ou trois fortes entretoiſes bien chevillées.

Il eſt de la largeur des Piéces, pour pouvoir les tranſporter ſans rouës depuis les Magaſins juſqu'au rempart.

On ſe ſervit au Siége de Mons de Traîneaux de marais pour approcher les Piéces près de la Place, & les mener en Batterie. Le deſſous de ces Traîneaux eſt fermé de fortes planches clouées ſous les entretoiſes, afin d'empêcher que la fange ou bouë n'entre dedans.

EXPLICATION DE LA FIGURE
représentant ces Traîneaux.

A *Piéce de bois, flaſque, ou côté de Traîneau, aiant cinq pieds & demi de long, douze pouces de haut, & quatre pouces d'épaiſſeur.*

B *Entretoiſes, aiant quinze pouces de long entre les deux côtez du Traîneau.*

C *Plan du Traîneau de Mons.*

D *Profil du côté du Traîneau.*

E *Le méme Traîneau vû par un des bouts.*

L'échelle n'eſt faite que pour le Traîneau de Mons.

On

ON se sert aussi de Traîneaux dans les montagnes pour voiturer des Piéces. Celui de Roussillon étant un Traîneau à l'ordinaire, il seroit inutile de le mettre ici : mais j'ai cru ne pouvoir me dispenser de parler du Chariot à porter corps de Canon qui est en usage dans ce département. M. Moullard qui y est Contrôleur d'Artillerie, en parle ainsi dans une de ses Lettres.

„ Ce Chariot est très-bon & très-facile pour porter de gros
„ fardeaux dans les tournans & dans les montagnes, parce
„ qu'il se braque comme un carosse, & qu'il tourne dans un
„ très-petit espace : nous avons été deux ans & plus à le ren-
„ dre parfait. On vous dira les inconvéniens qui arrivoient
„ dans les commencemens. Tout dépend du lisoir : car s'il n'est
„ pas bien posé, dans les descentes le train du devant donne
„ du nez en terre, & dans les montées il menace le ciel ; ce
„ qui estoit fort incommode, & nous a bien donné de la pei-
„ ne. Mais à present, que ce Chariot monte ou qu'il descen-
„ de, il est toûjours droit : s'il verse, il est d'abord remis sur
„ pied sans démonter la Piéce.

EXPLICATION DE LA FIGURE du Chariot à Canon de Roussillon.

A *Plan du Chariot monté avec son Avantrain.*
B *Profil du Chariot monté, par lequel il se voit comme les rouës de devant passent par-dessous le Chariot quand on le braque.*
C *Avantrain du Chariot avec ses limonnières, sa sellette, & son lisoir.*
D *Sellette du derrière du Chariot.*

TITRE

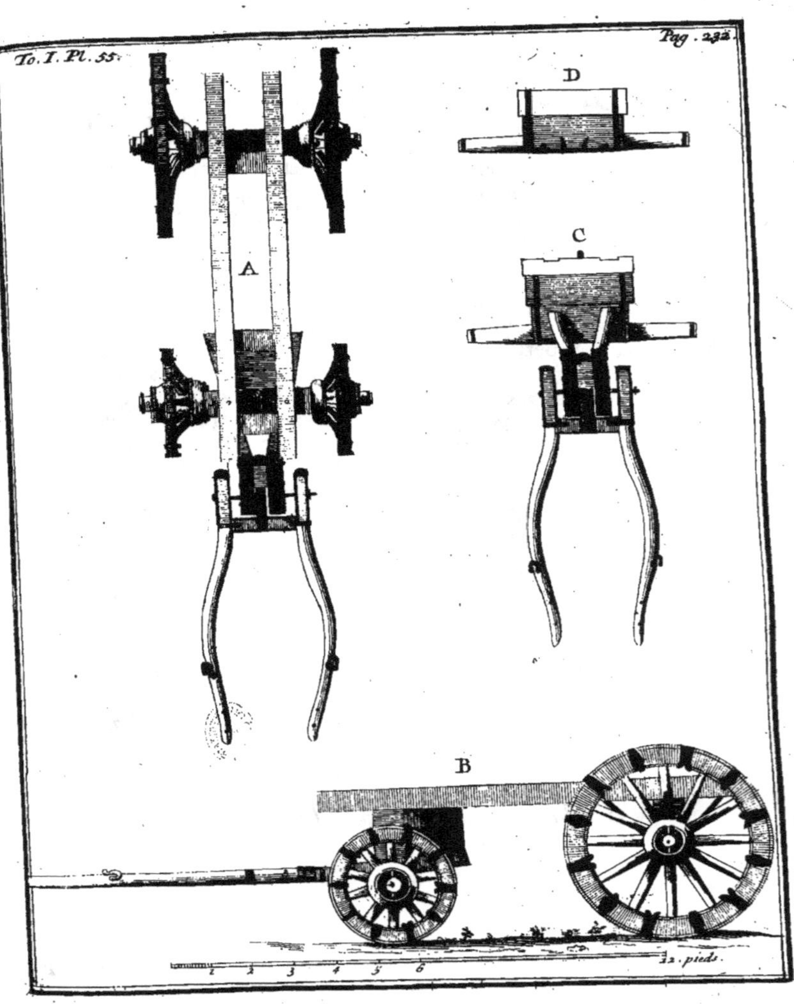
D
C
A
B
1 2 3 4 5 6
12. pieds.

To. I. Pl. 56.
Pag. 233.
I
I
K
K
K
K
H
H
C
C
C
C
D
D
D
D
E
E
G
G
G
G
G
G
F
3
4
6
7
8
9
20 Toises
15
10
5
0 Pieds

TITRE VIII.

Batteries & Platte-formes, Fascines, Piquets, Gabions, &c.

EXPLICATION DE LA FIGURE qui représente le Plan d'une Batterie.

A *Merlon.*
B *Epaulement.*
C *Embrasûre.*
D *Platte-forme.*
E *Petits Magasins à poudre.*
F *Grand Magasin à poudre.*
G *Boyau de la Tranchée qui communique au Magasin à poudre.*
H *Avant-Fossé.*
I *Grand Fossé.*
K *Berme ou retraitte autour de la Batterie.*

1 *Hauteur & largeur du grand Fossé.*
2 *Berme.*
3 *Hauteur du Merlon du côté de la Campagne.*
4 *Epaisseur du Merlon.*
5 *Hauteur de la Genouillière.*
6 *Heurtoir.*
7 *Platte-forme.*
8 *Petit Magasin à poudre.*
9 *Grand Magasin à poudre.*

Manière de construire une Batterie à l'épreuve du Canon devant une Place assiégée, & ce qu'il faut que le Commissaire qui la doit commander, observe.

IL commence par reconnoître le terrain avec quelques Officiers de ceux qui doivent être de la Batterie; & ensuite il se précautionne d'avoir toutes les choses nécessaires, comme des outils à Pionniers de toutes sortes, le double de ce qu'il y aura de Travailleurs, & en prendre des qualitez qu'il jugera à propos selon le terrain. C'est-à-dire, pour une terre grasse & de gazon, beaucoup de béches.

Dans du sable, beaucoup de pelles de bois ferrées.

Dans des pierres, ou dans la terre ferme, des hoyaux ou pics-hoyaux.

Des serpes, masses, haches, & demoiselles, deux de chaque façon par piéce, des fascines & des piquets. Les fascines doivent être de 5 à 6 pieds de longueur, & environ 10 pouces de diamétre; à chacune trois bons liens.

Les piquets doivent être de 3 pieds & ½ de longueur, & 1 pouce & ½ de diamétre par le gros bout.

Lorsque le Commissaire sera sur le terrain destiné pour la Batterie, il la tracera avec de la méche & des fascines, & observera qu'elle soit paralléle à ce qu'on lui aura marqué de battre. Il donnera 18 ou 20 pieds d'épaisseur à l'Epaulement, suivant les bonnes ou méchantes terres. Et supposé que la Batterie soit de 6 Piéces, il faudra prendre vingt toises de terrain: & pour diligenter la Batterie, il faudra du moins quatre-vingts Travailleurs qui seront partagés moitié d'un côté, moitié de l'autre, & environ à 3 pieds l'un de l'autre.

A l'égard des Commissaires & Officiers qui seront destinés pour la Batterie, il les postera de distance en distance d'un & d'autre côté, afin de faire travailler les Soldats avec diligence. Après quoi il faudra jetter la terre pour faire l'Epaulement. Ceux qui seront dans le dedans de la Batterie, tireront de la terre de loin pour ne pas s'enfoncer; & ceux du du dehors & du côté de la Place feront un Foſſé d'environ 10 pieds de large & 6 pieds de profondeur, afin de trouver beaucoup de terre, tant pour ſe mettre à couvert du feu de la Place, que pour faire l'Epaulement.

Il fera laiſſer entre le Foſſé & la faſcine qui aura ſervi à tracer la Batterie, une Berme d'environ 3 ou 4 pieds, afin d'avoir plus de facilité à jetter la terre ſur l'Epaulement pour racommoder la Batterie, lorſqu'elle ſera éboulée par le ſoufle du Canon de la Batterie-même, & par le Canon de la Place.

Lorſqu'ils auront aſſez jetté de terre du Foſſé ſur l'Epaulement, ou que le jour commencera à faire voir de la Place les Travailleurs; alors le Commiſſaire les fera retirer de derrière, & les fera paſſer devant pour toûjours jetter de la terre ſur l'Epaulement avec les autres, & enſuite faſciner le devant de la Batterie, auſſi-bien que les deux extrémitez qu'il faut faire en petits Epaulemens. Et pour cet effet il fera faire un petit Foſſé de côté & d'autre, afin d'avoir de la terre, tant pour ſe couvrir des Piéces de la Place qui peuvent battre en roüage, que pour empêcher la communication & les paſſages qui ſont incommodes, des Tranchées à la Batterie ; & cette terre ſervira auſſi pour emplir & fortifier les Merlons des deux bouts.

Lorſque le parement de la Batterie ſera faſciné de 3 pieds de hauteur, qui eſt comme doit être la Genouillière, il partagera les 20 toiſes de terrain, qui font 120 pieds, en treize parties.

La première ſera de 9 pieds pour le premier Merlon.

La ſeconde, de 2 pieds pour une Embraſûre.

La troiſième, de 18 pieds pour le Merlon d'entre deux Piéces; & tout le reſte de même.

Ce ſera encore pour le dernier Merlon, 9 pieds.

Il donnera de l'ouverture à l'Embraſûre en dehors de 9 pieds. Après quoi il partagera les Embraſûres aux Commiſſaires & aux Officiers qui ſeront avec lui, ſuivant qu'il ſe pratique ordinairement, afin que les Commiſſaires faſſent faſciner & piquetter avec ſoin leurs Embraſûres, & obſerver de mettre toûjours trois bons piquets par chacune faſ-

 cine

cine contre les liens. Il prendra garde de tems à autre que les Commissaires ouvrent & dégorgent leurs Embrasûres, de manière qu'elles puissent battre en ligne directe ce qui leur aura été marqué. Après quoi il fera toûjours fasciner & jetter de la terre à hauteur de 6 pieds: & en cas que la Batterie soit battue de quelque Cavalier ou Bastion élevé, il la fera hausser de 7 à 8 pieds, autant qu'il en sera besoin.

Quand les Embrasûres seront bien fascinées & dégorgées, & qu'il n'y restera plus de terre que pour s'empêcher d'être vû de la Place; on travaillera aux Plattes-formes, & on commencera à mettre le terrain de niveau, ensorte qu'il n'y reste aucune pierre, s'il se peut. Après quoi on doit poser le heurtoir qui sera de 9 pieds de longueur, sur 9 à 10 pouces en quarré, & ensuite le madrier qui sera de 9 pieds & ½ de longueur, sur 1 pied de large & 2 pouces d'épaisseur.

Le second sera de 10 pieds de longueur.

Le troisième, de 10 pieds & ½.

Et tous les autres ensuivants jusqu'au nombre de dix-huit, & toûjours un demi pied de plus les uns que les autres, pour rendre la Platte-forme depuis les heurtoirs jusqu'au dernier madrier de recul, de 18 pieds de long, & 18 pieds de large au recul.

La Platte-forme sera relevée depuis le heurtoir jusqu'au dernier madrier de recul de 9 à 10 pouces, & bien arrêtée au recul par deux gros piquets de bois de charpente. Après quoi il pourra demander à faire marcher le Canon du grand Parc, qui doit être armé chaque Piéce de deux lanternes & deux refouloirs, autant d'écouvillons & de coins de mire, & de huit leviers.

Les Canonniers, ordonnés pour mettre le feu au Canon, doivent avoir chacun deux dégorgeoirs, deux fournimens, deux bouttefeux; & pour toute la Batterie, quelques tire-bourres du calibre des Piéces.

Il faudra choisir un endroit pour un grand Magasin à poudre pour toute la Batterie, derrière un Fossé relevé, ou Redan de terre; & s'il n'y en a point, faire un Epaulement à cinquante pas de la Batterie. Quelques-uns même sont d'avis de de porter ce Magaſin à cent pas, pour mettre à couvert une cinquantaine de barils de Poudre, & la Sentinelle pour les garder.

Il faudra auſſi avoir un petit Magaſin à poudre de deux Piéces en deux Piéces, qui puiſſe contenir deux tonneaux de Poudre, éloigné du recul des Piéces d'environ dix à douze pas, & couvert de faſcines, avec un petit boyau de chaque côté pour y entrer, en cas qu'on ſoit vû de la Place.

Il eſt néceſſaire que le Canon arrive à nuit fermante à la Batterie avec toutes les munitions, & qu'il y ait au moins de quoi tirer cent coups de chacune Piéce. Ces munitions ſeront remiſes dans le grand Magaſin près de la Batterie, & dans les petits qu'on aura faits à dix pas des Plattes-formes; & on ne perdra aucun tems pour faire placer les Piéces, afin qu'elles puiſſent être logées & en état de tirer la nuit-même, ſi le Général l'ordonne, ou à l'ordinaire à la pointe du jour.

Le Commiſſaire doit avoir ſoin, ſur toutes choſes, de viſiter de tems en tems le grand & les petits Magaſins, afin qu'en prenant des meſures juſtes, il ne lui manque rien, ni Poudre, ni Boulets, ni fourage. Il faut même qu'il ait toûjours des faſcines & des piquets pour racommoder les ſoirs les Epaulemens & les embraſûres: & ſur-tout, que les Plattes-formes ſoient bien nettes, & qu'il ne s'y repande point de Poudre, non plus que dans les Magaſins, afin de ne point courir le riſque du feu, qui arrive ſouvent ſans toutes ces précautions.

Manière de diſpoſer les Soldats & Canonniers pour bien ſervir & promptement les Piéces en Batterie.

1°. IL y aura deux Canonniers & ſix Soldats à chaque Piéce. Un Commiſſaire ordinaire, & un extraordinaire, deux provinciaux pour commander, l'un à droite, & l'autre à gauche de la Batterie; toûjours en ſuppoſant qu'elle ſoit de ſix Piéces.

 2°. Le

2°. Le Canonnier posté à la droite de la Piéce aura soin d'avoir un fourniment toûjours rempli de Poudre, avec deux dégorgeoirs.

Ce sera à lui à amorcer la Piéce, & à mettre les lanternes de Poudre dans l'ame de la Piéce: celui de la gauche aura soin d'aller chercher la Poudre dans un sac de cuir au petit Magasin, & d'en remplir la lanterne que tiendra son Camarade. Après quoi il remettra le sac en sûreté du feu, & prendra garde que son bouttefeu soit toûjours en état de mettre le feu à la Piéce au premier commandement du Commissaire.

3°. Il y aura trois Soldats à droite, & trois à gauche de la Piéce. Les deux premiers auront soin de refouler & écouvillonner la Piéce chacun de son côté. Le refouloir & écouvillon se doivent mettre à gauche; la lanterne à droite. Après avoir refoulé huit ou dix coups sur le fourage de la Poudre, & quatre sur celui du Boulet, ils prendront chacun un levier pour passer dans les rais du devant de la rouë; les bouts desquels passeront sous la tête de l'Affût pour faire tourner les rouës, en pesant à l'autre bout du levier du côté de l'embrasûre.

4°. Le second Soldat de la droite aura soin de faire provision de fourage, & d'en mettre de bons bouchons sur la Poudre & sur le Boulet. Son Camarade de la gauche y fera provision de 50 Boulets; & à chaque fois qu'on voudra charger la Piéce, il en ira prendre un dans ce tas, pour le mettre dans la Piéce en même tems que le fourage de la Poudre sera refoulé. Ensuite ils prendront tous deux chacun un levier qu'ils passeront sous le derrière de la rouë pour la pousser en Batterie.

5°. Les deux derniers avec leurs leviers seront au côté du bout d'Affût pour donner du flasque à droite ou à gauche suivant l'ordre du Commissaire; & tous ensemble en cet état, ils pousseront la Piéce en Batterie. Le dernier Soldat de la gauche aura encore soin de boucher la lumière pendant qu'on chargera la Piéce.

6°. Le Canonnier de la droite tiendra un levier prêt pour ar-

arrêter la Piéce au bout de ſon recul, en le traverſant ſous le devant des rouës, pour empêcher qu'elles ne retournent en Batterie avant d'être chargées.

7°. Lorſqu'on ſera obligé d'aller chercher la Poudre avec les lanternes au petit Magaſin, le même Canonnier ira avec le Soldat du bout du flaſque du même côté. Les deux ſeconds Soldats poſtés au derrière des rouës, quand les Piéces ſeront en Batterie, porteront leurs leviers ſous le premier renfort de la culaſſe pour lever & abaiſſer la Piéce, ſuivant le ſigne que le Commiſſaire qui la pointera, leur ſera de la main.

8°. Comme auſſi les deux derniers donneront du flaſque, ſuivant le ſigne de main qui touchera l'un des côtez du flaſque.

Les Canonniers & Soldats aiant chacun leurs ordres & leur poſte, le Commiſſaire ſera diligemment ſervir la Piéce, pourvû que tout ce qui eſt dit ci-deſſus, ſoit bien obſervé.

La nuit il fera rétablir ſon Embraſûre par les Canonniers & Soldats, qui releveront ceux qui auront ſervi vingt-quatre heures. S'il en eſt tué ou bleſſé quelqu'un, il aura ſoin d'en avertir le Commandant de la Batterie, afin qu'il lui en faſſe donner d'autres à la place.

Les Commiſſaires ordinaire & extraordinaire pourront ſe relever de tems en tems, ainſi que les deux provinciaux.

S'il n'y a pas d'eau près de la Batterie, il faut avoir ſoin d'en faire remplir un tonneau pour y mouiller les écouvillons, afin de refraîchir la Piéce tous les 10 ou 12 coups.

EXPLICATION DE LA FIGURE qui représente le profil d'une Batterie, avec toutes les différentes actions des Officiers qui y servent.

A *Comme on charge la Piéce.*
B *Comme on la pousse en Batterie.*
C *Comme on pointe la Piéce.*
D *Comme on y met le feu.*
E *Comme on mesure de la Poudre au petit Magasin.*
F *Comme on va querir de la Poudre au petit Magasin.*
G *Soldats qui roulent la Poudre du grand Magasin au petit.*
H *Grand Magasin à poudre.*
I *Sentinelles.*

Vous

A. On Charge la Piece. B. on la pousse en Batterie. C. on Pointe la Piece. D. on y met le Feu. E. F. G. H. Magasins à Poudre. I. Sentinelles.

VOus allez voir une manière plus détaillée & plus expliquée des proportions d'une Batterie de Canon, pour les Piéces depuis douze jusqu'à vingt-quatre livres de Boulet, laquelle donnera une idée plus juste & plus précise de tout ce qu'il faut pour construire cette Batterie suivant les régles & le terrain; avec une Table pour trouver facilement & d'un coup d'œil le nombre de Canonniers & de Soldats, les outils, fascines, piquets, masses à battre les piquets, madriers & plattes-formes, pour mettre sur pied du jour au lendemain une ou plusieurs Batteries de Piéces de vingt-quatre; comme aussi pour sçavoir positivement la Poudre & les Boulets qui y seront nécessaires pour tirer pendant un jour. Ces proportions & cette Table sont d'un de nos plus expérimentés Officiers, & qui a eu du commandement aux Ecoles d'Artillerie. Il a réduit les Proportions en Maximes, qu'il nomme générales.

Disons en passant, qu'une Piéce de vingt-quatre peut tirer 90 ou 100 coups par jour, bien entendu en Eté; en Hiver 60 à 75. Dans une nécessité elle peut tirer davantage, quelques-uns de Messieurs nos Lieutenans assûrans d'avoir fait tirer des Piéces 150 coups par jour à des Siéges; mais aussi il est fort à craindre que la lumière ne s'évase, & que la Piéce ne se rende bientôt hors de service.

Celles de seize & de douze tireront un peu plus, étant plus faciles à servir. Il y a eu même des occasions où on a tiré des Piéces 200 coups en neuf heures de tems, & 138 en cinq; mais, ou alors il n'étoit point question de Siége ni de pointer juste contre un but; ou dans ces épreuves on se servoit de Gargouges. Enfin il arrivoit que les Piéces pour être trop échauffées se courboient & se faussoient, que la lumière s'agrandissoit, & qu'elles crévoient même par quelques endroits: ainsi ce ne sont point des exemples à suivre ni auxquels on puisse se conformer.

La portée de ces Piéces de point en blanc peut aller jusqu'à environ 300 toises, chargées de Poudre de la moitié de la pesanteur du Boulet; laquelle charge il faudra diminuer à mesure que les Piéces s'échaufferont.

On a déja dit qu'on n'est guéres d'accord sur la vraie portée des Piéces.

Maximes générales dont on vient de parler.

1°. LOrsqu'un Commissaire d'Artillerie sera chargé du soin de faire une Batterie de telle quantité de Piéces que ce soit, il observera avec quelque autre Commissaire, de bien reconnoître le terrain où elle doit être située, ce qu'elle doit battre, & le chemin pour y faire voiturer le Canon & les munitions la nuit, qu'un Capitaine de charroi reconnoîtra particuliérement.

2°. Il sera bon de commencer à faire faire des fascines & des piquets pendant le jour. On demandera pour cela le nombre de Soldats marqué dans la Table ci-après, des Sergens à proportion, & quelques Officiers d'Artillerie, pour les faire faire des mesures & des proportions suivantes. Les fascines se peuvent faire de toutes sortes de bois; les meilleures sont de branches de bois blanc.

3°. La longueur des fascines ne sera pas moins de 8 à 9 pieds, liées en trois endroits de trois bons hards, jamais de paille, à cause du feu, outre qu'elles ne sont pas si fortes; le diamétre des fascines de 8 à 9 pouces. La longueur des piquets sera depuis 3 pieds jusqu'à 5; le diamétre de la tête du piquet sera depuis 2 pouces jusqu'à 3: il en faut 3 pour chaque fascine. Il sera encore bon de faire faire des fascines de 12 pieds de long liées en quatre endroits, jointes à celles de 8 à 9 pieds, pour les Embrasûres, attachées de quatre bons piquets.

4°. Lorsqu'on sera obligé de se servir des fascines de la Cavalerie, on en prendra le nombre prescrit sur la Table; parce qu'elles ne sont jamais que de 5 à 6 pieds de long, outre qu'elles ne sont pas si bonnes que celles qu'on fait faire exprès.

5°. Un Cavalier peut faire de ces sortes de fascines seize à dix-huit par jour, avec deux piquets pour chacune.

6°. Un

6°. Un Soldat en pourra faire dix ou douze de celles de Batteries, expliquées au troisième article, avec leurs piquets. Il vaut mieux avoir quarante ou cinquante fascines de reste, & des piquets à proportion, que d'en manquer seulement d'une; elles servent toûjours à racommoder les Embrasûres dans la suite.

7°. L'épaisseur des Batteries, pour être à l'épreuve du Canon ennemi, sera depuis dix-huit jusqu'à vingt-deux pieds, suivant le terrain & les Piéces auxquelles elles seront opposées. La hauteur des Embrasûres sera depuis deux pieds & demi jusqu'à trois; & la hauteur des Merlons au-dessus sera déterminée suivant le terrain où sera située la Batterie.

Si elle se trouve de niveau à ce qu'on voudra battre, ou que l'Ennemi y ait peu de commandement sur vous, les Merlons seront de bonne hauteur de 5 à 6 pieds au-dessus de la Genouillière.

Si le commandement est beaucoup supérieur du côté de l'Ennemi, il faudra les élever de sorte que les Soldats qui serviront les Piéces, ne puissent être découverts derrière le recul des Piéces.

8°. Les Embrasûres seront ouvertes du côté intérieur de la Batterie, de deux pieds, & du côté extérieur de sept à neuf pieds. Il faut observer que la Batterie soit toûjours paralléle, autant qu'il sera possible, aux ouvrages qu'on voudra battre, autrement on est obligé de dégorger les Embrasûres de biais; ce qui affoiblit entièrement un côté du Merlon. La distance du milieu d'une Embrasûre à l'autre ne sera pas moins de dix-huit pieds, ni plus de vingt.

9°. Les côtez de la Batterie, ou Epaulement, auront de longueur dix à douze pieds. Si la Batterie se trouvoit située dans un endroit où elle pût être vûe de revers de quelque ouvrage de l'Ennemi, il faut faire un angle rentrant du même côté pour couvrir le dedans.

10°. Les madriers pour Plattes-formes seront épais de deux à deux pouces & demi, la largeur d'un pied ou plus; la longueur de ceux de derrière douze à quinze pieds, réduits à huit ou neuf par devant: le heurtoir situé devant de même longueur, sa largeur & hauteur de cinq pouces, sur quatre. Toutes les Plattes-formes auront de longueur quinze à dix-huit pieds; elles auront quatre à six pouces de pente par devant, afin que les Piéces retournent facilement en Batterie après être chargées.

Il y aura encore un espace de terrain de douze à quinze pieds derrière les Plattes-formes de même niveau pour le recul des Piéces. Sur le derrière de la Batterie on fera de petits Magasins creusés en terre de deux à trois pieds, à quinze ou vingt pas derrière les Plattes-formes, couverts de planches ou fascines avec de la terre dessus pour éviter le feu; un boyau de communication pour y aller à couvert. Il ne doit y avoir qu'un tonneau ou deux de Poudre à la fois, avec une Sentinelle pour empêcher les accidens.

Le grand Magasin, pour le fond de la Batterie pendant le jour, sera éloigné des petits à vingt pas. Il faut un chariot de paille pour le fourage de six à sept Piéces, & deux paquets de mêche.

11o. Les Piéces seront armées chacune de deux lanternes, un refouloir, un écouvillon, de six ou huit leviers, deux coins de mire, un bouttefeu, & deux dégorgeoirs.

Il sera aussi nécessaire de faire porter à la Batterie une chevre, un crik, deux ou trois refouloirs & écouvillons, quelques Affûts haut-le-pied pour remonter les Piéces que l'Ennemi pourra démonter, quelques prolonges & travers.

12o. Pour servir promptement & sûrement une Piéce en Batterie, il est nécessaire d'avoir à chacune un sac de cuir assez grand pour contenir environ vingt livres de Poudre, pour remplir les lanternes sans les porter au Magasin; cela empêche les traînées de Poudre qui se font ordinairement en rapportant la lanterne du Magasin, & les accidens qui arrivent fréquemment par là. Quelques-uns se servent de barils à bourse, qui sont des futailles de bois, garnies par-dessus avec du cuir qui s'ouvre & se ferme comme un sac.

On a observé en divers Siéges que, quelques Officiers n'aiant pu achever leurs Batteries pour tirer à la pointe du jour

jour, ſe trouvoient obligés de renvoïer les Soldats juſqu'à la nuit ſuivante, pour ne pas ſçavoir, ou pour manquer de précaution à demander ce qu'il faut, ni le nombre des faſcines & piquets néceſſaires à conſtruire les Batteries.

13°. Quand on ſe trouvera dans une ſituation de terrain, où il faudra enterrer la Platte-forme d'un à deux pieds pour être de niveau à ce qu'on voudra battre, cette terre ſervira à former le Parapet de la Batterie : au contraire, ſi elle ſe fait ſur le rez de chauſſée, il faudra faire un Foſſé le long du côté extérieur de l'Epaulement, aſſez large & profond pour y prendre toutes les terres néceſſaires à former le Parapet. Si elle doit être plus élevée que le rez de chauſſée; outre le Foſſé qu'on fait devant pour le Parapet & les Merlons, on prendra celles qui doivent ſervir à élever le fond de la Batterie ou Platte-forme derrière le recul des Piéces ſur les côtez.

14°. Il faut, autant qu'il eſt poſſible, empêcher que les Soldats ou autres ne faſſent un paſſage de la Batterie, parce que cela incommode ceux qui ſervent les Piéces, & attire le feu de l'Ennemi, & eſt ſujet aux accidens par l'imprudence d'un Soldat qui pourroit fumer en paſſant. On ne peut avoir trop de prévoïance pour éviter les malheurs du feu. Il faut pour cela prier Meſſieurs les Ingénieurs de faire faire un boyau de communication à quinze ou vingt pas derrière les Magaſins de la Batterie.

15°. Quand on ſera obligé de faire une Batterie ſur un terrain marécageux, il faut ſe ſervir de Gabions faits de bonnes branches de chêne ou ſaule. Ils auront ſix à ſept pieds de diamétre, & pour le moins huit de hauteur pour chaque Merlon. Il en faut ſept, c'eſt-à-dire, trois de ſix pieds de diamétre par devant, deux de ſept pieds de diamétre dans le milieu, & deux de cinq pieds du côté extérieur de la Batterie. Elle ſera encore plus forte & plus grande ſi on en met quatre de cinq pieds de diamétre par devant, trois & deux derrière, de même diamétre.

Pour une Batterie de trois Piéces, il en faut trente, parce

ce qu'on en emploie ſix à chacun des deux côtez ou Epaulemens, ce qui fait douze ; & qu'on en met neuf pour chacun des deux Merlons, ce qui fait dix-huit. La diſpoſition & l'arrangement de ces Gabions, auſſi-bien que la plûpart des uſtenciles dont on ſe ſert pour la conſtruction d'une Batterie, ſe voient dans la figure ci à côté.

EXPLICATION DE LA FIGURE qui repréſente les Gabions, Faſcines, Hottes, Sacs à terre, Piquets, &c.

A *Hotte d'ozier à porter terre, de 14 pouces de hauteur, 14 pouces de largeur par le haut, & 4 à 5 pouces de large, & autant de long par le bas, pour le ſervice des Batteries.*

B *Panier d'ozier de 15 pouces de hauteur, 12 pouces de diamétre par en haut, & 10 pouces par en bas, pour le même uſage.*

C *Sacs de toile remplis de terre, diſpoſés de la manière qu'on les voit ſur le bord des Tranchées.*

D *Sac à terre vuide, de 29 pouces de haut, & de 15 pouces de large.*

E *Gabion de 5 pieds de large, & de 8 de haut.*

F *Gabion de 6 pieds de large, & de 8 de haut.*

G *Gabion de Tranchée de 3 pieds de large, & de 3 pieds de haut.*

H *Faſcine de 12 pieds de long.*

I *Faſcine de 9 pieds de long.*

K *Faſcine de 6 pieds de long.*

L *Piquet de 3 pieds de long.*

M *Piquet de 5 pieds de long.*

N *Maillet à frapper les piquets.*

O *Claie de 12 pieds de long, & de 6 pieds de large.*

P *Batterie de Gabions, vûe par le dedans pour le ſervice de trois Piéces.*

Q *Méche pour tracer les Batteries.*

R *Por-*

To. I. Pl. 58.
Pag. 246.
A
B
C
D
E
F
G
H
I
K
L
M
N
O
P
P
P
Q
R
S
T
T
T
1 2 3 4 5 6 pieds
2 Toi's.

R *Portière pour fermer les Embrasûres.*
S *Chandelier.*
T *Batteries à Redan de différentes manières pour battre plusieurs faces.*

On parlera plus amplement dans le second Volume de cet Ouvrage, des sacs à terre, des paniers, des hottes, & de la méche; & ce n'est que par occasion qu'on en fait mention en cet endroit-ci.

L'ouverture des Embrasûres des Batteries de Gabions sera égale aux premières.

Les Gabions étant posés, on les fera remplir de terre qu'on y apportera avec des sacs à terre des endroits les plus proches, ou de fumier mêlé avec du sable. On pourra aussi dans une nécessité les remplir de fascines faites de grosses branches.

Pour le fond des Plattes-formes ou Batteries, on fera un lit ou deux de fascines avec des claies par-dessus, de douze à quinze pieds de long, de six à sept de large, sur lesquelles il faudra mettre deux à trois pouces de terre pour faire le lit des Plattes-formes, & y poser les madriers ensuite, afin que les Piéces y puissent tirer solidement.

16°. A l'égard des Batteries qui se feront sur le roc où la terre est rare, on se servira de Gabions comme ci-dessus, de sacs à terre ou de balots de laine. C'est au Commissaire d'Artillerie qui commande la Batterie, à demander au Lieutenant de l'équipage tout ce dont il a besoin pour faire bien exécuter sa Batterie.

Si on se sert d'un boyau de Tranchée pour faire une Batterie proposée d'un certain nombre de Piéces, il faut diminuer le quart des Soldats expliqués dans la Table pour la construire; parce que c'est déja une avance, outre qu'on y peut travailler pendant le jour étant à couvert.

Quand on sera obligé de la tracer sur un terrain à découvert, on ne doit commencer qu'à l'entrée de la nuit, aiant auparavant mesuré de la mêche pour la longueur qu'elle doit avoir, tant derrière que devant.

La mêche étant posée sur le terrain reconnu, & paral-

léle

léle à ce qu'on voudra battre; on fera mettre des faſcines le long de la mêche pour le fondement de la Batterie, & ſur les côtez avec de bons piquets.

Voïez l'article 13, qui explique où il faut prendre la terre pour élever le Parapet. Après quoi on diſpoſera les Travailleurs de trois en trois pieds, d'autres à piquetter les faſcines & ranger les terres ſur l'Epaulement.

Quand on fera un Foſſé derrière la Batterie, il faudra y laiſſer une Berme de deux pieds ſeulement. Après ces Maximes ſuit la Table.

AU

TABLE POUR TROUVER FACILEMENT CE QUI EST NECESSAIRE A CONSTRUIRE

une ou plusieurs Batteries de Piéces de vingt-quatre du jour au lendemain, & pour les faire tirer pendant un jour.

Batteries de Piéces de vingt-quatre.	Longueur d'une Batterie.		Soldats pour construire la Batterie ; il en faut ce qui suit.	Autres Soldats pour faire les Fascines & Piquets, avec chacun une serpe & quelques haches.	Outils de toutes sortes, suivant le terrain où on se trouvera ; il en faut ce qui suit.	Fascines de 2 longueurs faites exprès pour Batterie.		Autres Fascines faites par la Cavalerie, de 5 à 6 pieds, le diamétre de 5 à 6 pouces ; quand on sera obligé de s'en servir il en faut ce qui suit.	Piquets de 3 à 6 pieds de long, le diamétre depuis 1 pouce, & ½ jusqu'à 3 par la tête ; il en faut ce qui suit.	Masses pour enfoncer les Piquets ; il en faut ce qui suit.	Serpes pour les Embrasures ; outre lesquelles il faut deux haches par Batterie.	Madriers pour servir à faire les Plattes-formes de 2 à 2 pouces ½ d'épaisseur ; il en faut ce qui suit.	Canonniers pour servir les Piéces en Batterie ; il faut ce qui suit.	Soldats pour servir les Piéces en Batterie ; il en faut ce qui suit.	Poudre pour tirer pendant un jour des Piéces de 24, à raison de 100 coups par Piéce, chargée de 12 l. de poudre chaque fois.	Boulets de 24 livres ; il en faut pour un jour ce qui suit.
	Toises ; il en faut ce qui suit.	Ou pas communs de 2 pieds & ½ ; il en faut ce qui suit.				De celles de 8 à 9 pieds, le diamétre de 8 à 9 po. il en faut ce qui suit.	De celles de 12 pieds même diamétre que les premiéres, pour les Embrasûres il en faut.									
De 2 Piéc.	7	17	50	15	70	120	40	200	520	10	4	32	4	12	2400	200
De 3 Piéc.	10	24	60	20	85	165	60	300	740	14	6	48	6	18	3600	300
De 4 Piéc.	13	31	70	25	100	210	80	400	960	18	8	64	8	24	4800	400
De 5 Piéc.	16	38	80	30	115	255	100	500	1180	22	10	80	10	30	6000	500
De 6 Piéc.	19	46	90	35	130	300	120	600	1400	26	12	96	12	36	7200	600
De 7 Piéc.	22	53	100	40	145	345	140	700	1620	30	14	112	14	42	8400	700
De 8 Piéc.	25	60	110	45	160	390	160	800	1840	34	16	128	16	48	9600	800
De 9 Piéc.	28	67	120	50	175	435	180	900	2060	38	18	144	18	54	10800	900
De 10 Piéc.	31	74	130	55	190	480	200	1000	2280	42	20	160	20	60	12000	1000
De 11 Piéc.	34	82	140	60	205	525	220	1100	2500	46	22	176	22	66	13200	1100
De 12 Piéc.	37	89	150	65	220	570	240	1200	2720	50	24	192	24	72	14400	1200
De 13 Piéc.	40	96	160	70	235	615	260	1300	2940	54	26	208	26	78	15600	1300
De 14 Piéc.	43	103	170	75	250	660	280	1400	3160	58	28	224	28	84	16800	1400
De 15 Piéc.	46	110	180	80	265	705	300	1500	3380	62	30	240	30	90	18000	1500
De 16 Piéc.	49	118	190	85	280	750	320	1600	3600	66	32	256	32	96	19200	1600

AU Siége de Mons on païa 300 liv. pour chacune grosse Piéce mise en Batterie.

150 liv. pour chacune des petites.

400 liv. pour chacune des Piéces mises dans un Ouvrage-à-corne, où il falloit plus s'exposer.

450 liv. pour un Epaulement fait au bord du fossé de la première Demi-lune prise, qui étoit destiné pour loger trois Piéces, lesquelles n'y furent pas menées.

Ceci est pour faire voir comment on paie ces ouvrages, quoiqu'ils n'aient pas servi.

10 liv. par vingt-quatre heures pour la subsistance de chacune des grosses Piéces qui furent mises en Batterie, c'est-à-dire, 5 liv. par nuit.

Au mois d'Octobre *1696*, au Siége de Valence il en a coûté 300 liv. par chacune Piéce de vingt-quatre, mise en Batterie.

Et 15 liv. par jour, & autant par nuit, pour leur subsistance.

Pour mettre des Piéces de huit en Batterie, il n'en a coûté que 200 liv. pour chacune.

Et leur subsistance à été païée à raison de 12 liv. par jour, & autant pour la nuit.

Pour une Piéce de vingt-quatre, mise en Batterie dans le fossé de la Demi-lune, on a païé 400 liv.

Et 20 liv. par jour & autant par nuit pour sa subsistance.

A la canonnade de Liége la subsistance des Piéces fut païée à raison de 10 liv. pour les grosses Piéces par jour & par nuit, qui est 5 liv. le jour, & 5 liv. la nuit.

Et de 50 s. par jour, & 50 s. par nuit pour chacune des petites, quelques-unes même de ces Piéces aiant tiré à Boulets rouges.

On paie aussi 200 liv. pour chaque Mortier de 12 & de 8 pouces qui se met en Batterie, & pour une demi Batterie on ne donne que 100 liv.

La subsistance de chaque Mortier se paie à raison de 16 liv. par chaque Mortier pendant vingt-quatre heures. Il n'en a pas été païé davantage au Siége de Valence.

A l'égard des Barbettes, comme il ne se construit point de Batterie, on donne seulement 10 liv. de subsistance par nuit pour chaque Piéce de Batterie.

Tirer à barbette, c'est exécuter la Piéce à découvert sur le bord du Fossé sans Epaulement, & avec une Platte-forme de niveau sans Epaulement. On ne tire que rarement à barbette le jour, car il y auroit trop de péril.

C'est le Commissaire provincial qui commande la Batterie, qui donne de petits certificats aux Sergens & Soldats qui ont travaillé à la construction des Batteries & au service des Piéces, sur lesquels certificats ou billets le Trésorier de l'équipage les paie.

Et lorsqu'il s'agit de faire le décompte des Batteries & de la subsistance des Piéces, le Trésorier rapporte ces billets, qui sont les premiers déduits sur la somme totale.

Ce qui reste, est partagé aux Officiers comme il plaît à M. le Grand-Maître.

Quand à la dépense des Plattes-formes, M. de la Frézelière a acheté autrefois pour des Plattes-formes à Huningue, des madriers de bon bois de chêne coupé dans le décours de la Lune, dont un tiers de 10 pieds de long, un autre tiers de 12 pieds, & l'autre tiers de 14, aiant tous ces madriers 2 pouces d'épaisseur, & du moins un pied de largeur, moyennant 2 s. 6 d. pour chaque pied courant.

TITRE IX.

Pierriers & leurs Affûts.

PAr les Pierriers il faut entendre Mortiers-pierriers, qui sont véritablement une espéce de Mortiers, avec lesquels on jette des pierres dans une Ville assiégée, dans des Tranchées, & sur des ouvrages: on jette même des Grénades.

On se servoit bien autrefois de certaines petites Piéces de Canon qu'on appelloit Pierriers, qui étoient ouvertes du côté de leur culasse pour recevoir une boëte de même

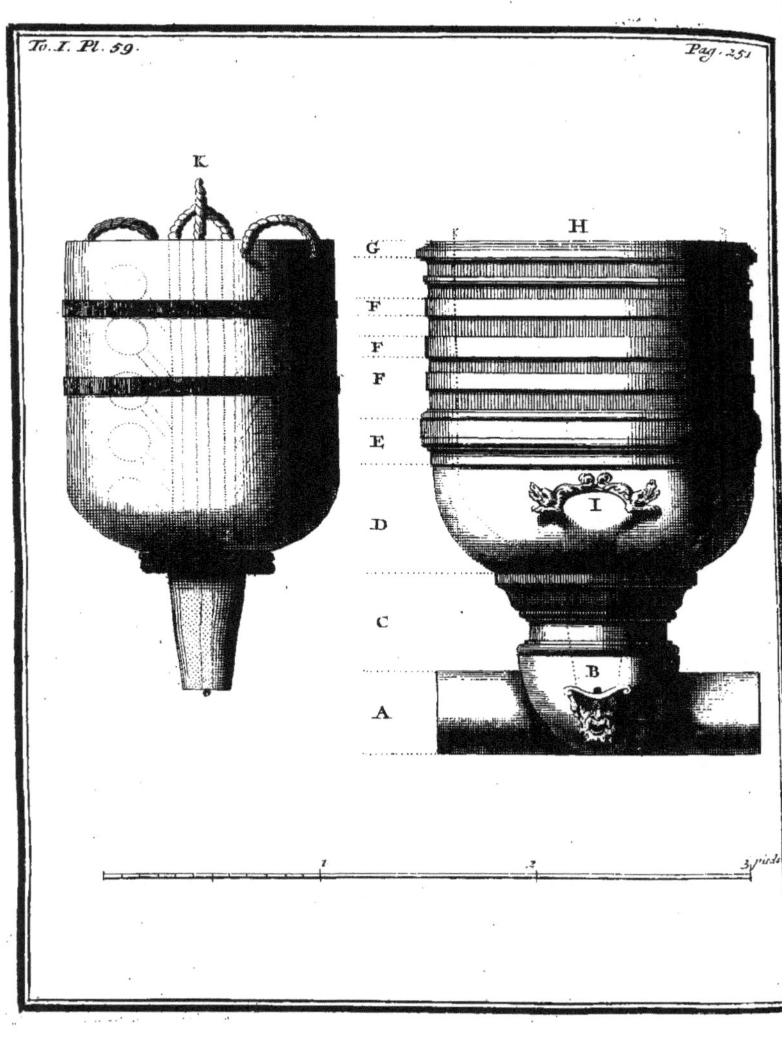
K
H
G
F
F
F
E
D
I
C
B
A
1
2
3 pieds

me métal, qu'on ôtoit & remettoit quand on vouloit, & qui faisoit le même effet que la culasse, & qu'on chargeoit par là : mais on ne s'en sert plus présentement sur terre, & on refond tous ceux qu'on trouve encore dans quelques Places.

Il y a des Pierriers ou Perriers pour la Marine ; il ne s'agit pas de cela ici.

Il faut revenir aux Mortiers-Pierriers.

EXPLICATION DES PARTIES d'un Pierrier à la Françoise.

A *Les tourillons.*
B *Le mufle avec la lumière sur la culasse.*
C *Le renfort avec ses moulures.*
D *Le ventre.*
E *Platte-bande du renfort de volée avec ses moulures.*
F *Les cercles ou renforts sur la volée.*
G *Le bourrelet.*
H *L'embouchure.*
I *Anse.*
K *La boëte faite exprès pour y mettre des Grénades & les allumer d'un même feu.*
L'ame, ce qui est ponctué depuis le bourrelet jusqu'au bas du ventre.
La chambre, ce qui est ponctué depuis le ventre jusqu'à la lumière.

UN Mortier-Pierrier qui pése ordinairement 1000 l., & dont la portée la plus longue est de 150 toises chargé de deux livres de poudre, a 15 pouces de diamétre à sa bouche, & de hauteur deux pieds 7 pouces.

La profondeur de l'ame, d'un pied 7 pouces.

La profondeur de la chambre évasée par le haut, sans y comprendre l'entrée où se met le tampon, 8 pouces.

Les tourillons ont de diamétre 5 pouces.

La chambre doit entrer d'un pouce dans les tourillons.

L'épaiſſeur du métal au droit de la chambre, 3 pouces.

L'épaiſſeur du ventre, 2 pouces.

Et le long de la volée, 1 pouce & $\frac{1}{2}$.

Et au droit de chaque cercle, 1 pouce & $\frac{3}{4}$.

L'anſe ſe place au ventre. Il y a un mufle ou maſque qui ſert de baſſinet à la lumière, comme il eſt marqué à la figure.

Son Affût eſt d'une piéce de bois de 5 pieds de long, 18 ou 20 pouces de large, & 12 à 14 pouces d'épais.

On y fait ſous les bouts une entaille de 6 pouces de largeur & de 4 de profondeur, pour le tourner à droite & à gauche.

Les ferrures ſont marquées dans la figure qui ſuit.

EXPLICATION DES PARTIES d'un Affût à Pierrier.

LE flaſque qui eſt de bois de chêne, doit être coupé en bonne ſaiſon.

A *Plan de l'Affût.*
B *Profil de l'Affût*
C *Deux crampons ſervans de ſusbandes pour les tourillons.*
D *Quatre boulons à droite & à gauche pour l'avancer ou reculer.*

TITRE

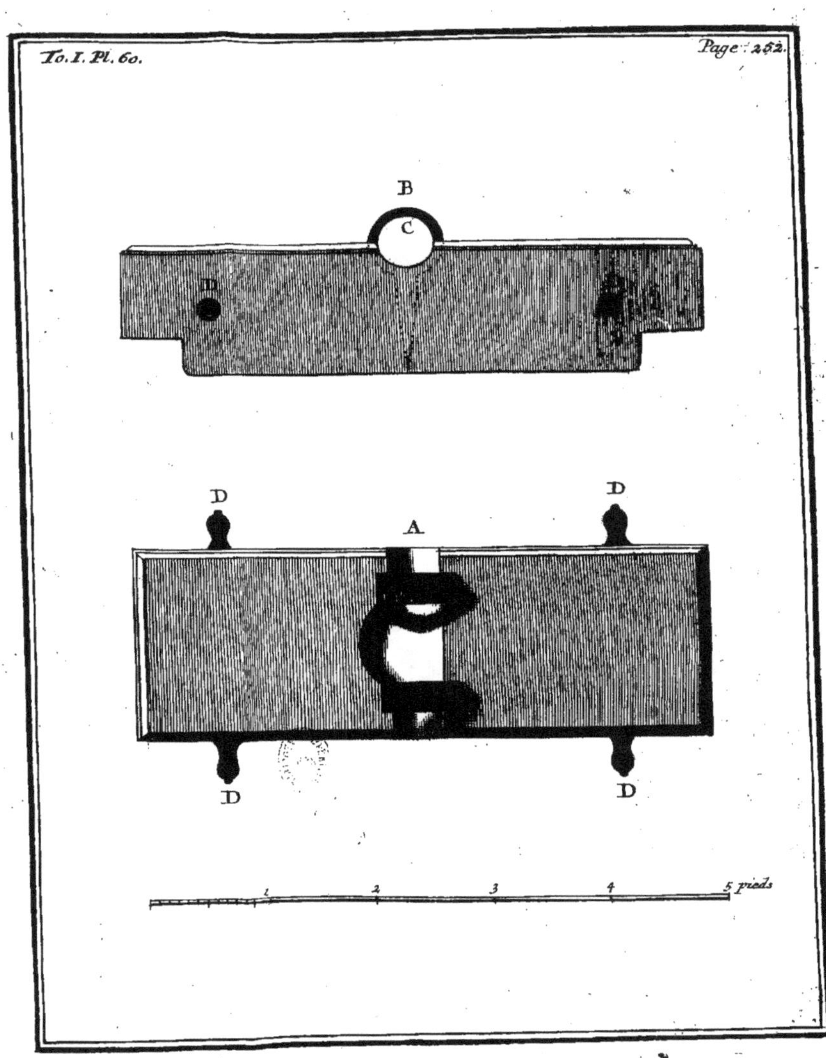
B
C
D
D
A
D
D
D
1
2
3
4
5 pieds

K
I
H
G
F
E
D
C
A
B
C
L
N
M

TITRE X.

Mortiers à Bombes.

IL y a de plusieurs sortes de Mortiers.

Il y en a à l'ancienne manière de 6, 7, 8, 9, 10, 11, 12, & 18 pouces de diamétre à leur bouche.

Et qui contiennent dans leurs chambres 2, 3, 4, 5, 6 & 12 livres de Poudre.

La chambre où se met la Poudre est en cylindre, c'est-à-dire, de même largeur par-tout, & le fond en est un peu arrondi.

Ceux de la nouvelle invention, ou à l'Espagnole, ont une chambre concave.

De ces derniers il y en a qui ont 12 pouces & ½ à la bouche, & qui contiennent dans leurs chambres 18 livres de Poudre.

D'autres 12 livres.

Et d'autres 8 livres.

EXPLICATION DES PARTIES d'un Mortier de douze pouces, contenant six livres de Poudre dans sa chambre.

A *La culasse.*
B *La lumière avec son bassinet.*
C *Les tourillons.*
D *L'astragalle de la lumière.*
E *Le premier renfort.*
F *Platte-bande de renfort chargée de son anse & avec ses moulures.*
G *La volée avec son ornement.*
H *L'astragalle du collet.*
I *Le collet.*
K *Le bourrelet.*

L *L'embouchure.*
L'ame, ce qui est ponctué depuis la bouche jusqu'au dessous de la platte-bande.
La chambre ponctuée depuis le dessous de la platte-bande jusqu'à la lumière.
M *Bombe pour le Mortier.*
N *Coupe de Bombe avec sa fusée*

Les proportions des Mortiers sont ci-après ; & on y a même joint celles des Bombes qui leur sont propres, pour faire voir tout d'un coup le rapport qu'il y a des uns aux autres, quoiqu'on se réserve à parler plus amplement des Bombes au Chapitre qui en traite. Ces proportions ont été prises sur les Mortiers & les Bombes dont on se sert en Flandres, par feu M. Bourdaise, l'un des plus anciens Provinciaux de l'Artillerie, & des plus consommés dans le métier, & approuvées par M. de Vigny.

Proportions des Mortiers & des Bombes de toutes sortes.

LE Mortier *A* qui jette une Bombe de 17 pouces 10 lignes de diamétre, a l'ame de 27 pouces & ½ de long, & de diamétre 18 pouces 4 lignes: il a d'épaisseur entre le bourrelet & son petit renfort 3 pouces & ½ ; son petit renfort a 3 pouces & ¾ d'épaisseur; son grand a 4 pouces; l'entrée de sa chambre a 5 pouces & ½ de diamétre ; la chambre en forme de poire a 13 pouces de longueur, & 7 pouces & ½ de diamétre à son plus large, & aussi 7 pouces & ½ d'épaisseur de métal autour; & contient 12 livres de Poudre.

Les tourillons du Mortier ont 32 pouces de long, d'un bout à l'autre, & 9 de diamétre.

Le Mortier a de hauteur 4 pieds 4 pouces.

La Bombe a 17 pouces 10 lignes de diamétre, 2 pouces d'épaisseur par-tout, excepté le culot qui a 2 pouces 10 lignes; sa lumière est de 20 lignes d'ouverture, dedans & dehors.

La

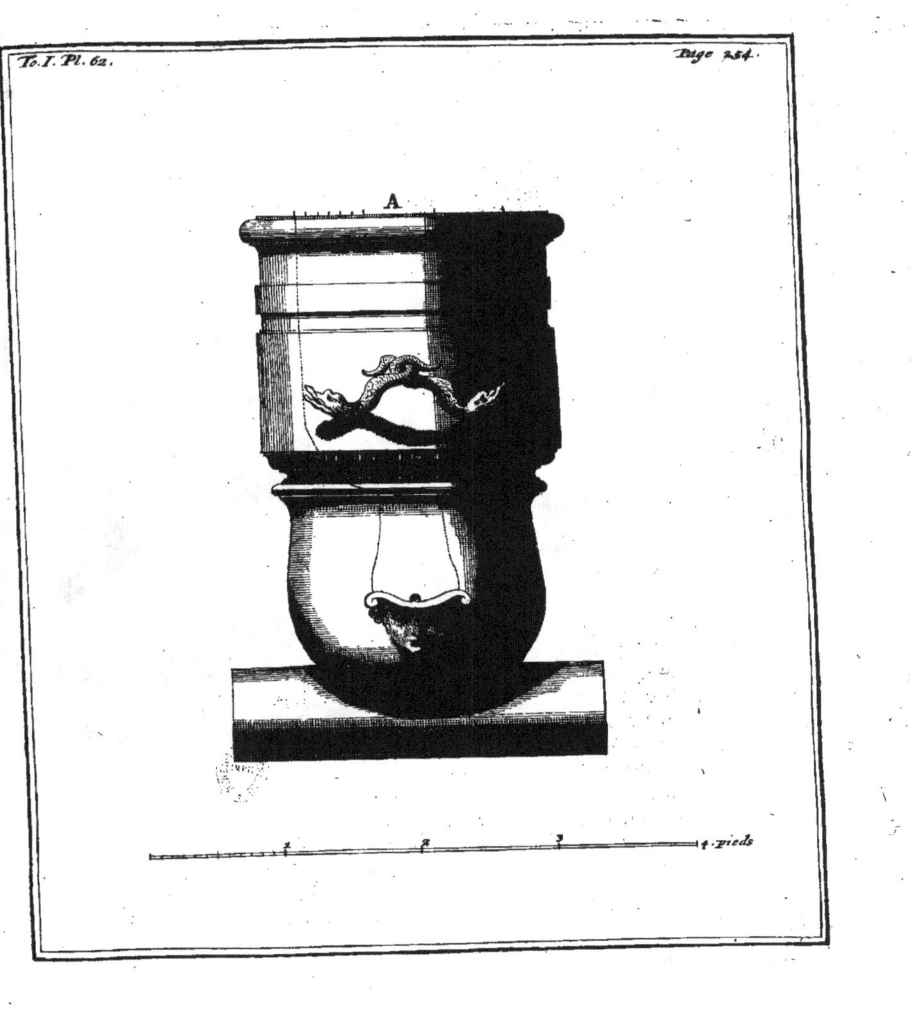
A
1
2
3
4. pieds

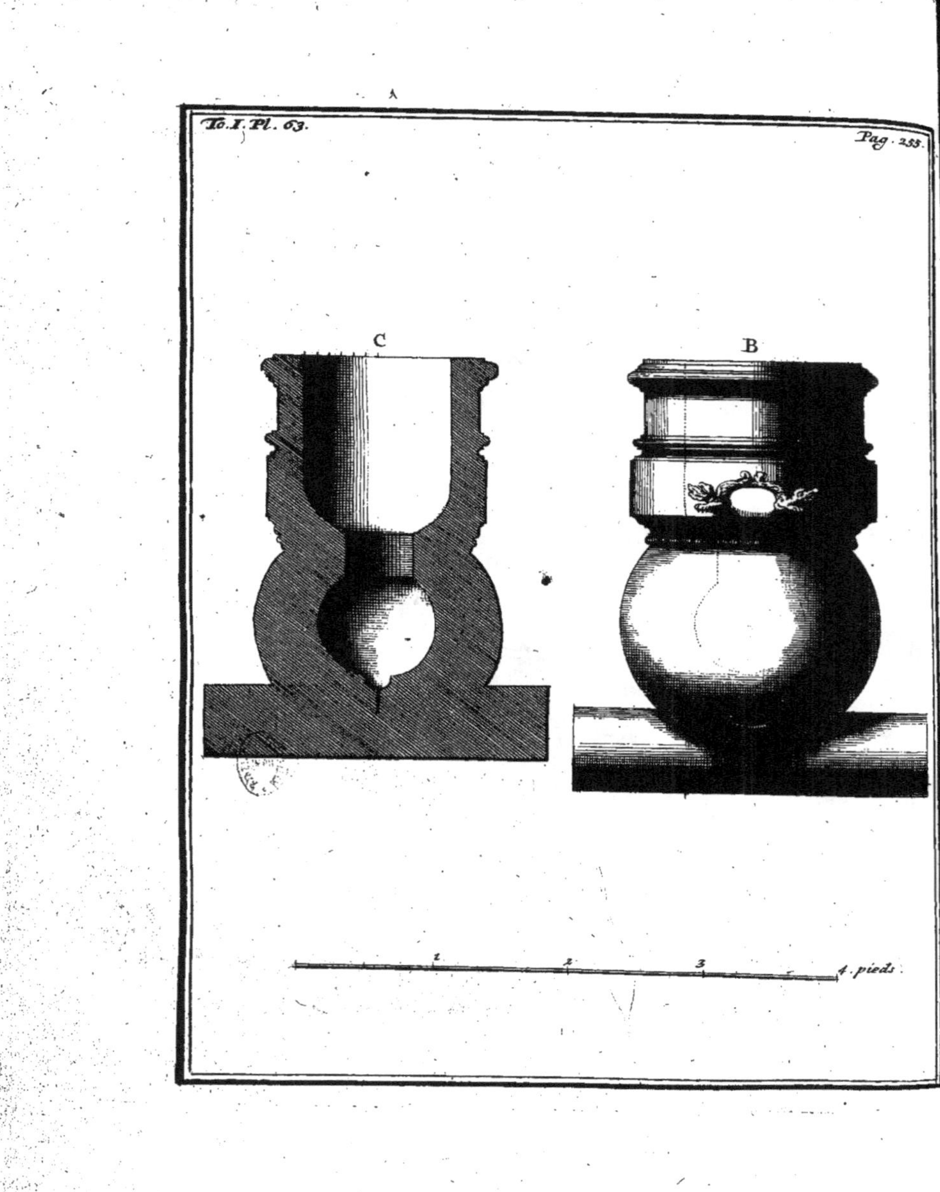
To. I. Pl. 63.
Pag. 255.
C
B
1
2
3
4. pieds.

La Bombe contient 48 livres de Poudre, & péſe 490 l., & un peu plus.

LE Mortier concave *B*, dont la chambre contient dix-huit livres de Poudre, a l'ame de 12 pouces & ½ de diamétre, & de 18 pouces & ½ de longueur : il a d'épaiſſeur entre le bourrelet & ſon renfort 3 pouces & ½ ; ſon renfort a 4 pouces & ½ d'épaiſſeur.

Sa chambre a 9 pouces 7 lignes de diamétre à ſon plus large ; la portion de cette chambre par en haut a 6 pouces de diamétre, & de hauteur 4 pouces ; la portion d'en bas 2 pouces & ⅔, & l'épaiſſeur du métal à l'entour de la chambre a 6 pouces 9 lignes.

Les tourillons ont d'un bout à l'autre 31 pouces & ½ de long, & 8 pouces de diamétre.

Le Mortier a de hauteur 3 pieds 5 pouces 4 lignes.

Il jette une Bombe de 11 pouces 8 lignes de diamétre, qui a 1 pouce 4 lignes d'épaiſſeur par-tout, hors à ſon culot qui a 1 pouce 8 lignes.

Sa lumière a 16 lignes d'ouverture par deſſus & par dedans. La Bombe contient 15 livres de Poudre, & péſe 130 l. ou environ.

LE Mortier concave *C*, dont la chambre contient douze livres de Poudre, a l'ame de 12 pouces 6 lignes de diamétre, & de 17 pouces 6 lignes de longueur.

Il a d'épaiſſeur entre le bourrelet & ſon renfort 2 pouces & ½.

Son renfort a d'épaiſſeur 3 pouces.

Sa chambre a de diamétre à ſon plus large 9 pouces 6 lignes.

La portion de cette chambre par en haut a 5 pouces 4 lignes de diamétre, & de hauteur 3 pouces 6 lignes.

La portion d'en bas a 2 pouces.

L'épaiſſeur du métal à l'entour de la chambre a 6 pouces.

Les tourillons ont d'un bout à l'autre 30 pouces de long, &

& 7 pouces de diamétre.

Le Mortier a de hauteur en tout, 3 pieds 2 pouces.

Il jette une Bombe de 11 pouces 8 lignes de diamétre, qui a 1 pouce 4 lignes d'épaiſſeur par-tout, hors à ſon culot qui a 1 pouce 8 lignes.

Sa lumière a 16 lignes d'ouverture par deſſus, & par dedans.

La Bombe contient 15 livres de Poudre, & péſe 130 l.

LE Mortier *D* qui a la chambre concave, contenant huit livres de Poudre, doit jetter une Bombe de 11 pouces 8 lignes.

Il eſt de 12 pouces ½ de diamétre.

Il a l'ame de 18 pouces de longueur.

Epaiſſeur à ſa volée, 2 pouces & ½.

Son renfort de 6 pouces de long, & 3 pouces d'épaiſſeur.

Sa chambre concave a 8 pouces 8 lignes de longueur, & 7 pouces de diamétre.

Epaiſſeur du métal autour, 5 pouces.

Ses tourillons de 30 pouces de long, d'un bout à l'autre, & de 7 pouces de diamétre.

La chambre concave contient 8 livres de Poudre.

Il jette une Bombe pareille à celle ci-devant.

LE Mortier ordinaire *E* qui jette une Bombe de 11 pouces 8 lignes, a l'ame de 12 pouces de diamétre, & de 18 pouces de long.

Il a d'épaiſſeur au collet 2 pouces.

Au renfort 2 pouces & ½.

Sa chambre a de longueur 9 pouces & ½.

Son diamétre eſt de 5 pouces & ¼.

Epaiſſeur du métal autour de la chambre, 4 pouces.

La chambre contient 6 livres de Poudre.

Les tourillons ont de long, d'un bout à l'autre, 28 pouces; le diamétre eſt de 8 pouces.

La Bombe pareille à celle du Mortier ci-devant.

JE

D
E
12. po
1
2
3 pieds

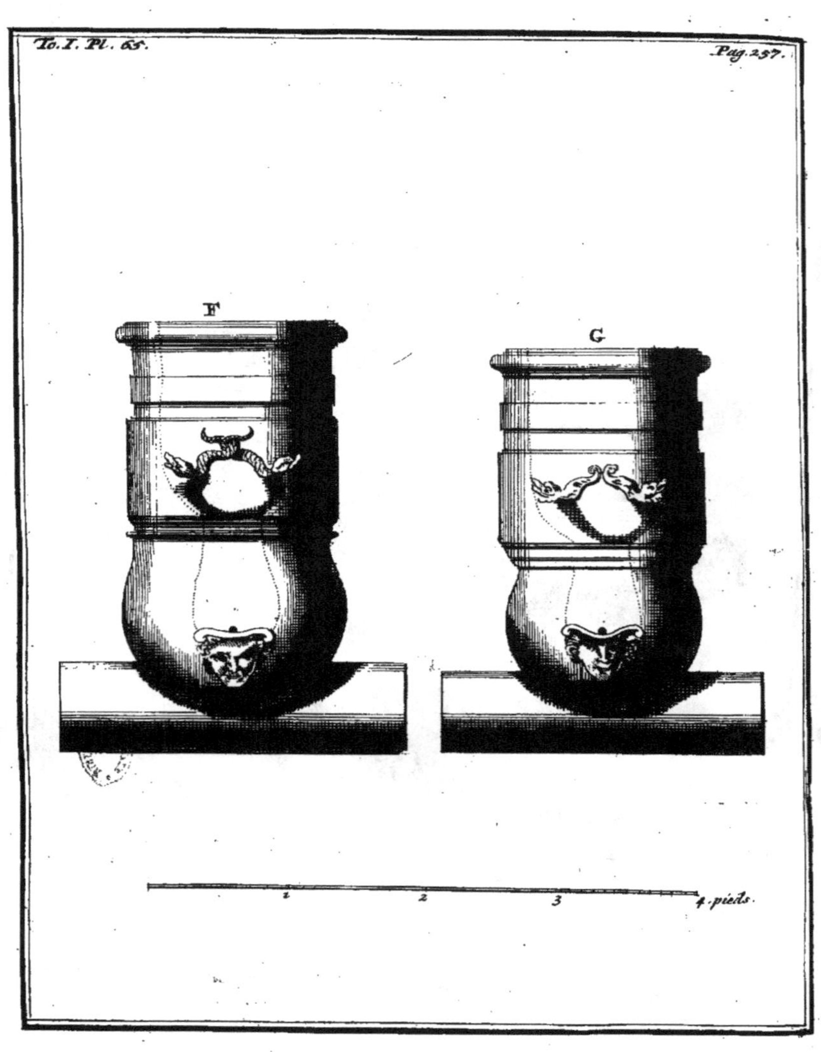
F
G
1
2
3
4. pieds.

JE joins ici la figure de deux Mortiers *F* & *G*, aiant la chambre faite en poire, & dont il en a été fondu plusieurs en Flandres.

POur le Mortier qui jette une Bombe de 8 pouces de diamétre, je n'en donne point de figure, non plus que de celui de *6* pouces qui suit; car ils ne différent en rien, pour leur forme, du Mortier à l'ordinaire.

Ce Mortier donc pour Bombe de 8 pouces, a l'ame de 12 pouces de longueur, & de 8 pouces 4 lignes de diamétre.

Il a d'épaisseur à sa volée 1 pouce 4 lignes.

Son renfort a 4 pouces 8 lignes de long, & 1 pouce 8 lignes d'épaisseur.

Sa chambre a de longueur *6* pouces, & de diamétre 2 pouces 8 lignes.

La chambre a 2 pouces 8 lignes d'épaisseur de métal, & depuis le fond jusqu'au derrière de la culasse du Mortier, 5 pouces 4 lignes, & tient 1 livre & $\frac{3}{4}$ de Poudre.

Les tourillons ont de longueur 18 pouces 8 lignes, & de diamétre 4 pouces 8 lignes.

La Bombe de 8 pouces de diamétre a 10 lignes d'épaisseur par-tout, hors le culot qui en a 13; sa lumière 1 pouce de diamétre par dessus, & par dedans.

La chambre tient 4 livres de Poudre; & cette Bombe pése 40 livres.

LE Mortier qui doit jetter une Bombe de *6* pouces, a l'ame de *6* pouces & $\frac{1}{4}$ de diamétre, & de longueur *9* pouces.

Il a d'épaisseur à sa volée 1 pouce.

Son renfort 1 pouce & $\frac{1}{4}$ d'épaisseur, & 3 pouces $\frac{1}{2}$ de longueur.

Sa chambre a 4 pouces & $\frac{1}{2}$ de longueur, & 2 pouces de diamétre.

Epaisseur du métal 2 pouces, & depuis le fond de la chambre jusqu'au derrière de la culasse du Mortier, 4 pouces d'épaisseur.

DAns le département de M. le Marquis de la Frézelière les petits Mortiers de ce diamétre sont conformes à ce dessein.

Le Mortier *H* est de 9 pouces 2 lignes de diamétre; sa Bombe est de 9 pouces.

Le Mortier *I* est de 8 pouces 2 lignes; sa Bombe est de 8 pouces.

La troisième figure marquée *K*, est la coupe du Mortier de 9 pouces 2 lignes, avec sa Bombe.

Mais les gros Mortiers à chambre concave ressemblent à celui-ci, qui porte dans sa chambre 8 livres de Poudre.

Ce dessein m'a été autrefois donné par le Sieur Balard, Fondeur Piémontois, qui a fondu à Paris, à Bezançon, & à Brisac: & comme il y avoit joint la figure d'une Piéce de 24 de sa façon à chambre concave, je l'y ai laissée, quoique ce ne soit pas ici naturellement sa place.

Les Mortiers ordinaires sont bons pour bombarder une Place de près, portant la Bombe à 45 degrez d'élévation, & à 700 toises de distance, la chambre chargée de 5 ou 6 livres de Poudre, qui est la plus grande charge & la plus longue portée.

Il semble inutile de dire, que plus on sera près d'une Place, moins il faudra de Poudre.

Les Mortiers à chambre concave de même diamétre, c'est-à-dire de 12, & 12 pouces & ½, pointés à 45 degrez, sont bons pour bombarder les Places de loin: ils portent leurs Bombes depuis 1200 jusqu'à 1800 toises.

Ceux dont la chambre contient 8 livres de Poudre, porteront la Bombe à 1200 toises, & pésent deux milliers.

Ceux de 12 livres de Poudre porteront 1400 toises, & pésent 2500 livres.

Ceux de 18 livres de Poudre porteront 1800 toises, & pésent 5000 livres. Du vivant de M. Dumetz on fit, comme on a déja dit, une épreuve d'un de ces Mortiers à 18 livres de Poudre, pointé à 45 degrez; il ne porta que 1500 toises. Cela n'est pas toûjours égal.

Ces

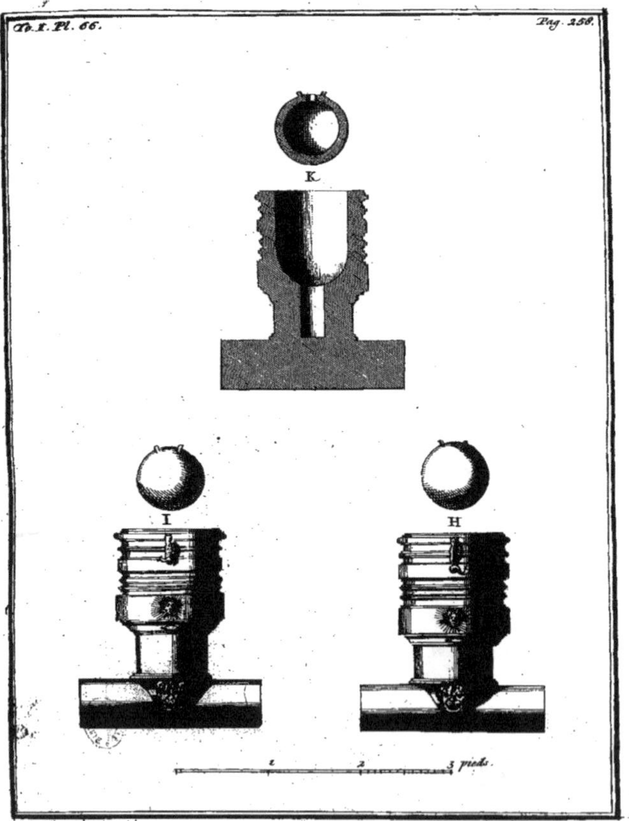
To. I. Pl. 66.
Pag. 258.
K
I
H
1
2
3 pieds.

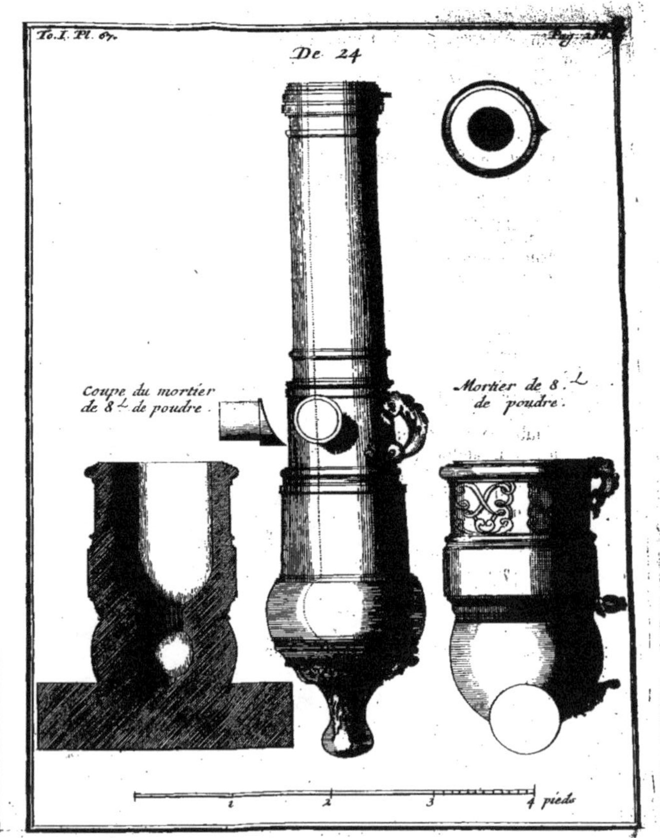
To. I. Pl. 67.
De 24
Coupe du mortier
de 8 L de poudre.
Mortier de 8 L
de poudre.
1
2
3
4 pieds

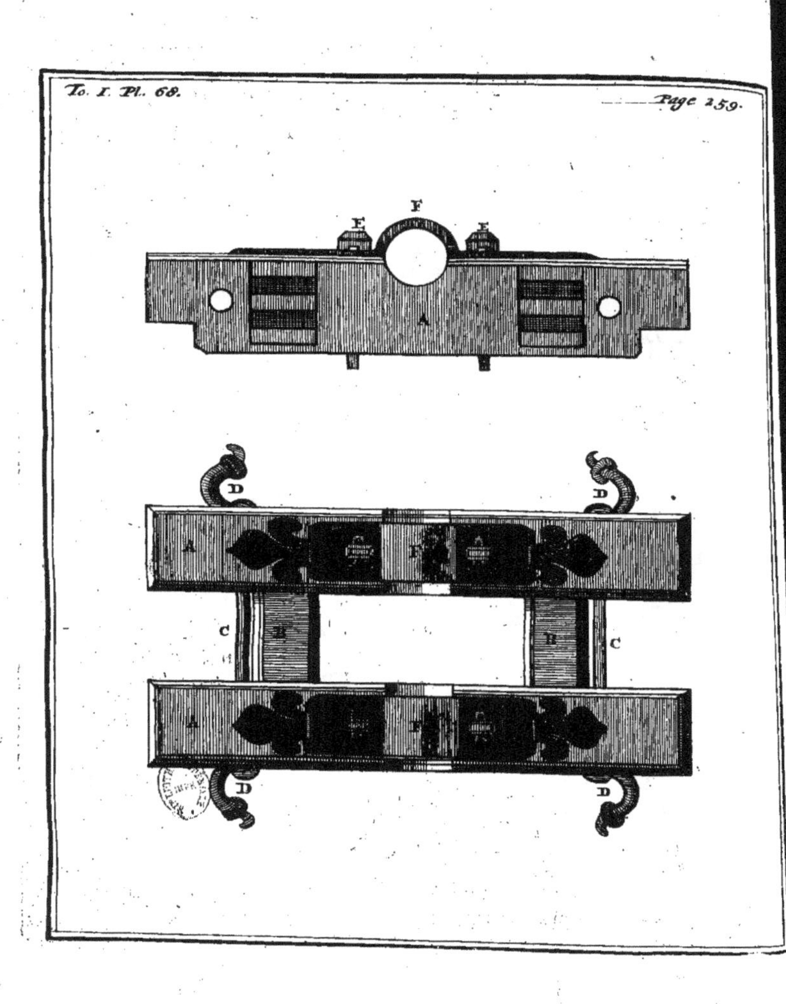
To. I. Pl. 68.
Page 259.
F
E
E
A
D
D
A
F
C
B
B
C
A
F
D
D

Ces derniers sont propres pour les Galiottes de la Marine.

Il faut expliquer les parties de l'ancien Affût de bois qui sert aux Mortiers ordinaires de 12 pouces.

EXPLICATION DE LA FIGURE d'un Affût de bois pour Mortiers de 12 pouces, contenant dans sa chambre 6 l. de Poudre.

A *Deux flasques d'orme.*
B *Deux entretoises de chêne.*
Il y a d'autres Affûts de bois pleins par-tout.
C *Deux boulons de traverse contre les deux entretoises.*
D *Quatre crochets de retraite servant de contrerivûres.*
E *Quatre chevilles à tête de diamant.*
F *Deux susbandes.*
Deux susbandes qui ne se voient pas.
Deux bandes de fer par-dessous l'Affût qui servent de contrerivûres aux chevilles à tête de diamant, qui ne se voient pas.

Proportions d'Affûts de bois à Mortier, comme M. de Vigny *les fait faire en Flandres.*

L'Affût pour Mortier de 12 pouces de diamétre doit être de 6 pieds de long, les flasques de 12 pouces de hauteur & de 10 d'épaisseur. Il lui faut deux entretoises qui se placent une à chaque bout de l'Affût; elles doivent avoir 11 pouces de hauteur & 8 d'épaisseur.

Les tourillons sont placés dans le milieu de l'Affût, & les entretoises à 14 pouces de distance du milieu des tourillons.

L'Affût de 18 doit avoir 4 pieds de long, les flasques de 11 pouces de hauteur & de 6 d'épaisseur, les deux entretoises de 10 pouces de hauteur & de 6 d'épaisseur, & se placent à chaque bout de l'Affût à distance de 11 pouces des tourillons qui sont au milieu de l'Affût.

La ferrure est composée de deux boulons de traverse, quatre crochets de retraite, deux sousbandes & deux susbandes, deux chevilles à tête platte, & deux à tête de diamant de chaque côté, qui font quatre de chaque façon, avec deux contrerivûres qui se mettent par-dessous, & qui ont quatre trous chacune où on les encastre.

LEs Affûts de bois à Mortier à Bombes de 8 pouces, sont pareils à cette figure.

Les bois de ces Affûts de 8 pouces, reviennent à 4 liv. 10 s.

La façon, 1 liv.

La ferrure qui pése 70 l., à 2 s. 6 d. la livre.

A l'égard des Affûts à Mortier de 12 pouces, ils reviennent environ à 16 liv.

La façon, 2 liv. 10 s.

La ferrure pesant 170 l., à 2 s. 6 d. la livre.

Les autres à proportion.

A Grenoble on en a fait quelquefois d'une autre maniè-re pour les Mortiers de 9 pouces 3 lignes de diamétre.

Les flasques ont de longueur 5 pieds.

De hauteur 22 pouces.

D'épaisseur 7 pouces.

Il y a quatre entretoises qui ont 7 pouces en quarré.

Les flasques sont éloignés l'un de l'autre de la largeur de 14 pouces, le tout de bon bois d'orme.

L'Affût est ferré par les quatre bouts. Les flasques ont une bande de fer dans les tourillons, laquelle a une *L* de chaque côté, de la longueur de 20 pouces, qui sert de sousbande, & qui est proche du tourillon, de l'épaisseur d'un pouce.

Il y a quatre chevilles à tête platte à chaque flasque; la susbande passe par dedans: il y a une charnière au bout de la susbande; & on met quatre boulons à tête de diamant à six pouces du bout du flasque.

A côté de chaque flasque sont posées deux bandes de fer, qui sont encastrées dans les flasques, qui vont d'une en-

tre-

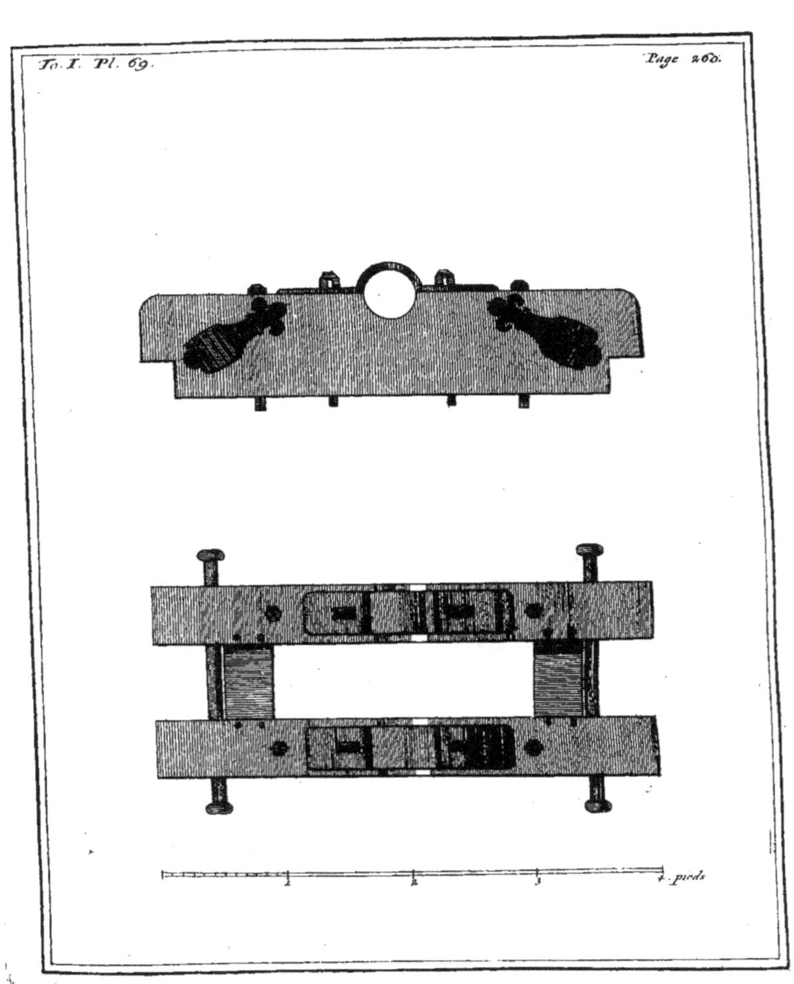
1
2
3
4. pieds

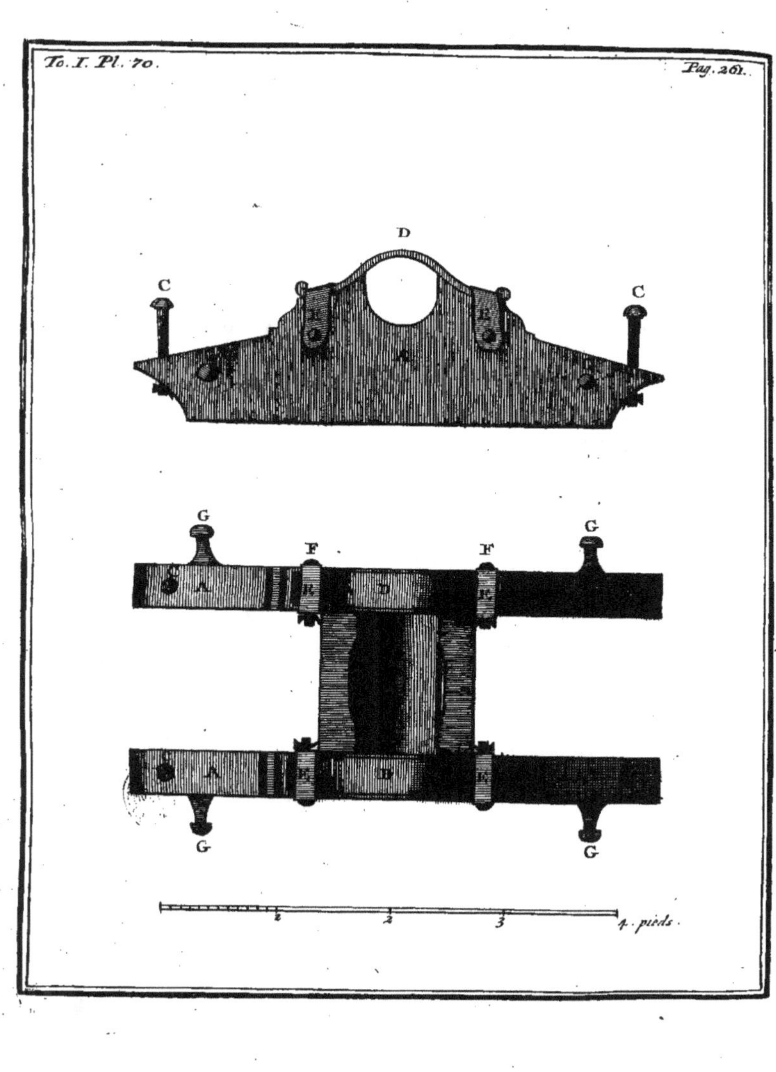
D
C
C
E
E
A
G
G
F
F
A
E
D
E
A
E
D
E
G
G
1
2
3
4. pieds.

tretoise à l'autre, & ont par les deux bouts d'en bas un crochet de retraite pour avancer & reculer l'Affût.

Il y a quatre boulons à tête de diamant qui traversent l'Affût pour le tenir bien serré : ces boulons sont bien rivés ; les tenons des quatre entretoises sont fourchus ; les entretoises ont leur embrasement dans le flasque : le tout est de bon fer.

Pour monter les Mortiers de la nouvelle invention, on se sert d'Affûts de fer coulé qui ont les proportions marquées par la figure.

EXPLICATION DE LA FIGURE d'un Affût de fer coulé à Mortier de la nouvelle invention, de 12 pouces.

Les deux flasques A, *& l'entretoise* B, *sont fondus en même tems.*

C *Quatre crochets pour tenir le coin de mire, dont deux par devant, & deux par derrière, avec chacun leurs clavettes.*

D *Deux susbandes.*

E *Quatre étriers pour les susbandes.*

B *Quatre boulons pour les tenir, avec chacun une clavette.*

G *Quatre boulons rivés dans les flasques pour avancer ou reculer le Mortier.*

C'est M. Coulon, Maître de forges à Charleville, qui m'a donné les proportions & le dessein de ce premier Affût.

Il s'en fait qui diffèrent un peu de ces proportions-là.

Proportions d'un autre Affût de fer coulé à Mortier de 8 livres de Poudre.

L'Affût a de longueur 5 pieds.

Les flasques ont d'épaisseur 4 pouces & ½.

L'entretoise a de longueur 1 pied 8 pouces.

Sa largeur par en haut est de 1 pied 5 pouces

Et par en bas de 1 pied 10 pouces.

Le crochet de coin de mire a en bas 5 pouces, à finir par en haut, a 1 pouce & ½.

Il a dans son plus haut 16 pouces, & toûjours à proportion.

Un Mortier de la nouvelle invention est monté sur son Affût de fer de la manière que le représente cette figure.

Les Affûts de fer à Mortier doivent être de bon fer, & liant, bien égaux par-tout, sans félures, crévasses, ni souflûres.

Souflûres sont certaines bouteilles ou bosses pleines de vent qui se forment quand le métal bouillonne, & qu'il est coulé trop chaud.

Il faut que les places des clavettes soient bien nettes & bien dégagées, & les assemblages bien joints, & que ces Affûts avec leurs ferrures ne pésent que le poids porté par le marché.

Ceux de 12 pouces se font dans les forges autour de Charleville & de Valenciennes, & ne pésent que 2000 cinq à six cens livres.

On en paie au Maître de forges à Charleville, 45 liv. du millier pesant, poids de marc, pris dans la forge, comprenant le fer battu emploïé en

Susbandes avec leurs clavettes.

Crochets de retraite.

Et boulons garnis de leurs clavettes.

On a vû tous les prix des ouvrages de fer coulé dans le Chapitre III, qui traite des Boulets.

Mais en Comté, les gros Affûts de fer pésent ordinairement en fer coulé, 3000 l.

Et

To. I. Pl. 71.
Pag. 262.

Et se paient 50 liv. le millier dans les forges de la Saone.
55 liv. à Belfort.
Et 50 liv. à Metz.
Il y entre 190 l. de fer battu à 4 f. la livre, emploïées en
Deux susbandes avec leurs clavettes,
Quatre crochets de retraite,
Et quatre boulons garnis de leurs clavettes.

Cette ferrure revient à.	38 liv.
Les trois milliers de fer coulé, à 50 liv. le millier. .	150 liv.
C'est en tout	188 liv.

Le petit Affût pése deux milliers, & revient, avec 160 l. de fer battu, à 132 liv.

Il s'étoit fait aussi des Affûts de fer battu à Mortiers dans les forges de Montblainville en Champagne : ils pésoient 1700 l., & coûtoient 6 f. la livre. Mais on n'a pas continué cette fabrique, parce que ces Affûts revenoient la piéce à 510 liv. ou environ.

Ceux de fer battu à Piéces de Canon que fait faire M. Foüard en Dauphiné, ne coûtent que 20 liv. le quintal, c'est-à-dire, 4 f. la livre.

Néanmoins dans la même Province le fer battu pour Affûts à petites Piéces de 1 l., de l'invention de Faure, dans chacun desquels il en entre 50 à 55 l., revient environ à 6 f. la livre, quelquefois moins. Ce prix varie suivant les tems & les lieux.

Ce n'est pas seulement de bois & de fer qu'on fait des Affûts; on en fait encore de fonte, pareils à ceux de la figure ci à côté qui en explique les parties, & l'échelle en marque les proportions.

EX-

EXPLICATION DE LA FIGURE de l'Affût de fonte à Mortier de la nouvelle invention.

A *Les deux flasques de fonte.*
B *Masse de bois qui fait le même profil que l'Affût, à dire l'entaille par-où se met le levier.*
C *Retraite qui donne plus d'épaisseur aux flasques au droit des tourrillons.*
D *Mentonnière, où se met le coin de mire.*
E *Quatre gros boulons de fer de chacun deux pouces de diamétre, qui entretiennent les deux flasques avec la grosse entretoise de bois ou masse.*
F *Boulon d'un pouce de diamétre, qui passe au travers des flasques, & sert pour tenir les étriers.*
G *Les étriers.*
H *Susbandes*
I *Crochets de retraite rivés en dedans des flasques.*
K *Bombe.*
L *Mortier.*

EN Allemagne pour monter des Mortiers de 8 à 9 pouces, les mener en Campagne, & les exécuter horisontalement comme une Piéce de Canon, on se sert de l'Affût qui suit.

Cet Affût, dont les plan & profil sont ci à côté, n'est qu'une piéce de bois de 8 pieds 2 pouces de long. On verra son ceintre, son équarrissage, & ses autres proportions par l'échelle : on verra aussi qu'on l'a creusé dans l'endroit *A* pour loger le corps du Mortier & ses tourillons jusqu'à leur demi-diamétre.

Le corps d'Affût se monte sur deux rouës de quatre pieds de hauteur. On y joint un Avantrain proportionné, & fait de la même manière que ceux qui servent aux Affûts des Piéces.

La ferrure est aussi pareille.

Epreuve

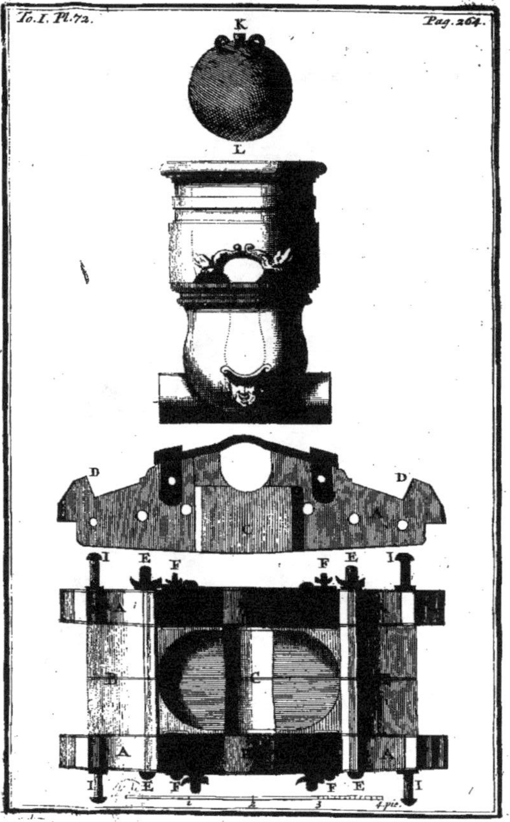
To. I. Pl. 72.
Pag. 264.
K
L
D
D
C
A
I
E
F
F
E
I
A
D
C
A
A
I
E
F
F
E
I
1
2
3
4 pie.

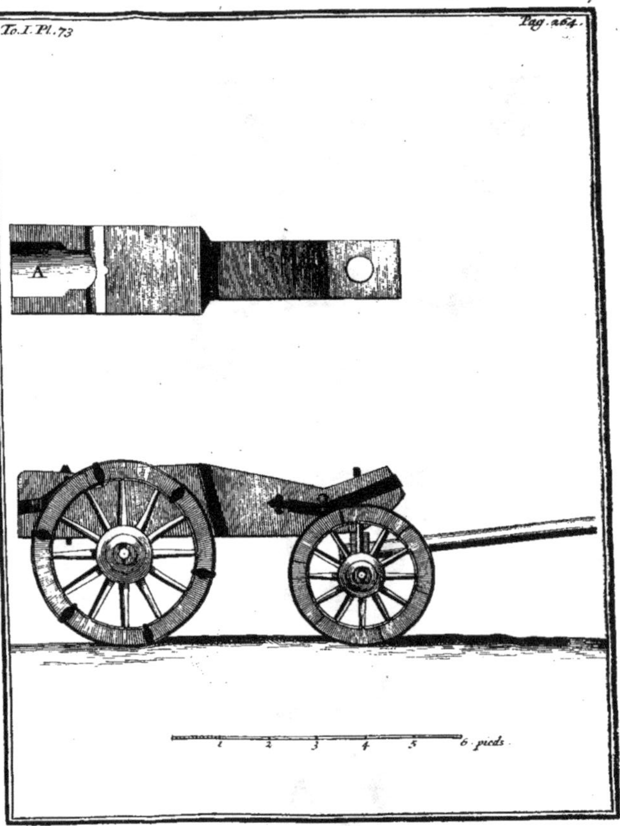
To. I. Pl. 73
Pag. 264.
A
1 2 3 4 5 6 pieds

Epreuve qui a été faite par M. le Marquis de la Frézelière, *de cet Affût à roüages de nouvelle invention, chargé de son Mortier de* 8 *pouces* 3 *lignes de diamétre.*

PRemier coup. Le Mortier chargé d'une livre de Poudre, & pointé sur son Affût à 45 degrez, a porté une Bombe de 8 pouces à 400 toises.

Second coup. Le Mortier chargé d'une demi livre de Poudre, & pointé comme dessus, a porté la Bombe à 200 toises.

Troisième coup. Le Mortier pointé sur son Affût à 70 degrez, & chargé d'une livre de Poudre, a poussé sa Bombe à 300 toises, sçavoir 200 de volée, & 100 en roulant.

Quatrième coup. Le Mortier monté & pointé comme dessus, & chargé d'une demi livre de Poudre, a porté sa Bombe à 150 toises, sçavoir 100 toises de volée, & 50 en roulant.

Cinquième coup. Le même Mortier monté sur son Affût & Avantrain, chargé d'une livre de Poudre, pointé à 90 degrez ou de niveau à l'horison, a poussé la Bombe à 300 toises, dont 250 en roulant, & 50 de première volée.

Sixième coup. Le Mortier pointé & monté comme dessus, & chargé d'une demi livre de Poudre, a roulé sa Bombe 150 toises, ne l'aiant porté de volée qu'à 15 toises.

Il est à remarquer que ce Mortier, monté sur son Affût seulement, n'a pas tout-à-fait deux pieds de recul, & sur son Affût & Avantrain ensemble, il en a quatre, contre lesquels néanmoins il ne fait aucun effort sensible ; & , tant par les épreuves qu'on en a faites, que par les observations qu'il est aisé de faire sur les proportions qui se rencontrent entre ces différentes portées, & les charges différentes qu'on lui a données, on peut se promettre qu'on en tirera aussi juste qu'on sçauroit faire une Piéce.

Il est encore à remarquer que l'impétuosité avec laquelle ces Bombes roulent, & les ricochets que l'inégalité du terrain leur fait faire, n'empêchent point qu'elles ne fassent leur effet quand leur fusée est à bout, n'y en aiant eu pas une qui ait manqué, de trois qu'on a chargées de Poudre pour les épreuves ci-dessus.

Mortier à éprouver Poudre.

EXPLICATION DE LA FIGURE du petit Mortier à Poudre.

A *Il a sept pouces trois quarts de ligne de diamétre.*
B *Longueur de l'ame, huit pouces dix lignes.*
C *Diamétre de la chambre, un pouce dix lignes.*
BD *Longueur ou profondeur de la chambre, deux pouces cinq lignes.*
E *Lumière, éloignée du fond d'une ligne.*
F *Diamétre par le dehors du Mortier à la volée, huit pouces dix lignes.*
G *Diamétre par le dehors du Mortier à l'endroit de la chambre, quatre pouces huit lignes & demie.*
H *Diamétre de la lumière, une ligne & demie.*
AI *L'épaisseur du métal à la bouche, sans comprendre le cordon, est de dix lignes.*
K *La longueur de la semelle de fonte du Mortier est de seize pouces.*
L *La largeur de la semelle est de neuf pouces.*
M *L'épaisseur de la semelle est d'un pouce six lignes.*
N *Le diamétre du Boulet de soixante livres, sept pouces.*
O *Une anse représentant deux Dauphins se tenant par la queuë, l'anse placée sur le milieu de la volée. Cette anse O n'est pas dessinée; il faut la suppléer.*
P *Languette de fonte qui tient au ventre du Mortier, & sur laquelle il repose, & qui répond au bout de la semelle, étant justement placée dans le milieu.*

Il faut que le Mortier soit fondu avec sa semelle, de manière qu'il se trouve pointé juste à 45 degrez.

Cette semelle doit être encastrée dans un madrier, & attachée bien ferme par les quatre coins, avec autant de bou-

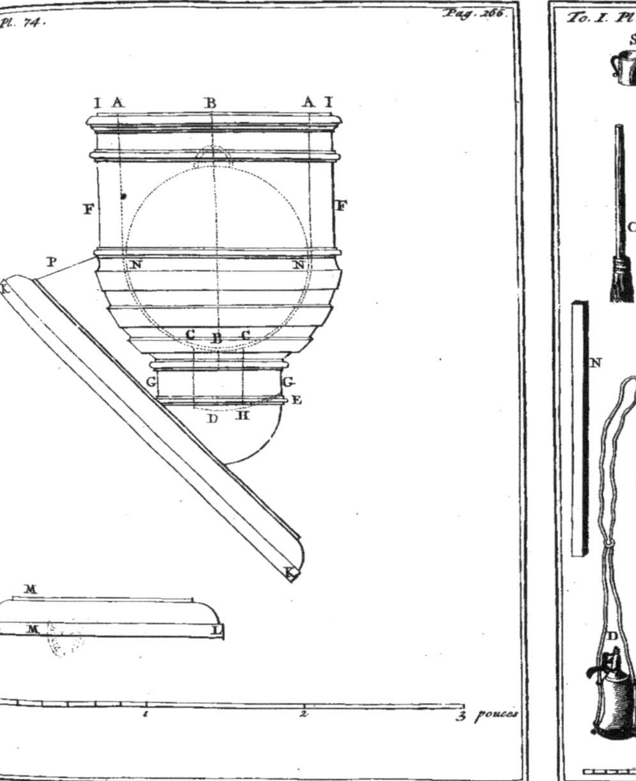

Explication

De la Figure qui represente la coupe du petit mortier avec l'instrument qui sert a le calibrer et qui fait voir aussi tous les ustanciles qui sont necessaires pour servir ce mortier dans les épreuves de poudre.

A. *Coupe du mortier avec l'instrument*
B. *Instrument en grand a calibrer divisé en pouces dont les branches qui le croisent, se haussent et se baissent selon le besoin.*
C. *Quart de cercle.*
D. *Fourniment.*
E. *Levier de bois avec son crochet.*
F. *Crochet pour passer dans l'anneau du boulet.*
G. *Grattoir pour le mortier.*
H. *Grattoir pour le boulet.*
I. *Pince pour ranger le boulet dans le mortier.*
K. *Grattoir pour la petite chambre.*
L. *Degorgeoir*
M. *Pince portant un grattoir*
N. *Regle.*
O. *Brosse.*
P. *Balances a peser la poudre.*
Q. *Baril pour renfermer les 3 onces de poudre.*
R. *Cuilliere de bois.*
S. *Mesures de fer blanc.*
T. *Entonnoires.*

boulons arrêtés par des clavettes à l'endroit où sont placés les boulons.

Il faudra mettre deux bandes de fer qui passeront pardessous le madrier, & le viendront embrasser jusques pardessus; les quatre boulons seront passés dans les bandes de fer.

Il faut aussi bien observer, que la platte-forme de bois sur laquelle on placera ce Mortier, encastré, comme il est dit cidessus, dans son madrier, soit bien unie, & bien de niveau; & il ne faut point arrêter le madrier sur la platte-forme, parce qu'il doit avoir une entière liberté de reculer en tirant.

Vous trouverez après la figure de ce Mortier un petit instument que j'ai imaginé pour calibrer ceux de cette sorte qui ont été fondus à Paris. Les proportions s'en prennent tout d'un coup & en même tems.

Il a été envoïé de ces Mortiers dans tous les départemens, pour servir à connoître la portée de la force des Poudres.

Ce n'est point assez d'avoir expliqué la manière de charger & pointer le Mortier; les nouveaux Officiers seront bien aises d'avoir autant des Ordonnances du Roi rendues au sujet de ces épreuves. Il y en a eu deux : l'une du 4 Avril 1686, dont il est bon d'avoir connoissance, bien qu'elle n'ait pas été tout-à-fait suivie. Mais celle du 18 Septembre 1686, qui la suit, servit à la rectifier, & a toûjours dépuis été la régle de ces sortes d'épreuves. J'y ai joint une Ordonnance du feu M. le Maréchal de Humières, en ce tems-là Grand-Maître de l'Artillerie, qui explique sur cela ses intentions aux Commissaires & aux Gardes.

ORDONNANCE
DU ROI

Pour remédier aux Abus qui se commettent en la confection des Poudres à Canon ; & pour régler la manière d'en faire les épreuves dorenavant. Du 4 Avril 1686.

DE PAR LE ROI.

SA Majesté aiant été informée, que les Poudres qui ont été livrées dans les Magasins de ses Places, pendant les cinq ou six dernières années, n'étoient pas de la bonté & qualité requises, pour qu'on en pût tirer le service nécessaire pour la conservation & le maintien de ses Places, & la défense de l'Etat ; Elle auroit donné ses ordres pour faire examiner & reconnoître d'où pouvoit procéder cette défectuosité. Et Sa Majesté aiant été informée que ce défaut venoit en partie de ce que les Poudriers emploïoient dans la confection desdites Poudres, du salpêtre rempli de graisse & de sel, & du charbon de saule, & d'autre bois blanc de méchante qualité ; & qu'aussi, ils ne battoient lesdites Poudres, que pendant le tems de dix ou douze heures, au lieu que pour être bien façonnées, elles doivent l'être au moins pendant vingt-quatre heures : & Sa Majesté désirant pourvoir à des abus de si dangereuse conséquence, & si préjudiciables à son service, Elle a défendu & défend très-expressément à ceux qui ont entrepris la fourniture générale des Poudres de son Roïaume, ou qui l'entreprendront ci-après, d'emploïer dorenavant dans la confection des Poudres qu'ils feront faire, du salpêtre qui ne soit pas de trois cuites, & parfaitement dégraissé & désalé, ni aussi d'autre charbon que de celui de bois de Bour-

Bourdaine: & en même tems leur a ordonné, & ordonne de faire battre lesdites Poudres dans les Mortiers pendant le tems au moins de vingt-quatre heures. Veut en outre Sa Majesté, que desormais il ne soit livré dans ses Magasins aucune Poudre à gros grain, qu'on nomme vulgairement Poudre à Canon; mais elle entend qu'elle soit toute du grain de celle qu'on nomme ordinairement Poudre à Mousquet. Et d'autant que Sa Majesté a été informée de la variété des éprouvettes, dont on s'est ci-devant servi pour connoître la force & la qualité des Poudres; son intention est, qu'à l'avenir les Poudres qui seront fournies dans lesdits Magasins, soient toutes éprouvées avec de petits Mortiers, qui seront fondus & fabriqués de manière qu'étant attachés sur un madrier, ils se trouvent justement pointés à quarante-cinq degrez d'élévation; que les chambres desdits Mortiers soient capables de contenir quatre onces de Poudre, & qu'elles soient allézées de manière qu'elles soient également larges à l'entrée desdites chambres, & du côté des lumières; que la lumière vienne justement aboutir au fond de ladite chambre; & que le Mortier ait un diamétre convenable pour contenir un Boulet de fonte pesant justement soixante livres poids de marc. Défend très-expressément Sa Majesté, qu'on reçoive aucune Poudre, dont deux onces, poids de marc, mises dans la chambre d'un pareil Mortier, sans y être battue, ne pousseront pas le Boulet de soixante livres, mis au-dessus sans aucun tampon ni platteau, à cinquante-cinq toises de distance au moins, chacune toise composée de six pieds, mesure de Roi. Mande & ordonne Sa Majesté au Sieur Marquis de Humières, Maréchal de France, Gouverneur & Lieutenant-Général en Flandres, & Grand-Maître de l'Artillerie de son Roïaume, de tenir exactement la main selon l'autorité de sa Charge à l'exacte observation de la Présente. Fait à Versailles le 4 Avril 1686. *Signé*, LOUIS. *Et plus bas*, Le TELLIER.

AUTRE ORDONNANCE DU ROI,

En interprétation de celle du quatrième Avril dernier. Du 18 *Septembre* 1686.

DE PAR LE ROI.

SA Majesté s'étant fait représenter l'Ordonnance qu'Elle auroit fait expédier le quatrième Avril dernier, pour remédier aux abus qui se commettoient dans la confection des Poudres à Canon; par laquelle Ordonnance Elle auroit réglé la manière dont se feroient à l'avenir les épreuves des Poudres qui seroient mises dans les Magasins de ses Places. Et Sa Majesté aiant été informée de la difficulté qui se rencontre à l'exécution de sadite Ordonnance, en ce que quelques-uns des Officiers commandans l'Artillerie dans lesdites Places, aiant fait fondre des Mortiers dont les chambres étoient plus étroites & plus profondes, & les Boulets de soixante livres plus justes que ceux desquels on s'estoit servi ci-devant, la même Poudre dont une once mise dans un des Mortiers, avec lesquels les premières épreuves avoient été faites, qui ne portoit le Boulet qu'à quinze toises, le portoit à trente-cinq étant mise dans un des susdits Mortiers nouvellement faits : & Sa Majesté voulant régler la manière de ces épreuves, en sorte que, dorenavant, il n'y ait plus d'abus, & aiant commandé pour cette fin, que les Mortiers dont on devra se servir pour lesdites épreuves seroient dessinés sur la même feuille, sur laquelle la présente Ordonnance sera imprimée; Sa Majesté a ordonné, & ordonne, veut & entend, qu'à l'avenir, il ne soit plus éprouvé, de Poudre, que dans des Mortiers dont les dimensions seront pareilles & uniformes au profil dessiné à côté de la Présente, dans lesquels Mortiers trois onces de Poudre étant mises sans être

Voiez la Figure de ce Mortier ci-devant p. 266.

être rebattue, & le Boulet de soixante livres mis au-dessus, & aiant le vent marqué par ledit profil, sera porté au-delà de cinquante toises de distance dudit Mortier, qui aura été mis de niveau, & parfaitement pointé à quarante-cinq degrez d'élévation, chacune toise composée de six pieds, mesure de Roi. Veut en outre Sa Majesté, que toutes les Poudres fournies auparavant la date de la Présente, lesquelles auront besoin de radoub, ne soient point reçûes dans les Magisins de ses Places, après ledit radoub, qu'elles n'aient été mises en état, que trois onces de ladite Poudre chargées dans un desdits Mortiers ne poussent le Boulet au-delà de quarante-cinq toises: & qu'au surplus sadite Ordonnance du quatrième Avril dernier sera ponctuellement observée & exécutée. Mande & ordonne Sa Majesté au Sieur Marquis de Humières, Maréchal de France, Gouverneur & son Lieutenant-Général en Flandres, & Grand-Maître de l'Artillerie de ce Roïaume, de tenir exactement la main selon l'autorité de sa Charge, à l'exacte observation de la Présente. Fait à Versailles le dix-huitième du mois de Septembre 1686. *Signé*, LOUIS. *Et plus bas*, Le TELLIER.

ORDONNANCE
DE M. LE MARÉCHAL DE HUMIÈRES
en conséquence des Ordonnances du Roi.

LE Maréchal de Humières, Chevalier des Ordres du Roi, Grand-Maître & Capitaine Général de l'Artillerie de France, Gouverneur-Général de Flandres, Général des Armées de Sa Majesté.

Sur l'avis qui nous a été donné de la facilité qu'ont eu quelques Gardes des Magasins & munitions d'Artillerie de recevoir des Poudres non éprouvées des Commis du Sieur Berthelot, Commissaire-Général des Poudres & Salpêtres de France, & Entrepreneur de la fourniture desdites Poudres, sans y appeller les Commissaires d'Artillerie de résidence:

ſidence : & déſirant éviter à l'avenir leſdits abus, qui pourroient être très-préjudiciables au ſervice de Sa Majeſté, & faire exactement obſerver ſes Ordonnances ſur le fait de l'épreuve & reception deſdites Poudres, Nous défendons très-expreſſément à tous Gardes des munitions d'Artillerie de s'ingérer de recevoir aucunes Poudres, ſous quelque prétexte que ce ſoit, qu'en la preſence du Commiſſaire d'Artillerie qui ſera dans la Place, pour laquelle leſdites Poudres ſeront envoïées ou ordonnées ; lequel Commiſſaire en fera procès verbal qui fera mention de l'épreuve d'icelle. Dans les Villes & Places, il y aura un Mortier ordonné pour leſdites épreuves ; & ledit procès verbal ſera ſigné dudit Commiſſaire, du Garde, & du Commis dudit Sieur Berthelot. Et pour ce qui eſt des Villes ou Places, où il n'y aura point de Mortiers pour les épreuves ; le Commiſſaire aura ſoin de faire mention que ladite épreuve n'a pu être faite, & que le Garde l'a reçûe dans les Magaſins ſeulement, par forme de dépôt, & donnera avis du tout au Commiſſaire provincial de l'Artillerie au département, auquel il envoiera un eſchantillon deſdites Poudres dépoſées, pour par ledit Commiſſaire provincial en faire l'épreuve le plûtôt qu'il ſe pourra, & en certifier ledit Commiſſaire de réſidence ; lequel ſur ledit certificat pourra recevoir leſdites Poudres, & le Garde-Magaſin s'en charger enſuite par recepiſſé. Et la même choſe ſera auſſi obſervée pour leſdites receptions des Poudres par les Gardes des Places, où il n'y auroit point de Commiſſaire de réſidence : le tout à peine de caſſation deſdits Commiſſaire & Gardes. Voulons & ordonnons en outre, que les Réglemens par nous & nos Prédéceſſeurs faits pour les clefs différentes des Magaſins des Places, que doivent avoir les Commiſſaires & les Gardes d'Artillerie, ſoient obſervés, & que les Commiſſaire & Gardes ne puiſſent entrer l'un ſans l'autre dans ledit Magaſin. Mandons à tous nos Lieutenans, & auxdits Commiſſaires provinciaux de l'Artillerie aux départemens, de tenir la main à l'exécution de notre préſente Ordonnance, & de nous donner avis des contraventions qui y pourroient être faites. En témoin de

quoi

To. I. Pl. 76.
Page 273.

quoi nous avons icelle signée de notre main fait sceller du sceau de nos armes, & contresigner par le Secrétaire-Général de l'Artillerie. Au Camp des Estines, le 27 jour de Juillet 1689. *Signé*, HUMIERES. *Et plus bas*, Par Monseigneur, ROBINEAU.

Et Plus bas, Enrégistré &c. A Paris, ce 4 Août 1689. CAMUS DE BEAULIEU.

JE parlerai amplement de la fabrication de la Poudre au Chapitre qui en traite. Il faut dire ici seulement en passant, qu'en l'année 1685, il fut fait une visite générale de toutes les Poudres du Roïaume, dans laquelle, après d'autres épreuves, on fut convaincu que la Poudre à gros grain, vulgairement appellée Poudre à Canon, étoit d'un bien moins bon service, que la menue grenée. M. le Marquis de la Frézelière qui s'attacha le plus à cette observation aiant fait tirer plusieurs coups de Canon avec de la Poudre d'une & d'autre sorte, remarqua par le moyen d'un linge blanc qu'il avoit fait étendre sous la volée & à la bouche des Piéces, qu'une bonne partie de la Poudre grosse grenée étoit sortie de la Piéce sans bruler, au lieu que la Poudre de menu grain bruloit entièrement, & faisoit par conséquent un effet bien plus violent, parce que les matières en étoient plus battues & mieux mélangées: & dès ce tems-là on résolut qu'il ne se feroit plus à l'avenir de Poudre, que d'un moyen grain, uniforme pour le Canon comme pour le Mousquet; & on préféra cette manière de Mortier pour en faire les épreuves, à celle des Eprouvettes qui avoient été anciennement en usage, & qui ne peuvent servir tout au plus qu'à comparer la force d'une Poudre avec une autre, & ne décide rien pour la force de la Poudre en général.

Un Officier d'Artillerie a imaginé le Mortier à Grénade ci-joint; mais il n'a été pris aucune résolution là-dessus.

Un Florentin a fondu dans l'Arsenal de Paris quatre Mortiers d'une figure particulière, & telle qu'elle est ici représenſentée, & qui ont les proportions ſuivantes :

LE premier, qui péſe 282 l., a de longueur depuis la bouche compriſe, juſqu'au tourillons auſſi compris, qui ſont placés à la culaſſe, 2 pieds.

L'épaiſſeur des tourillons, priſe ſéparément, eſt de 3 pouces & ½.

Le diamétre à la bouche eſt de 8 pouces; il eſt égal partout depuis la bouche juſqu'au bourrelet de la culaſſe.

L'épaiſſeur du métal à la bouche, le bourrelet compris, a 17 lignes.

L'épaiſſeur du métal à la volée eſt d'un pouce.

Le plus gros diamétre, ou la plus groſſe circonférence du Mortier par le dehors, approchant de la culaſſe, eſt de 11 pouces & ½.

Le moindre diamétre par le dehors, à l'aſtragalle de la bouche, eſt de 10 pouces 3 lignes.

La figure du Mortier, finiſſant par la culaſſe en forme conique ou cul de lampe, a de largeur dans ſon plus étroit, immédiatement ſur la lumière, 5 pouces 7 lignes.

La lumière eſt en manière de coquille au bas de la culaſſe, preſque dans le milieu de l'épaiſſeur des tourillons.

Ce Mortier paroît être diviſé en trois parties. La première, qui eſt depuis la bouche juſqu'au premier aſtragalle du cordon, eſt longue de 5 pouces 9 lignes.

La ſeconde, depuis & compris l'aſtragalle au cordon juſqu'à l'aſtragalle de volée, eſt longue de 8 pouces.

La troiſième longueur depuis l'aſtragalle de la culaſſe, a juſqu'aux tourillons 7 pouces de longueur.

Le diamétre de l'ame eſt égal par dedans, de la longueur de 16 pouces.

Et va enſuite en étréciſſant, 7 pouces 9 lignes.

Il a au-deſſus de l'aſtragalle, ou cordon de la volée, une charnière de fonte fondue avec le Mortier, dans laquelle eſt paſſée une vis ſans fin de fer, de la longueur de 20 pouces, entrant dans une bride de fer qui eſt encaſtrée dans le madrier; & au moyen d'un écrou qui repoſe ſur la bride, on hauſ-

1
2
3 pieds

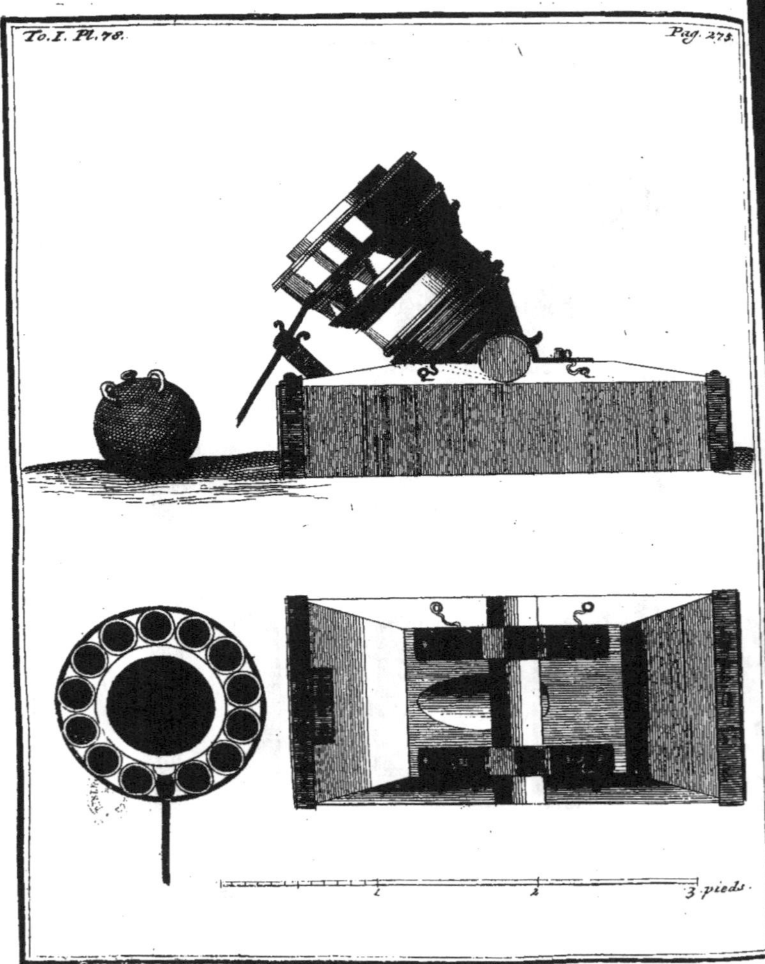
1
2
3 pieds.

haussе ou baisse le Mortier comme on veut.

Ce Mortier est monté sur un madrier d'orme, qui est épais dans son milieu de 9 pouces & ½.

Et par les deux extrémitez, de 8 pouces.

Il a de long 3 pieds 1 pouce.

La largeur est par-tout de 17 pouces.

Les deux bouts sont embrassés par des liens de fer de 3 lignes d'épaisseur, & de largeur de 1 pouce 6 lignes.

Il y a deux susbandes de fer qui couvrent les tourillons, & qui sont encastrées dans le madrier.

Chaque susbande a d'épaisseur 4 lignes.

Sur 2 pouces de large, & 16 de longueur.

Elles sont arrêtées avec des boulons & des clavettes à l'ordinaire.

Le bois du madrier est délardé par les deux bouts de 2 pouces & ½.

Et sous le ventre du Mortier, environ 1 pouce.

LE second Mortier qui pése 199 l., a la même figure.

Il a quelque chose de moins pour ses épaisseurs ; mais les hauteurs & le diamétre en sont pareils au premier.

Il est monté sur un madrier plus foible & plus plat.

LE troisième Mortier qui pése 310 l., est un peu plus chargé de métal ; mais il a la même figure, les mêmes hauteurs, & le même diamétre que le premier.

Les Bombes à anses qui servent à ces Mortiers, sont de 7 pouces 9 ou 10 lignes.

LE quatrième Mortier pése 205 l. seul, & les 13 petits Mortiers à Grénades qui sont rangés autour de sa bouche, pésent 36 l. ensemble.

Il a de diamétre à sa bouche 8 pouces.

La Bombe a 7 pouces 8 lignes.

Ce Mortier a de hauteur depuis la bouche jusqu'aux tourillons, 16 pouces.

Il est divisé en trois parties dans sa longueur.

La première a de hauteur, depuis la bouche jusqu'à une platte-bande en forme d'entablement qui reçoit les 13 petits Mortiers qui sont posés dessus, 6 pouces 2 lignes.

Depuis cet entablement jusqu'à l'astragalle ou gros cordon de la culasse, il y a de hauteur 5 pouces 9 lignes.

Depuis le cordon en descendant jusqu'au bas de la culasse sur les tourillons, il y a de hauteur 4 pouces 1 ligne.

La circonférence ou diamétre par le dehors à la bouche a 10 pouces.

Épaisseur du métal à la bouche, 1 pouce.

Mais un pouce au-dessous, cela est diminué de 3 lignes.

L'entablement qui a une plinthe d'un pouce, & qui reçoit les petits Mortiers, a de saillie dans sa plus grande largeur d'après le corps du Mortier, 2 pouces.

Le Mortier a de circonférence 10 pouces & ½ au cordon ou astragalle qui commence la culasse, non compris l'astragalle qui surmonte un peu, à cause de sa figure.

Celle du Mortier finit coniquement ou en cul de lampe.

Les tourillons ont de diamétre 3 pouces 6 lignes.

La circonférence ou diamétre du Mortier sur les tourillons, qui est le plus étroit, est de 6 pouces.

Chaque petit Mortier a de diamétre à la bouche 2 pouces 3 lignes.

Sa figure est pareille à celle du gros Mortier.

Il a 5 pouces 2 lignes de longueur.

Il a de profondeur dans l'ame, depuis sa bouche jusqu'à l'endroit qui commence à s'étrécir, 3 pouces.

La chambre qui va en étrécissant, a de profondeur 2 pouces.

Chaque Mortier a une petite lumière percée à un pouce de son extrémité, laquelle lumière répond à une pareille percée dans l'épaisseur du gros Mortier, immédiatement au-dessus de la plinthe qui arrête les petits Mortiers.

Chaque Mortier a 3 lignes d'épaisseur à la bouche, où il est renforcé d'un petit bourrelet de 4 lignes, & par le reste du corps il n'est épais que de 2 lignes.

Ces petits Mortiers sont embrassés par deux cercles de fer

fer ronds, serrés par le devant avec une vis & un écrou de fer, à 3 lignes & ½ de diamétre. Le premier cordon ou cercle est passé immédiatement sous le bord ou plinthe de la bouche de ce petit Mortier.

Le second cercle ou cordon est passé immédiatement à la fin du plus étroit de sa petite culasse.

Ce Mortier a une lumière au bas de la culasse, prise dans le milieu des tourillons.

Il est appuïé d'une vis passée dans une charnière de fonte qui a été fondue avec le Mortier.

Et est monté sur un madrier comme les autres.

Ces mesures prises le 29 Août 1693.

Ce qui se passa à l'épreuve de ces Mortiers fut mis par écrit comme il suit.

Le 2 de Septembre 1693, ces Mortiers ont été éprouvés dans la Plaine d'Ivry.

LE premier Mortier qui a été éprouvé, est celui qui ste accompagné de 13 petits Mortiers. Il étoit placé sur le revers d'un fossé presque à demi panché, & sur une platte-forme arrêtée seulement de quatre piquets, deux en haut, deux en bas, & pointé à 45 degrez.

Le Sieur Petri qui est l'inventeur de ces Mortiers, a coulé dans ce Mortier tout simplement une demi livre de Poudre fine, & dans les petits Mortiers une très-petite quantité de même Poudre, laquelle Poudre il n'a point refoulée, non plus que la Bombe, ne se servant ni de gazon, ni de terre, ni de fourage, chacun Mortier aiant sa Grénade de fer, comme le grand sa Bombe; laquelle Bombe étoit remplie de 3 à 4 livres de Poudre, les petites Grénades à proportion.

Le feu du grand Mortier se communiquant à tous les autres Mortiers par les petites lumières qui répondent à l'ame du grand Mortier, & par le moyen d'une méche ou étoupille que le Sieur Petri avoit placée sur la fusée de la grosse Bombe, & sur celle des petits Mortiers, le coup a parti, & a porté la Bombe & les Grénades ensemble; mais il n'a crévé

 que

que six à sept Grénades; la Bombe n'a pas crévé.

La Bombe a été à 240 toises.

Et les petites Grénades, depuis 240 jusqu'à 300.

Le deuxième Mortier qui a été éprouvé, est celui qui pése 310 livres. Il étoit monté sur son Affût ou madrier posé sur une platte-forme, & panché de même que le premier sur le revers du fossé.

Le Sieur Petri a chargé ce Mortier de 18 à 20 onces de Poudre fine, qu'il n'a point refoulée non-plus qu'à l'autre Mortier, & a mis la Bombe par-dessus tout simplement chargée comme la première; le coup a porté à 640 toises.

Outre ces Mortiers on a tiré un Mortier de 8 pouces à l'ordinaire, placé simplement sur la platte-forme de niveau, & pointé à 45 degrez. On l'a chargé de 16 onces de Poudre: on a mis une Bombe de 8 pouces dessus, bien refoulée de terre, avec son tampon; ce Mortier a porté à 620 toises.

Ensuite on a tiré trois coups du Mortier simple de Petri, comme le premier coup, qu'il a chargé de 21 onces de Poudre.

Les trois fois il a porté sa Bombe à 650, 696, & 700 toises.

On a aussi tiré le Mortier à l'ordinaire trois coups de suite avec 20 onces de Poudre.

Il a porté sa Bombe à 625 toises pour le premier coup.

Le second coup a porté sa Bombe à 650 toises.

Le troisième coup a porté sa Bombe à 670 toises.

Les Mortiers de Petri n'ont fait aucun mouvement; le nôtre s'est tourné entièrement sur sa platte-forme.

Le Sieur Petri a ensuite chargé son Mortier à Grénades, & l'a tiré une fois; il a porté à 290 toises.

La Bombe & 10 ou 11 Grénades ont crévé à la distance de 15 à 20 toises les unes des autres, presque en rond.

Ensuite il a tiré son Mortier simple, qui a porté sa Bombe à 920 toises le premier coup, & 924 le second.

Il est sûr qu'on tire trois coups de ce Mortier contre un du Mortier ordinaire.

Le premier coup de Petri n'a été chargé que de 1 l. & ½ de Poudre.

Il

Mortiers fondus ensemble sur un même Tourillon, et avec une lumiere commune, dont les ames sont séparées les unes des autres par une languette de fonte.

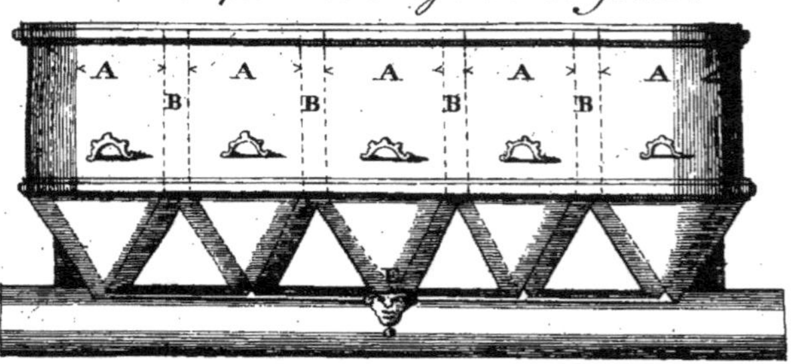

A. Ames de 6. po.ce de large.

B. Languette d'un po.ce d'épaiss.r

C. Ames de 8. pouces de large.

D. Languette d'un pouce ½ d'épaisseur.

E. Lumiere commune.

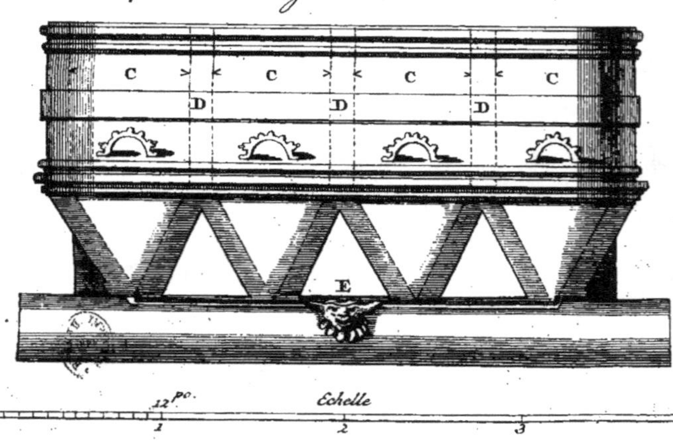

12 po. Echelle pie.
1 2 3 4

Il a augmenté la Poudre aux autres coups jusqu'à près de 1 l. & ¼ de Poudre en tout.

Ainsi, jusqu'à présent, on voit que ces Mortiers sont plus légers.

Qu'il n'y faut pas plus de Poudre qu'aux autres pour tirer aussi loin.

Qu'ils portent même plus loin.

Et qu'ils sont chargés bien plus promptement.

Il n'est question que de sçavoir s'ils peuvent durer autant que les Mortiers ordinaires ; & pour cela il faut faire une épreuve plus longue, & tant que les Mortiers pourront durer.

On ne manque pas de gens qui ajoutent de nouvelles inventions aux anciennes, sur le nouveau modéle d'un Mortier présenté à M. de Vigny. Il en fit en 1703 l'épreuve suivante :

C'est une réponse de Mr. Hervy, le Fils, Contrôleur à l'Equipage.

POur répondre à la lettre que vous m'avez fait l'honneur „ de m'écrire du 28 du mois passé, j'ai celui de vous mander „ ce que je sçai, & l'épreuve que j'ai vû faire des cinq Mor„ tiers à cône de 6 pouces de diamétre coulés sur un même „ tourillon.

„ Lesdits Mortiers sont faits avec toutes les proportions or„ dinaires des autres Mortiers de six pouces de diamétre. Ils „ sont tous cinq sur une même ligne droite, sans aucunes „ séparations, si-non à l'endroit du cône, où il y a quatre vui„ des entre les cinq cônes, afin que la machine en soit plus „ légére. Elle est montée sur un Affût à limonnière : deux che„ vaux la peuvent traîner aisément : les rouës sont celles de „ devant d'un charriot à porter Canon, dont on a châtré les „ moyeux, parce que la voie auroit été trop large.

„ La manière de servir ces Mortiers est fort simple, & „ n'est point différente de celle dont on sert les autres Mor„ tiers à cône. On dresse avec deux leviers la machine sur son „ Affût : on met dans chaque Mortier la Poudre : on y met „ après la Bombe, avec une étoupille autour de sa fusée : on „ donne à cette machine les degrez qu'on veut : on la pointe :

„ te: on amorce tout du long de l'auget: on met le feu au mi-
„ lieu; & tout part en même tems, & du même feu. Il ne
„ faut que quatre hommes pour la servir.

„ Quant à l'effet, lorsque M. de Vigny en fit l'épreuve, on
„ mit une demi livre de Poudre dans chaque Mortier: on
„ les pointa à 45 degrez; les deux Bombes des bouts tombé-
„ rent à 150 toises des Mortiers, & à 100 pas environ l'une
„ de l'autre; les deux suivantes à 180 toises environ; & celle
„ du milieu à 220 toises. L'étoupille prit bien feu, & elles
„ crévérent toutes.

„ Il sera fort aisé dans la suite d'empêcher la trop grande
„ distance qu'il y a des deux premières Bombes à la dernière,
„ en mettant moins de Poudre dans le Mortier du milieu, que
„ dans les deux qui sont à ses côtez, & moins dans ceux-là,
„ que dans les deux autres des bouts; parce que ces deux-ci
„ prenant feu les derniers, chassent les autres Bombes, &
„ les deux suivants chassent celles du milieu.

„ Monsieur de Vigny prétend se servir de cette Machi-
„ ne contre la Cavalerie. Il a donné ordre à M. des Falises d'en
„ couler une autre de quatre Mortiers de 8 pouces de diamé-
„ tre, parce que les Bombes étant plus grosses elles feront
„ plus d'effet.

A la Bataille de Nervinde, où l'Armée du Roi commandée par feu M. le Duc de Luxembourg défit celle des Alliez à platte-coûture; outre les 77 Piéces de fonte que les Ennemis laissérent dans leur fuite, il se trouva 8 Mortiers, appellés Obus, qui s'exécutent de la même manière que le Canon: les Anglois & les Hollandois s'en servent.

Il y en a deux Anglois faits de même façon, & six Hollandois aussi de même: les Anglois sont ceux qui sont marqués *A*, & les Hollandois *H*.

Les Anglois ont le calibre plus petit, sont plus chargés de métal de près de 600 l. que les autres; ils pésent 1500 l. Les Hollandois ne pésent que 900 ou environ.

En

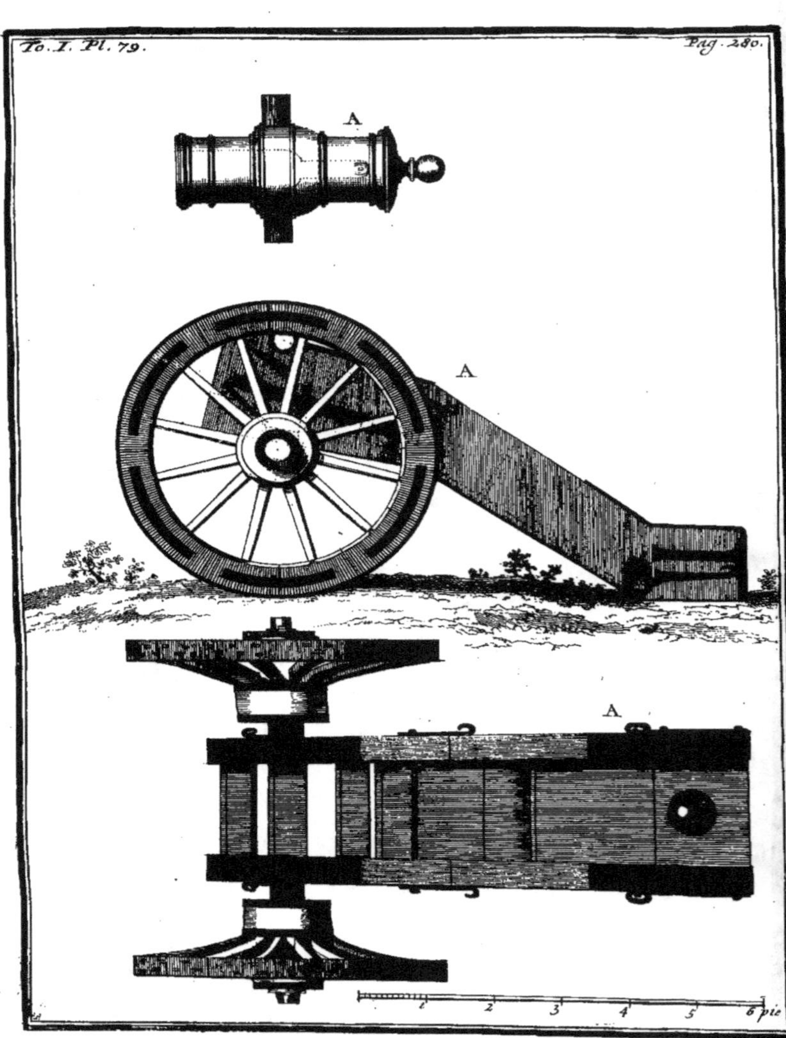
To. I. Pl. 79.
Pag. 280.
A
A
A
1
2
3
4
5
6 pie

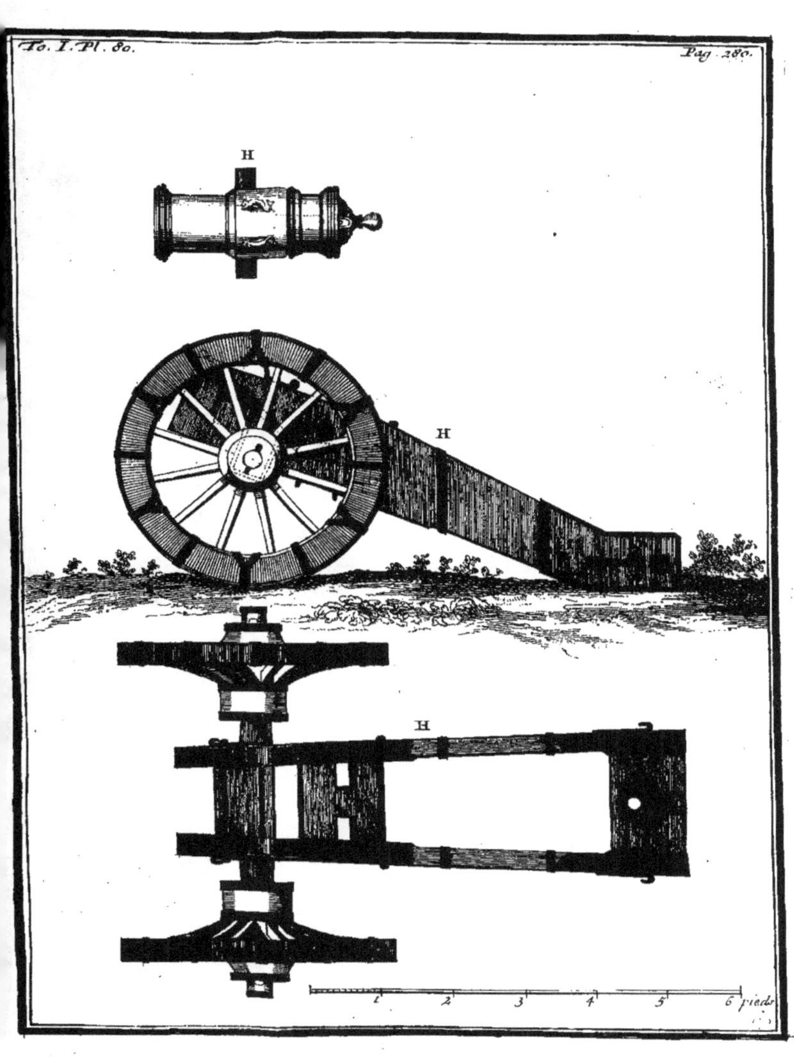
H
H
H
1
2
3
4
5
6 pieds

En plus d'un endroit les Ennemis nous ont laiſſé des modéles des Obus ou Mortiers dont ils ſe ſervent. Voici la figure des deux qu'ils abandonnérent au Bombardement de Saint-Malo pendant le mois d'Août 1695.

L'échelle & la Table alphabétique en font connoître les proportions : ils péſoient 25 milliers les deux.

PREMIÈRE FIGURE D'OBUS
ou Mortier de Saint-Malo.

	Pouces.	Lignes.
AB	34	0.
BC	18	0.
CD	7	3.
EF	6	0.
AG	6	3.
GH	5	0.
HI	4	0.
IL	3	0.
LM	3	0.
MN	7	6.
NO	4	6.
OP	4	6.
PQ	2	0.
QR	5	6.
RS	2	0.
ST	8	6.
TV	6	0.
VX	2	0.
XY	3	0.
XZ	8	6.
ab.	49	0.
bc.	5	0.
ad.	13	0.
de.	5	0.
ef.	8	0.
fg.	19	0.
gh.	8	0.

SE-

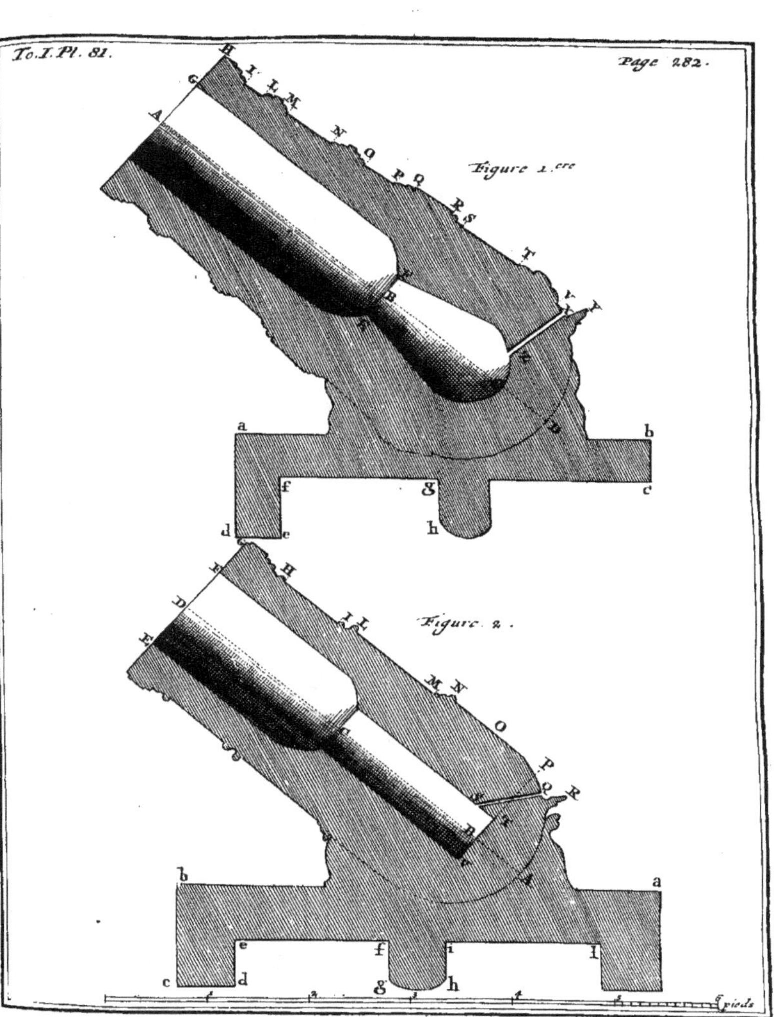

To. I. Pl. 81.
Page 282.
Figure 1.ere
Figure 2.
pieds

SECONDE FIGURE D'OBUS
ou Mortier de Saint-Malo.

	Pouces.	Lignes.
AB	7	6.
BC	21	6.
CD	23	6.
EF	12	0.
FG	5	0.
GH	5	0.
HI	9	0.
IL	2	0.
LM	13	0.
MN	2	0.
NO	9	0.
OP	5	0.
PQ	2	6.
QR	2	6.
QS	8	0.
ST	1	6.
TP	8	0.
TV	7	0.
ab.	57	0.
bc.	13.	0.
cd.	7	0.
de.	6	0.
ef.	18	6.
fg.	6	0.
gh.	6	0.
il.	18	6.

Il leur en fut aussi pris deux devant Dunkerque avec la Galiotte qui servoit à les exécuter. Ces Mortiers & la Galiotte sont ici représentés en tous sens.

EXPLICATION DES FIGURES de la Galiotte de Dunkerque.

A *Plan de la Galiotte.*
B *Profil ou couppe de la Galiotte vûe par le côté, avec le bâtis de charpente pour porter les Mortiers.*
C *Profil de la Galiotte par le bout, avec le bâtis de charpente pour porter le Mortier.*
D *Plan de l'espace circulaire, au milieu duquel est disposé le Mortier tournant sur son pivôt.*
E *Mortier sur son pivôt, semelle, ou affût de fonte.*
F *Crik avec sa manivelle: ce crik, appuïé d'un bout contre la semelle du Mortier, & de l'autre, contre les listelles de la figure circulaire que parcourt le Mortier, sert à le tourner du côté qu'on veut.*
G *Figure de la Galiotte vogante.*

CEtte Galiotte a de long de l'étrave à l'étambor 62 pieds: elle est mâtée de trois mâts avec un beaupré.

Elle porte deux Mortiers, l'un à l'avant, l'autre à l'arrière.

Le premier de l'avant pése avec son affût 12900 l.; sa chambre contient 38 à 39 l. de Poudre.

Sa portée est de 1900 toises ou environ.

Sa Bombe a 12 pouces 1 ligne de diamétre, pesant chargée, environ 140 l.; & contient 14 à 15 l. de Poudre.

L'autre Mortier de l'arrière est un peu plus petit, & ne pése que 11200 l.; ses proportions sont faites approchant de l'autre.

Les deux plattes-formes sont pareilles.

La Galiotte tire environ 6 à 7 pieds d'eau.

Le pivôt sur lequel est placé le Mortier, fait un trou dans la charpente fort grand en ovale, à cause des efforts du Mortier, n'aiant point de crapaudine.

Pour remédier au desordre que ce Mortier peut faire sur la charpente par sa culasse en tirant, un Officier a proposé à

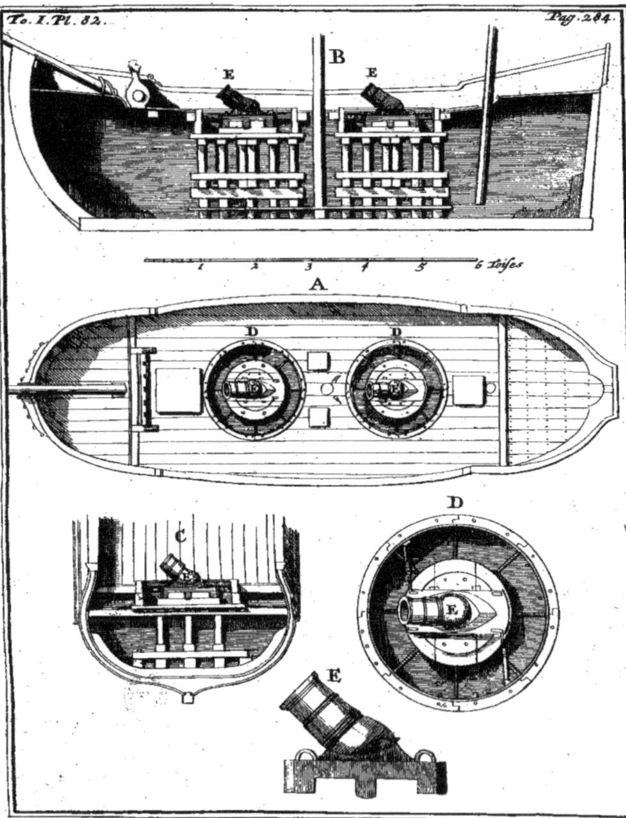
To. I. Pl. 82.
Pag. 284.
B
E
E
1 2 3 4 5 6 Toises
A
D
D
D
C
E
E

To. I. Pl. 83

à Meſſieurs de la Marine de faire un Mortier qui eût la même figure que ceux des Ennemis, & qui fût pointé à 45 degrez de même, mais dont la ſemelle, au lieu d'être platte comme on la voit ſur le deſſein, ſe terminât en cul de lampe & à plomb, aiant une pointe qui entrât dans le milieu d'un tas de gros cordages diſpoſés & pliés en rond, prétendant que le Mortier ne trouvant, en tirant, qu'une réſiſtance molle provenant du cordage preſſé, ne ſouffriroit pas tant, & ne feroit point tant ſouffrir, non plus, la charpente de la Galiotte. L'expérience décidera ce qu'on doit attendre de cette nouvelle obſervation.

Chariots à porter Affûts de fer coulé à Mortier.

IL y a des Chariots faits exprès pour les Affûts de fer. Ils ſont conſtruits pour Mortier de 12 pouces à l'ordinaire, comme il ſuit.

Longueur de la fléche entre les deux liſoirs, 6 pieds.
Longueur du brancard, 10 pieds 9 pouces.
Largeur du brancard, 6 pouces & ½.
Epaiſſeur du brancard, 4 pouces & ½.
Longueur des liſoirs, 3 pieds 6 pouces.
Largeur, 5 pouces 3 lignes.
Hauteur, 6 pouces 6 lignes.
Corps de l'eſſieu, 2 pieds 11 pouces.
Longueur des armons, 5 pieds 6 pouces.
Largeur des brancards de dehors en dehors, 2 pieds 2 pouces 6 lignes.

Roüages.

LOngueur du moyeu, 17 pouces.
Groſſeur au bouge, 43 pouces.
Groſſeur du gros bout, 11 pouces.
Groſſeur du menu bout, 9 pouces.
Hauteur des jantes, 5 pouces.
Epaiſſeur, 2 pouces 10 lignes.
Hauteur des roües de derrière, 4 pieds 8 pouces.

 De

De devant, 3 pieds 4 pouces.

Les emboëtures comme pour Piéces de 8 l. de balle.

Figure du Chariot comme il se fait dans le Département de Mr. le Marquis** de la Frézelière, **suivant le dessein envoïé par un Lieutenant d'Artillerie qui y sert.

A côté de ce Chariot, dit-il dans le mémoire qui l'accompagnoit, vous verrez une des 4 chevilles de fer marquées *A*, nommées ranchers, percées au bout, qui se mettent sur les lisoirs aux endroits marqués *B*. Cela sert pour attacher avec des cordages de l'une à l'autre, deux piéces de bois pour tenir en état sur le Chariot l'Affût à Mortier à la hauteur de l'Affût. Pour mieux vous faire entendre cela, ce sont deux espéces de brancards qu'on attache aux ranchers, & qui règnent le long de l'Affût, de crainte qu'il ne tombe de dessus le Chariot. Les deux traverses de fer marquées *C*, que vous voïez sur le milieu du Chariot, à deux pieds & demi l'une de l'autre, sont pour reposer l'Affût: & ce qui déborde des traverses de cette façon marqué *D*, est encore pour tenir en état cet Affût.

TITRE XI.

NOus parlerons bien-tôt de la manière de faire des Batteries à Mortier, & de les servir. Traitons présentement des Bombes.

Bombes.

LA Bombe est proprement le Boulet du Mortier. On a déja donné les proportions de toutes sortes de Bombes à Mortier au Chapitre des Mortiers: cependant on croit qu'il n'est pas inutile de repéter encore ici ce qu'on en a dit, & d'en traiter même encore plus à fond.

La

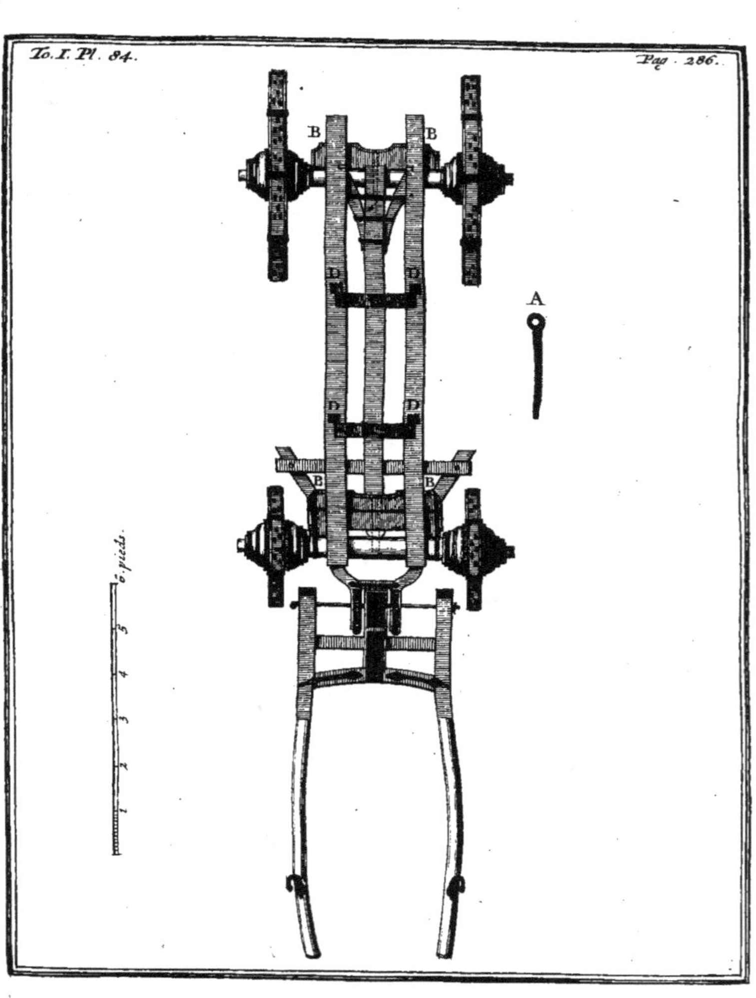
B
B
D
D
A
D
D
B
B
1
2
3
4
5
6. pieds

LA Bombe *A* qui eſt jettée par un Mortier de 18 pouces 4 lignes de diamétre, qui contient 12 l. de Poudre dans ſa chambre concave en forme de poire, appellé de la nouvelle invention, a 17 pouces 10 lignes de diamétre.

2 pouces d'épaiſſeur par-tout, excepté le culot qui a 2 pouces 10 lignes.

Sa lumière a 20 lignes d'ouverture dehors & dedans; elle contient 48 l. de Poudre, & péſe ſans ſa charge 490 l., & un peu plus.

Elle a 2 anſes coulées auprès de la lumière.

LA Bombe *B* qui eſt jettée par un Mortier de 12 pouces 6 lignes de diamétre, & qui contient dans ſa chambre concave 8 l. de Poudre,

A 11 pouces 8 lignes de diamétre.

1 pouce 4 lignes d'épaiſſeur par-tout, hors le culot qui a 1 pouce 8 lignes.

Sa lumière a 16 lignes d'ouverture par deſſus & par dedans.

Elle contient 15 l. de Poudre.

A deux anſes coulées auprès de ſa lumière.

Et péſe ſans ſa charge 130 l. ou environ.

Les Bombes qui ſont jettées par des Mortiers de 12 pouces, 3, 4, & juſqu'à 6 lignes de diamétre, & qui ont dans leurs chambres concaves 12 & 8 l. de Poudre, ont les mêmes proportions que celle marquée *B*.

C'eſt la même choſe auſſi pour la Bombe qui ſert au Mortier ordinaire de 12 pouces, qui contient dans ſa chambre 5 à 6 l. de Poudre.

LA Bombe *C* qui eſt jettée par un Mortier de 8 pouces 4 lignes de diamétre, & qui porte 1 l. & ¼ de Poudre dans ſa chambre, a 8 pouces de diamétre, 10 lignes d'épaiſſeur partout, hors le culot qui en a 13.

Sa lumière a 1 pouce de diamétre par deſſus & par dedans.

Elle

Elle contient 4 l. de Poudre.
A des anſes de fer battu coulées avec la Bombe.
Et péſe ſans ſa charge 35 l.

LA Bombe *D* qui eſt jettée par un Mortier de 6 pouces & ¼ de diamétre, qui porte dans ſa chambre 1 l. & un peu plus de Poudre,

A 6 pouces de diamétre.
8 lignes par-tout, hors par le culot qu'elle a 11 à 12 lignes.
Sa lumière a 10 lignes d'ouverture par deſſus & par dedans.
Elle contient 3 l. & ½ de Poudre.
Et péſe ſans ſa charge 20 l. ou environ.
Elles n'ont ordinairement point d'anſes.

EXPLICATION DE LA PLANCHE des Bombes.

A *Coupe de la Bombe de* 17 *pouces* 10 *lignes de diamétre.*
B *Coupe de la Bombe de* 11 *pouces* 8 *lignes de diamétre.*
C *Coupe de la Bombe de* 8 *pouces de diamétre.*
D *Coupe de la Bombe de* 6 *pouces de diamétre.*

La cinquième figure qui eſt au bas de la Planche fait connoître comment ſe coule une Bombe de 11 pouces 8 lignes, & ainſi des autres.

E *Noyau de terre.*
F *Place qu'occupe le métal formant l'épaiſſeur de la Bombe, & d'où on a tiré la terre douce qui étoit entre le noyau & la chappe.*

Il faut ſçavoir que la terre ſe tire aiſément, parce que la chappe eſt de deux piéces. Le reſte eſt expliqué au Titre III de la ſeconde Partie de cet Ouvrage.

G *Chappe qui eſt de terre fort dure & recuite.*
H *Eſt la lance qui paſſe au travers du noyau, & qui le ſuſpend*

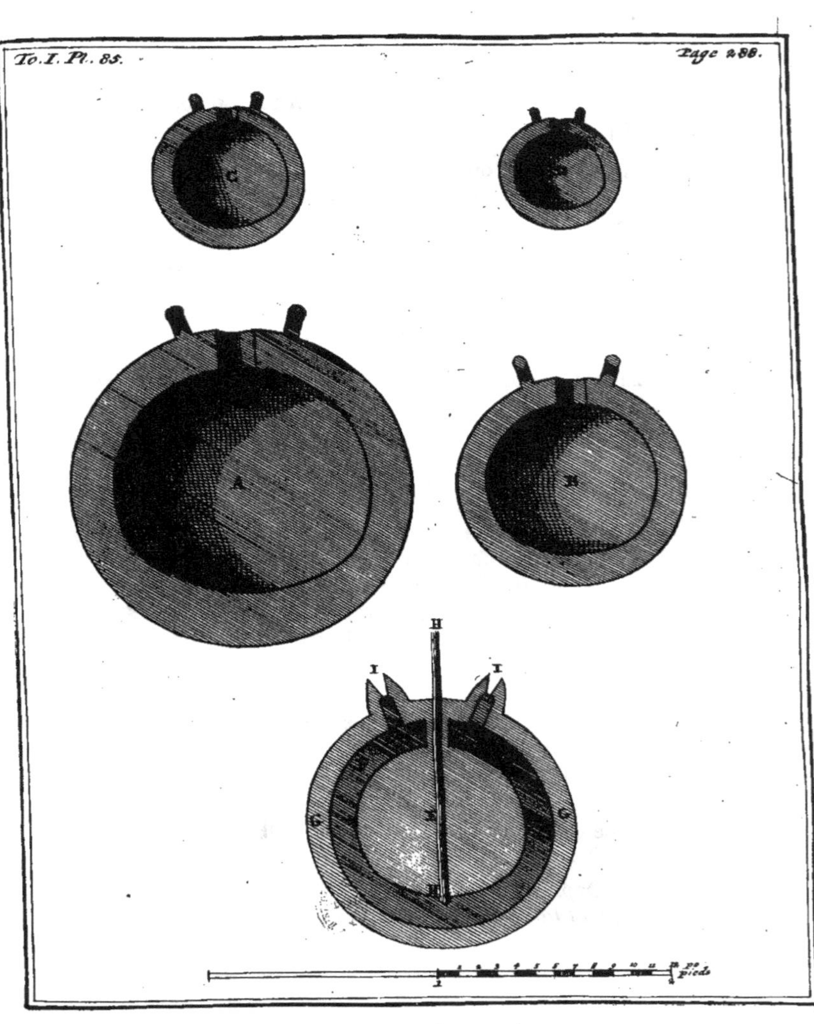
To. I. Pl. 85.
Page 288.
C
A
B
H
I
I
G
G
E
H
pieds

pend en l'air pour laiſſer couler le métal entre le noyau & la chappe.

I Ouverture où ſont placées les anſes, & par leſquelles on coule la Bombe.

Il y a encore des Bombes de 10 pouces de diamétre qui ont d'épaiſſeur,

12 lignes par le corps.

16 lignes par le culot.

14 lignes d'ouverture par la lumière en dehors & en dedans.

Qui contiennent 4 à 5 livres de Poudre.

Ont deux anſes coulées auprès de la lumière.

Et qui péſent 25 à 30 livres ſans charge.

Les différentes qualitez des fers empêchent qu'on ne puiſſe fixer ces poids bien juſte.

Il faut remarquer que, quand les Bombes paſſeroient le poids ci-deſſus, on ne les paie aux Maîtres de Forges que ſur ce pied-là, & conformément aux marchez qu'on fait avec eux.

Quand on veut calibrer une Bombe, on prend un grand compas courbe, dont les deux branches embraſſent toute la circonférence de la Bombe.

On rapporte ces deux branches ſur une régle, où les calibres ſont marqués, & on trouve celui des Bombes qu'on appelle diamétre.

Diamétre eſt la troiſième partie de la meſure ou circonférence de quelque choſe qui a la figure ronde.

De ſorte que, comme j'ai déja dit aux Boulets, une corde ou un fil, dont on ſe ſera ſervi pour meſurer la circonférence ou le tour d'une Bombe par l'endroit où elle eſt plus groſſe & plus épaiſſe, étant plié en trois, & rapporté ſur une régle où ſeront marqués des calibres, donnera juſtement le calibre ou diamétre de la Bombe.

Il y a deux autres manières de calibrer des Bombes.

La première eſt, de renfermer la Bombe entre deux piquets bien unis, bien juſtes, & bien droits, & de faire paſſer un fil ou cordon d'un piquet à l'autre par-deſſus la Bombe: rapportez ce qu'il y aura de diſtance entre les piquets ſur votre régle de proportion; vous trouverez le diamétre de votre Bombe.

La ſeconde manière eſt, de mettre un Pied de Roi tout debout dans les Bombes qui n'ont que 11 pouces 8 ou 10 lignes, ou 12 pouces; car pour les Bombes d'un diamétre au-deſſus, il faut une meſure plus forte.

Mais ſuppoſé qu'on ait une Bombe de 11 pouces 8 lignes à calibrer, je mettrai mon Pied de Roi dans la Bombe.

Il a 12 pouces: ces 12 pouces ſont compoſés chacun de . . . . 12 lignes.

Mon Pied de Roi eſt donc plus fort que ma Bombe de . . . . 4 lignes.

Le culot de la Bombe eſt épais de . . . . 20 lignes.

Ce ſont . . . . 24 lignes.

qui ſont 2 pouces.

Donc mon Pied de Roi doit ſortir de 2 pouces hors de la Bombe.

Et les 10 pouces reſtans ſont enfermés dans la Bombe.

Pour qu'une Bombe ſoit bien conditionnée,

Il faut qu'elle ſoit de bonne fonte, & d'une matière douce & liante pour éviter les ſouflûres, les chambres, & les évents; enſorte qu'elle ſoit à toute ſorte d'épreuves.

Bien nette par dedans, & prendre garde qu'on ait rompu le morceau de fer qui tient toûjours au culot après la fonte, qu'on appelle la lance.

Qu'elle ſoit bien coupée & bien ébarbée par le dehors,

Et bien ronde.

Sa lumière bien ſaine.

Et les anſes entières, afin de pouvoir mieux s'en ſervir, & les placer dans le Mortier.

Il eſt vrai que, dans un extrême beſoin, au défaut d'anſes, on ſe ſert d'un réſeau de corde que deux hommes prennent par chacun un côté pour porter la Bombe; mais le ſervice ne s'en fait ni ſi promptement ni ſi commodément.

Quand

Quand un Mineur eſt attaché au pied d'un Baſtion, ou de quelqu'autre ouvrage, on deſcend une Bombe, ou autrement groſſe Grénade toute chargée, dans laquelle il entre 8 ou 10 l. de Poudre, avec la fuſée allumée, vis-à-vis du trou que le Mineur a fait, pour la faire créver en cet endroit, & l'étouffer dedans.

Cette Bombe ſe deſcend avec une chaîne de fer aiant les mailles bien ſoudées, dont on régle la longueur ſur la profondeur du Foſſé.

Et qui péſe à peu près 60 l.

Ces chaînes coûtent 4 ſ. 6 d., ou 4 ſ. un liard la livre.

Cette exécution ſe fait de nuit tout autant qu'on peut: mais quand elle ſe fait de jour, les aſſiégeans font tout leur poſſible pour couper la chaîne à coups de Canon; & cela a quelquefois réuſſi.

Il eſt des Bombes appellées *en marmites*, parce qu'elles en ont la figure, & des Bombes oblongues, que quelques-uns appellent *à melon*, parce qu'elles ſont véritablement à côtes en forme de melon. On en trouve de 12 pouces dans certains Magaſins du Roïaume; mais elles ne ſont plus d'uſage que pour ſervir, ou dans les Foſſez, ou pour les Artifices.

On vous demande quelquefois à combien une Bombe toute chargée & en l'air revient au Roi. Le détail ci-deſſous l'apprend.

La Bombe de 17 pouces 10 lignes, peſant 490 l. de fer ſans ſa charge, coûte environ .	31. liv.	
Elle contient 48 l. de Poudre à 5 ſ. . . .	12.	
Il faut 12 l. de Poudre dans la chambre du Mortier à 5 ſ.	3.	
La fuſée & le reſte	0.	10 ſ.
	46 liv.	10 ſ.
La Bombe de 11 pouces 8 lignes, peſant 130 l. de fer ſans ſa charge, coûte	8 liv.	5 ſ.
Elle contient 15 l. de Poudre à 5 ſ. . .	3.	15 ſ.

Il faut 18 l. de Poudre dans la chambre du Mortier à 5 f. . . . . 4 10 f.
La fuſée & le reſte . . . . 5 f.
16 liv. 15 f.

On ne parle point de ce qu'il en coûte pour les hommes qui exécutent le Mortier, ni les autres frais de la Batterie; cela ſe voit au Titre ſuivant.

TITRE XII.

Comment il faut faire les Plattes-formes en Batterie pour les Mortiers.

EXPLICATION DE LA FIGURE du Plan de la Batterie de Mortiers.

A *Epaulement pour mettre la Batterie des Mortiers à couvert du feu ennemi.*
B *Plattes-formes ſur leſquelles ſe placent les Mortiers.*
C *Petits Magaſins à poudre.*
D *Grand Magaſin à poudre.*
E *Boyau qui conduit au grand Magaſin à poudre.*
F *Place plus baſſe que la Batterie, où on met les Bombes à couvert.*
G *Chemins qui communiquent de la Batterie au Magaſin où ſont les Bombes.*
H *Grand Foſſé devant l'Epaulement.*
I *Berme ou retraite.*

LEs Plattes-formes de Mortiers de 12 pouces à l'ordinaire auront de longueur 9 pieds, de largeur 6.

Les lambourdes pour les Mortiers ordinaires auront 4 pouces d'épaiſſeur.

Pour ceux à chambre concave de 8 livres de Poudre,
Ils auront 5 pouces.

Ceux

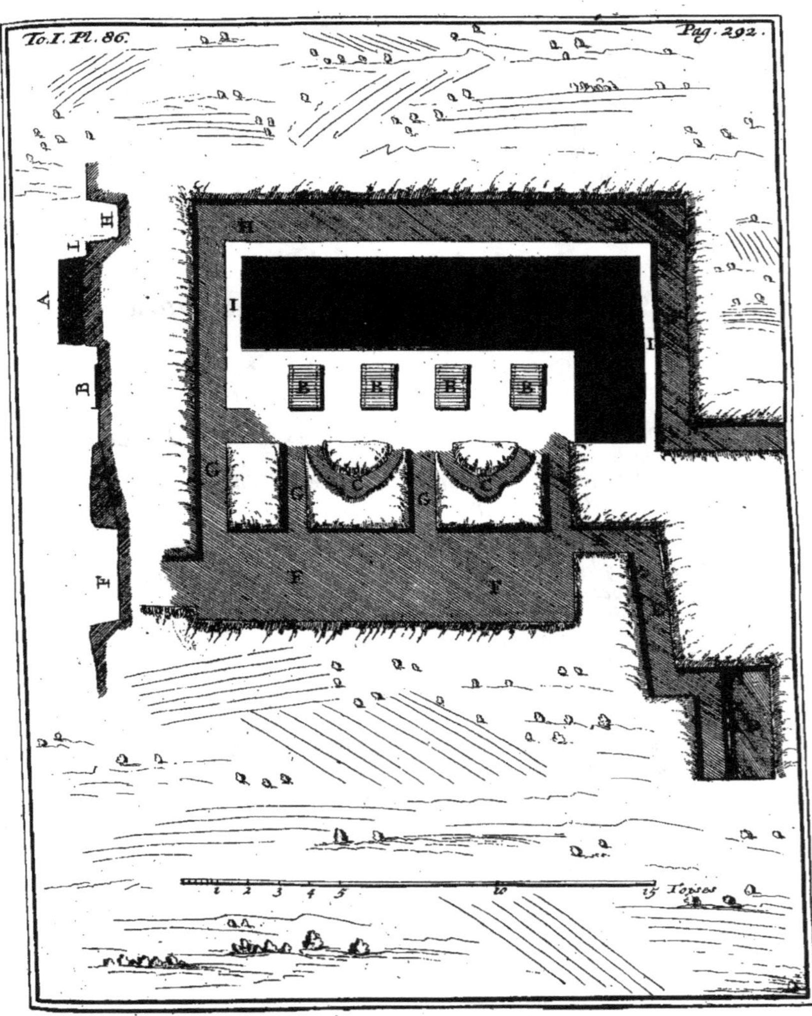
To. I. Pl. 86.
Pag. 292.
H
I
A
B
F
B B B B
C C
G G G
F F
1 2 3 4 5 10 15 Toises

Ceux de 12 livres,
6 pouces.
Ceux de 18 livres de Poudre,
7 pouces ou environ.
Pour les Pierriers,
3 pouces.

La largeur sera à discrétion, pourvû qu'il y en ait assez pour faire les Plattes-formes de 9 pieds de long.

Le devant de la Platte-forme sera situé à deux pieds de l'Epaulement de la Batterie, quand on aura rendu le rez de chaussée de niveau.

On passera la première lambourde, & ensuite les autres jusqu'à la longueur de 9 pieds.

Il faut sur-tout prendre garde que toutes les lambourdes soient bien de niveau. Après quoi, on fera arrêter la Platte-forme par derrière & par devant avec de bons gros piquets pour être plus solide. Il sera bon que les lambourdes avancent d'un pouce l'une sur l'autre, à moitié épaisseur.

Les Bombardiers pour se mettre à couvert dans leurs Batteries, & n'être point vûs de la Ville, élévent un fascinage piquetté ou Epaulement de 7 pieds & plus de haut, suivant le besoin. Cet Epaulement n'a nulle embrasûre, & est plein par-tout, avec un retour à droite & à gauche, comme il est jugé nécessaire.

Armes pour servir des Mortiers.

POur bien servir promptement un Mortier en Batterie, il faut cinq bons leviers.

Une dame du calibre de la chambre conique, pour refouler le fourage & la terre.

Un coûteau de bois d'un pied de long, pour serrer la terre autour de la Bombe.

Une racloire de fer de 2 pieds de long, dont un bout sera large de 4 pouces en rond, replié en patte de 3 pouces, pour nettoïer l'ame & la chambre du Mortier; l'autre bout sera fait en forme de petite cuillière, pour nettoïer la petite chambre.

Une civière pour porter la Bombe.

Deux dégorgeoirs.

Deux coins de mire comme au Canon, & deux boutte-feux.

Une pelle.

Un pic-hoyau.

L'Officier qui fera servir le Mortier, doit avoir un quart de cercle pour donner les degrez d'élévation.

Manière de disposer les Soldats pour servir promptement un Mortier en Batterie.

IL faut cinq Soldats Bombardiers ou autres. Le premier aura soin d'aller chercher la Poudre pour charger la chambre du Mortier, aiant déja mis son dégorgeoir dans la lumière avant de mettre la Poudre dans la chambre. Il observera de n'aller jamais chercher de Poudre, qu'il ne demande à l'Officier qui commande le Mortier, à quelle quantité de Poudre il veut charger ; parce que, suivant la distance d'où on tire, on y met plus ou moins de Poudre. Le même aura soin de prendre la demoiselle ou dame pour refouler le fourage & la terre qu'un Soldat de la droite mettra dans la chambre: il refoulera trois bons coups sur le fourage, & neuf sur la terre dont il achevera de remplir la chambre.

Celui de la droite mettra encore deux pelletées de terre dans le fond de l'ame, qui sera encore bien refoulée.

La demoiselle sera remise en son lieu contre l'Epaulement à droite du Mortier. Il reprendra un levier au même endroit pour se poster derrière l'Affût, afin d'aider à pousser le Mortier en Batterie. Aiant remis son levier, il retirera son dégorgeoir pour amorcer la lumière avec de la Poudre fine.

Les seconds Soldats de la droite & de la gauche pendant ce tems-là prendront la civière ou le réseau, qui doit être à droite, pour apporter la Bombe qui sera chargée, pour mettre dans le Mortier.

Le premier Soldat de la gauche aura soin de la recevoir sur le Mortier, pour la poser bien droite dans l'ame du Mortier.

Le

Le premier de la droite lui fournira de la terre pour mettre autour de la Bombe, qu'il aura ſoin de refouler avec le coûteau que le ſecond de la gauche lui donnera, aiant laiſſé la civière à remettre en ſa place au ſecond Soldat de la droite.

Cela fait, chacun prendra un levier.

Les deux premiers de la droite & de la gauche poſeront leurs leviers ſous les chevilles de retraite de devant, & les deux de derrière ſous celles qui y ſont: ils poufferont enſemble le Mortier en Batterie.

Après quoi l'Officier pointera le Mortier, & chacun donnera du flaſque ſuivant ſon commandement; c'eſt-à-dire, que ſi le Mortier étoit trop à droite, celui de la droite paſſera ſon levier ſous le bout de l'Affût.

Et le ſecond de la gauche en fera autant au bout de derrière, qui poufferont en même tems juſqu'à ce que l'Officier le trouve droit à ſon but.

Quand il ſera trop ſur la gauche, le premier de ce côté-là, & le ſecond de la droite, feront ce que je viens de dire.

A l'égard de la droite, les deux Soldats de devant paſſeront leurs leviers ſous le ventre du Mortier pour le lever ou baiſſer, ſuivant les degrez d'élévation que l'Officier jugera à propos de donner au Mortier.

Le dernier de la gauche, après avoir poſé ſon levier contre l'Epaulement, prendra les coins de mire pour les pouſſer ou reculer ſous le ventre du Mortier, ſuivant le commandement de l'Officier.

Pendant ce tems-là le premier Soldat aura ſoin d'amorcer la lumière du Mortier ſans refouler la Poudre.

Il mettra un peu de poulevrin ſur le baſſinet, & ſur la fuſée de la Bombe; mais il aura ſoin de gratter la compoſition avec la pointe du dégorgeoir, pour que le feu y prenne promptement.

Le dernier de la droite aura ſoin de tenir ſon bouttefeu en état pour mettre le feu à la fuſée de la Bombe à droite, pendant que le premier ſera prêt avec le ſien ſur la gauche, pour mettre le feu à la lumière du Mortier; ce qu'il ne fera

fera jamais qu'il ne voie la fusée bien allumée.

Les Soldats de devant auront leurs leviers prêts pour relever le Mortier droit aussitôt qu'il aura tiré, pendant que le dernier de la gauche nettoïera l'ame & la chambre du Mortier avec la racloire qu'il tiendra prête.

Le premier aussitôt apportera la Poudre pour mettre dans la chambre : chacun fera sa fonction comme il est enseigné ci-dessus.

Les armes du Mortier seront posées contre l'Epaulement à droite & à gauche.

Trois leviers.

Une civière.

Une pelle.

Et la demoiselle pour refouler, seront à droite.

Deux leviers.

La racloire.

Le coûteau de bois.

Les deux coins de mire.

Et le pic-hoyau, seront à la gauche.

Les deux boutteseux derrière le Mortier, plantés en terre à 9 ou 10 pieds de la Platte-forme.

Le Magasin à poudre pour le service de la Batterie sera situé à 15 ou 20 pas derrière, comme aux Batteries de Canon avec un boyau de communication pour y aller en sûreté.

Il y aura des planches ou des fascines avec de la terre dessus pour les couvrir du feu.

Les Bombes chargées seront à côté du même Magasin à 5 ou 6 pas de distance.

Pour charger les Bombes, il les faut emplir de Poudre avec un entonnoir, y mettre la fusée qu'on frappera dans la lumière avec un maillet de bois, jamais de fer, crainte d'accident.

On pourra tirer des Carcasses dans les Mortiers ordinaires en pratiquant ce qui est enseigné ci-dessus pour les charger dans les Mortiers.

Les Bombes sont plus sûres.

Les Mortiers de 18 pouces, & de 8 pouces, se serviront à proportion des autres.

EX-

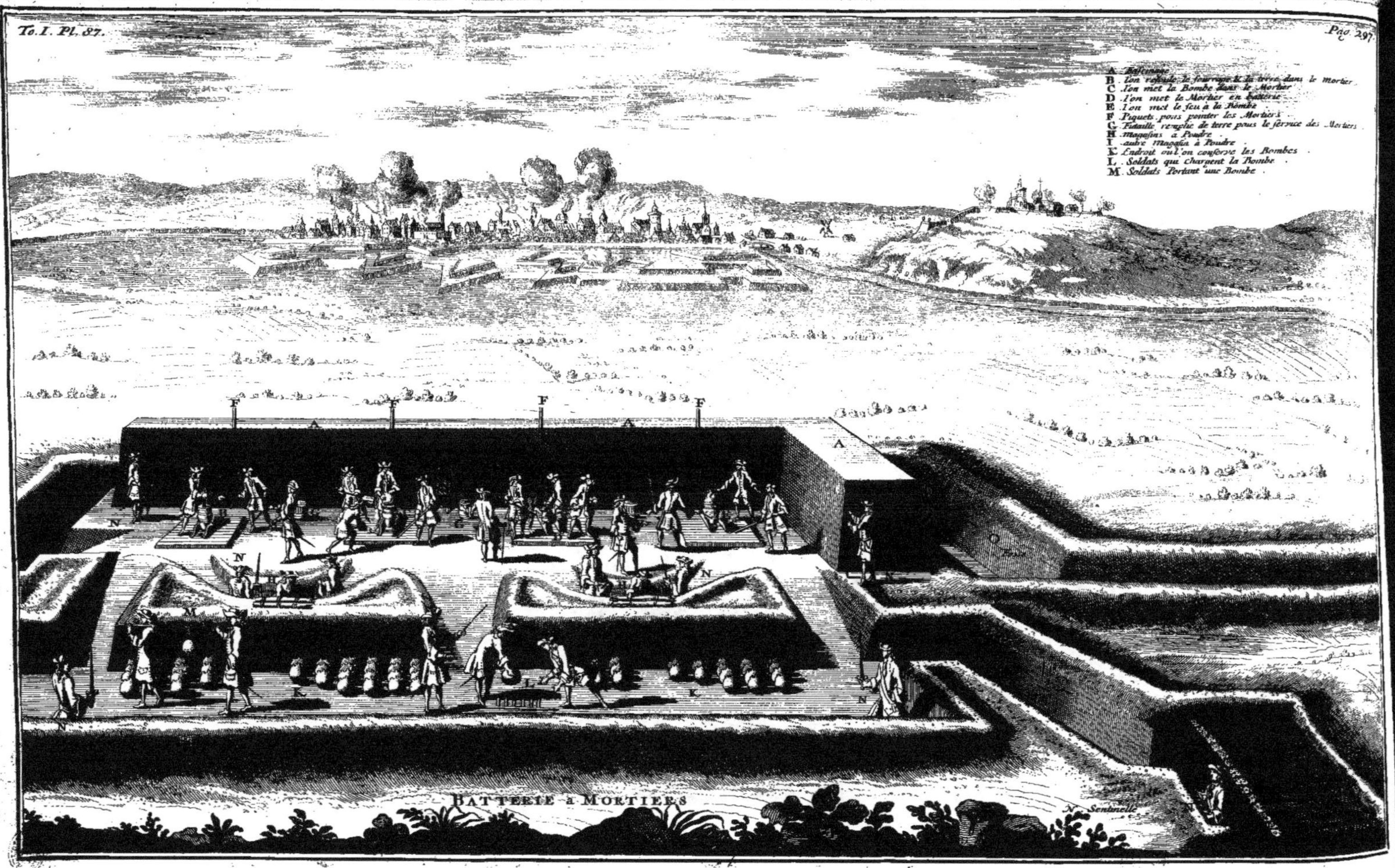
To. I. Pl. 87.
Pag. 297.
A. Bastionnage
B. l'on refoule le fourrage & la terre dans le Mortier
C. l'on met la Bombe dans le Mortier
D. l'on met le Mortier en batterie
E. l'on met le feu à la Bombe.
F. Piquets pour pointer les Mortiers.
G. Futaille remplie de terre pour le service des Mortiers
H. magasins a Poudre.
I. autre Magasin à Poudre.
K. Endroit ou l'on conserve les Bombes.
L. Soldats qui chargent la Bombe.
M. Soldats Portant une Bombe.
N. Sentinelle
BATTERIE à MORTIERS

EXPLICATION DE LA FIGURE

qui représente une Batterie à Mortiers vûe par le dedans, avec toutes les différentes actions des Officiers, Bombardiers, & Soldats qui y servent.

A *Fascinage ou Epaulement pour mettre la Batterie à couvert du feu de l'Ennemi.*

B *Ici on refoule le fourage & la terre dans le Mortier, avec le morceau de bois qu'on appelle dame ou demoiselle.*

C *Ici on met la Bombe dans le Mortier.*

D *Ici on met le Mortier en Batterie, & l'Officier place le quart de cercle sur la bouche du Mortier, pour le pointer au degré nécessaire*

E *Ici on met le feu à la fusée de la Bombe, & ensuite à la lumière du Mortier.*

F *Piquets qui servent de visière pour pointer les Mortiers, tous ces Mortiers étant sur leurs Plattes-formes.*

G *Futaille remplie de terre pour le service des Mortiers.*

H *Petits Magasins couverts de fascines & de terre, où se prend la Poudre pour le service de la Batterie.*

I *Autre grand Magasin à poudre aussi couvert de fascines & de terre, où est la principale provision.*

K *Endroit retranché au derrière, & plus bas que la Batterie, où on conserve les Bombes chargées.*

L *Soldats qui chargent la Bombe sur la civière, pour la porter à la Batterie.*

M *Autres Soldats portant une Bombe avec un levier passé dans un crochet attaché à l'une des anses de la Bombe.*

N *Sentinelles.*

O *Fossé ou Tranchée autour de l'Epaulement de la Batterie.*

Manière de servir les Pierriers en Batterie.

IL ne faut que trois Soldats à chacun, dont l'un aura soin d'aller chercher la poudre pour charger la chambre.

Celui de la droite aura soin de lui donner du fourage & de la terre pour la refouler sur la poudre, comme il est dit aux Mortiers.

Celui de la gauche aura soin de lui donner une dame pour cela.

Celui de la droite lui donnera un platteau de bois pour mettre au cul de l'ame. Après quoi lui & son Camarade iront chercher un panier plein de cailloux pour mettre dans l'ame du Pierrier.

Le premier & les deux, dont on a parlé, prendront les leviers pour le pousser ou dresser en Batterie.

Ensuite ces deux poseront leurs leviers sous le ventre du Pierrier, pour le hausser ou baisser, suivant le commandement de l'Officier.

Le premier amorcera cependant la lumière du Mortier.

Celui de la gauche prendra le boutteseu pour y mettre le feu au commandement de l'Officier.

Les armes du Pierrier sont,

Trois leviers, dont deux seront posés à la droite avec la racloire,

Une pelle,

Le platteau,

Et les coins de mire.

A la gauche il y aura,

Un levier,

Une dame pour refouler.

Le boutteseu sera situé au même endroit que ceux des Mortiers.

Les paniers à Pierriers, pour charger l'ame des Pierriers, auront 15 pouces de diamétre ou environ, & 20 pouces de hauteur.

Ils seront posés derrière la Batterie à 10 ou 12 pas, avec trois

trois ou quatre tombreaux de cailloux bien durs pour les remplir.

Les quatre tombreaux pourront remplir 60 paniers qu'il faut à chaque Pierrier, ſuivant les endroits qu'on voudra battre. Rien n'eſt meilleur pour faire abandonner un logement, que la grêle qui ſort de la bouche des Pierriers.

M. le Marquis de la Frézelière ne ſe ſert point de paniers pour exécuter ſes Pierriers. Il ſe contente de couvrir d'un gazon la chambre qui contient la poudre, & de jetter par-deſſus un bon nombre de cailloux, & quelquefois de placer ſur le tout 4 petites Bombes chargées avec leurs fuſées : & il prétend que, pour bien réuſſir dans cette exécution, il ne faut pas être éloigné de plus de 150 pas de l'endroit où on veut faire tomber cette grêle. On pourroit ſe ſervir de ſacs à terre pour renfermer ces petits cailloux.

Devoir de l'Officier.

L'Officier qui fera ſervir les Mortiers ou Pierriers, s'attachera particulièrement à reconnoître, autant qu'il le pourra de l'œil, la diſtance du lieu où il voudra tirer, aiant donné les degrez d'élévation au Mortier ou Pierrier, ſuivant le jugement qu'il aura fait de la diſtance.

Il fera tirer ſa première Bombe; & ſuivant l'endroit où elle tombera, il diminuera ou augmentera les degrez d'élévation.

La plûpart des gens qui tirent des Bombes, n'ont guéres d'autres régles que ce qu'on vient de dire : cependant nos Bombardiers ſe ſervent ſouvent de Tables pour connoître les différentes étenduës des portées, ſelon la différence des élévations du Mortier ſur tous les degrez de l'équerre, depuis 1 juſqu'à 45.

Cette manière, quoique fondée ſur une infinité d'expériences très-dommageables à nos Ennemis, n'a pas laiſſé de trouver quelquefois des cenſeurs. Feu M. Blondel a fait un grand Traité là-deſſus, prétendant avoir donné une démonſmonſtration pour tirer juſte, beaucoup plus ſûre que n'ont pu faire tous ceux qui s'en ſont mêlés par le paſſé.

Mais il ſemble qu'il vaille mieux s'attacher à ſuivre ceux qui ſont dans le continuel exercice des Bombes, & qui ſe trouvent bien de leur méthode, étant ſûr que l'expérience, ſur-tout en fait de Poudre, l'emporte toûjours ſur les obſervations les plus ſçavantes.

Pour vous inſtruire de la méthode de ces Bombardiers dans le jet des Bombes, j'ai extrait mot à mot ce que j'en ai trouvé dans le Traité de M. Blondel-même, pour ne rien dire de mon chef.

„ ILs diſent donc (*c'eſt M. Blondel qui parle des Bombardiers*),
„ que le Mortier chaſſe plus ou moins, ſelon qu'il eſt plus ou
„ moins chargé de Poudre, & qu'un Mortier, par exemple, de
„ 12 pouces de calibre, chargé dans ſa chambre de 2 l. de
„ Poudre menue grenée, donne de degré en degré 48 pieds de
„ différence de portée; & pour la plus grande étenduë ſous l'é-
„ lévation de 45 degrez, 2160 pieds.

„ Le même Mortier donnera de degré en degré 60 pieds
„ de différence, s'il eſt chargé de 2 l. & ½ de la même Pou-
„ dre, & 2700 pieds pour la plus grande volée.

„ Enfin il donnera 72 pieds de différence de degré en de-
„ gré ſi la charge eſt de 3 l. de Poudre menue grenée, qui eſt
„ la charge la plus forte * de la chambre d'un Mortier de 12
„ pouces de calibre, & à l'élévation de 45 degrez, qui eſt, com-
„ me ils diſent, la plus grande volée, il chaſſera la Bombe à la
„ diſtance de 3240 pieds

** On a vû au Chapitre des Mortiers, qu'il eſt des Mortiers qui en contiennent davantage.*

Sur ce fondement ils ont fait les Tables que voici.

TA-

TABLES DES BOMBARDIERS
pour les Mortiers de 12 *pouces de Calibre.*

Première Table à deux livres de Poudre.

Degrez.	*Portées.*
5.	240 pieds.
10.	480
11.	528
12.	576
13.	624
14.	672
15.	720
16.	768
17.	816
18.	864
19.	912
20.	960
21.	1008
22.	1056
23.	1104
24.	1152
25.	1200
26.	1248
27.	1296
28.	1344
29.	1392
30.	1440
31.	1488
32.	1536
33.	1584
34.	1632
35.	1680
36.	1728
37.	1776
38.	1824
39.	1872
40.	1920
41.	1968
42.	2016
43.	2064
44.	2112
45.	2160

La différence est de 48 pieds de degré en degré.

Seconde Table à deux livres & demie de Poudre.

Degrez.	*Portées.*
36.	2160 pieds.
37.	2220
38.	2280
39.	2340
40.	2400
41.	2460
42.	2520
43.	2580
44.	2640
45.	2700

La différence est de 60.

Troisième Table à trois livres de Poudre.

Degrez.	*Portées.*
37.	2664 pieds.
38.	2736
39.	2808
40.	2880
41.	2952
42.	3024
43.	3096
44.	3168
45.	3240

La différence est de 72.

„ LA première (*c'est toûjours M. Blondel qui parle*) suppose
„ que la chambre du Mortier est chargée de 2 l. de Poudre,
„ & est depuis 5 degrez jusqu'à 45. Les nombres de pieds des
„ portées se trouvent en ajoutant 48 pieds au précédent de
„ degré en degré. Ainsi, ajoutant 48 à 480, répondant à 10 de-
„ grez, vous avez 528 pour 11 degrez; & 576 pour 12, en ajou-
„ tant 48 à 528; & 624 pour 13 degrez, mettant 48 avec 576;
„ & ainsi des autres.

„ La seconde à 2 l. & ½ de charge ne commence qu'à 36
„ degrez, jusqu'à 45 degrez, parce que le Mortier avec cette
„ charge donne autant de chasse à la Bombe à 36 degrez, qu'à
„ 45, lorsqu'il n'a que 2 l. de Poudre; car l'étenduë de la por-
„ tée est en l'une & en l'autre de 2160 pieds. Les nombres de
„ pieds des portées se surpassent l'un l'autre de 60 pieds à cha-
„ que degré. Ainsi 2220 du 37 degré, vient de 2160 du 36, & de
„ 60 ajoutés ensemble; & 2280 du 38, ajoutant 2220 avec 60;
„ & ainsi du reste.

„ La troisième à 3 l. de Poudre, qui est la plus grande char-
„ ge qu'on doit donner à la chambre d'un Mortier de 12 pou-
„ ces de calibre*, ne commence par la même raison qu'à 37
„ degrez jusqu'à 45, parce qu'avec cette charge il chasse pres-
„ que aussi loin sous l'angle de 37 degrez, que sous celui de 45
„ avec 2 l. & ½ de Poudre. Les nombres de pieds des portées
„ s'y suivent à chaque degré de 72 pieds. Ainsi ajoutant 72 à
„ 2664 du 37 degré, vous aurez 2736 pour le 38; & ajoutant
„ 72 à 2736, on a 2808 pour le 39; & 2880 pour le 40, en
„ ajoutant 72 à 2808; & ainsi des autres.

** On a vû comme il y a des Mortiers qui en contiennent davantage.*

„ Ils disent aussi qu'un Mortier de 8 pouces de calibre char-
„ gé d'une demi livre de Poudre menue grenée, donne pour
„ chaque degré d'élévation 42 pieds de différence de portée,
„ & pour sa plus grande portée sous 45 degrez, donne 1890
„ pieds.

„ Le même chargé de trois quartrons de la même Poudre
„ donne 62 pieds de différence de portée à chaque degré d'élé-
„ vation, & pour la plus grande qui est à 45 degrez, 2790.

„ Et enfin avec une livre de Poudre, qui est la plus forte
char-

„ charge qu'on doive donner à la chambre d'un Mortier de „ 8 pouces de calibre*, il donne 28 pieds de différence de portée à chaque degré d'élévation, & 3690 pieds pour sa plus „ grande étenduë sous l'angle de 45 degrez.

*C'est la même chose que ci-devant.

Voici ces autres Tables.

La première à une demi livre de Poudre commence à 5 degrez jusqu'à 45 ; & les nombres des portées se suivent, en augmentant de 42 pieds à chaque degré.

La seconde à trois quartrons de la même Poudre ne commence qu'à 31 degrez, parce qu'en cette élévation avec cette charge, la portée est plus grande que celle à 45 degrez avec une demi livre de Poudre. Les nombres des portées s'y suivent, en augmentant de 62 pieds à chaque degré

La troisième à une livre de Poudre commence à 35 degrez, où la portée est plus grande que celle à 45 degrez avec trois quartrons de Poudre. Les nombres des portées s'y suivent, en augmentant de 82 pieds à chaque degré.

TA-

TABLES DES BOMBARDIERS

pour les Mortiers de 8 *pouces de Calibre.*

Première Table à demi-livre de Poudre.

Degrez.	*Portées.*
5.	210 pieds.
10.	420
11.	462
12.	504
13.	546
14.	588
15.	630
16.	672
17.	714
18.	756
19.	798
20.	840
21.	882
22.	924
23.	966
24.	1008
25.	1050
26.	1092
27.	1134
28.	1176
29.	1218
30.	1260
31.	1302
32.	1344
33.	1386
34.	1428
35.	1470
36.	1512
37.	1554
38.	1596
39.	1638
40.	1680
41.	1722
42.	1764
43.	1806
44.	1848
45.	1890

La différence est de 42 pieds de degré en degré.

Seconde Table à trois quarts de livre de Poudre.

Degrez.	*Portées.*
31.	1922 pieds.
32.	1984
33.	2046
34.	2108
35.	2170
36.	2232
37.	2294
38.	2356
39.	2418
40.	2480
41.	2542
42.	2604
43.	2666
44.	2728
45.	2790

La différence est de 62.

Troisième Table à une livre de Poudre.

Degrez.	*Portées.*
35.	2870 pieds.
36.	2952
37.	3034
38.	3116
39.	3198
40.	3280
41.	3362
42.	3444
43.	3526
44.	3608
45.	3690

La différence est de 82.

Nous

NOus verrons ci-après les proportions & les compositions des fusées à Bombes & à Grénades.

Mais auparavant il faut un peu parler des Grénades, parce qu'elles se chargent comme les Bombes, & qu'elles leur ressemblent par leur figure, excepté qu'elles n'ont point d'anses.

TITRE XIII.

Des Grénades & des Fusées à Grénades & à Bombes.

Grénades.

IL y en a de grosses de fossé, qu'on appelle aussi quelquefois Bombes, qui sont du calibre des Boulets de trente-trois, & qui pésent 16 livres.

De vingt-quatre, & qui pésent 12 livres.

De seize, & qui pésent 8 livres.

On roule effectivement ces Grénades du haut des remparts & des autres ouvrages dans les fossez, ou sur une Bréche, & elles font une fort grande exécution.

Il y a des Grénades qu'on appelle à main, qui sont de la grosseur ou du calibre d'un Boulet de 4 livres, qui ne pésent que 2 livres, & qui contiennent 4 à 5 onces de Poudre ou environ.

Celles-ci servent à jetter à la main dans des Tranchées ou Retranchemens, au milieu d'une Troupe; & elles tuent ou estropient infailliblement.

On observe tant qu'on peut, qu'elles soient bien vuidées & bien ébarbées, & d'un fer aigre & cassant, mais sans souflûres.

Leur lumière doit avoir 6 lignes ou environ.

On se sert de petites lanternes de cuivre, & de petites baguettes de bois avec des maillets pour charger les Grénades, en pressant bien la Poudre au dedans.

Proportions de Grénades de plusieurs diamétres.

LEs Grénades du calibre d'un Boulet de trente-trois ont de diamétre 6 pouces, & quelque chose de plus; mais ce sont des fractions de peu d'importance, que j'omettrai tant pour cet article que pour les suivants.

L'épaisseur 8 *lignes*, & pésent environ 16 livres.

Celles du calibre de vingt-quatre ont de diamétre 5 pouces 5 lignes.

D'épaisseur 6 lignes, & pésent 12 livres.

Celles du calibre de seize ont de diamétre 4 pouces 9 lignes.

D'épaisseur 5 lignes, & pésent 8 livres.

Celles qui pésent 6 l. ont de diamétre 3 pouces 5 lignes.

D'épaisseur 5 lignes.

Celles du poids de 5 l. ont de diamétre 3 pouces 2 lignes & $\frac{3}{4}$.

D'épaisseur 5 lignes.

Celles du poids de 4 l. ont de diamétre 3 pouces.

D'épaisseur 5 lignes.

Celles du poids de 3 l. ont de diamétre 2 pouces 8 lignes.

Epaisseur 4 lignes & $\frac{1}{2}$.

Celles du poids de 2 l. ont de diamétre 2 pouces 4 lignes.

D'épaisseur 4 lignes.

Celles du poids de 1 l. ont de diamétre 1 pouce 10 lignes.

Epaisseur 3 lignes.

Celles de $\frac{3}{4}$ ont de diamétre 1 pouce 8 lignes.

Epaisseur 3 lignes.

Celles de $\frac{1}{2}$ ont de diamétre 1 pouce 6 lignes.

Epaisseur 3 lignes.

Celles de $\frac{1}{4}$ ont de diamétre 1 pouce 6 lignes.

Epaisseur 2 lignes & $\frac{1}{2}$.

S'il se trouvoit quelque part des Grénades plus grosses ou plus petites que celles ci-dessus, on pourroit, pour en sçavoir le diamétre, avoir recours à la Table des Boulets Titre III. Mais, ni les Boulets, ni ces sortes de Grénades, ne doivent

doivent point être mesurés si fort à la rigueur; quelques lignes moins ne font pas une affaire : il vaut même encore mieux qu'un Boulet joue un peu dans une Piéce, ou une Grénade dans un Mortier, que de se trouver trop justes, & que de n'y pouvoir entrer que difficilement.

Toutes ces Grénades doivent être plus épaisses au cul que par le corps, à proportion de leur grosseur.

Fusées à Bombes & à Grénades, & premièrement des Fusées à Bombes.

LE mémoire qui suit, contient les proportions que leur donnent les Bombardiers, & la composition qui y entre.

Les Fusées pour les Bombes de 12 pouces de diamétre seront de bois de tilleul, saule, ou aulne bien sec, & sans aucune fistule. Quoique dans ces sortes de bois il se trouve quantité de petits nœuds ou petits pertuis qui les rendent défectueux, ces bois ont d'autres propriétez qui obligent de s'en servir. Il faut donc que ces Fusées soient nettes & bien percées dehors & dedans: car ordinairement il se trouve dans les lumières, quand elles ne sont pas bien percées par un bon Ouvrier qui ait des outils faits exprès, des fillanges qui sont fort nuisibles, parce qu'en chargeant les Fusées, elles se mêlent avec la composition, & la rendent défectueuse & sujette à s'éteindre; & lorsqu'il s'y en trouve, il faut les en faire sortir avec la grande baguette.

On fait les Fusées à Bombes de deux longueurs, de 8 pouces & ½, & de 9 & ½: les premières sont pour tirer près, & les autres pour tirer loin; au reste elles ont les mêmes proportions.

C'est-à-dire, au petit bout 14 lignes de grosseur, & au gros bout 18 & ½; les lumières ont également 5 lignes de diamétre.

Il faut pour charger ces Fusées, deux baguettes de fer bien limées & bien justes à la lumière des Fusées; la première sera longue comme la Fusée, & l'autre comme la moitié.

Les Fusées à Bombes coûtent en Comté 50 liv. le millier,

 qui

qui eſt 1 ſ. piéce. Il y en a 5 ou 6 à la livre, poids de marc, ſelon la qualité du bois. Le hêtre ne vaut rien à garder, étant ſujet aux vers.

En 1696, le cent de Fuſées à Bombes coûtoit à Doüay 3 liv. 15 ſ.

Et le millier de Fuſées à Grénades 7 liv. 10 ſ.

A Metz ces dernières ont coûté 10 liv. le millier.

Pour faire la compoſition des Fuſées à Bombes & à Grénades, ſelon les Bombardiers, il faut battre de la bonne Poudre & la réduire en poulverin, de bon ſoufre qui ne ſoit point verdâtre, & le réduire en fleur, & de bon ſalpêtre en farine auſſi bien purifié de toutes matières nuiſibles; car c'eſt le corps de toutes compoſitions & de tous Artifices.

Ces trois choſes étant bien battues & pulveriſées, il faut les paſſer dans un tamis couvert & très-fin l'une après l'autre: & quand on en aura ſuffiſamment, il faudra prendre une meſure de ſoufre, deux de ſalpêtre, & cinq de poulverin, qu'on mêlera & aſſemblera l'un avec l'autre; & on paſſera ces mixtions enſemble dans un tamis de crin commun. Après quoi, on chargera les Fuſées.

Quand on aura bien viſité les Fuſées à charger, qu'elles ſeront auſſi bien conditionnées, comme il eſt dit ci-devant, & qu'on aura pluſieurs fois paſſé la grande baguette dans la lumière, pour en ſortir & chaſſer ce qui s'y pourroit trouver de nuiſible; on poſe le petit bout ſur un billot, ou ſur un fort madrier, avec un chargeoir fait comme une petite lanterne à charger du Canon: on prend de la compoſition environ plein un petit dez à coudre qu'on met dans la Fuſée, & la grande baguette deſſus, ſur laquelle on frappe quatre ou cinq coups égaux de moyenne force avec un maillet de moyenne groſſeur; & on continuera de mettre la compoſition dans la Fuſée ſans en mettre plus grande quantité chaque fois. Mais il faudra, à proportion que la Fuſée s'emplira, augmenter la force de frapper & le nombre des coups juſqu'à douze; car plus la compoſition ſera ſerrée, plus elle ſera d'effet, & même elle brulera dans l'eau.

Pro-

Proportions des Fuſées à Grénades.

CElles du calibre de	33.	24.	16.	12.	8.	4.
Sont groſſes au gros bout de	12.lig.	11.	10½	10.	9½	8½
Au petit bout de . .	9.	8½	8.	8.	7.	6.
Diamétre des lumières	4.	4.	3.	3.	3.	2.
Les Fuſées ſont longues en tout de . .	5 p½.	5 p.	4 p½.	4 p.	3.p½.	2p.

Et comme les groſſes Grénades ſont faites pour jetter dans les foſſez, ou avec de petits Mortiers, il leur faut des Fuſées de différentes longueurs : celles-ci ſont pour les petits Mortiers : celles pour les foſſez doivent être plus courtes.

Manière de les coëffer.

LEs Allemands les coëffent avec du papier & du parchemin lié avec du fil autour de la Fuſée.

On ſe ſert en France d'une compoſition de poix noire mêlée avec un peu de ſuif, avec laquelle on fait gaudronner les Fuſées lorſqu'elles ont été frappées dans les Bombes ou Grénades, & même juſqu'à un doigt autour de la lumière des Bombes & des Grénades.

Il y en a d'autres qui ne ſe ſervent que de cire neuve mêlée avec un peu de ſuif.

Il eſt néceſſaire d'ordonner que les Fuſées à Bombes aient autant de diamétre au petit bout, à une ligne près, que les lumières des Bombes, pour leſquelles elles ſont deſtinées, & à proportion de celles pour les Grénades. Lorſque les Fuſées ſont trop coniques, c'eſt-à-dire, plus menues par le bout qui entre dans la Grénade, que par le bout qui eſt dehors, elles ne tiennent jamais bien dans les lumières des Bombes, & en ſortent très-ſouvent quand on les tire.

Autre Manière de charger les Fusées à Grénades & de les coëffer.

UNe livre de poudre tamisée bien fine.
Une once & demie de salpêtre en farine.
Une once de soufre.
Il faut pouvoir compter un nombre de vingt-cinq pendant la durée de la Fusée.
Une livre de colofane.
Une livre de gaudron.
Une livre & demie de poix.
Et cinq quartrons de gaudron commun, faire fondre le tout & en coëffer les Fusées à Grénades.
Ne vous rebutez point de voir tant de mémoires sur une même chose; il faut sçavoir l'usage de tous les lieux.

A Paris on charge les Portefeux ou Fusées à Bombes & à Grénades comme il suit.

Première Manière.

IL faut prendre 1 livre de poudre, qu'elle soit bien broïée & bien passée dans le tamis fin de soie, & le charbon de même, & mettre 2 onces de charbon sur chaque livre, & en faire plusieurs épreuves pour sçavoir si la composition n'est point trop vive.
Auquel cas vous la modérerez avec du charbon.

On fait encore autrement.

ON prend 1 livre de salpêtre, 4 onces de soufre, & 3 onces de charbon; le tout passé dans le tamis de soie, & le bien mêler ensemble, & en charger le Portefeu à Grénade; qu'il soit bien battu; puis en faire épreuve.
Et pour le Portefeu à Bombe, il faut 3 onces de charbon sur 1 livre de poudre battue mise en poussier; & c'est la plus sûre pour garder en tout tems.

On

On a fait charger à Paris, il y a quelques années, certaines Fuſées à Grénades plus longues que celles à l'ordinaire, & qui venoient de Champagne, faites d'un bois blanc.

Dont le cent, étant vuides, peſoit 22 onces.

Et étant chargées, 32 onces & ½.

Et ainſi il y entroit de compoſition, 10 onces & ½.

C'eſt ſur le millier 6 l. & ½ ou 7 l. de compoſition, ou environ.

Les Artificiers de Flandres diſent, que ſur 150 Fuſées à Grénades il entre 1 l. de compoſition, compris le déchet.

En Lorraine.

POur charger un cent de Fuſées à Grénades on donne les matières à l'Artificier.

Outre cela on lui paie

1. liv. 10 ſ. par cent pour les charger.

Et 1 liv. par cent pour le bois ou cartouche de la Fuſée.

Ce ſont 2 liv. 10 ſ. par cent.

On pourroit néanmoins, dit-on, réduire ce prix à 2 liv. 6 ſ.

A Paris elles n'ont autrefois coûté à charger que 1 liv. 3 ſ. par chaque cent, en fourniſſant les matières à l'Artificier.

Le bois coûte une livre le cent de Fuſées.

Ce ſont en tout 2 liv. 3 ſ. Cela pourroit être réduit à moins.

Il y a encore une manière de charger les Fuſées à Grénades, qui vient des Sieurs Berenger, Artificiers, qui ſervent en Flandres. C'eſt le mémoire qui ſuit.

UN homme peut charger dans un jour d'Eté, commençant à quatre heures, & finiſſant à huit heures du ſoir, 600 Fuſées à Grénades. Un homme ne peut charger que cinq groſſes Fuſées à Bombes dans l'eſpace d'une heure.

Il y a des gens qui ne demeurent pas d'accord qu'un homme puiſſe charger en un jour un ſi grand nombre de Fuſées à Grénades.

Il y a pluſieurs ſortes de compoſitions pour charger les Fuſées à Bombes & à Grénades.

La

La première est de 4 l. de poudre, 2 l. de salpêtre, 1 l. de soufre.

La seconde, de 5 l. de poudre, 2 l. de salpêtre, 1 l. de soufre.

La troisième, celle-ci est la meilleure, de 3 l. de poudre, 2 l. de salpêtre, 1 l. de soufre.

La quatrième, de 3 l. de poudre, 2 l. de salpêtre, & ½ livre de soufre.

Quoique ce soient-là les doses accoûtumées des compositions, il faut pourtant que l'Artificier qui les fait, éprouve cinq ou six Fusées pour voir si elles durent 25 ou 30 comptes, & qu'il voie si elles ne sont point trop fortes, auquel cas il faut mettre davantage de soufre. Il ne faut pas aussi qu'elles soient trop foibles; car elles pourroient s'éteindre en tombant dans la bouë, & on y remédie en y mettant plus de poudre.

Il ne faut pas qu'elles durent plus de 30 comptes; car quand elles seroient tombées dans un endroit, on pourroit les rejetter avec une pelle.

Ainsi on ne peut pas dire de quelle composition il faut se servir sans en avoir vû bruler trois ou quatre; parce qu'il y a de la poudre de différente qualité, ainsi que du charbon, du salpêtre, & du soufre, meilleurs l'un que l'autre.

Pour se déterminer donc à prendre une de ces quatre compositions, il faut en charger cinq ou six de chacune, pour voir celle qui durera 30 comptes, & jettera une flamme de 3 ou 4 pouces, sans faire fendre ni éclater la Fusée, ni sans faire de la peine à la tenir avec deux doigts; & c'est celle-là qu'il faut choisir.

Il faut observer que les Fusées soient chargées également, c'est-à-dire, qu'elles brulent sans cracher, & que l'oreille n'entende point comme si c'étoit un changement de composition; ce qui fait de petits coups.

Lorsque les Fusées sont chargées, il faut mettre de l'onguent de l'épaisseur d'un sol marqué aux deux bouts, lequel se fait mettant fondre une demi livre de cire jaune, & un demi quartron de vieil oing ensemble.

Ces proportions différent La Fusée de la Grénade à main, qui est du calibre de quatre, doit avoir 2 pouces 2 lignes de long, 9 lignes de diamètre,

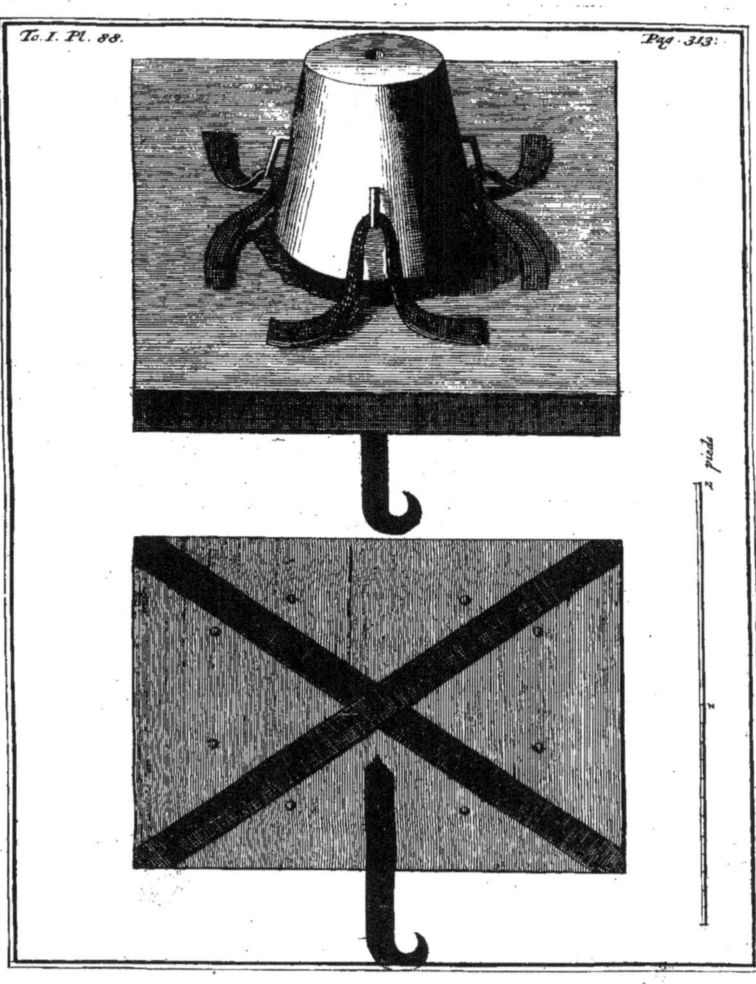
To. I. Pl. 88.
Pag. 313.
2 pieds
1

tre, & 6 lignes au petit bout; la lumière de la fusée doit être de 2 lignes & ½.

Si on met les Fusées aux Grénades aussitôt qu'elles sont chargées, il n'est pas nécessaire de mettre de l'onguent au petit bout qu'il faut couper en pied de biche, parce qu'il arrive quelquefois qu'en enfonçant la Fusée dans la lumière de la Grénade, la composition de ce petit bout tombe; ce qui fait que le feu est coupé; joint aussi que le culot est quelquefois plus épais qu'on ne croit, & que la Fusée touchant au culot ne communique point le feu à la Poudre qui est dans la Grénade.

de celles que leur donnent les Bombardiers; mais cela va à peu de chose.

D'abord que les Fusées sont aux Grénades, il faut faire fondre de la poix noire, & faucer la tête de la Fusée dans cette poix: puis la tremper dans de l'eau; & jamais la composition ne se gâte, à moins que le bois ne pourrisse.

Il ne faut point recevoir les Fusées à moins qu'elles ne soient pleines à fleur du bois par les deux bouts, & même en donner deux ou trois petits coups sur une table, pour voir si la composition ne s'ébranle point; car si elle quittoit, il ne faudroit point les recevoir, non plus que celles qui sont fendues.

On peut même en fendre quelques-unes, pour voir si la composition est également battue par-tout.

TITRE XIV.

Du Pétard.

LA Figure fait connoître comme il est fait.

Les Pétards ne sont pas tous de même hauteur ni grosseur.

Pour l'ordinaire ils ont de hauteur 10 pouces.

De diamétre 7 pouces par le haut, & 10 pouces par le bas.

Leur poids est ordinairement de 40, 45, & 50 l.

Le madrier sur lequel est placé le Pétard, & où il est attaché avec des liens de fer, est de 2 pieds par sa plus grande largeur, & de 18 pouces par les côtez; l'épaisseur est d'un ma-

madrier à l'ordinaire. Par le dessous du madrier sont deux bandes de fer passées en croix avec un crochet qui sert à attacher le Pétard.

Son usage est de rompre les portes & les herses des Châteaux, Citadelles, ou ouvrages, où on veut se faire une entrée.

Depuis l'année 1672, j'ai oüi dire à tous ceux qui en ont appliqué, qu'ils ne sçavoient autre secret que de s'approcher à l'entrée de la nuit avec un détachement, le plus près de la Place qu'ils pouvoient.

De descendre dans le Fossé quand il étoit sec.

Ou de trouver quelqu'autre moyen que l'occasion presente leur suggéroit, quand le Fossé étoit plein d'eau (ce qui n'est pas à la vérité si facile). Quand ils avoient pu parvenir jusqu'au-dessous du pont-levis, ils se faisoient élever à la hauteur & vis-à-vis de ce pont-levis; & là avec le secours d'un Sergent ou d'un Soldat, ils plantoient un cloud dans une des planches du pont ou de la porte, si le pont étoit abbaissé: quand il étoit levé, ils y mettoient un tirefond de tonnelier, dans lequel ils faisoient passer le crochet qui pend à l'un des bouts du madrier, sur lequel est monté le Pétard.

Dans l'instant ils mettoient le feu à une fusée qui étoit chargée d'une composition lente, & qui leur donnoit moyen de se retirer: & le feu prenant au Pétard enfonçoit l'ais sur lequel il avoit été placé, & brisoit la porte, qui par ce moyen donnoit entrée à ceux qui vouloient insulter le Château.

Il faut avouer cependant une chose, que peu d'Officiers reviennent de ces sortes d'expéditions, & qu'il n'en est point qui soient plus exposés: car, ou des défenses qui sont sur la porte, ou de celles qui sont à droite & à gauche, si les Assiégez s'apperçoivent de cette manœuvre, ils choisissent le Pétardeur, & ne le manquent presque jamais.

De sorte qu'il faut être muni d'une très-forte résolution pour prendre une commission pareille à celle-là.

Un de nos plus célébres Ingénieurs modernes qui a donné des ouvrages au Public, parle ainsi de la manière de charger le Pétard.

Pour

Pour charger le Pétard, dit-il, on tâchera, en battant la Poudre qu'on mettra dedans, qui doit être de la plus fine, de ne la point égrener; & quand on y en aura fait entrer une fois & demi autant qu'il en peut tenir, sans qu'elle soit battue, le Pétard alors sera bien chargé. Ensuite de la Poudre on mettra un feutre par-dessus, & un tranchoir de bois; & on remplira la tête du Pétard de cire jaune ou de poix grecque, couvrant le tout d'une toile cirée, pour l'attacher par son collet ou par ses anses contre le madrier.

On a appris ce qui suit d'un de nos plus braves Officiers & des plus intelligens, & qui a vû souvent pratiquer, & a pratiqué lui-même ce qu'il enseigne.

Pour charger un Pétard qui aura 15 pouces de hauteur, & qui sera de 6 à 7 pouces de calibre ou diamétre par l'ame,

Il faut commencer par le bien nettoïer par le dedans, & le chauffer, de manière néanmoins que la main puisse en souffrir la chaleur.

Prendre de la plus fine Poudre & de la meilleure qu'on puisse trouver, jetter dessus un peu d'esprit de vin, la présenter au Soleil, ou la mettre dans un poële; & quand elle sera bien séche, on la mettra dans le Pétard de la manière qu'on va l'expliquer.

On passera dans la lumière un dégorgeoir qu'on y fera entrer de 2 pouces: ensuite on y jettera environ 2 pouces & ½ de haut de la Poudre ci-dessus.

Puis, on aura un morceau de bois du calibre du Pétard bien uni par les deux bouts, & bien arrondi par les côtez, lequel on fera entrer dans le Pétard, & avec un maillet de bois on frappera sur cette manière de refouloir sept ou huit coups pour presser la Poudre, observant néanmoins de ne l'écraser que le moins qu'il se pourra. Ensuite on prendra du sublimé: on en sémera une pincée sur ce lit de Poudre: puis on y remettra encore de la Poudre la hauteur de 2 pouces ½: on la refoulera de même. On aura dans une phiole grosse comme le pouce, du mercure qui sera couvert d'un simple parchemin, auquel on fera sept ou huit petits trous avec une épingle, & on secouera trois

 ou

ou quatre fois pour en faire ſortir du mercure.

Puis, on ſera encore un autre lit de Poudre comme le premier; & on y mettra du ſublimé, comme on a fait d'abord.

Enſuite l'autre lit de Poudre; & encore du mercure comme ci-devant.

Ce qui fait en tout quatre lits.

Et le cinquième lit ſera comme le premier.

Vous le couvrirez de deux doubles de papier coupés en rond du diamétre du Pétard, que vous mettrez deſſus ſon ouverture.

Vous prendrez des étoupes que vous mettrez par-deſſus, la hauteur d'un pouce; & avec le morceau de bois dont on a parlé, on enfoncera le tout à force.

On fera un maſtic composé d'une livre de brique ou de tuille bien cuite qu'on pulveriſera & tamiſera, d'une demi-livre de poix-raiſine ou colofane.

Vous ferez tout fondre enſemble, & remuerez avec un bâton, enſorte que le tout ſoit bien délaïé; cela bien chaud, vous le verſerez ſur ces étoupes.

Vous aurez un morceau ou plaque de fer de l'épaiſſeur de 4 ou 5 lignes, du calibre du Pétard, auquel il y aura trois pointes qui déborderont du côté du madrier, afin qu'elles puiſſent entrer dans le madrier: vous appliquerez ce fer ſur ce maſtic.

Le ſurplus du maſtic débordera par le poids du fer.

Il faut remarquer que ce fer ſoit au niveau du Pétard: puis vous le poſerez ſur votre madrier qui ſera entaillé de 4 à 5 lignes pour loger le Pétard, obſervant de faire trois trous pour recevoir les trois pointes de la plaque de fer appliquée ſur le cul du Pétard.

Enſuite vous remplirez l'encaſtrement de ce maſtic mis bien chaud, & renverſerez dans le moment votre Pétard deſſus: & comme il doit avoir quatre tenons ou tirans de fer paſſés dans les anſes pour arrêter le Pétard ſur le madrier, il faudra faire entrer une vis à chacun des tirans des quatre côtez, & la ſerrer bien ferme pendant que le maſtic ſera

ſera chaud, afin de boucher tout le jour qui pourroit ſe trouver dans l'encaſtrement.

Il eſt bon encore de remarquer que la lumière du Pétard ſe met quelquefois au haut du Pétard, quelquefois à un pouce & demi au-deſſous: mais de quelque manière qu'elle ſoit ſituée, il faut toûjours un Portefeu fait de fer du diamétre de la lumière, & de trois pouces de longueur; & on l'enfoncera avec un maillet de bois.

Avant que de le placer, il faut, avec un dégorgeoir de fer, dégorger un peu la compoſition du dedans du Pétard: enſuite y faire entrer par cette ouverture un peu de nouvelle compoſition, afin de ſe donner mieux le feu & avec un peu plus de lenteur. Cette compoſition doit être de

Un huitième de poudre,
Un quatrième de ſalpêtre,
Et d'un deuxième de ſoufre.

C'eſt-à-dire que pour 8 onces de poudre, il faudroit, par exemple, 4 onces de ſalpêtre, & 2 onces de ſoufre.

Ces trois matières ſe pulveriſent toutes ſéparément, & enſuite ſe mêlent enſemble. On en charge le Portefeu à la manière d'une Fuſée à Grénade: on couvre enſuite ce Portefeu ou de parchemin ou de linge gaudronné, pour le garantir de l'injure de l'air.

TITRE XV.

Arquebuſes à croc, & Orgues.

L'Arquebuſe à croc eſt une eſpéce d'arme qui fait le même effet que le Canon du plus bas calibre.

Elle eſt entre le Canon & le Mouſquet; & on s'en ſert dans des Flancs bas & dans des Tours ſéches, où il y a ce qu'on appelle des *Meurtrières.*

Les Arquebuſes à croc ſont de différentes longueurs.

On fond des balles de plomb exprès pour les exécuter.

Elles ſont montées ſur des chevalets ou trépieds de bois ferrés. Cette manière de petit Canon monté que vous voïez, &

& qui a été proposé par un de nos bons Officiers d'Artillerie, n'est différent qu'en peu de chose de la figure des Arquebuses à croc à l'ordinaire.

Orgues.

EXPLICATION DE LA FIGURE de l'Orgue.

A *Arbre ou pivôt sur son pied, sur lequel tourne le fût ou affût de l'Orgue.*
B *Corps de l'affût.*
C *Boëte dans le corps de l'affût, où se mettent les munitions pour la charge de l'Orgue.*
D *Canons rangés sur une planche, & disposés en Orgues.*
E *Lumière qui communique à tous les canons.*
F *Fourchette qui lève ou abbaisse l'Orgue à la hauteur qu'on veut.*

LEs Orgues, ou un Orgue, sont plusieurs canons de Mousquet disposés de suite & l'un après l'autre sur un même fût, les lumières répondant les unes aux autres, ensorte que par une même traînée on met le feu à tous ces canons à la fois. La figure peut aisément faire concevoir ce que c'est, & comme cela s'exécute.

Cette figure est d'un Orgue qu'on voit dans le Magasin Roïal de la Bastille à Paris.

Cette machine, après avoir tiré, se peut recharger en renversant les Orgues sans dessus dessous, sans que l'affût bouge de sa place; ce qui est fort abrégeant, & qui se peut faire sans péril.

To.I. Pl.90.
Pag.318.
D
E
F
B
A

TITRE XVI.

Armes de Guerre de toutes sortes.

C'Est encore ici une des choses les plus essentielles à sçavoir dans l'Artillerie, parce qu'il est peu de Places où il n'y ait des Armes.

Et comme il n'en sort du Magasin Roïal de la Bastille que d'entièrement conformes aux derniers Réglemens qui ont été faits pour l'uniformité, je m'en vais parler de la quantité & de l'espéce de celles qui s'y trouvent présentement; & ce qui se dira sur ces Armes-là, doit s'entendre pour toutes celles qui peuvent se rencontrer dans les autres Magasins du Roïaume.

Les Noms des Armes de Guerre.

MOusquets de rempart.
Mousquets ordinaires, ou du calibre de France.
Fusils.
Carabines.
Mousquetons.
Pistolets.
Foureaux de Pistolets.
Hallebardes.
Pertuisanes.
Fourches ferrées.
Haches d'armes.
Serpes d'armes.
Piques.
Demi-Piques.
Espontons ou Sponton, du mot Italien *spontone*, pointu, aigu.
Brins d'estoc.
Bâtons à deux bouts.
Fleaux armés.
Faux à revers.

Ban-

Bandouillières, & leurs charges.
Fournimens.
Fourchettes à Mousquet.
Couſſinets à Mouſquetaires.
Baguettes de Mouſquet.
Et Porte-baguettes.
Sabres.
Eſpadons.
Eſpées.
Bayonnettes & Dagues.
Cuiraſſes ou Armes complettes à l'épreuve avec leurs pots.
Cuiraſſes légéres.
Corſelets.
Braſſards.
Cuiſſards.
Gantelets.
Rondaches.
Chemiſes de maille.
Caſques.
Bourguignottes.
Morions.
Hauſſe-cols
Pierres à Fuſil & à Piſtolet.
Armures de chevaux.
Arbaleſtes.
Arcs.
Fléches.
Dards.
Javelots.
Carquois.
Lances.

Figures

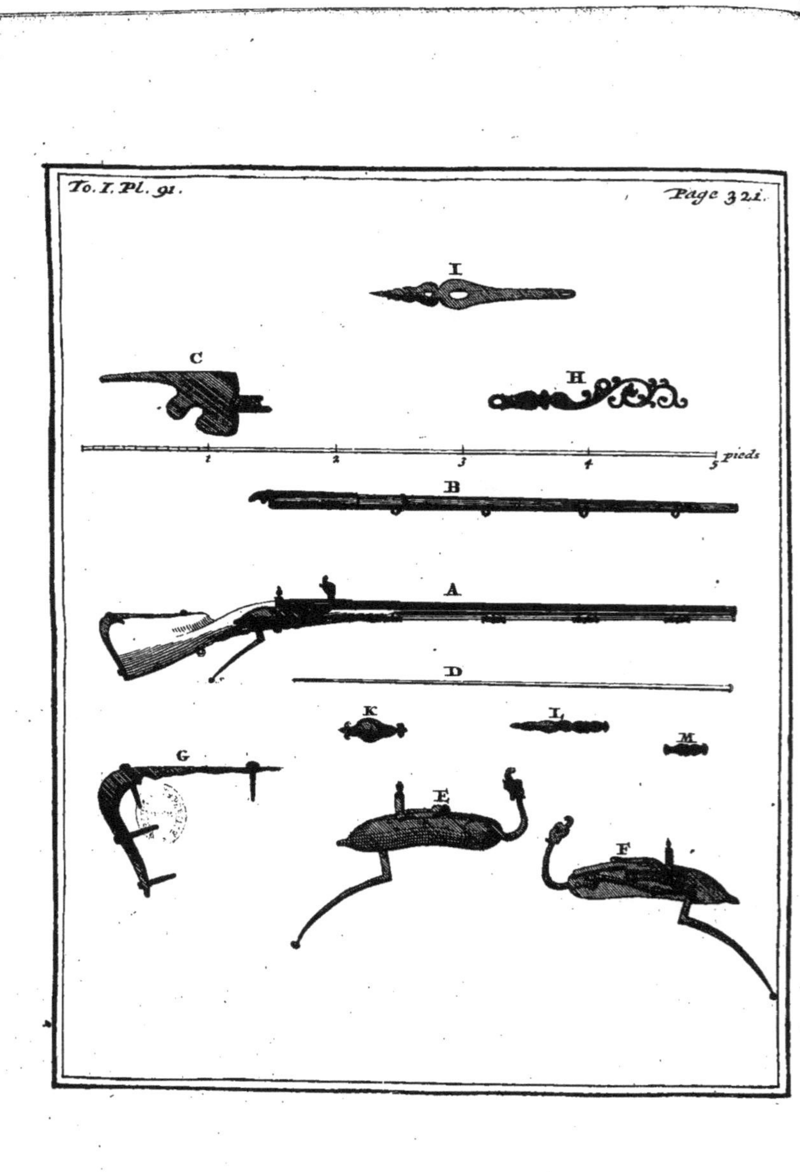
I
C
H
1
2
3
4
5 pieds
B
A
D
K
L
M
G
E
F

Figures & proportions des Armes de Guerre.

EXPLICATION DE LA FIGURE qui représente un Mousquet à l'ordinaire.

A *Mousquet monté.*
B *Canon du Mousquet avec les tenons.*
C *Culasse du canon.*
D *Baguette du Mousquet.*
E *Vûë du serpentin en dehors.*
F *Vûë du serpentin en dedans.*
G *Talon du Mousquet avec ses cloux à vis.*
H *Porte-vis.*
I *Ecusson.*
K *Piéce de pouce.*
L *Porte-baguette à queuë.*
M *Porte-baguette simple.*

Nota. Que l'échelle ne sert que pour le Mousquet monté, les parties séparées étant doublées pour les mieux distinguer.

Mousquet à l'ordinaire.

LEs Mousquets ordinaires sont du calibre de 20 balles de plomb à la livre, & ils reçoivent des balles de 22 à 24, qui est le calibre qu'on appelle de France. Le nombre de cette sorte de Mousquets est d'ordinaire plus grand que celui des autres armes, parce qu'ils sont absolument nécessaires aux Fantassins pour les Siéges & les Tranchées, où il se fait un feu continuel.

LEur serpentin est rallongé, afin que le feu ne gâte pas le bois. Il est composé d'un ressort que la clef fait jouer pour baisser le chien sur le bassinet où est le poulverin ou l'amorce, & de deux vis.

Ils sont, pour satisfaire à l'Ordonnance du Roi, de 3 pieds & 8 pouces de ca-

L'équipage du Mousquet est le talon qui est au bout de la crosse, un écusson qui embrasse

 non

non, & avec leurs fûts ou montures, de 5 pieds, tous montés de bois de noïer, les uns plus achevés que les autres, parce qu'il y a des Régimens distingués qui sont curieux d'avoir des armes fines & propres, en observant particulièrement que les canons soient à l'épreuve, polis, nets en dedans, & bien enculassés. Leur portée est de 120 jusqu'à 150 toises.

la clef des portes-baguettes, la sougarde & le collet qui est à l'extrémité du fût du Mousquet.

EXPLICATION DE LA FIGURE qui représente un Fusil ordinaire pouvant recevoir Bayonnette.

A *Fusil monté sur son fût de bois de noïer, aïant sa Bayonnette au bout, & ses boucles & anneaux.*
B *Bout du Fusil ordinaire sans Bayonnette.*
C *Bout du Fusil disposé à recevoir Bayonnette.*
D *Canon du Fusil avec ses tenons.*
E *Baguette.*
F *Bayonnette.*
G *Anneau & boucle servant à porter le Fusil par le moyen d'une bricole.*
H *Boucle & vis qui servent aussi à tenir la platine du Fusil & à passer la bricole.*
I *Platine du Fusil vûe par le dehors.*
K *Platine du Fusil vûe par le dedans.*
L *Sougarde avec sa détente.*
M *Piéce de pouce.*
N *Arbre ou porte-vis.*
O *Talon du Fusil avec ses cloux à vis.*

Nota. Que l'échelle ne sert que pour le Fusil monté, les parties séparées étant doublées pour les mieux faire distinguer.

Fusil

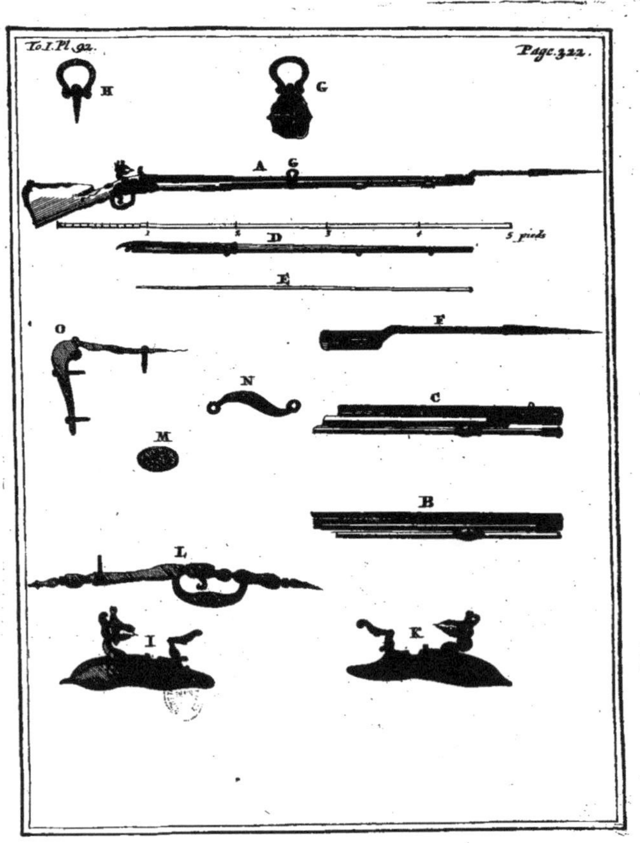
To. I. Pl. 92.
Page. 322.
H
G
A
G
1
2
3
4
5 pieds
D
E
F
O
N
C
M
B
L
I
K

Fusil ordinaire.

LEs Fusils ordinaires sont de mêmes longueur & calibre. Ils servent pour les Soldats qui vont en parti, & se mettent à la tête du Bataillon ou de la Compagnie.

LEur platine est composée d'un grand ressort en dedans, d'une noix & bride sur le chien avec sa machoire, une vis au-dessus, une batterie qui couvre le bassinet, & un petit ressort qui le fait découvrir & recouvrir, l'équipage, sougarde, & détente; le restant comme dessus.

A ces Fusils ordinaires, & aux suivans, on met lorsqu'on le veut, des Bayonnettes disposées de la manière que le représente la figure qui est pour le Fusil ordinaire, & pour le Grénadier & Fusilier.

Il y a d'autres Fusils de Grénadiers & de Fusiliers fins, toutesfois des mêmes longueur & calibre, qui ont à l'endroit de la platine une grande vis servant à tenir une partie de la platine, & qui tient aussi un anneau ou bouche tournante ou autrement, qui sert avec un autre anneau à mettre une brételle au Grénadier, lorsqu'il veut mettre son Fusil derrière son dos.

Il y a de différence de ces Fusils aux autres, qu'ils sont plus fins, & qu'ils sont ornés de pièces de pouce, & d'un porte-vis de relief ou ouvragé.

EXPLICATION DE LA FIGURE qui repréſente un Fuſil-mouſquet, ou Mouſquet-fuſil.

A *Mouſquet-fuſil monté ſur ſon fût de bois de noïer.*
B *Dehors de la platine du Mouſquet-fuſil.*
C *Corps du chien.*
D *Grande vis du chien.*
E *Machoire du chien.*
F *Pierre à Fuſil.*
G *Batterie.*
H *Ouverture par-où ſe communique le feu de la méche au baſſinet.*
I *Couverture du trou du baſſinet.*
K *Baſſinet.*
L *Reſſort de batterie.*
M *Chien du Mouſquet ou ſerpentin.*
N *Noix qui eſt en dedans.*
O *Petit reſſort du chien du Mouſquet.*
P *Grand reſſort.*
Q *Noix du Fuſil.*
R *Reſſort de gachette.*
S *Détente.*
T *Ecuſſon avec ſa détente & ſa clef.*
V *Porte-vis.*
X *Porte-baguette à queuë.*
Y *Porte-baguette ſimple.*
Z *Talon du Mouſquet-fuſil.*

Nota. Que l'échelle ne ſert que pour le Fuſil-mouſquet, les parties ſéparées étant doublées & même triplées en proportion, pour les rendre plus ſenſibles.

Fuſil-

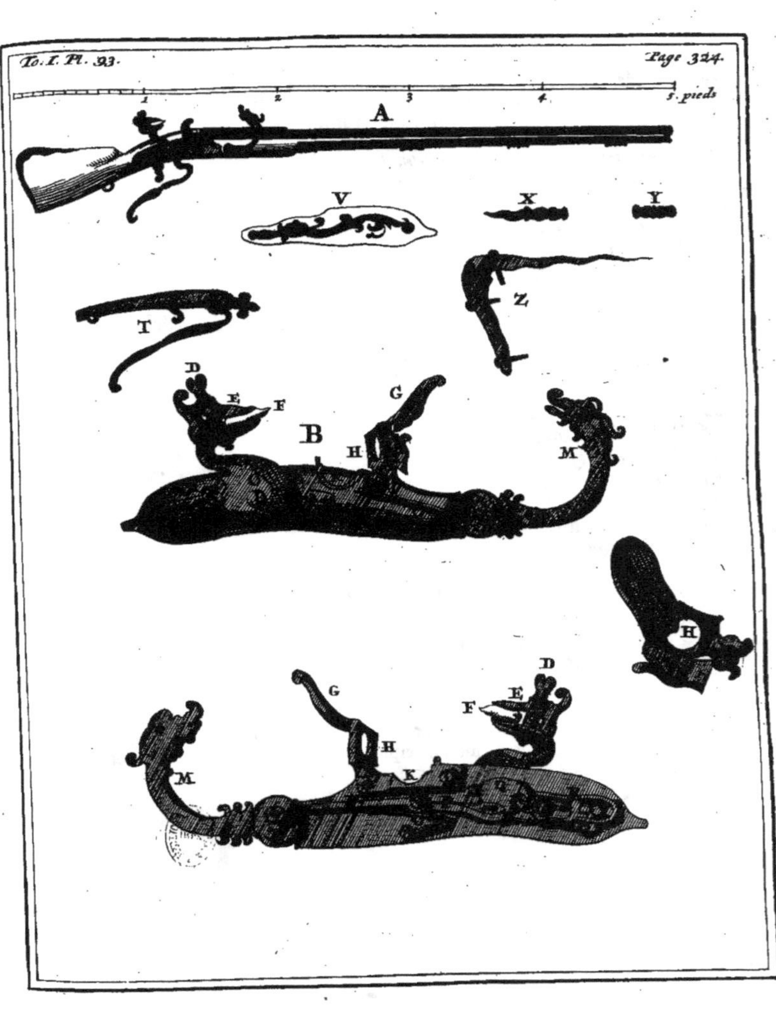
To. I. Pl. 33.
Page 324.
1
2
3
4
5. pieds
A
V
X
Y
T
Z
D
E
F
G
B
H
M
H
G
D
E
F
H
K
M

Fusil-mousquet, *ou Mousquet-fusil ; c'est la même chose.*

IL y a d'une manière de Fusils-mousquets, qui aiant mêmes longueur & calibre, ont une platine où il y a un chien & une batterie pareils à ceux ci-dessus, laquelle batterie toutesfois se découvre pour recevoir le feu de la méche, qui peut être compassée & mise au chien ou serpentin qui est placé à l'autre extrêmité de la platine, pour s'en servir en cas que le chien portant la pierre vint à manquer.

CEs sortes de Fusils-mousquets ont été inventés par M. de Vauban, & on y a ajouté la Bayonnette à douille qui se met au bout de ces Fusils, & y est arrêtée par le bouton ou guidon qui entre dans un cran qu'on fait au manche de la douille de la Bayonnette, & d'où on peut tirer sans l'ôter, & recharger l'arme de même; ce qui sert à fraiser un Bataillon.

EXPLICATION DE LA FIGURE qui repréſente un Mouſquet de rempart.

A *Mouſquet de rempart monté ſur ſon fût de bois de noïer.*
B *Canon du Mouſquet avec ſes tenons & ſa culaſſe ſéparée.*
C *Entrée ou bouche du canon du Mouſquet.*
D *Baguette.*
E *Dehors du ſerpentin.*
F *Garniture du ſerpentin.*
G *Corps de la platine.*
H *Chien du ſerpentin.*
I *Clef du ſerpentin.*
K *Dedans du ſerpentin.*
L *Baſſinet allongé.*
M *Reſſort.*
N *Noix.*
O *Gachette.*
P *Couverture du baſſinet.*
Q *Gardefeu.*
R *Vis de Garniture.*
S *Ecuſſon.*
T *Porte-vis avec ſes vis.*
V *Porte-baguette à queuë.*
X *Porte-baguette ſimple.*
Y *Talon du Mouſquet avec ſes vis.*

Nota. Que l'échelle n'eſt que pour le Mouſquet de rempart monté ; les autres parties ſéparées ſont doublées & triplées, pour en faire voir les proportions plus diſtinctement.

Fuſils & Mouſquets de rempart.

ON trouve dans le Magaſin Roïal de la Baſtille d'autres grands Fuſils & armes à croc de huit pieds de long, pour ſervir dans les Citadelles ou ſur les remparts, qui ſont, ainſi que d'autres gros Mouſquets de Citadelle, de 12 & 16 balles à la livre.

EX-

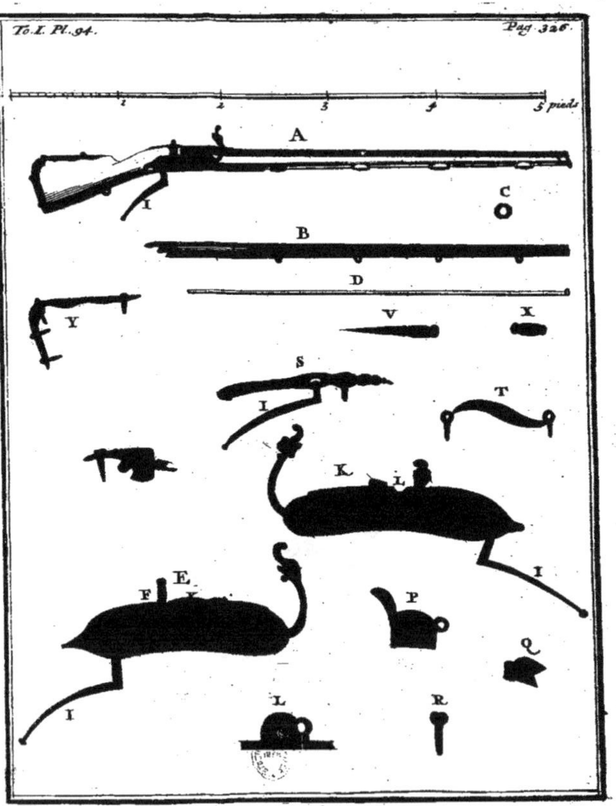
To. I. Pl. 94.
Pag. 326.
1
2
3
4
5 pieds
A
I
C
B
D
Y
V
X
S
I
T
K
L
E
F
I
I
P
Q
L
R

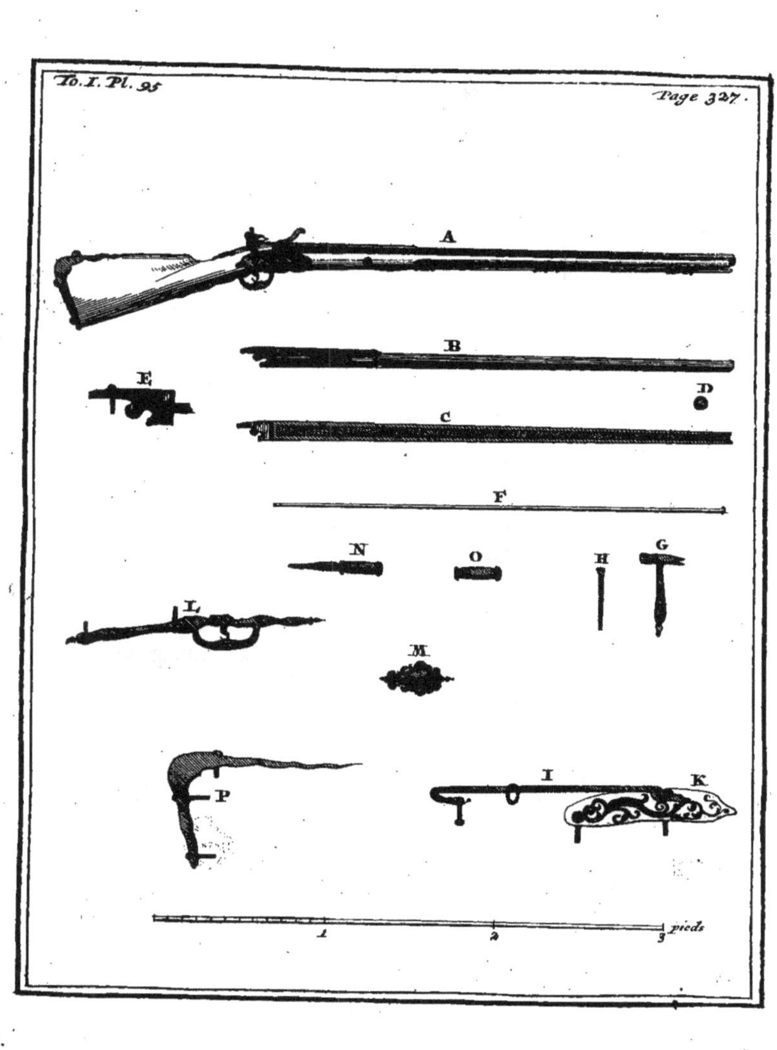
To. I. Pl. 95
Page 327.
A
B
E
D
C
F
N
O
H
G
L
M
P
I
K
1
2
3 pieds

EXPLICATION DE LA FIGURE
qui représente une Carabine raïée.

A *Carabine ou Mousqueton monté sur son fût de bois de noïer.*
B *Canon de la Carabine.*
C *Dedans du canon de la Carabine qui est raïé.*
D *Entrée du canon où les raïûres paroissent.*
E *Culasse du canon séparée & démontée.*
F *Baguette de fer.*
G *Marteau pour pousser la balle dans le canon.*
H *Pousse-balle.*
I *Tringle ou verge de fer, avec son anneau à porter la Carabine qui tient par un bout sur le porte-vis* K, *& de l'autre dans le bois du fût du Mousquet.*
K *Porte-vis.*
L *Sougarde avec sa détente.*
M *Piéce de pouce.*
N *Porte-baguette à queuë.*
O *Porte baguette simple.*
P *Talon de la Carabine avec ses cloux à vis.*

Carabines raïées.

LEs Carabines dont on se sert pour armer une Compagnie de Carabiniers à chaque Régiment de Cavalerie, sont de près de 3 pieds de long, raïées depuis la culasse jusqu'à l'autre bout d'une manière circulaire ; en-sorte que quand la balle qui est poussée par force, sort par l'impétuosité du feu, elle s'allonge d'un travers de doigt, empreinte des raïûres du canon. La Carabine montée est de 4 grands pieds de long.

S*A platine est pareille à celle des Fusils ; mais on observe que ces platines soient bonnes, & roulent bien pour ne pas manquer.*

EX-

EXPLICATION DE LA FIGURE qui représente un Mousqueton simple.

A *Mousqueton simple monté sur son fût de bois de noïer.*
B *Canon du Mousqueton.*
C *Dedans du canon.*
D *Culasse séparée & démontée.*
E *Baguette.*
F *Tringle ou verge de fer avec son anneau à porter le Mousqueton.*
G *Sougarde avec sa détente.*
H *Piéce de pouce.*
I *Porte-baguette à queuë.*
K *Porte-baguette simple.*
L *Talon du Mousqueton avec ses vis.*

LEs Mousquetons sont de pareille longueur que les Carabines, le canon poli & net dedans.

Ceux des Gardes du Corps du Roi sont très-beaux & damasquinés d'or à porte-vis & Piéces de pouce de relief.

LEs batteries sont tournantes par le moyen d'un double ressort qui fait rester une plaque de fer sur le bassinet, ensorte que la batterie étant détournée ne peut rencontrer rien qui lui puisse faire faire feu.

To. I. Pl. 96.
Pag. 328.
A
1
2
3 pieds
B
C
D
E
G
I
K
H
F
L

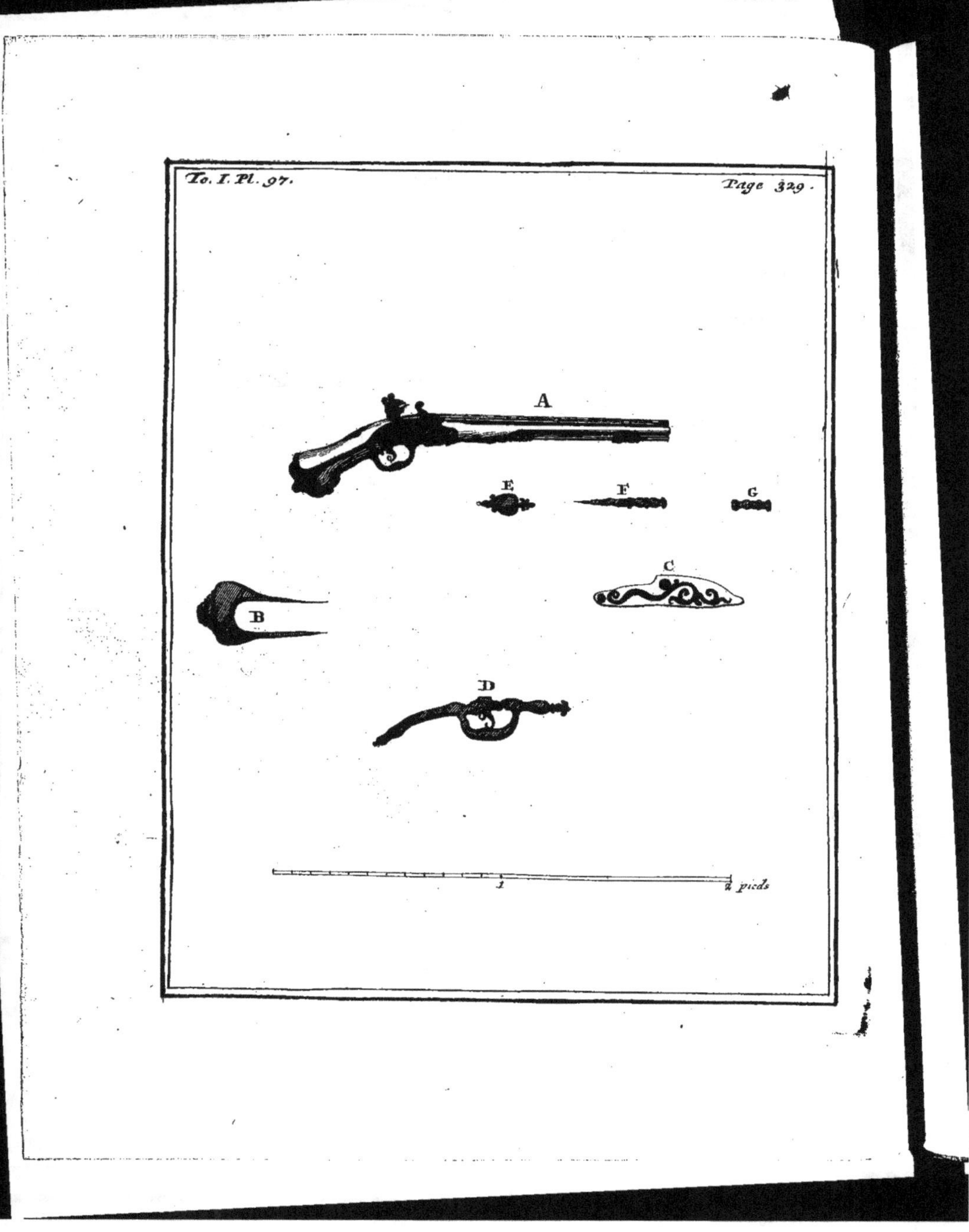
A
E
F
G
C
B
D
1
2 pieds

EXPLICATION DE LA FIGURE qui repréſente un Piſtolet.

A *Piſtolet monté.*
B *Culotte du Piſtolet.*
C *Porte-vis.*
D *Sougarde avec ſa détente.*
E *Piéce de pouce.*
F *Porte-baguette à queuë.*
G *Porte-baguette ſimple.*

LEs Piſtolets fins & communs ſont de 14 pouces de canon, les uns enrichis, & les autres ſimples.

On ne parle point ici des giſpes, piſtolets, poignards, & autres armes, qui ne ſont uſitées que parmi les Miquelets, les Barbets, les Houſards, & autres Troupes étrangéres, ou ſéparées des autres corps, m'attachant à l'uſage le plus général.

EXPLICATION DE LA FIGURE faisant voir le dedans & le dehors d'une Platine.

A *Platine à Fusil, Carabine, Mousqueton, & Pistolet, vûe dedans & dehors.*
B *Corps de la platine.*
C *Corps du chien.*
D *Grande vis du chien.*
E *Machoire.*
F *Pierre à Fusil.*
G *Batterie.*
H *Bassinet.*
I *Ressort de batterie.*
K *Vis de batterie.*
L *Vis servant au chien.*
M *Noix.*
N *Gachette.*
O *Ressort de gachette.*
P *Grand ressort.*

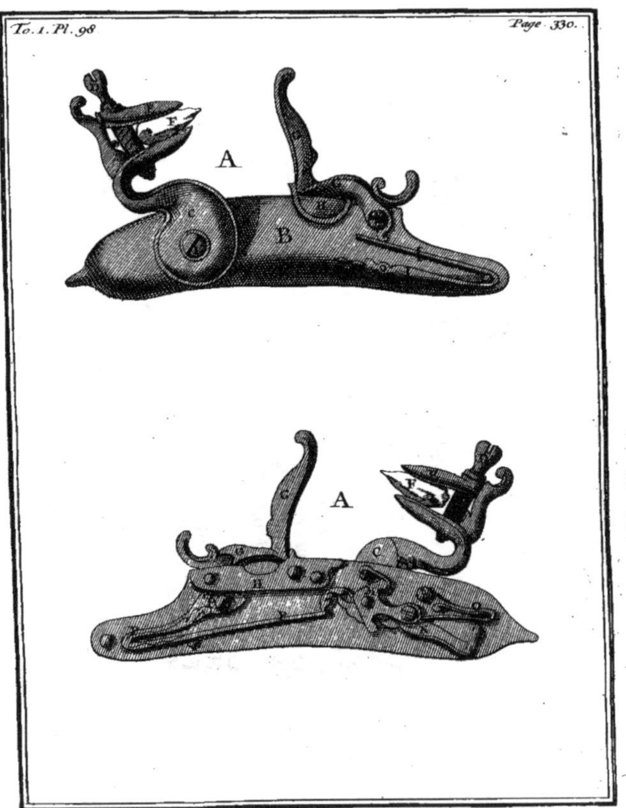
A
B
A

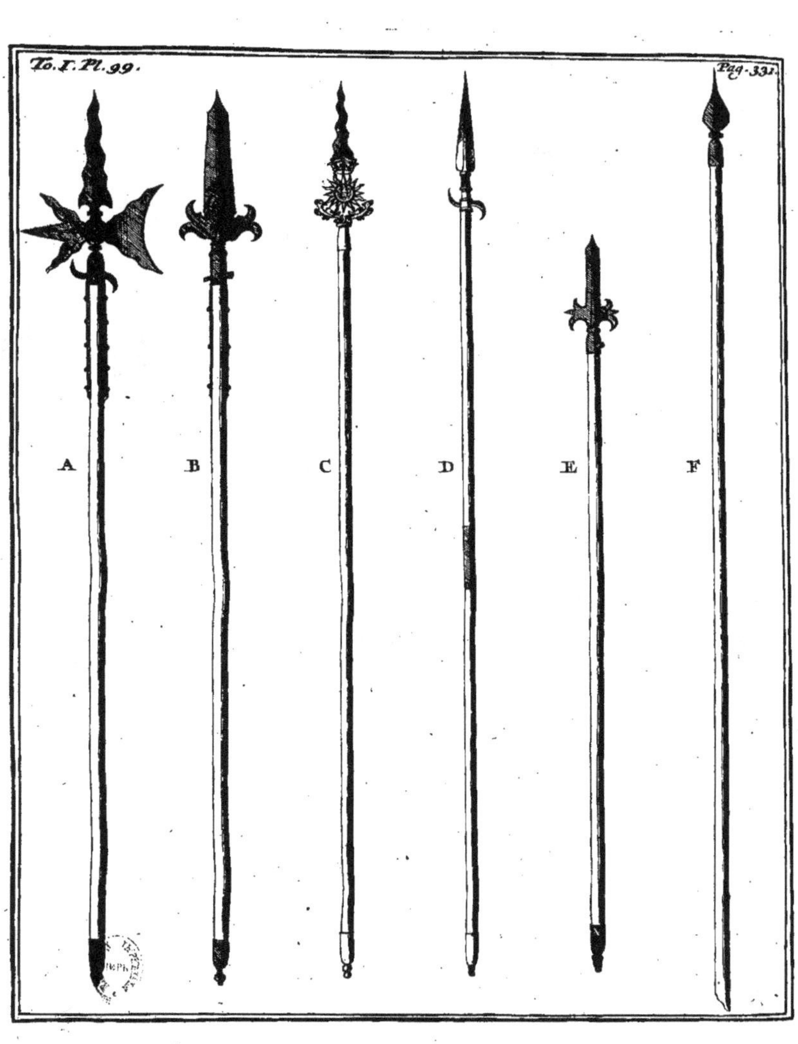
To. I. Pl. 99.
Pag. 331.
A
B
C
D
E
F

EXPLICATION DE LA FIGURE représentant des Piques, Pertuisannes, Spontons, &c.

A *Pertuisanne montée sur sa hampe pour les Cent-Suisses du Roi.*
B *Autre Pertuisanne à l'ordinaire.*
C *Pertuisanne à soleil.*
D *Sponton qui se brise dans le milieu, & se sépare en deux parties.*
E *Hallebarde.*
F *Pique.*

IL y a dans le Magasin Roïal quantité de Piques, les unes montées de bois de Biscaïe, les autres de bois de frêne de Picardie ou Champagne ; les unes de 13 pieds de long pour l'Infanterie Françoise, & les autres de 14 pieds de long pour les Suisses.

La Pique a un fer ou lame de demi pied, avec deux branches qui servent à la clouer & attacher au bois.

Il y a un bout au talon des Piques qui est de fer ou de cuivre selon les Régimens.

On se sert présentement pour les Officiers, au lieu de Piques & de demi-Piques, d'Espontons ou de Spontons, qui ne sont que de 7 pieds & ½ & 8 pieds de longueur, les uns dorés, les autres de relief, ou tout unis à vive-arrête, la lame d'un grand pied sur le bois de Biscaïe, & ont de long en tout 8 pieds.

Les Hallebardes & Pertuisannes sont de 6 pieds, hampe & lame avec le bout.

EXPLICATION DE LA FIGURE représentant les Bandouillières d'Infanterie, & Gibecières.

A *Bandouillière d'Infanterie vûe devant & derrière.*
B *Bande.*
C *Boucle de la bande.*
D *Travers ou porte-bayonnette.*
E *Bayonnette à douille pour mettre dans le Fusil.*
F *Poulverin.*
G *Epinglette.*
H *Gibecière.*
I *Dessus de gibecière.*
K *Poire à poudre attachée ou retenue par les deux bouts de la bande.*
L *Grénadière.*
M *Bande de la grénadière.*
N *Travers ou porte-hache.*
O *Hache portant son marteau.*
P *Manche de hache.*
Q *Cache-taillant.*
R *Bourse de grénadière.*
S *Dessus de grénadière.*
T *Boucle avec son attache pour fermer la grénadière.*
V *Poulverin de grénadière.*
X *Oreille de grénadière.*

ON donne à chaque Fantassin une bandouillière de bufle à gibecière couverte de roussi, & un fourniment de cuir bouilli à ressort, ou à bouchon de bois.

Et aux Dragons un fourniment de corne à ressort garni de cuivre.

On ne sçauroit comprendre de quelle utilité il est dans les grosses Places de se munir de baguettes de Mousquet, parce que le Soldat en fait une consommation surprenante, particulièrement aux occasions de Siége; & on devroit toûjours avoir quatre baguettes de rechange contre un Mousquet ou un Fusil.

Les

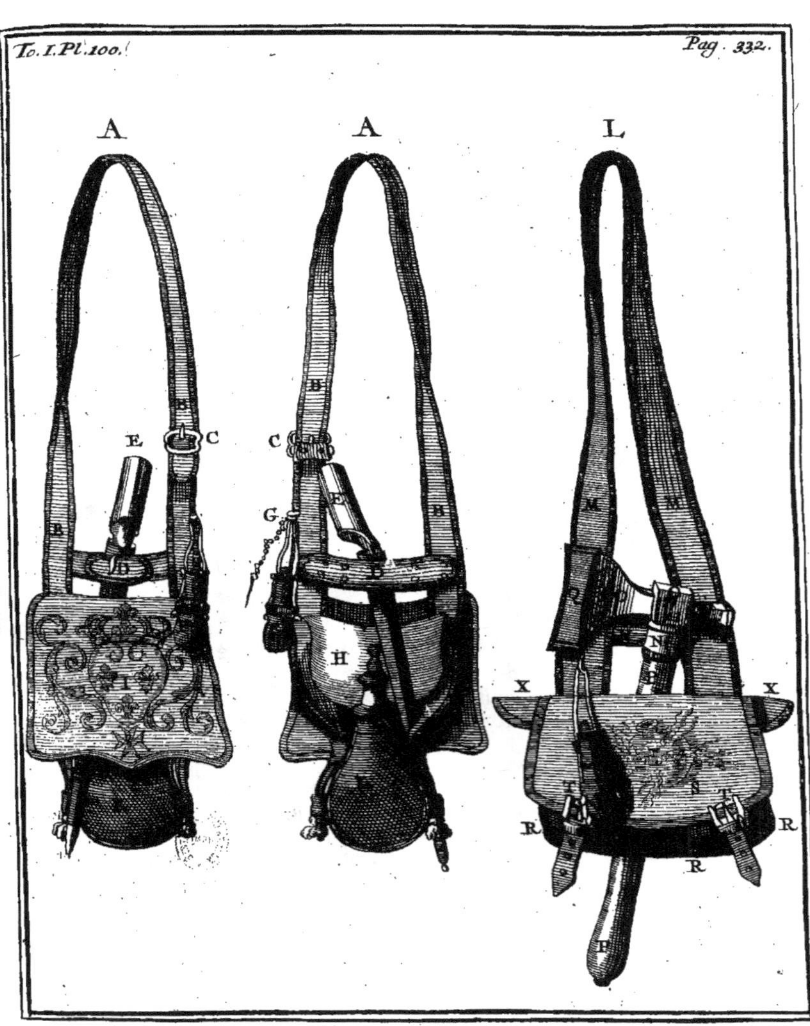
A
A
L
B
B
C
E
D
G
I
C
B
E
D
B
H
M
M
Q
N
X
X
T
T
R
R
R
P

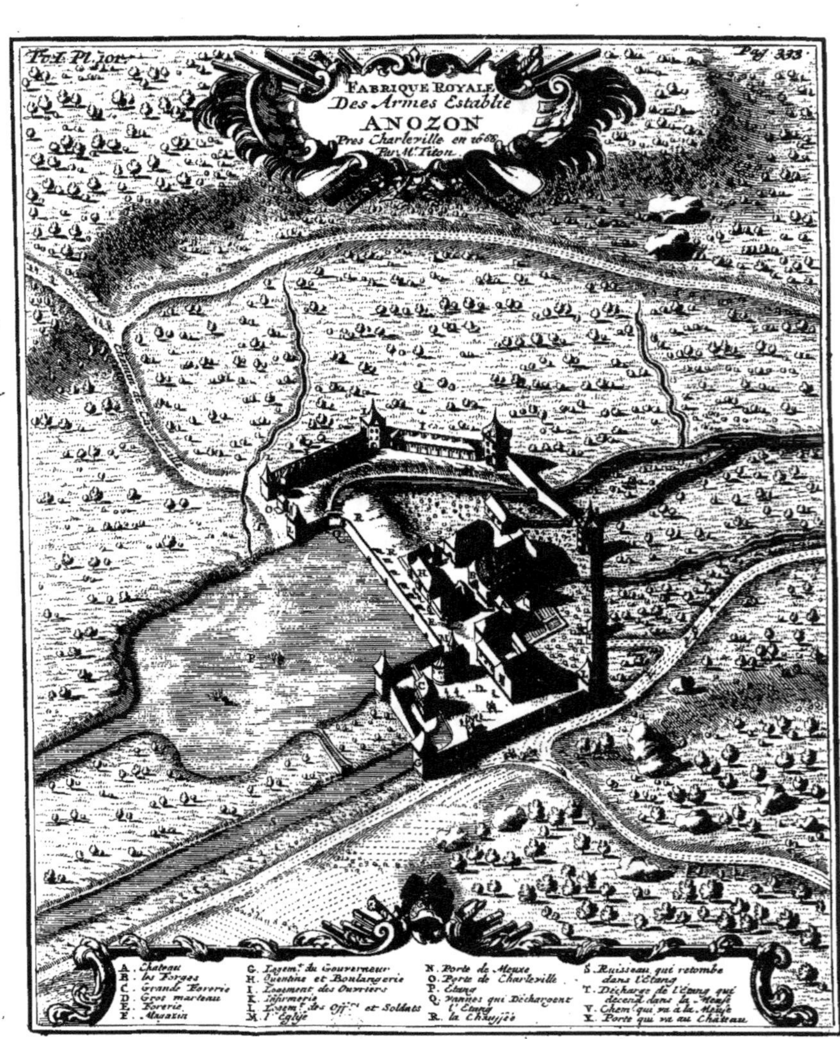
Tom. I. Pl. 101.
Pag. 333.
FABRIQUE ROYALE
Des Armes Establie
ANOZON
Pres Charleville en 1668
Par M.r Titon
A. Chateau
B. les Forges
C. Grande Forerie
D. Gros marteau
E. Forerie
F. Magazin
G. Logem.t du Gouverneur
H. Quentine et Boulangerie
I. Logement des Ouvriers
K. Infirmerie
L. Logem.t des Off.rs et Soldats
M. l'Eglise
N. Porte de Meuze
O. Porte de Charleville
P. Etang
Q. Vannes qui Dechargent l'Etang
R. la Chaussée
S. Ruisseau qui retombe dans l'Etang
T. Décharge de l'Etang qui decend dans la Meuse
V. Chem. qui va à la Meuse
X. Porte qui va au Château

Pag. 333
A
B
C

LEs lieux où de tous tems se sont fabriqués le plus ordinairement en France les Mousquets & les autres Armes à feu, sont les environs de Charleville, & le païs de Forêt.

On a établi une fabrique à Nozon près Charleville, qui est un lieu dont le Lecteur ne sera pas fâché de voir la figure.

LEs Armes à feu qui se reçoivent au Magasin Roïal de Paris, s'éprouvent en y arrivant : mais avant que d'expliquer de quelle manière se fait cette épreuve, il faut sçavoir qu'il s'en fait une première dans les lieux où elles se fabriquent, en pratiquant ce qui suit:

Les canons de Fusil & de Mousquet qui se fabriquent à Nozon, sont éprouvés en y mettant de la poudre le poids d'une balle de plomb de 18 à la livre, & une balle de 20 à la livre par-dessus, plantés en terre en cette façon *A*, & appuïés contre une perche qui les tient en état.

Ceux de Saint-Estienne en Forêt s'éprouvent à peu près de la même manière couchés par terre en cette façon *B*; & on croit qu'étant ainsi couchés, l'épreuve en est plus rude qu'à ceux qui sont plantés debout, d'autant que leur charge ne cherchant qu'à s'élever par l'activité du feu, le canon en reçoit un plus violent effort.

Il y a donc la seconde épreuve qui se fait au Magasin Roïal de Paris, pour être certain si les canons de l'une & de l'autre fabrique qui ont été éprouvés, ne se trouvent point éventés; & pour le connoître, on donne à chaque Mousquet ordinaire la vingtième partie d'une livre de poudre, sans les amorces, & la balle de 22 à 24 à la livre par-dessus; & on les tire couchés en cette manière *C*, appuïés contre une piéce de bois matelassée, crainte que les fûts ne se brisent.

Les Fusils tant communs que pour Grénadiers, & les Carabines raïées, s'éprouvent à 30 ou 32 coups par livre de poudre, aussi sans les amorces

Le Mousqueton, avec un peu plus que la demi charge du Fusil.

Armes servant à la Marine.

COmme quelquefois les Officiers d'Artillerie sont obligés de s'embarquer, il n'est pas inutile qu'ils sçachent de quelles armes on se sert sur les vaisseaux.

De Mousquetons de calibre à bourrelet, de Pistolets de ceinture à crochet du même calibre des Mousquetons, & de Fusils de Flibustiers qui sont fort longs.

On vouloit obliger les Dragons à en avoir chacun un à l'arçon de la selle.

Coûtelats, Sabres, Epées & Bayonnettes à douille & à manche de buis, Haches d'armes tranchantes par un bout, & pointues de l'autre à bec de corbin, pour couper, & trancher, & pour aider à monter à bord.

Ces armes tranchantes-ci servent pareillement pour la terre, & on en voit ici la figure, aussi-bien que celle des ceinturons.

EX-

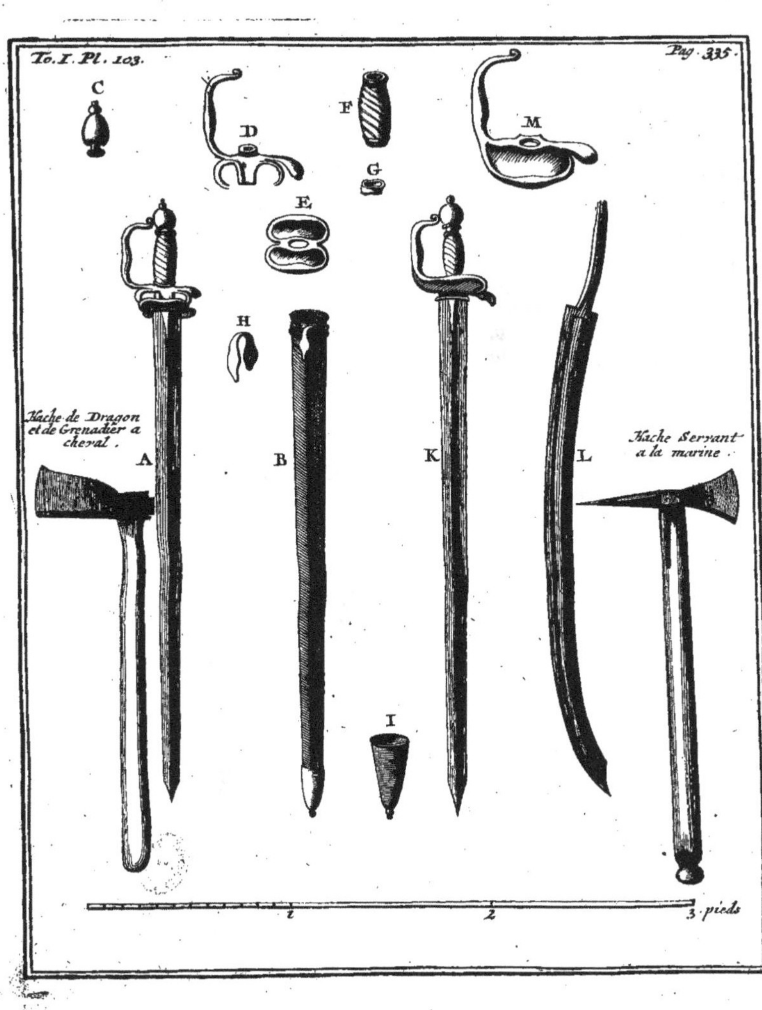
To. I. Pl. 103.
Pag. 335.
C
D
F
M
G
E
H
Hache de Dragon et de Grenadier a cheval.
A
B
K
L
Hache Servant a la marine.
I
1
2
3 pieds

EXPLICATION DE LA FIGURE
représentant des Epées & des Sabres.

A *Epée montée.*
B *Foureau d'épée*
C *Pommeau.*
D *Corps de la garde d'épée.*
E *Garde d'épée.*
F *Poignée torse.*
G *Virolle.*
H *Crochet du foureau.*
I *Bout de foureau d'épée.*
K *Sabre de Cavalier à deux tranchans.*
L *Sabre ou l'ame courbe & à dos.*
M *Corps de la garde du sabre.*

EX-

EXPLICATION DE LA FIGURE représentant des Ceinturons.

A *Ceinturon pour la Cavalerie.*
B *Ceinture.*
C *Barre.*
D *Face.*
E *Pendans.*
F *Boucle avec son bardillon.*
G *Coulant de la ceinture.*
H *Ceinturons d'Infanterie & de Dragons.*
I *Bayonnette de Dragons & Fusiliers, à manche de buis.*
K *Porte-bayonnette.*
L *Bandouillière de Cavalerie, ou Porte-Mousqueton.*
M *Fer à plaque avec son crochet à ressort pour porter le Mousqueton.*

Les coutures s'appellent piquûres en botte, & les cloux qui assemblent les piéces, s'appellent rivés.

Revenons

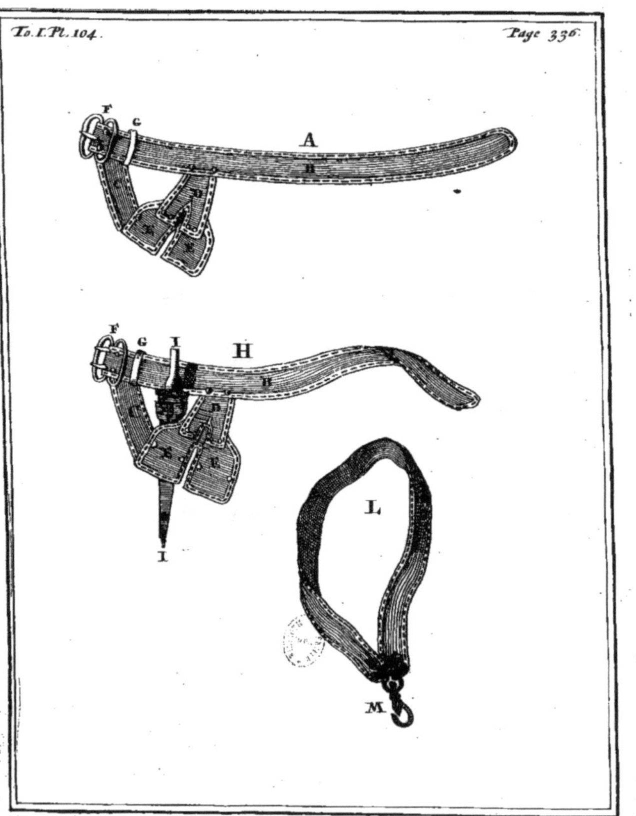
To. I. Pl. 104.
Page 336.
A
H
L
M

Revenons aux Armes de Terre.

LEs fourchettes à Mousquet, & les coussinets, sont faits pour aider sur un rempart à supporter le Mousquet qui est pesant, & qui, à la longue, lasseroit un Soldat. Il s'en voit dans la plûpart des Magasins aussi-bien que des brins-d'estoc, des fourches ferrées, des bâtons à deux bouts, des faux à revers, & des fléaux, qui sont toutes armes qui servent à faire des Sorties, & à défendre une Bréche.

Les Brins-d'estoc sont de grands bâtons en forme de petites piques, ferrés par les deux bouts, qui servent aussi à sauter des Fossez, sur-tout en Flandres.

Les Fourches ferrées, & les bâtons à deux bouts, n'ont pas besoin d'explication: ces derniers sont ferrés en pointe par les deux extrémitez; à quelques-uns même le fer rentre dans la hampe par le moyen d'un ressort, & en sort en secoüant le bâton un peu ferme.

Les Fléaux sont de fer, à peu près ressemblans aux fléaux qui servent à battre le bled.

Les Faux emmanchées à revers sont effectivement des Faux emmanchées autrement que les Faux ordinaires.

Au Siége de Mons les Ennemis s'en servirent avec quelque succès d'abord; mais ensuite ils furent repoussés avec une grande perte des leurs, & on leur prit quantité de ces Faux.

Le Sieur Thomassin, Capitaine général des Ouvriers de l'Artillerie, a inventé une maniére de Faux particuliére qui seroit extrêmement utile, & pour fourager, & pour servir de défense aux Fourageurs.

EXPLICATION DE LA FIGURE
de la Faux en tous ſens.

A *Faux pour ſervir à faucher.*
B *Faux de défenſe.*
C *Profil de la Faux.*
D *Charnière qui arrête la Faux à ſon quarré.*
E *Crochet qui paſſe dans le boulon, pour tenir la Faux dans ſon quarré & en défenſe.*
F *Boulon qui tient la queuë du crochet.*
G *Boulon qui paſſe au travers du manche, & du talon de la Faux.*
H *Boulon pour arrêter la plaque pour renforcer la hampe de la Faux.*
I *Briſûre de la hampe.*
K *Boulon qui tient la ferrure de la briſûre.*

Cette Faux reviendra bien à 4 liv. 10 ſ. quand elle ſera briſée, & 3 liv. 15 ſ. ſans être briſée.

TITRE

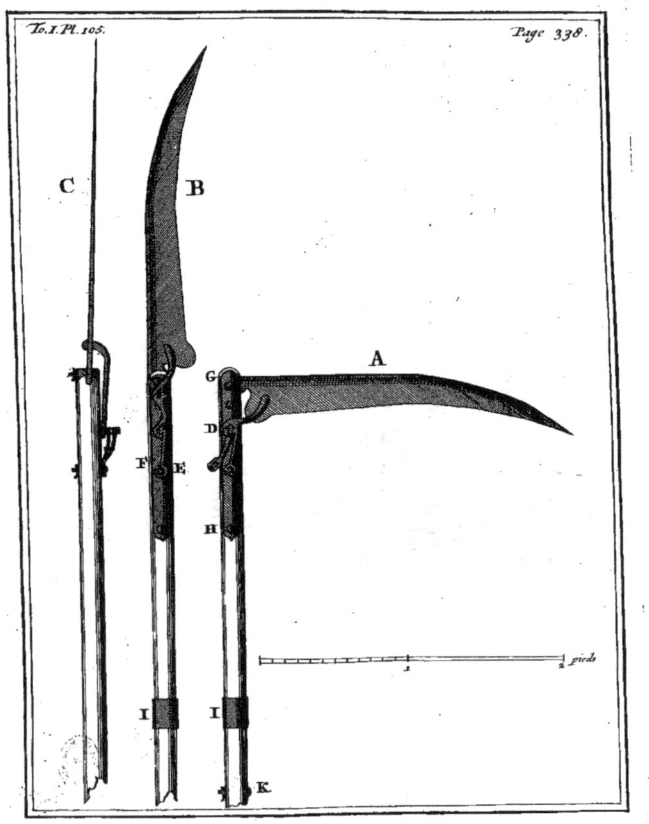
C
B
A
G
D
F
E
H
I
I
K
1
2 pieds

TITRE XVII.

Où on continue de parler des Armes de Guerre, du prix de leur entretennement, des Armes anciennes, des Cuirasses, des Pierres à fusil, des Rateliers, & des Salles d'Armes.

LE Garde d'Artillerie est païé pour entretenir les armes de la Place où il sert, & le Roi lui donne 2 s. par chaque Mousquet du premier mille.

1 s. par chaque Mousquet du second mille, & de ceux qui suivent.

6 d. de chaque Hallebarde ou Pertuisanne.

3 d. de chaque Pique.

Il y a quelques endroits où on paie 2 & 3 s. de chaque Arquebuse à croc.

On fait païer le Garde sur le certificat du Gouverneur de la Place, qui ne le donne que sur celui du Commissaire d'Artillerie qui est en résidence.

Armes anciennes, & Cuirasses.

ANciennement les Officiers étoient armés de toutes piéces; ce qu'on appelloit de pied en cap.

Leur habillement étoit de fer ou acier bien luisant, bien poli, & bien trempé; & consistoit en un Heaume ou Casque pour la tête.

Un Corselet composé de devant & derrière.

Des Brassards pour couvrir les bras.

Des Gantelets pour les mains.

Des Cuissards pour les cuisses.

Et avoient même les jambes & les pieds couverts.

Quand ces armes étoient bien trempées, elles garantissoient du coup de Lance, du coup d'Epée, du Coûtelas ou du Sabre. On voit encore de ces sortes d'armes dans les gros

Magafins. Mais la Poudre aiant été inventée, il a falu imaginer des Armes qui puffent réfifter à fon effort ; c'eft ce qu'on appelle Armes à l'épreuve, qui ne font compofées que d'un pot pour la tête, d'un devant & d'un derrière. On les fait de plufieurs longueurs & groffeurs, afin d'armer plufieurs tailles différentes, & pour n'être incommodé, ni des hanches, ni de la trop grande longueur.

Sçavoir, le devant à l'épreuve du Moufquet, le derrière à l'épreuve du Piftolet.

Les unes aiant 13 pouces de longueur fur 14. de groffeur, & péfent 30 l. non compris le pot qui péfe 16 à 18 l. feul, & qui eft auffi à l'épreuve du Moufquet.

Ce pot fe met auffi quelquefois au fond d'un chapeau, enforte qu'on ne le voit point.

Les autres 14, 15 à 16 pouces de longueur, fur 15, 16 à 17 de groffeur, pefant 32, 34 à 35 l. non compris le pot, qui eft du même poids ci-deffus

Les Armes coûtent à Paris 36 liv. la paire complette, avec le pot.

On fe fert auffi de Cuiraffes légéres pour la Cavalerie, fans pots, de même longueur & groffeur que celles ci-deffus.

Le devant à l'épreuve du Moufqueton, & le derrière léger grifé, & doublé de toile garnie d'écailles de ferge de mouy bleue ou rouge, & d'un galon d'or ou d'argent faux, & pefant le devant & le derrière enfemble, 18, 19, & jufqu'à 20 l. à raifon de 18 liv. la paire complette à Paris.

La Bourguignotte, qui fe nomme auffi Armet ou Morion, eft un pot qui accompagne ordinairement les Corfelets des Piquiers ; ces Corfelets & ces pots font à l'épreuve de la Pique & du coup d'Epée.

EX-

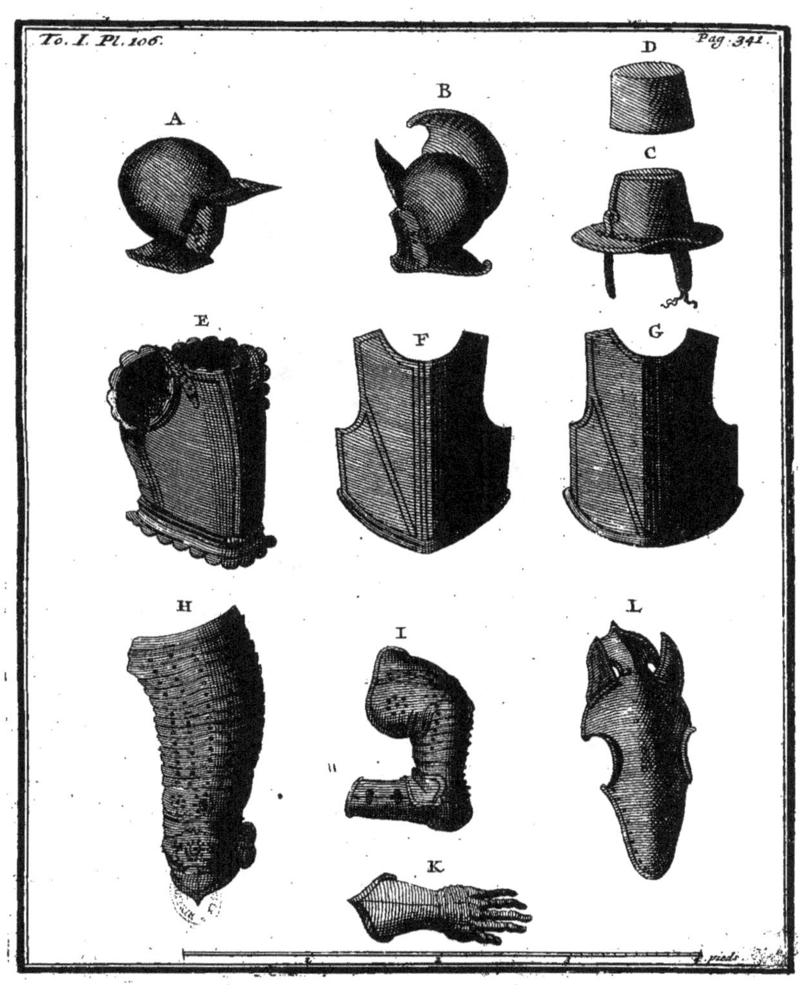
To. I. Pl. 106.
Pag. 341.
A
B
C
D
E
F
G
H
I
K
L
pieds

EXPLICATION DE LA FIGURE des Cuirasses.

A *Pot à tête de fer à l'épreuve du Mousquet.*
B *Bourguignotte de fer poli.*
C *Chapeau de fer avec sa barre à l'épreuve du Mousquet, pareil à ceux que portoit autrefois la Gendarmerie de la Maison du Roi.*
D *Calotte de fer ou chapeau sans bords, qui se met entre la coëffe du chapeau, & le chapeau, qui est à l'épreuve du Mousquet.*
E *Cuirasse complette, dont le devant à l'épreuve du Mousqueton, & le derrière léger grisé.*
F *Devant de Cuirasse à l'épreuve du Mousquet.*
G *Derrière de Cuirasse à l'épreuve du Pistolet.*
H *Cuissard de fer poli avec sa Genouillière: les Suisses en portent encore.*
I *Brassard de fer poli.* } Ceci n'est que pour la curiosité.
K *Gantelet.*
L *Armure de fer pour tête de cheval.*

A Bezançon il se fait des Cuirasses à l'épreuve qui ne reviennent qu'à 30 liv. avec le pot, & qui pésent 35 à 36 livres.

On se servoit autrefois de Chemises de mailles contre l'Epée, mais cela n'est plus d'usage.

Les Officiers des Troupes mettent des Haussecols, qui sont des collets de fer doré, pour être distingués des Soldats.

Les chevaux étoient anciennement armés de toutes piéces comme les Cavaliers: la tête & tout le corps étoient couverts & caparaçonnés de fer. On voit encore de ces Armes à Sedan, & dans quelques autres Magasins.

Pierres à fusil.

LEs Pierres à fusil sont extrêmement nécessaires dans les Places où il y a des Fusils, des Carabines & des Pistolets, & on on doit s'attacher à y en mettre toûjours une très-grosse provision: elles ont coûté à Paris 40 f. le millier les fines.

Et à Metz, suivant des marchez de M. le Marquis de la Frézelière, 3 liv. 5 f. aussi le millier. Ce sont prix qui varient.

Rateliers à placer Mousquets & autres Armes.

UN Officier d'Artillerie doit sçavoir quelque chose des proportions qu'il faut donner aux Rateliers, sur lesquels s'arrangent les Mousquets & les autres armes dans les Magasins; c'est par cette raison que je joins ici le dessein d'une Salle d'Armes d'une Place du Roïaume où il y en a bon nombre.

Il pourra se régler là-dessus pour d'autres endroits.

EXPLICATION DE LA FIGURE
qui représente la Salle d'Armès d'une Place forte du Roïaume.

A *Plan de la Salle d'armes.*
B *Profil de la Salle d'armes.*
C *Profil du Ratelier où se posent les armes.*
D *Plan du repos des armes.*

Il

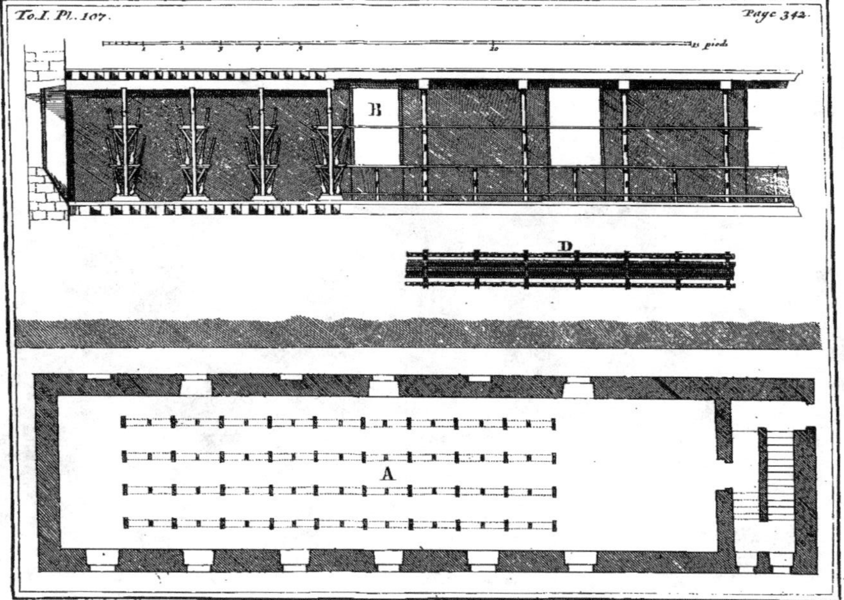
To. I. Pl. 107.
Page 342.
1
2
3
4
5
20
25 pieds
B
D
A

To. I. Pl. 108. Pag. 343.

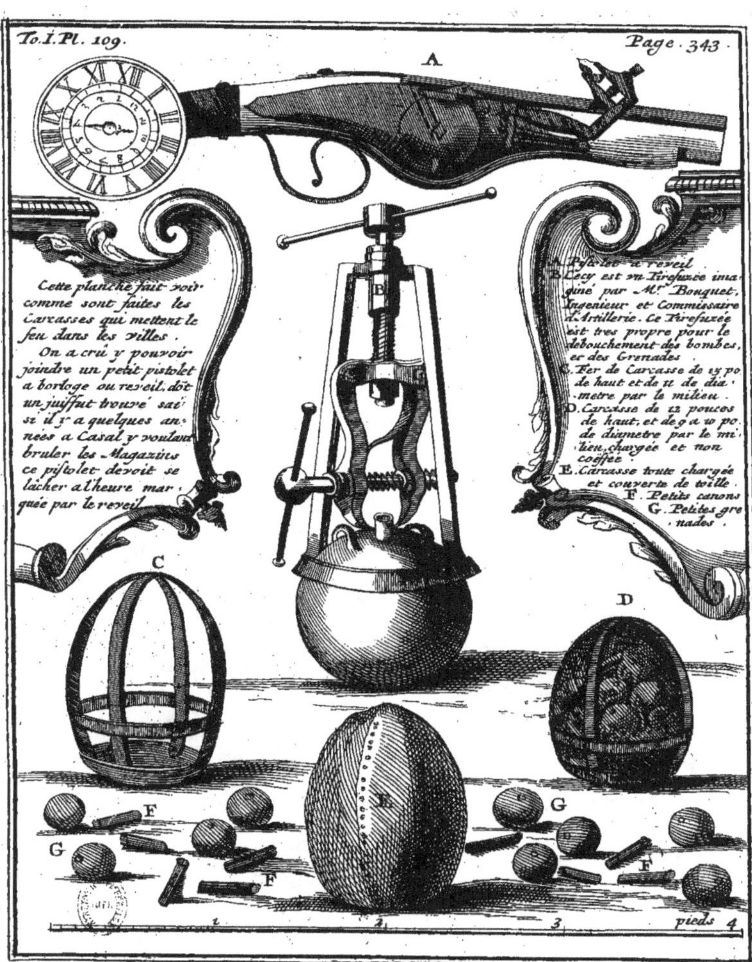
To. I. Pl. 109.
Page. 343.
A
Cette planche fait voir comme sont faites les Carcasses qui mettent le feu dans les villes.
On a crû y pouvoir joindre un petit pistolet a horloge ou reveil, dõt un juif fut trouvé sai si il y a quelques an nees a Casal y voulant bruler les Magazins ce pistolet devoit se lâcher a l'heure mar quée par le reveil.
A. Pistolet a reveil.
B. Cecy est un Tirefuzée imaginé par Mr. Bouquet, Ingenieur et Commissaire d'Artillerie. Ce Tirefuzée est tres propre pour le debouchement des bombes, et des Grenades.
C. Fer de Carcasse de 15 po de haut et de 11 de dia metre par le milieu.
D. Carcasse de 12 pouces de haut, et de 9 a 10 po. de diametre par le milieu, chargée et non coëffée.
E. Carcasse toute chargée et couverte de toille.
F. Petits canons
G. Petites grenades.
B
C
D
E
F
G
1
2
3
pieds 4

IL faut que j'aille plus loin ; & dans l'envie que j'ai de ne rien épargner pour contenter la curiosité de mon Lecteur, je ne puis m'empêcher de lui donner la figure de la Salle du Magasin Roïal des Armes de la Bastille à Paris, comme le plus beau morceau de cette espéce qu'il y ait en France.

TITRE XVIII.

Carcasses, petits Canons, & petites Grénades.

Carcasses.

VOici comme étoient faites les Carcasses dont on s'est servi au commencement de ces dernières Guerres, & de la manière dont on les chargeoit. Si on ne s'en sert plus, c'est qu'on a remarqué qu'il y faloit trop de travail & trop de façon.

Qu'elles revenoient à plus d'argent qu'une Bombe; & que leur effet étoit plus incertain par leur figure qui les faisoit piroüetter en l'air, & les empêchoit de tomber juste dans les endroits où on les vouloit jetter ; outre qu'elles crevoient la plûpart du tems en chemin, & avant qu'elles y fussent arrivées : ainsi on a préféré l'usage des Bombes ordinaires à celui des Carcasses.

Le fer de la Carcasse ordinaire pesoit environ 20 l. : elle avoit 12 pouces de hauteur, 10 pouces de diamétre par le milieu, & étoit faite de deux cercles de fer passés l'un sur l'autre en croix, en forme ovale, avec un culot de fer, le tout presque de la même figure que sont certaines lanternes d'écurie en France.

On disposoit en dedans, selon la capacité de la Carcasse, de petits bouts de canon à Mousquet chargés de balles de plomb.

De petites Grénades du calibre de 2 l. chargées.

De la poix noire.

Et de la poudre grenée.

On

On couvroit le tout d'étoupe bien gaudronnée, & d'une toile forte & neuve par-dessus.

Et on faisoit un trou pour placer la fusée qui répondoit au fond de l'ame de la Carcasse ; laquelle s'exécutoit ensuite comme on exécute les Bombes.

Ce qui suit est un détail plus particulier de la manière dont se chargeoient les Carcasses.

Composition pour charger des Balles à feu, appellées autrement Carcasses.

PRenez 15 livres de poix noire, que vous mettrez fondre dans une chaudière jusqu'à ce qu'elle bouille : mettez-y quatre livres de suif : retirez ensuite votre chaudière, & la vuidez dans une autre, que vous aurez fait enterrer jusqu'au bord, afin qu'elle soit stable ; & si-tôt que vous aurez versé la poix & le suif dedans, vous y mettrez 30 l. de poudre, que vous ferez bien incorporer avec la poix en la remuant avec des leviers : incontinent après vous y mettrez 2 l. d'étoupes que vous ferez bien imbiber. Après cela, vous prendrez la Carcasse que vous aurez auparavant revêtue d'un sac de bonne toile ; dans le fond de laquelle vous mettrez de la composition, & la presserez bien avec vos mains que vous vous ferez frotées d'huile ou de suif. Vous l'emplirez jusqu'au tiers, & y mettrez, si vous voulez, quelques Grénades, & petits bouts de canon à Mousquet chargés: puis, vous remplirez la Carcasse jusqu'à ce qu'elle soit pleine ; & vous acheverez de coudre votre sac. Après quelque intervalle de tems vous la plongerez dans la poix noire, ensorte qu'elle soit bien gaudronnée. Au sortir de là vous la plongerez dans l'eau, & la mettrez sécher : & étant séche, vous y percerez deux trous par en haut un peu en biaisant vers le centre approchant l'un de l'autre à un pouce près. Vous coulerez dans ces trous de la composition de fusée à Bombe, la chargeant avec une baguette de cuivre, & non pas de fer, crainte d'accident : & pour remarquer ces trous, vous y mettrez une ficelle

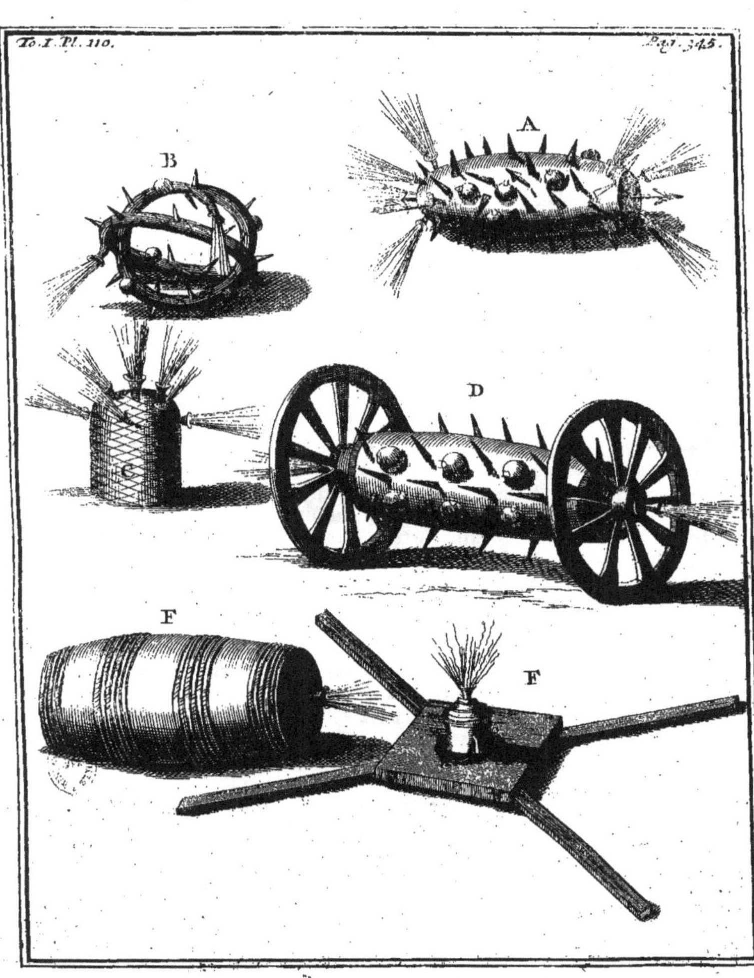
To. I. Pl. 110.
Pag. 345.
A
B
C
D
F
F

ficelle qui prendra de l'un à l'autre trou, & vous les boucherez avec de la poix jusqu'à ce que vous vous en serviez.

TITRE XIX.

Artifices.

A *Hérisson foudroïant.*
B *Serpenteau.*
C *Baril flamboïant.*
D *Baril foudroïant.*
E *Baril de composition.*
F *Pétard différent en quelque chose de celui dont on a déja donné la figure.*

C'Est une mer d'inventions que les Artifices. Ils ne sont plus guéres en usage présentement; car on a remarqué que des tonneaux ou des sacs pleins de poudre, auxquels on attache une fusée, roulés dans un Fossé, sur une Bréche, ou sur un Ouvrage attaqué, faisoient tout autant d'effet que ces machines qui portent des noms extraordinaires & effraïans, & qui tiennent une place si magnifique chez les plus célébres Auteurs qui ont traité de l'Artillerie, & qui presque tous s'étendent incomparablement plus sur les Artifices, que sur toute autre chose, s'imaginant que c'en est l'essentiel.

Je ne laisse pas de vous donner ci-après un petit recueil de quelques piéces & compositions d'Artifices que j'ai tirées de différens endroits, & que plusieurs Officiers ont mises en pratique, & dont on se servira comme on voudra; mais sur-tout, il faut faire cas de bonnes Bombes & de bonnes Grénades.

Manière la plus usitée pour faire des Balles à feu.

ON se sert pour faire des Balles à feu, de
Une livre de salpêtre.
Un quatron de fleur de soufre.

 Deux

Deux onces de pouffier broïé paffé par le tamis de foie, & humecté avec l'huile de pétrol ou huile de lin. Il faut en faire de petites boules de la groffeur d'une balle, les percer quand elles feront humides, & y mettre de la corde d'amorce au travers, & les paffer quatre à quatre, ou deux à deux, & les rouler dans le pouffier vif; après quoi cela prend feu.

EXPLICATION DE LA FIGURE des Balles à feu dont on va parler.

A *Balle à feu garnie de quatre portefeux, & enveloppée d'une toile gaudronnée.*
B *Sac de compofition de poudre & falpêtre.*
C *Garniture de filaffe & copeaux avec fil de fer pour tenir le tout.*
D *Méche de cotton poudrée.*
E *Balle à feu garnie de deux portefeux, & enveloppée d'une toile gaudronnée.*
F *Sac de compofition de la feconde Balle.*
G *Garniture comme à la précédente.*
H *Balle à feu en ovale enveloppée comme les autres.*
I *Portefeu allumé par les deux bouts.*
K *Quatre autres petits portefeux pour communiquer le feu à quatre différens endroits.*
L *Garniture de filaffe & copeaux.*

Autre

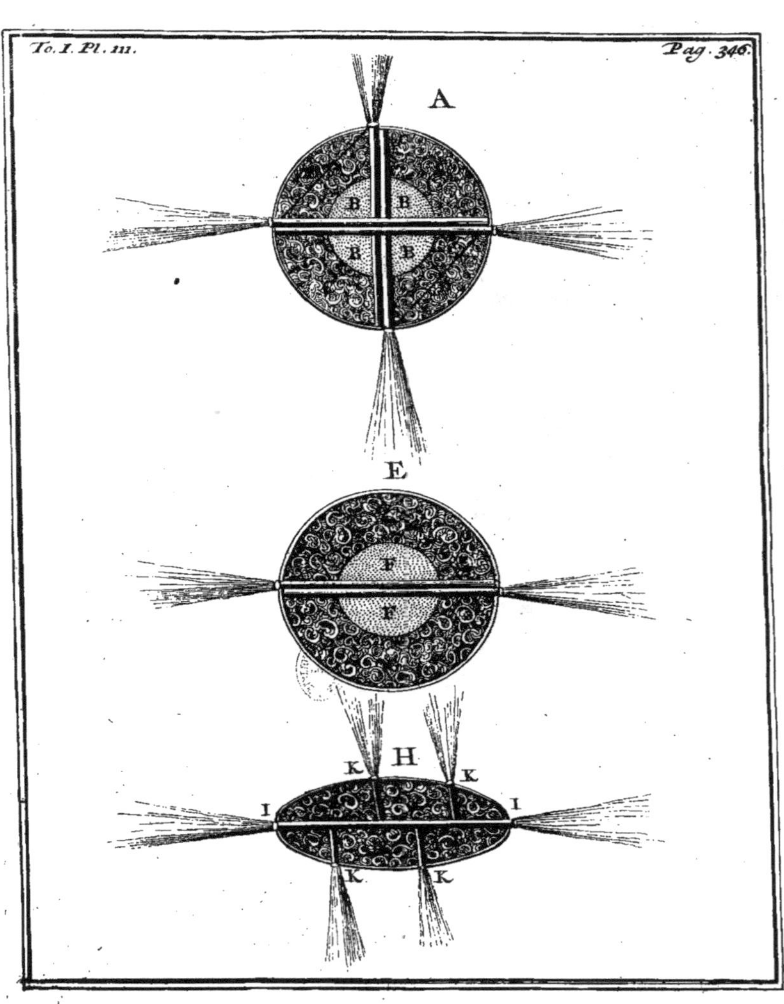
A
B
B
B
B
E
F
F
H
K
K
I
I
K
K

Autre Manière pour des Balles à feu qui peuvent s'exécuter dans des Mortiers.

IL faut avoir un portefeu de bois d'un pied & demi ou de deux pieds de longueur, suivant la grosseur dont on voudra faire la Balle, sur un pouce ou un pouce & demi de diamétre, lequel sera chargé d'une composition qu'on aura faite avec deux livres de salpêtre, une livre de soufre, & demi livre de poudre ; le tout bien pilé séparément, le passer par un tamis bien fin, & après mêler le tout ensemble autant qu'il se pourra.

En cas que le feu soit trop lent, on y ajoutera un peu de poudre pilée; & s'il brûle trop vîte, on y mettra un peu de salpêtre pour le faire durer davantage. Le milieu de la Balle sera un petit sac rempli de même composition ; les portefeux seront passés au travers de ce sac ; & par-dessus, pour couvrir la Balle, on mettra de la filasse avec de gros copeaux qu'on fera tremper dans un grand chaudron ou chaudière, dans laquelle on mettra six à sept livres d'huile de lin, & autant d'huile de térebentine, avec huit ou neuf livres de gaudron ou poix qu'on fera chauffer doucement, & qu'on remuera bien souvent : & lorsque le tout sera bien lié, on fera tremper dans la chaudière la filasse & les copeaux, qu'on mettra à part pour les faire sécher à demi ; & après, on fera tremper aussi de la vieille toile bien grossière, qui servira pour envelopper la Balle. Il faut avoir du salpêtre & du soufre pilé sans être passé au tamis, & en jetter sur la toile, comme aussi sur la filasse, & les copeaux à part, pour que le feu soit plus clair. Il faut observer qu'il faut mettre de tems en tems du fil de fer autour de la matière qu'on mettra dans la boule, pour la faire tenir, & ne la pas trop presser, parce que le feu seroit trop lent : quand la matière est un peu mouvante, la flamme en est plus grande. Si on veut davantage presser le feu, il faut prendre trois livres de poudre pilée, une livre de charbon pilé, mêler le tout ensemble ; & après l'étendre sur une table, & faire rouler la Balle sur cette matière, lors-

lorſqu'elle ſera garnie de copeaux & de filaſſe : & après, on mettra la toile par-deſſus ; ou ſi on ne veut pas ſe ſervir de toile pour la dernière enveloppe, on peut y faire une petite caiſſe de bois léger. Le tout dépend de la conduite de l'Officier qui s'en doit ſervir : il peut ſe corriger à la première ou ſeconde Balle qu'il fera joüer

Ce qu'il faut entr'autres choſes pour défendre une Place par les Artifices.

Poudre commune, ou Poudre de Guinée mêlée avec de la commune.
Soufre.
Raiſine de pin.
Cire commune.
Colophone.
Antimoine.
Vitriol.
Encens.
Suif de bœuf & de mouton.
Huile de pétreol.
Pluſieurs barils de chaux vive.
Tonnes d'eau de vie.
Safran de Mars.
Poix blanche.
Salpêtre.
Poix-raiſine.
Poix neuve.
Cire d'Eſpagne.
Camphre.
Argent vif.
Térebentine de Veniſe.
Huile de térebentine.
Cire neuve.
Huile de lin.
Huile de gland ou de genievre.
Gomme adragant.

Barils

Barils d'huile d'olives.
Pots de terre.
Colle forte.
Etoupes.
Filasse.
Plusieurs tonnes de gaudron.
De la toile neuve.
De la ficelle.
Du verre pilé.
Du vieil oing.
Et toutes sortes d'autres drogues qui sont combustibles & aisée à s'enflammer.

Pour faire Roche à feu.

SOufre fondu lentement, une livre.
Salpêtre en farine, quatre onces.
Poudre, quatre onces.

Vous jetterez le salpêtre dans le soufre en le fondant petit à petit, & remuant très-bien, & ensuite la poudre de même; & vous remuerez le tout: & quand la mixtion commencera à se refroidir, vous y ajouterez trois onces de poudre grenée, & remettrez le tout ensemble

Autre très-bonne.

PRenez un pot de terre vernissé: jettez-y 3 livres de soufre grossièrement pilé; & le mettez sur un petit feu de charbon qui ne fasse point de flamme: étant fondu petit à petit, vous y ajouterez une livre de suif de mouton, une livre de poudre pilée & tamisée, une livre de salpêtre pilé: le tout étant bien mêlé, jettez-le dans un bassin, & le laissez refroidir; ou bien étant chaud, couvrez-en vos Grénades, Cercles, Lances, & autres Artifices; & en fondant cette composition dans une cuillière, versez-la sur ces Artifices. Elle sera encore meilleure, si vous y ajoutez lorsqu'elle sera encore chaude & avant que d'y mettre la poudre & le salpêtre, un peu d'antimoine en poudre, du ſafran de Mars, & *crocus metallorum*, ou de l'acier calciné. On y peut ajouter des fumées vénimeuſes.

La Roche à feu, plus commune, ſe fait avec du ſoufre deux livres, & une livre de poudre. La faiſant comme deſſus, elle eſt propre à beaucoup d'artifices, comme pour couvrir des Grénades, Boulets, Cercles, Rondaches, Coûtelats, Traits ou Fléches, Lances, Piques, Flambeaux, Etoupades, Gerbes, Hériſſons, Foudres, Dards, & autres.

Poudre qui ſera tantôt ſous l'eau, tantôt deſſus par ſa violence.

PRenez de la poudre à canon & les trois parties de colophone, un quart d'huile commune, un ſixième de ſoufre; le tout mêlé enſemble: & étant ſec, il faut eſſaïer s'il brûle plus ou moins qu'il ne faut; & s'il ne brûle pas aſſez, ajoutez-y du ſoufre ou de la colophone; enveloppez cette mixtion dans un linge; puis mettez de la paille tout autour, que vous tremperez dans la poix, aiant en premier lieu lié avec une ficelle la paille qui eſt autour: recouvrez-la dérechef de paille que vous enduirez comme devant, afin de la garder de l'humidité. Cela fait, vous ferez un petit trou pour y mettre le feu; & ſi on y mettoit de l'huile de pétreol, elle ſeroit encore meilleure.

Pour faire des Tourteaux.

PRenez de la poix noire douze livres, ſuif ou graiſſe ſix livres; le tout fondu enſemble à petit feu: puis y ajoutez trois pintes d'huile de lin: faites bouillir le tout. Prenez après, de vieilles cordes ou de vieilles méches: faites-en des cordons de la grandeur que vous voudrez: mettez-les bouillir dans ces matières; & ſi vous voulez qu'ils ne brûlent pas ſi fort, mettez-y ſix livres de colophone, & deux livres de térebentine.

Autre

Autre Manière pour faire des Fascines, des Cercles, des Tourteaux, & des Fagots gaudronnés.

IL faut avoir deux chaudières, dans l'une desquelles vous mettrez telle quantité de poix blanche qu'il vous plaira, & la ferez fondre sur le feu. Etant fondue, vous y jetterez vos Tourteaux de cordage ou d'étoupes, & les laisserez bien imbiber: puis les retirerez avec un bâton pointu, & les mettrez sur une planche mouillée. Etant refroidis, oignez vos mains avec de l'huile; formez vos Tourteaux: puis vous jetterez dans l'autre chaudière quatre livres de poix noire, quatre livres de poix-raisine, une livre de suif, & une livre d'huile: & pour une plus grande quantité, prenez-en à proportion; & vous ferez fondre le tout ensemble: puis, vous y plongerez vos Tourteaux, que vous retirerez promptement pour les mettre sur des planches mouillées, où vous les laisserez sécher.

On trempe dans une pareille composition les toiles & sacs à terre cousus ensemble, qu'on veut attacher à des portes de maisons, lorsqu'on a dessein d'y mettre le feu: cela s'appelle une Chemise.

Pour faire des Torches qui ne s'éteignent jamais au vent ni à la pluie.

PRenez de vieilles cordes qui soient assez grosses, & les faites bouillir dans l'eau de salpêtre; puis faites les bien sécher: mettez-les après avec du soufre bien pilé & de la grosse poudre détrempée avec un peu d'eau de vie. Prenez ensuite trois parties de cire, trois parties de poix, une partie de soufre, une demi partie de camphre, demi partie de térebentine; & de ces matières jointes ensemble, couvrez-en vos cordes & en mettez quatre ensemble, & comme une torche au milieu. Ajoutez encore entre ces quatre cordons, de la chaux vive, & trois parties de soufre mêlées ensemble; ces Torches résisteront à tout.

Pelottes

Pelottes pour éclairer pendant la nuit.

POix-raiſine une partie, ſoufre trois parties, ſalpêtre une livre, groſſe poudre une livre: faites fondre & incorporer le tout enſemble avec des étoupes; & de cela faites des Pelottes pour jetter dans un Foſſé ou ailleurs.

Pots à feu.

SOufre quatre livres, ſalpêtre douze livres, poudre douze livres, verre battu, mais pas trop, deux livres: battez ces matières enſemble; puis mêlez les à la main en y mettant un peu d'huile de lin: empliſſez vos Pots de terre de cette mixtion, & de Roche à feu rompue par petits morceaux comme poids ou féves: entaſſez le tout juſqu'à ce qu'il ſoit près de la bouche, & qu'il ne s'en faille qu'un travers de doigt: empliſſez le reſte de poudre à canon, qu'il n'en demeure que pour y mettre un peu de poix-raiſine que vous fondrez deſſus. Quand vous voudrez jetter ces Pots en quelques lieux, rompez la poix, juſqu'à ce que vous trouviez l'amorce; puis vous y mettrez le feu.

Grénades qui brûlent dans l'eau.

SOufre deux parties, ſalpêtre quatre parties, poudre battue deux parties, camphre demi partie: battez le tout enſemble, & y mettez l'huile de pétreol ou de lin: faites après, vos Grénades de futaine, de treillis, de bois, de terre, ou de fer; puis couvrez les de poix-raiſine. Etant pleines de cette mixtion, ſi vous voulez les mettre en couleur jaune, mettez-y un peu d'orpiment & de maſtic: ſi vous les voulez vertes, de verd de gris. Quand vous y mettrez le feu, faites-y un trou avec un poinçon; & y mettez de bonne amorce: ne les jettez point dans l'eau qu'elles ne ſoient bien allumées, & qu'elles ne commencent à faire bruit.

Il

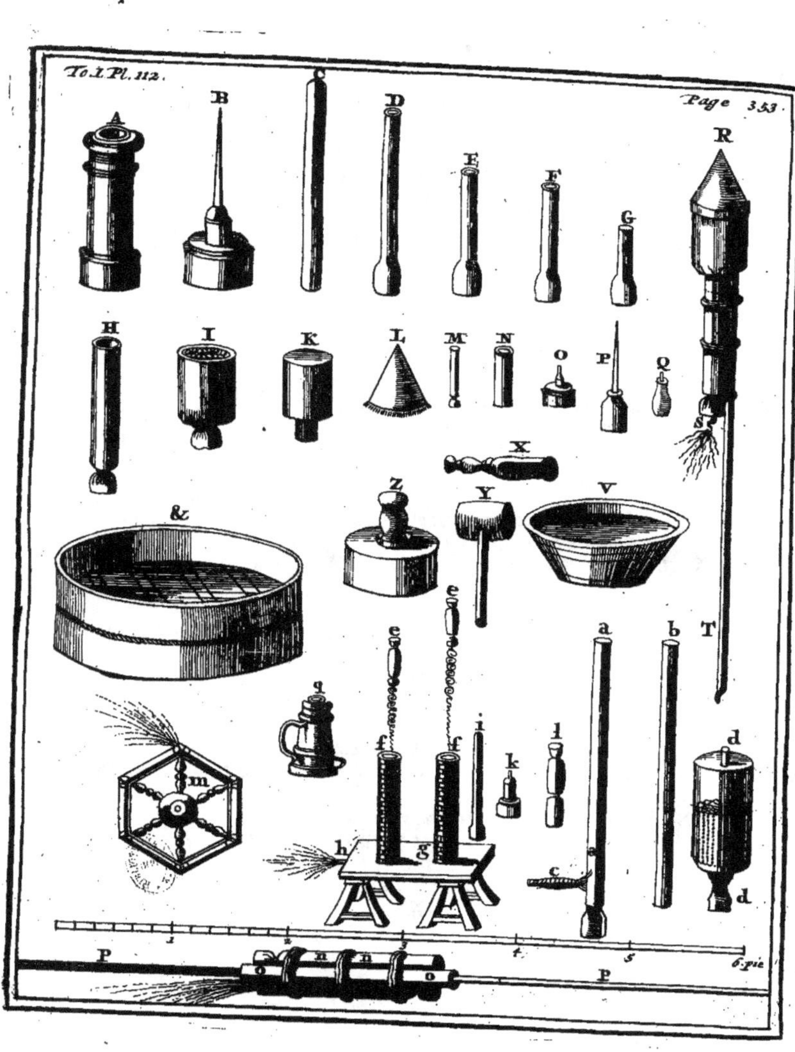
To. 1. Pl. 112.
Page 353.
A B C D E F G R
H I K L M N O P Q S
X Z Y V &
e e q i k l a b T d
m f f g h c d
1 2 3 4 5 6. pie
P n n o o P

IL est des occasions de réjouïssances, où un Officier d'Artillerie doit sçavoir quelque chose des Feux de joie. Les Fusées volantes en faisant une des parties plus essentielles, il faut dire de quelle manière elles se font : la Planche en fait voir la figure, aussi-bien que celle du moule dont on se sert pour la former. On y voit aussi les moules & les figures des Saucissons, Serpenteaux, Lances, Pots à feu, & Girandolles qui les accompagnent pour l'ordinaire.

EXPLICATION DE LA FIGURE représentant des Fusées volantes à réjouïssances, avec leurs accompagnemens.

A *Moule de Fusée volante.*
B *Culotte du moule avec sa broche.*
C *Baguette à rouler le cartouche.*
D *Première baguette percée servant à charger la Fusée dans le moule.*
E *Seconde baguette percée pour continuer à charger la Fusée.*
F *Troisième baguette percée pour achever de charger la Fusée jusqu'au haut de sa broche.*
G *Baguette pour le massif, c'est-à-dire, qui n'est point percée, & dont on se sert pour achever de charger la Fusée à la hauteur d'un pouce au-dessus de la broche.*
H *Cartouche de papier pour mettre dans le moule prêt à être chargé de composition.*
I *Pot qui se met sur la Fusée quand elle est chargée, pour ajuster la garniture, de Serpenteaux ou d'Etoilles.*
K *Moule du pot.*
L *Chapiteau pour couvrir le pot quand la garniture est dedans.*
M *Serpenteau pareil à plusieurs dont on se sert pour remplir le pot.*
N *Moule de Serpenteau avec sa petite broche.*
O *Culotte du moule du Serpenteau avec sa petite broche.*
P *Baguette de fer du Serpenteau avec son manche.*
Q *Poinçon pour percer la Fusée quand elle est chargée, pour donner feu à la composition.*

R *Fusée montée sur sa Baguette, & amorcée.*
S *Etoupille à laquelle on met le feu.*
T *Baguette de la Fusée.*
V *Sebille dont on se sert pour mettre la composition.*
X *Cuillière pour mettre la composition dans la Fusée : elle doit être de diamétre à pouvoir entrer facilement dans le cartouche.*
Y *Maillet servant à battre la composition dans la Fusée.*
Z *Mollette ou pommette pour écraser la poudre.*
& *Tamis pour passer la composition.*

a *Lance à feu avec son Saucisson & son manche pour l'attacher.*
b *Moule de la Lance.*
c *Saucisson qui reçoit le feu de la Lance.*
d *Pot à feu avec son manche & sa garniture.*
e *Saucisson volant.*
f *Pot du Saucisson fait de carte, attaché sur un banc, pour y communiquer le feu par-dessous par le moyen d'un portefeu couché dans une coulisse.*
g *Banc.*
h *Porte-feu.*
i *Baguette pour rouler le Saucisson volant.*
k *Culotte du Saucisson.*
l *Saucisson chargé.*
m *Girandolle avec ses Fusées.*
n *Courantin ou Fusée de corde.*
o *Un tuyau, ou de canne, ou de sureau, ou de carte, ou de bois, dans lequel la corde passe pour faire son chemin d'un côté à l'autre.*
p *Corde qu'on passe dans le tuyau, qu'on doit frotter de savon pour rendre le passage plus libre dans le tuyau.*
q *Boëte de fonte ou de fer à réjouïssance.*

On remarquera que l'échelle ne doit servir que pour mesurer tout ce qui dépend de la Fusée volante, les autres piéces d'Artifice ne pouvant être mises sur cette Planche dans leur proportion naturelle.

Les

Figures de Boëtes pour les Rejouissances.

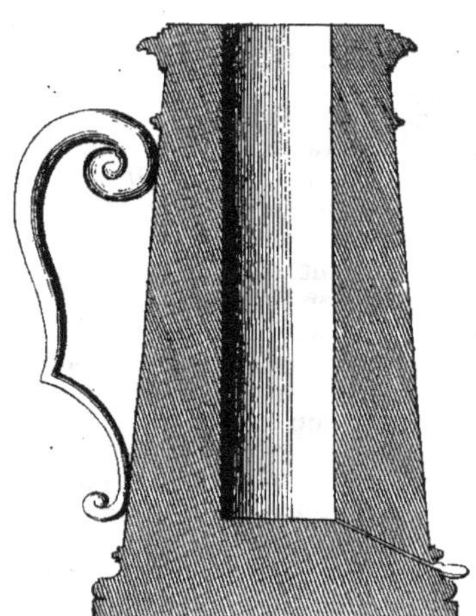

Il y en a qui pesent plus ou moins, et qui portent plus ou moins de poudre.

Vne Boëte qui pesera 8.l pourra tenir 1. once ½. de poudre.

Vne Boëte qui pesera 12.l pourra tenir 2. onces de poudre.

Celle qui pesera 18. à 20.l pourra tenir 3. onces ½. à 4. onces de poudre.

Celle qui pesera environ 26.l pourru tenir 4 onces ½. à cinq onces de poudre.

Les Boëtes de fonte à réjouïssances n'étant pas inutiles dans les Places, soit pour servir aux Feux de joie, soit pour faire quelque signal à des Troupes, ou à des Partis sortis d'une Place, ou qu'on y attend: je donne ici la figure & le poids de celles de toutes les grandeurs qui sont le plus en usage en France; & je marque la quantité de poudre qu'on peut faire entrer dans chacune.

Fusées volantes.

LE moule *A* est de bois de noïer, ou de buis, ou de cuivre; & toutes les baguettes sont de frêne.

Le moule étant ainsi disposé, & les baguettes préparées sur le pied des proportions qu'on leur donne dans la figure, & qu'on peut mesurer sur l'échelle, il faut pour commencer à former la Fusée, avoir du carton lissé & fort mince, qu'on roulera en rond le plus serré qu'on pourra sur la baguette destinée à cet usage, & colant le carton à mesure avec de la colle de pâte, & rendant cette Fusée d'une grosseur à pouvoir entrer aisément dans le moule.

Ce carton ainsi roulé, qui est ce qu'on appelle le cartouche, doit être de la hauteur du moule quand il est hors de dessus son culot.

Lorsque le carton est sec on l'ébarbe par les deux bouts pour le rendre égal & droit.

On y fait entrer la baguette *C* jusqu'au bout, laissant néanmoins un espace vuide de la largeur d'un bon pouce. A cet endroit on passe une ficelle que les Artificiers appellent *filagore*, à qui on fait faire deux tours; un des bouts de la ficelle est attaché à un bon cloud contre une muraille, ou contre un arbre, & l'autre bout est attache à un bâton, que l'Artificier fait passer entre ses jambes & par derrière lui. En cet état il prend la baguette *G*, qui s'appelle baguette pour le massif, qu'il fait entrer dans l'extrémité qu'il a laissée vuide au carton, afin que, lors qu'il vient à serrer bien fort & à étrangler, comme ils disent, le cartouche, il ne perde ni son premier diamétre, ni sa première figure.

Quand le cartouche eſt ſuffiſamment étranglé, & qu'il reſte au dedans du cartouche une ouverture, même plus petite qu'il ne la faut pour y faire entrer la broche du moule, on ôte la corde qui ſervoit à étrangler, & on met une autre ficelle à la place, qui s'appelle ficelle à paulmier, dont on fait pluſieurs tours en la ſerrant bien fort & l'arrêtant par de bons nœuds coulans qu'on fait les uns ſur les autres, enſorte que le cartouche devienne comme on le voit dans la figure *H*.

Le cartouche ainſi préparé, on monte le moule ſur ſon culot. On fait entrer le cartouche dedans, le bout étranglé le premier, par le moyen du culot: le cartouche ſort du moule de la hauteur d'un pouce ou environ. Alors on prend la première baguette percée *D*, qu'on fait entrer dans le cartouche, au milieu duquel elle rencontre la broche de fer du moule qui traverſe cette baguette, & on frappe ſept ou huit coups deſſus avec un maillet de bois, afin que le bout du cartouche qui eſt étranglé, reprenne entièrement la forme de la groſſeur & de la proportion du corps du cartouche; en cette manière le cartouche eſt prêt à charger.

La compoſition étant ainſi préparée, comme on l'expliquera ci-après, il faut prendre la cuillière ou petite lanterne *X*, qui eſt, ou de fer blanc, ou de cuivre, l'emplir de la compoſition qui eſt dans la ſebille *V*, porter cette charge dans le cartouche, remettre la première baguette percée par-deſſus, & frapper trois ou quatre coups bien ſerrés avec le maillet, ôter cette baguette, & frapper à côté du moule trois ou quatre coups pour faire tomber ce qui pourroit être reſté de la compoſition autour. On remet enſuite la baguette pour battre encore deux ou trois fois la compoſition; on la retourne même pluſieurs fois, afin que cela ſoit également battu.

Vous retirez cette baguette: vous rechargez avec la cuillière, comme vous avez déja fait; & vous continuez de faire la même choſe que deſſus juſqu'à trois fois: après quoi, vous changez de baguette. Vous prenez la ſeconde *E*, que vous faites entrer dans le moule pour charger encore

par

par trois fois, & frapper autant de coups que vous avez fait aux trois premières charges.

Ensuite vous prenez la dernière baguette percée *F* pour achever de charger la Fusée jusqu'à la hauteur de l'extrémité de la broche, qu'on peut sentir avec le bout du doigt au travers du cartouche.

Quand vous ne sentez plus la broche, vous mettez une cuillerée de la composition : vous prenez la baguette non percée qui s'appelle le massif, pour battre trois fois cette composition ; & vous en usez de même qu'avec les autres baguettes.

La composition se trouvant à la hauteur du moule bien battue & bien refoulée également, il restera un vuide au cartouche d'un pouce & demi, comme on a dit : & alors, vous prenez le poinçon *Q*, dont vous vous servez pour séparer les plis du carton, & décoler l'extrémité du cartouche, que vous rabattez en dedans sur la composition, ensorte qu'il ne reste plus qu'un pli ou deux du carton tout debout. Le carton ainsi remploïé, vous prenez la baguette non percée qui est le massif : vous frappez sur ce carton replié bien plus fort encore que vous n'avez fait sur la Fusée, & par quatre ou cinq coups avec le maillet. Vous prenez ensuite ce même poinçon pour faire un ou deux trous à plomb sur le carton replié & battu à côté du carton *qui* est demeuré debout ; afin que, quand on viendra à mettre le feu à ce qu'on appelle la chasse, qui est l'espace laissé au-dessus, & qui doit être empli d'une composition particulière, il puisse facilement se communiquer au corps de la Fusée. Quand on en est là, on tire la Fusée hors du moule : on bouche soigneusement avec un petit tampon de papier le vuide qui est resté à l'extrémité du carton qui touchoit au fond du moule, au travers duquel passoit la broche de fer.

Ensuite, sur le bout qui sortoit du moule, on met la chasse, qui est moitié de grosse poudre grenée & moitié de la composition qui a servi à charger la Fusée. Vous colez un papier par-dessus bien proprement, pour empêcher que cette te charge ne ſe repande. Après quoi, vous prenez le pot *I*: vous l'aſſemblez ſur le haut de la Fuſée en faiſant entrer votre cartouche dans la partie la plus étroite du pot, enſorte que la plus large & la plus évaſée ſoit en haut : vous colez proprement & liez avec de la petite ficelle ces deux parties enſemble; ce qui étant fait, vous rangez dans le pot vos Serpenteaux autant qu'il en peut tenir, & mettant même de la poudre pulvériſée dans le fond, & obſervant de mettre la tête des Serpenteaux le bout amorcé en bas, pour qu'ils aient plus de communication avec le feu.

Ce pot empli, vous colez un papier par-deſſus pour empêcher les Serpenteaux de tomber. Par-deſſus le pot vous appliquez ce que vous appellez le chapiteau *L*, qui déborde un peu le pot, & qui eſt déchiqueté pour pouvoir être colé plus aiſément : vous le liez avec du fil ou une ficelle fort délicate, pour faire que tout cela s'entretienne mieux ; & vous colez même encore par-deſſus une bande de papier qui porte ſur les bouts du chapiteau, & ſur le corps du pot qu'il embraſſe.

La Fuſée étant ainſi prête à amorcer, vous prenez la culotte du moule : vous en faites entrer la broche par le bas de la Fuſée, & vous la ſerrez bien fort en la tournant deux ou trois tours pour bien preſſer la compoſition. Enſuite vous la retirez ; & à la place vous mettez un bout d'étoupille faite comme il ſera expliqué ci-après : on l'enfonce d'un pouce ſeulement, & il en reſte un pouce en dehors : & pour faire tenir cette étoupille dans le trou, vous avez de la pâte de poudre, qui eſt de la poudre pulvériſée mouillée dans de l'eau, & réduite en pâte : vous en prenez un peu avec le doigt que vous portez au trou & à côté de l'étoupille pour l'y coler & l'y arrêter ; & pour tenir cette étoupille en ſûreté, vous la remploïez dans la gorge de la Fuſée, & vous appliquez un papier par-deſſus que vous liez un peu ſerré.

Lorſque vous voudrez vous ſervir de cette Fuſée, il faut avoir une baguette bien droite d'ozier, ou d'autre bois, plus groſſe & plus forte, quand la Fuſée eſt d'un plus gros calibre. Cette baguette doit être pelée, & longue de ſix ou ſept

ſept pieds, obſerver que le gros bout de cette baguette doit être attaché ſur le corps de la Fuſée, venant toucher immédiatement au-deſſous du pot, & qu'il faut l'applattir avec un coûteau, de la longueur du corps de la Fuſée, afin qu'elle s'y couche plus aiſément. On la lie en trois endroits avec de la ficelle, d'abord à la gorge qui eſt au plus bas de la Fuſée, enſuite au milieu, & puis tout au haut, comme la figure le démontre.

Une choſe importante à remarquer, eſt qu'il faut que la baguette ſoit de telle longueur & de tel poids, qu'après qu'elle eſt liée à la Fuſée, étant miſe ſur le doigt à un pouce tout au plus du bout de la gorge de la Fuſée, elle ſoit en équilibre, c'eſt-à-dire, que la baguette n'emporte pas la Fuſée, ni la Fuſée la baguette: & ſi la baguette étoit plus peſante, il la faudroit couper par ſon bout le plus menu; & ſi elle ſe trouvoit trop légére, il la faudroit garder pour une plus petite Fuſée, ou la charger d'un tuyau d'une Lance à feu, ou d'une Fuſée, pour lui donner le poids qui lui manqueroit.

Voilà donc notre Fuſée toute chargée, toute amorcée, & toute prête à tirer.

A l'égard de la compoſition, elle ſe fait de cette maniére.

Il faut prendre de la poudre de Guerre groſſe grenée, l'écraſer ſur une table avec une pommelle de bois, qui eſt faite comme la culotte du moule. Vous la paſſerez enſuite dans un tamis de ſoie très-fin; ce qui ſera pulvériſé & tamiſé, ſera peſé: vous en prendrez ſeize onces poids de marc, & vous la mettrez dans un endroit particulier. Vous ferez écraſer du charbon, ce que les Artificiers nomment *aigremore*, fait avec du ſaule ou du bois blanc. Quand il ſera écraſé, vous le paſſerez par un tamis de crin un peu plus gros que le tamis de ſoie; vous péſerez ce charbon paſſé, avec des balances: vous en mettrez quatre onces peſées juſte: vous prendrez ces quatre onces de charbon avec ces ſeize onces de Poudre: vous les mêlerez bien enſemble à la main: vous les repaſſerez encore juſqu'à quatre ou cinq fois dans un tamis de crin bien plus gros que les autres, & à chaque fois que vous

vous les aurez paſſées, vous les remuerez encore avec la main. Cette compoſition étant bien mêlée & bien incorporée enſemble, vous la mettrez dans la ſebille pour vous en ſervir comme on a dit.

Vous éprouverez une de vos Fuſées l'aiant chargée de cette compoſition. Si elle ne monte point, c'eſt que la compoſition ſera trop foible; il y aura trop de charbon dedans, & il faudra la fortifier avec une once de poudre pulvériſée: & ſi elle crévoit en chemin ou en montant en l'air, comme il arrive ſouvent quand on n'en a point fait d'épreuve, c'eſt que la compoſition ſera trop forte; & alors, il faudra y ajouter une once de charbon: & ſi cette once ne ſuffit pas, par une nouvelle épreuve qu'on en fait encore, il faudra encore y ajouter du charbon; le tout ſuivant la prudence de celui qui travaille.

Quelques Officiers eſtiment qu'on peut faire des Fuſées volantes avec les compoſitions qui ſuivent, à proportion de leur groſſeur, y en aiant quelques-unes qui péſent toutes chargées & équippées, avec leur garniture, juſqu'à deux livres, comme il eſt expliqué à la colonne où ces ſortes de Fuſées s'appellent doubles Marquiſes, les autres aiant auſſi leur nom.

Doſe pour faire des Fuſées volantes.

Compoſition pour un moule de 2 livres.	Compoſit. pour un moule de 1 liv.	Compoſit. pour un moule de $\frac{1}{2}$ liv.	Compoſit. pour un moule de 4 onc.	Compoſit. pour un moule de 2 onc.
Poudre . . . 2 livres.	. . . . 1 liv.	. . . . . . 20 onc.	. . . . . . 5 onc.	. . . 8 ou 9 onces.
Salpêtre . . 1 livre.	. . . . . . 12 onc.	. . . . . . 12 onc.	. . . . . . 1 onc.	. . . . . . $\frac{1}{3}$ d'onc.
Soufre . . . 5 onces.	. . . . . . 2 onc.	. . . . . . 1 onc.	. . . . . . $\frac{1}{4}$ d'onc.	. . . .
Charbon . . 4 onces.	. . . .	. . . . . . 3 onc.	. . . . . . $\frac{1}{2}$ onc.	. . . . . . $\frac{1}{2}$ once. ou 1 once.
Limaille de fer 2 onc.	. . . .	. . . . . . 2 onc.	. . . .	. . . .
Le moule a 9 pouces & $\frac{1}{2}$ de haut.	Le moule a 8 pouces & $\frac{1}{2}$ de haut.	Le moule a 7 pouces & $\frac{1}{2}$ de haut.	Le moule a 7 pouces de haut.	Le moule a 4 pouces $\frac{1}{2}$ de haut.
Cette Fuſée s'appelle double Marquiſe.	Marquiſe.	Groſſe Fuſée de partement.	Fuſée de partement.	Fuſée de caiſſe.

Pour

Pour faire de la Pluie de feu.

PRenez une partie de soufre, une partie de salpêtre, une partie de poudre ; ou trois parties de soufre, trois de salpêtre, & quatre de poudre ; ou quatre parties de soufre, six de salpêtre, & huit de poudre. Battez fort les matières à part : fondez après le soufre dans un pot de terre plombé, ou dans un pot de cuivre, qui est beaucoup meilleur ; puis après qu'il sera fondu, mettez-y le salpêtre peu à peu, en brassant toûjours, ensuite la poudre, & que ce soit à petit feu. Il faut prendre garde en brassant que le feu n'y prenne. Ces trois matières étant bien fondues & mêlées ensemble, & ne faisant plus qu'un corps, versez-en sur du papier ou sur une planche ; cette composition s'endurcira : & quand vous voudrez faire de la Pluie de feu, prenez-en & la brisez en petits morceaux : mêlez ces morceaux parmi la poudre du pétard de votre Fusée ; & ce sera une Pluie de feu.

Serpenteau.

ON se sert de la composition des Fusées volantes pour faire les Serpenteaux. A l'égard de leur construction, il faut prendre la baguette de fer *P*, rouler dessus deux cartes à jouer l'une sur l'autre, qui seront couvertes d'un papier, ensorte que ce papier paroisse toûjours dessus, & que les cartes soient en dedans. Il sera nécessaire de mouiller un peu ces cartes pour les rendre plus maniables ; mais il faut ne les emploïer que séches. On collera avec de la colle, faite de farine & d'eau, ce papier dans toute sa longueur pour l'arrêter.

On prend la culotte *O* du moule, qu'on fait entrer par un des bouts du Serpenteau ; & en cet endroit vous l'étranglez avec de la ficelle à paulmier, que vous graissez d'un peu de savon : & quand il a été étranglé, vous le liez avec un peu de fil.

On rapporte ensuite le moule *N* par-dessus ce Serpenteau

teau, qui par ce moyen se trouve renfermé dedans. On charge ce Serpenteau de la composition marquée ci-dessus, avec un tuyau de plume; & d'abord on y en fait entrer jusques environ au milieu du Serpenteau. Cette composition se refoule avec la même baguette de fer, sur laquelle le Serpenteau a été roulé, & on frappe dessus avec quelque palette ou léger maillet de peu de coup.

Quand ce Serpenteau est chargé à la moitié, on y fait entrer un grain de vesse, & vous achevez de le charger avec de la poudre grenée jusqu'à une distance du bout pour y pouvoir mettre un petit tampon de papier mâché, que vous frappez par-dessus avec la baguette de fer. Ce papier étant entré, & laissant un petit espace vuide au-dessus de lui en cet endroit, vous étranglez encore le Serpenteau, & vous le liez avec un bout de fil comme vous avez fait à l'autre côté, avec cette différence que ce bout-ci est tout fermé, & que l'autre a conservé l'ouverture qui y a été faite par l'aiguille ou broche qu'on a fait entrer dedans. Ce vuide est rempli ensuite d'un peu d'amorce, qui se fait avec de la poudre écrasée & trempée dans de l'eau.

Lance à feu.

LA Lance à feu se fait avec une feuille de grand papier à dessiner du plus fort. On la roule par sa largeur sur une baguette qui est de la grosseur d'une baguette de Mousquet, & d'un pied & demi de long. Ce papier étant roulé, on le colle tout du long pour l'arrêter. Ensuite on fait entrer dans un des bouts de ce cartouche environ avant d'un pouce, un morceau de bois qu'on appelle le manche ou le pied de la Lance, & qui est de son calibre, après l'avoir trempé dans de la colle, afin qu'il puisse bien tenir: l'autre bout de ce manche est plat, & percé de deux trous pour l'attacher avec deux cloux sur tout ce qu'on voudra.

La voilà prête à être chargée.

La composition doit être de quatre onces de salpêtre bien rafiné & mis en farine, de deux onces de poudre & de poufpoussier passé dans un tamis de soie bien fin, une once de soufre en fleur. Tout se mêlangera bien ensemble, & sera passé dans un tamis de crin un peu gros & bien remué.

On mettra cette composition dans une sebille de bois : on la prendra ensuite avec une carte à jouer qu'on coupera en houlette; & on s'en servira pour charger la Lance. A mesure qu'on chargera avec cette houlette, on frappera cette charge en y faisant entrer la baguette qui a servi à rouler le cartouche, & avec une petite palette de bois : & quand on sera au quart de la hauteur de la Lance, on mettra de poudre la valeur de l'amorce d'un Pistolet, qu'on serrera doucement avec la baguette sans frapper ; & on continuera ainsi jusqu'à quatre fois, ensorte que la Lance soit pleine jusqu'au haut. Après quoi, on prendra un peu de poudre écrasée, qu'on trempera dans de l'eau pour lui servir d'amorce; & ensuite on la couvrira avec un peu de papier qu'on y collera.

Le Saucisson.

LE cartouche du Saucisson se fait avec une baguette : ce cartouche doit être de quatre pouces de long. Il se fait de carton roulé deux fois & bien collé par-tout : on l'étrangle par un bout à un demi pouce de son extrémité: on le lie avec de la ficelle : on prend un tampon de papier qu'on fait entrer dans ce cartouche : on le pousse dans le cul du Saucisson avec la baguette: on frappe cette baguette avec un maillet; après quoi, on met de la poudre ordinaire dans ce cartouche. Quand il est plein à peu près, on couvre cette charge d'un tampon qu'on frappe encore avec la baguette; & ensuite on l'étrangle, & on le lie en cet endroit. Après cela on serre ce Saucisson depuis les deux endroits étranglés avec beaucoup de ficelle, ensorte qu'il en soit tout couvert; en cet état on le jette dans la colle forte, & on le laisse sécher.

Pour attacher ce Saucisson à la Lance, il faut prendre un poinçon, & percer le Saucisson à celui des deux bouts qui

 sera

ſera le mieux fait, juſqu'à ce qu'on ait trouvé la poudre. On prendra un tuyau de plume qu'on emplira de poudre en poulverin. Ce tuyau de plume ſera échancré & taillé comme une plume à écrire: le côté plein entrera dans le Sauciſſon, & le côté echancré entrera dans la Lance immédiatement au-deſſus de ſon pied, où on fera un trou pour le recevoir. On les liera enſemble en cet endroit; & on les collera avec du papier de manière que le tout ſoit bien fermé & bien joint, & que néanmoins le feu, par le moyen de la plume, puiſſe communiquer de la Lance au Sauciſſon.

Pot à feu.

IL faut prendre un morceau de bois tourné long d'un pied, & du diamétre de trois pouces, rouler deſſus du carton à l'ordinaire deux ou trois tours & le bien coller. Vous ôterez ce morceau de bois: vous mettrez à ſa place par un des bouts de ce cartouche un autre morceau de bois, qui s'appelle le pied du Pot à feu, & qui eſt de même calibre: vous l'y ferez entrer ſeulement d'un pouce; & vous l'y attacherez avec trois ou quatre petites broquettes pour le faire tenir.

Vous prendrez une Lance à feu pleine, mais qui n'aura point de pied. Vous la mettrez au milieu du cartouche; & vous obſerverez qu'elle en ſorte de trois ou quatre pouces: vous la retirerez: vous prendrez le morceau de bois ou moule ſur lequel aura été roulé le cartouche. Sur l'un des bouts de ce moule vous ajuſterez une feuille de papier coupé en deux, & que vous paſſerez en croix pour en former comme une eſpéce de calotte. Au fond de cette calotte qui aura pris la forme du moule du Pot, vous mettrez une once de poudre grenée, & deux onces de compoſition telle qu'elle vous reſtera de votre Artifice. Au milieu de ces trois onces de matière on place la Lance à feu dont nous venons de parler. On ramaſſe autour du pied de cette Lance toute cette matière également, & on la ſerre avec les bouts du papier qu'on lie autour de la Lance avec de la ficelle; & cela s'appelle le bouton avec ſa Lance.

Cette

Cette Lance & ce bouton se placent dans le fond du Pot, ensorte que la Lance soit bien droite & bien au milieu ; & tout autour vous y faites entrer des Serpenteaux que vous avez fourez dans le poulverin. Vous les arrangez proprement : & pour achever de les arrêter, ensorte qu'ils ne branlent point, vous prenez du méchant papier que vous rangez doucement autour, & puis vous prenez un autre morceau de papier au milieu duquel vous faites un trou pour passer la Lance, & vous en faites une coëffure sur le Pot en la collant tout autour ; & voilà le Pot fait.

Saucisson volant.

IL a sa baguette *i*, sur laquelle vous roulez le carton que vous faites de la hauteur de quatre pouces & demi. Vous l'étranglez ; & vous le liez à un pouce & demi de l'une de ses extrémitez, ensorte qu'il en reste encore trois pouces francs.

Vous faites entrer par le plus petit bout la culotte *k* pour le tenir debout : vous le chargez par l'autre bout avec de la poudre grenée que vous fermez avec un tampon ; & vous le liez par ce bout-là. Vous l'ôtez ensuite de dessus sa culotte : vous prenez de la composition de Fusée volante dont vous le remplissez en plusieurs tems, & en le battant avec une baguette. Si-tôt qu'il est plein, vous prenez de la corde d'amorce qui est faite avec du cotton, de la poudre écrasée, & de l'eau de vie, ensorte que cela soit liquide pour pouvoir s'attacher autour du cotton. Du moment que ce cotton est sec, vous en prenez deux bouts que vous mettez en croix sur le bout du Saucisson que vous venez de charger : par là-dessus vous appliquez de la composition, & vous frappez le tout avec la baguette, de façon que le cotton & la composition se tiennent ensemble ; par ce moyen il sort quatre bouts de corde d'amorce qui servent à donner le feu au Saucisson.

Pour se servir de ce Saucisson, il faut faire un Pot de carton qui soit haut de six à sept pouces, & dont le diamétre ſoit plus fort d'une ligne que le Sauciſſon. On l'étrangle par en bas à un pouce près du bout. Prenez enſuite une carte à jouer : faites-en un portefeu : empliſſez-le de compoſition de Fuſée volante. Quand il eſt chargé & battu, faites un bouton du diamétre du Pot : mettez-y une once de poudre grenée : placez le portefeu au milieu ; & liez le tout enſemble. Portez ce bouton dans le Pot à feu le bout tourné en bas de manière qu'il ſorte par le trou qui eſt étranglé. Quand vous en verrez ſortir le bout du portefeu, vous lierez ce bout de Pot étranglé pour ſerrer le portefeu ; & par l'autre côté vous ferez entrer le Sauciſſon le bout amorcé, où ſont les quatre étoupilles de cotton, en bas ; & ce qui reſtera de vuide, vous le boucherez avec du papier, & le couvrirez d'un papier collé, comme on a déja dit.

Ces Pots de Sauciſſons volants s'arrangent ordinairement ſur une planche ou banc percé de trous d'outre en outre de la groſſeur du portefeu qu'on fait entrer dedans en le collant, afin que l'effort du coup ne le puiſſe point emporter ; & par le deſſus de cette planche on met le feu à chaque portefeu de Pot. Ce portefeu bien joint au Pot demeure ferme ſur la planche ; & tout ce qui étoit dedans, s'éléve en l'air.

Il y a encore un autre moyen de donner le feu à ces ſortes de Pots pour les faire tirer de ſuite, ſans être obligé d'y mettre le feu aux uns après les autres ; qui eſt de faire une manière de couliſſe par-deſſous les trous que vous aurez percés ſur la planche ; de placer dans cette couliſſe des portefeux ouverts par les deux bouts & diſpoſés les uns après les autres ; & de coller une bande de papier par-deſſus pour les tenir bien ſerrés & bien unis enſemble, & pour faire que le feu paſſe de l'un à l'autre ſans interruption. Cet ouvrage doit ſe faire avant que de placer les Pots de Sauciſſons volants ; & il faut même piquer avec un poinçon ces portefeux par les trous qu'on a faits, afin que, lorſqu'on vient à y faire entrer les portefeux des Pots des Sauciſſons, le feu de ceux qui ſont couchés, ſe communique à ceux qui ſont debout.

Gi-

Girandolle.

LA Girandolle eſt faite en forme de roüe à ſix pans, comme on le voit dans la figure; les rais en ſont de bois léger tourné auſſi proprement qu'on le veut; le moyeu ſera d'un bois un peu plus fort, c'eſt-à-dire, de hêtre ou de tilleul. Les bandes de ces roües doivent être minces à peu près de trois lignes, & larges ſeulement d'un pouce ou environ: on cloue ces bandes à leurs joints, & même on les colle, afin qu'elles tiennent mieux. Quand cette roüe eſt ainſi diſpoſée, on applique ſur chacune des jantes ou bandes une Fuſée volante de la même longueur de la bande, & chargée comme le ſont les autres Fuſées volantes. On la lie & ſerre bien fort avec de la ficelle en trois endroits, c'eſt-à-dire, au milieu, & par les deux bouts. On continue ainſi tout autour, obſervant qu'il y ait un bout d'étoupille qui ſorte de l'une & qui entre dans le maſſif de la Fuſée qui ſuit, afin que le feu de l'une paſſe à l'autre ſans interruption. Quand tout cela eſt préparé bien juſte, on couvre de papier les endroits où ſe joignent les Fuſées; & ſur ce papier on en met encore deux ou trois autres pour empêcher que le feu ne faſſe jour par là: & à la jointure qui reſte entre les deux dernières Fuſées, on prend ſoin d'en bien boucher une, & c'eſt celle qui doit agir la dernière, de papier mouillé, & bien tamponné par l'extrémité qui touche au bout de la première Fuſée, à laquelle on met le feu par l'étoupille qui en ſort.

Pour ſe ſervir de cette Girandolle, il y faut faire un pied de bois de quatre pieds de long, qu'on fait entrer par le moyeu dans la Girandolle bien à l'aiſe, pour la faire tourner plus facilement: & à l'extrémité de cette manière d'eſſieu on met une clavette pour empêcher que la roüe ne tombe en tournant. Ces Girandolles s'attachent au coin du théatre ou échaffaut par un manche, avec des cloux.

Cou-

Courantin ou Fusée de corde.

ON se sert de ce Courantin, quand on veut dans une réjouissance faire porter le feu d'un lieu à un autre, & former même en l'air une manière de combat entre des figures qui représentent des hommes ou des animaux: d'autres fois du haut d'un clocher, ou d'un dôme on fait partir de ces sortes de figures, lesquelles allant trouver la principale qui est au haut du théatre ou échaffaut d'Artifice, y portent le feu sans que l'Artificier s'en mêle.

Prenez deux Fusées volantes, appellées Marquises, de la grosseur & de la même figure que celle dont nous avons parlé, sans Pot néanmoins, & sans garniture, & comme elles sortent du moule. Joignez ces deux Fusées ensemble & à côté l'une de l'autre, la tête de l'une tournée vers le bas de l'autre Fusée; & faites ensorte que l'étoupille qui sortira du massif de l'une, entre dans la gorge de l'autre. Collez cela par-dessus avec du papier, pour empêcher que la violence de l'effort ne les sépare; & observez aussi de prendre la précaution de boucher avec du papier mouillé & collé le bout du massif de celle qui doit tirer la dernière.

Quand ces deux Fusées sont ainsi disposées, on y attache un tuyau vuide: on le lie avec ces Fusées en trois endroits, bien serré; & puis on le passe dans la corde.

La première Fusée étant allumée parcourt la corde de l'endroit d'où elle part à l'autre: & quand elle a fini, l'autre prend feu, & revient sur ses pas faisant le même chemin.

Si c'est une figure que vous désiriez faire paroître pour porter ce feu, comme par exemple, un dragon; la figure étant faite de carton ou d'ozier très-léger, couvert de papier peint, on lui passe ces deux Fusées au travers du corps, & l'une lui sort par la gueule, l'autre par le derrière. On doit observer qu'il faut que les Fusées soient proportionnées au poids de la figure.

Ce sont-là toutes les sortes de pièces d'Artifice qui entrent

trent dans les Feux de joie ; il ne s'agit, après cela, que de les multiplier tout autant qu'on en a besoin, & de les bien placer pour les exécuter. Communément voici comment on s'y prend pour dresser un Feu de joie.

On éléve un échaffaut de bois en quarré de vingt-quatre pieds de haut, & de dix-huit de large, soutenu de neuf piliers. Au milieu de l'échaffaut se met un pied-d'estal quarré de menuiserie de six pieds de hauteur, pour y placer la figure qui représente ce qu'on veut.

L'extérieur de la charpente est revêtu & couvert d'une décoration peinte en balustrades, accompagnée d'emblêmes, de devises, & de figures allégoriques, aiant rapport au sujet de la réjouïssance ; le tout suivant l'industrie du Peintre, & de ceux qui ordonnent & conduisent la fête.

Quelquefois aux quatre coins du théatre on a peint des vases ou des pots pleins de feu & de flammes, ou des bombes qui crévent.

Pour l'arrangement, on place au derrière de ces figures à chacun des quatre coins, une grande caisse de bois de sapin contenant douze Fusées volantes, qu'on fait partir ensemble par une étoupille qui communique à toutes.

Le haut du balustre à l'entour est garni de Lances à feu, portant chacune leur Saucisson, & éloignées d'un pied l'une de l'autre; on garnit les intervalles, de Pots à feu, & de Saucissons volants.

Au pied de la balustrade en haut, on fait la même chose, excepté qu'on observe de ne pas placer, ni les Lances à feu, ni les Pots, si droits que ceux du dessus de la balustrade, pour éviter que le feu d'en-bas ne se communique en haut.

Les quatre coins peuvent se garnir de Pots à feu qui agissent horisontalement.

Les Girandolles se placent aussi au dehors aux quatre coins, & même dans le milieu des quatre faces de l'échaffaut ; & on les attache sur le plancher, comme on l'a expliqué.

Le tour du pied-d'estal de la figure se garnit de la même manière, & on met quatre caisses de Fusées volantes aux quatre coins.

L'étoupille dont on ſe ſert pour allumer cet Artifice, doit faire le tour du théatre, & être placée juſte ſur l'amorce des Lances à feu, & même y être enfoncée avec des épingles.

Quant aux Pots à feu, il n'y a point d'étoupille; car on y met le feu à la main.

Les Girandolles de même.

On allume d'abord les Lances à feu, afin que de tous côtez on puiſſe voir la diſpoſition de la figure, & de tous les ornemens qui l'accompagnent. De tems en tems on fait partir une face de Pots à feu à droite, & puis à gauche du théatre, & pareillement des Fuſées volantes: & lorſque vous voïez que le feu diminue, vous allumez vos quatre Girandolles qui terminent fort agréablement la fête.

IL ne conviendroit pas de quitter ce chapitre des Artifices, ſans dire un mot de ces foudroïantes machines que Strada nous apprend avoir été miſes en uſage au Siége d'Anvers, & que les Anglois regardent préſentement, quoique fort vainement, comme une des plus ſûres reſſources qu'ils aient pour détruire nos Ports, & renverſer nos Villes maritimes. A la vérité leur diſpoſition a dequoi faire trembler les plus intrépides; mais l'exécution en eſt ordinairement fort périlleuſe pour ceux qui en ſont chargés, & l'effet en eſt peu certain: comme il a paru devant Saint-Malo, où l'une de ces machines que la Flotte *Angloiſe* avoit amenée avec elle pour la deſtruction de cette Ville, ne fit autre fracas, que d'étonner & caſſer les vitres & la couverture de quelques maiſons de la Place, & de tuer celui qui y avoit mis le feu, dont le corps demeura ſur la gréve avec une partie de ſa machine qui ne ſauta point, & qui donna lieu d'en connoître la conſtruction de la manière qu'on la voit ici. On ſçait auſſi le peu de ſuccès qu'elles ont eu devant Dunkerque.

EX-

To. I. Pl. 114.
Pag. 371.
A
E
E
D
D
B
L
I
I
G

EXPLICATION DE LA FIGURE de la Machine de Saint-Malo, & de celle de Toulon.

A *Coupe ou profil de la machine appellée Infernale, échouée devant Saint-Malo.*
B *Fond de calle rempli de sable.*
C *Premier pont rempli de vingt milliers de poudre, avec un pied de maçonnerie au-dessus.*
D *Second pont garni de six cens Bombes à feu & Carcassières, & de deux pieds de maçonnerie au-dessus.*
E *Troisième pont au-dessus du gaillard, garni de cinquante barils à cercles de fer, remplis de toutes sortes d'Artifices.*
F *Canal pour conduire le feu aux poudres & aux amorces.*

Outre cela le tillac étoit garni de vieux Canons, & autres vieille Artillerie.

G *Coupe de la Bombe de Toulon avec le canon de Mousquet lui servant de Fusée.*
H *Canon de Mousquet ou Fusée.*
I *Massif de brique, qui renferme la Bombe.*
K *Vieux Canons de fer, & mitraille.*

SI on avoit été perſuadé en France que ces ſortes d'inventions euſſent pu avoir une réuſſite infaillible, il eſt ſans difficulté qu'on s'en feroit ſervi dans toutes les expéditions maritimes, qu'on a terminées ſi glorieuſement ſans ce ſecours; mais cette incertitude, & la prodigieuſe dépenſe qu'on eſt obligé d'y faire, ont été cauſe qu'on a négligé cette manière de Bombe d'une conſtruction extraordinaire, qu'on a vûe long-tems dans le Port de Toulon, & qui avoit été coulée & préparée pour un pareil uſage: ce fut en 1688; & voici comme elle étoit faite, ſuivant ce qu'en écrivit en ce tems-là un Officier de Marine.

„ LA Bombe qui eſt embarquée ſur la Flûte le Chameau, „ eſt de la figure d'un œuf: elle eſt remplie de ſept à huit mil- „ liers de Poudre; on peut de là juger de ſa groſſeur: on l'a pla- „ cée au fond de ce Bâtiment dans cette ſituation. Outre plu- „ ſieurs groſſes poutres qui la maintiennent de tous côtez, elle „ eſt encore appuïée de neuf gros Canons de fer de 18 livres de „ balle, quatre de chaque côté, & un ſur le derrière, qui ne „ ſont point chargés, aiant la bouche en bas: par-deſſus on a „ mis encore dix Piéces de moindre groſſeur avec pluſieurs „ petites Bombes & pluſieurs éclats de Canon: & on a fait une „ maçonnerie à chaux & à ciment qui couvre & environne le „ tout, où il eſt entré trente milliers de brique; ce qui compoſe „ comme une eſpéce de rocher au milieu de ce vaiſſeau, qui eſt „ d'ailleurs armé de pluſieurs Piéces de Canon chargées à cré- „ ver, de Bombes, Carcaſſes, & Pots à feu, pour en défendre „ l'approche; les Officiers devant ſe retirer, après que l'Ingé- „ nieur aura mis le feu à l'amorce qui durera une heure. Cette „ Flûte doit éclater avec ſa Bombe pour porter de toutes parts „ les éclats des Bombes & des Carcaſſes, & cauſer par ce „ moyen l'embraſement de tout le Port de la Ville qui ſera atta- „ quée. Voilà l'effet qu'on s'en promet: on dit que cela coûte- „ ra au Roi quatre-vingt mille livres.

Depuis peu M. Deſchiens, Commiſſaire général de la Marine, a eu la bonté de m'aider du deſſein de cette Bombe, que

que j'ai fait graver, & il a bien voulu y joindre le raisonnement que vous allez lire.

„ CEtte Bombe fut faite dans la vûë d'une machine infer-
„ nale pour Alger; & celles que les Ennemis ont exécutées à
„ Saint-Malo & à Dunkerque, ont été faites à l'instar de celle-
„ ci. Mais toutes ces machines ne vallent rien, parce qu'un Bâ-
„ timent étant à flot, la Poudre ne fait pas la centième partie
„ de l'effort qu'elle feroit sur un terrain ferme. La raison de cela
„ est, que la partie la plus foible du Bâtiment cédant lors de l'ef-
„ fet, cette Bombe se trouvant surchargée de vieux Canons, de
„ Bombes, Carcasses, & autres, tout l'effort se fait par-dessous
„ dans l'eau, ou dans la vase ou le sable: de sorte qu'il n'en peut
„ provenir d'autre incommodité que quelques débris qui ne
„ vont pas loin, & une fraction de vitres, tuiles, portes, &
„ autres bagatelles, par la grande compression de l'air causée
„ par l'agitation extraordinaire; c'est pourquoi on l'a refondue
„ la regardant comme inutile.

„ Celle-ci contenoit huit milliers de Poudre: elle avoit neuf
„ pieds de longueur, & cinq de diamétre en dehors, six pou-
„ ces d'épaisseur. Mais quand je l'ai fait rompre, j'ai trouvé
„ que le noïau avoit tourné dans le moule, & que toute l'é-
„ paisseur étoit presque d'un côté, & peu de chose de l'autre;
„ ce qui ne se peut guéres éviter, parce que la fonte coulant
„ dans le moule, rougit le chapelet de fer qui soutient le noïau,
„ dont le grand poids fait plier le chapelet.

„ Il se rapportoit dessus un chapiteau, dans lequel étoit a-
„ justée la fusée qui s'arrêtoit avec deux barres de fer qui pas-
„ soient dans les anses.

„ La fusée étoit un canon de Mousquet rempli de compo-
„ sition bien battue: ce qui ne valoit rien, par la raison que la
„ crasse du salpêtre bouchoit le canon, lorsque la fusée étoit
„ brûlée à demi; ce qui faisoit éteindre la fusée. Ainsi les An-
„ glois ont été obligés de mettre le feu au Bâtiment de leur
„ machine, pour qu'il parvint ensuite à la poudre.

TITRE XX.

Des Rechauts de rempart, appellés aussi Lampions à parapet, & des Falots.

CEs Rechauts doivent peser au moins 12. l. chacun : les uns sont avec des chaînes pour descendre du haut du rempart dans le fossé ; les autres sont à douille pour recevoir le manche qu'on y veut mettre, & pour les attacher autour des remparts ; & coûtent dans le département de M. le Marquis de la Frézelière 5 liv. Leurs proportions sont, sçavoir,

Ceux marqués *A* qui s'attachent autour des remparts,

5 pouces de haut.

7 pouces de diamétre.

Le manche qui soutient le Rechaut, & qui le va prendre par dessous, a 2 pieds 3 pouces de long ; & l'équerre de fer qui le soutient, a une branche de 8 pouces de long, & l'autre de 6 pouces.

Les gons qui le retiennent, ont 6 pouces de long.

Ceux à douille marqués *B* ont 6 pouces & ½ de diamétre, sur 8 pouces ½ de hauteur.

7 pouces de douille jusqu'à la fourche.

Les deux branches de la fourche ont chacune 8 pouces de long.

Autre Rechaut *C* à douille d'une façon différente.

A un pentagone il faut vingt-cinq Rechauts ; un à la pointe du bastion, deux aux deux épaules, & un à chacune courtine.

Dans les Places d'armes à tous les coins des ruës, sous toutes les portes d'une Ville de Guerre, on brûle du gaudron dans ces Rechauts, qu'on attache, comme on vient de le dire, autour du rempart, ou qu'on descend dans le fossé pour y voir clair la nuit, & pour s'empêcher d'être insulté par l'Ennemi.

On brûle aussi dans ces Rechauts des tourteaux & des cercles gaudronnés.

Il

A
B
C

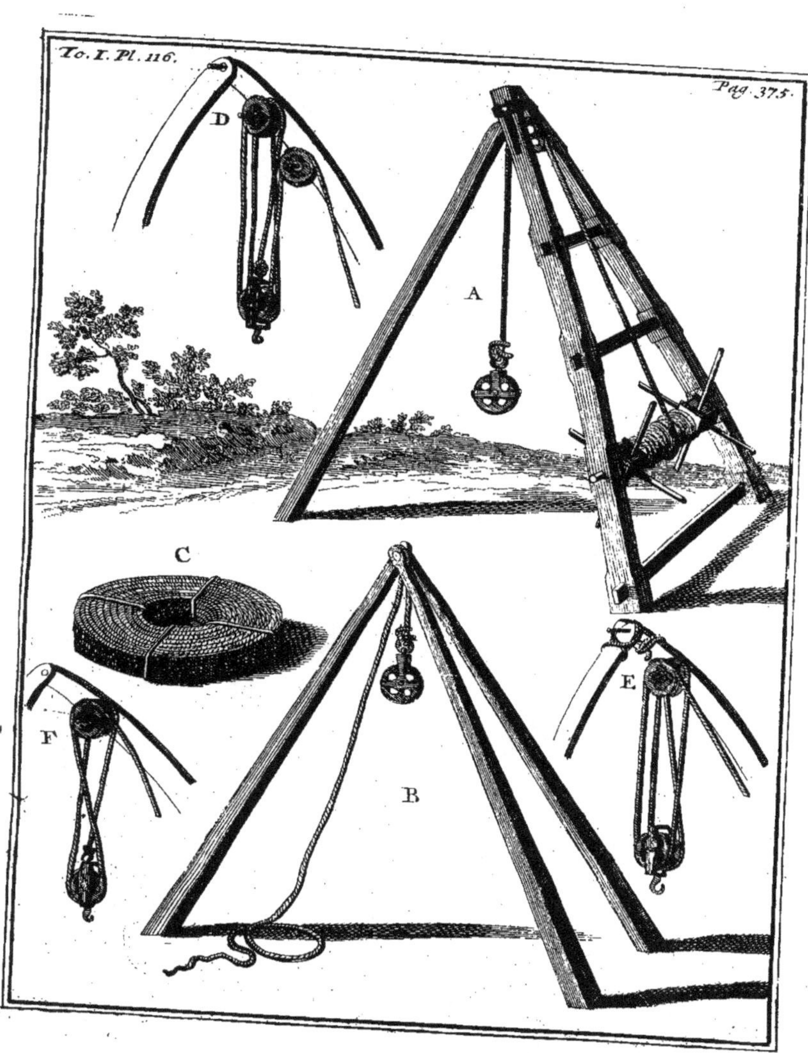
D
A
C
F
B
E

Il y a des chaudières dans les Magasins & d'autres ustenciles qui servent à faire chauffer le gaudron, & à gaudronner les tourteaux, fascines & fagots, comme on a déja dit.

Les Falots sont des lanternes mises au bout d'un bâton. Il y a aussi des Rechauts ou Lampions qui se montent de même pour les porter par-tout.

TITRE XXI.

Chevre, Crik, Verrin, & autres engins à lever Canon.

EXPLICATION DE LA FIGURE de la Chevre.

A *Chevre complette, avec un treuil, son cable & ses poulies.*
B *Chevre simple, avec ses poulies & son cable.*
C *Cable de Chevre.*
D *Manière de passer le cable dans le moufle & les poulies d'une Chevre à la Hollandoise.*
E *Manière de passer le cable dans le moufle & les poulies d'une Chevre Marine.*
F *Manière de passer le cable dans le moufle & les poulies d'une Chevre Françoise.*

LA Chevre doit être composée de deux jambes de bois de brin de chêne un peu courbées en dedans, longues de 12 ou 15 pieds, écarries de 7 pouces de face sur 3 pouces d'épaisseur, & de 4 aux épaules des mortoises, où seront situés les trois épars aussi de bois d'orme ou de chêne.

Le premier épars aura de longueur 7 pieds, écarri de 5 pouces sur deux, lequel sera situé à 9 pouces du bas des jambes, entrant dans les mortoises faites de l'épaisseur des jambes. Les épars doivent être amoindris par les bouts, de 2 pouces sur la largeur, dans la longueur de 6 pouces, afin

afin d'écarter les jambes en cet endroit, de 6 pieds ; les tenons d'épars, qui sortiront en dehors les jambes, de deux bons pouces, seront arrêtés de chevilles de bois ou de fer.

Un treuil de bois d'orme long de 5 pieds 6 pouces ; le diamétre du milieu aura 8 pouces, autour duquel doit mouler le cable ; les deux côtez seront écarris sur la longueur de 9 pouces, & de 8 pouces de face, & auront des mortoises qui traverseront le treuil à jour, pour y passer des leviers, afin de le faire tourner.

Les tourillons des bouts auront de long 6 pouces, & de diamétre 4 pouces, lesquels entreront dans les trous des jambes de la Chevre faits exprès à 3 pieds du bas.

Le second épars sera situé à 3 pieds au-dessus du treuil ; sa longueur doit être de 4 pieds, y compris les tenons.

Le troisiéme épars aura de longueur 2 pieds 6 pouces ; il sera situé à 3 pieds au-dessus du second : ils seront tous trois égaux en tenons, largeur & épaisseur.

Les deux jambes, étant jointes ensemble par les épars, formeront un triangle isocelle, & sur leur face on percera deux trous tout au travers, d'un pouce de diamétre ; le premier à 6 pouces de la tête, & le second à 1 pied, pour y passer des boulons de fer. Le premier boulon sert pour tenir la languette de fer qui sera située entre les deux jambes, pour separer les deux poulies de cuivre qui doivent être situées entre les deux jambes ; elles auront de diamétre 7 pouces, leur épaisseur 2 pouces. La languette sera renversée par le haut à droite & à gauche, pour tenir au-dessus de la tête des jambes ; elle aura de longueur 20 pouces ; le bout d'en-bas sera fait en fleur de lis, sa largeur de 4 pouces, son épaisseur de 2 lignes percée en deux endroits vis-à-vis des boulons. Il y aura deux branches de fer sur les faces des Jambes qui serviront de contrerivûres aux boulons, lesquels auront de longueur 1 pied 6 pouces, avec une fleur de lis par le bas : la tête des jambes sera couronnée d'une cappe de fer haute de 3 pouces.

Le pied de la Chevre doit être de brin de chêne sec de la même longueur que les jambes ; il ne sera point écarri ;

sa

ſa groſſeur par le bas ſera de 4 pouces & ½, le haut de 3 pouces. Le bas du pied, & celui des jambes ſeront ferrés de chacun un lien de fer, ſous leſquels il y aura une pointe auſſi de fer, afin que la Chevre tienne plus ferme en terre.

Lorſqu'on voudra s'en ſervir pour monter une Piéce de Canon en l'air, il faudra porter les deux jambes 6 pieds à côté de la Piéce, le pied à même diſtance de l'autre côté: on baiſſera les jambes & le pied obliquement, juſqu'à ce qu'ils ſe rencontrent par la tête, où le pied s'encaſtrera dans une mortoiſe faite exprès aux jambes ſous la cappe; ſur-tout que les poulies ſe rencontrent bien vis-à-vis des anſes de la Piéce. La Chevre étant en cet état, on paſſera le cable dans les poulies de cette manière: un bout ſera attaché au treuil; l'autre bout ſera paſſé par-deſſus la poulie à gauche en dehors; celui-ci repaſſera dans la poulie de l'écharpe, auquel il y a un crochet qui s'accroche à un autre; ce même bout repaſſera à la ſeconde poulie à droite en dedans par-deſſus, lequel bout s'attachera enſuite à l'anſe droite de la Piéce; le crochet de l'écharpe étant paſſé à la gauche. Enſuite de quoi il faudra paſſer deux leviers dans les mortoiſes du treuil, où il y aura deux bons hommes à chacun, leſquels abbaiſſeront leurs leviers pour faire tourner le treuil, pendant que deux autres de chaque côté en tiendront un prêt pour mettre dans les autres mortoiſes, afin de relever les premiers. On continuera de cette façon, juſqu'à ce que les Piéces ſoient aſſez élevées pour paſſer un affût ou chariot à porter Canon, deſſous: quand l'un ou l'autre ſeront ajuſtés ſous la Piéce pour la recevoir, il faudra lâcher doucement le treuil afin de rendre du cable.

Le cable doit avoir de longueur 48 à 50 pieds, ſa groſſeur d'environ 2 pouces, de bon chanvre en brin déja cordelé; la livre vaut 4 ſ. 6 d. ou 5 ſ., ſelon les endroits, plus ou moins.

Ces ſortes de Chevres pourtant ne ſont bonnes que pour les Places; mais pour la Campagne il ne les faut que de ſapin & bien moins épaiſſes, afin qu'elles ſoient plus légéres.

Les leviers ſeront de brin de bois de chêne, ou frêne un

peu verd, longs de 6 pieds, leur grosseur 3 pouces par le gros bout, réduit à deux par le petit; le gros sera un peu applani pour entrer dans les mortoises du treuil.

En certains lieux on voit qu'une Chevre complette pése 7 à 800 livres.

Qu'il y entre 50 l. de fer à 4 f. la livre; ce qui fait	10 liv.
Le bois revient à	12.
Le cordage pése 80 l. à 4 f. 6 d. la livre . . .	18.
Notez que le cordage pour les Chevres Hollandoises ne pése que la moitié.	
L'écharpe de cuivre avec ses poulies pése 120 l. à 20 f. la livre.	120.
Ce qui revient donc à	160 liv.

Ce n'est pas un prix fixé pour tous les départemens.

FIGURE DU CAPESTAN, DU VERRIN, DU ROULEAU, ET DU LEVIER.

A *Capestan.*
B *Verrin.*
C *Rouleau.*
D *Levier.*

CEs engins sont tellement connus de tout le monde, qu'ils n'ont pas besoin de plus ample explication.

Crik,

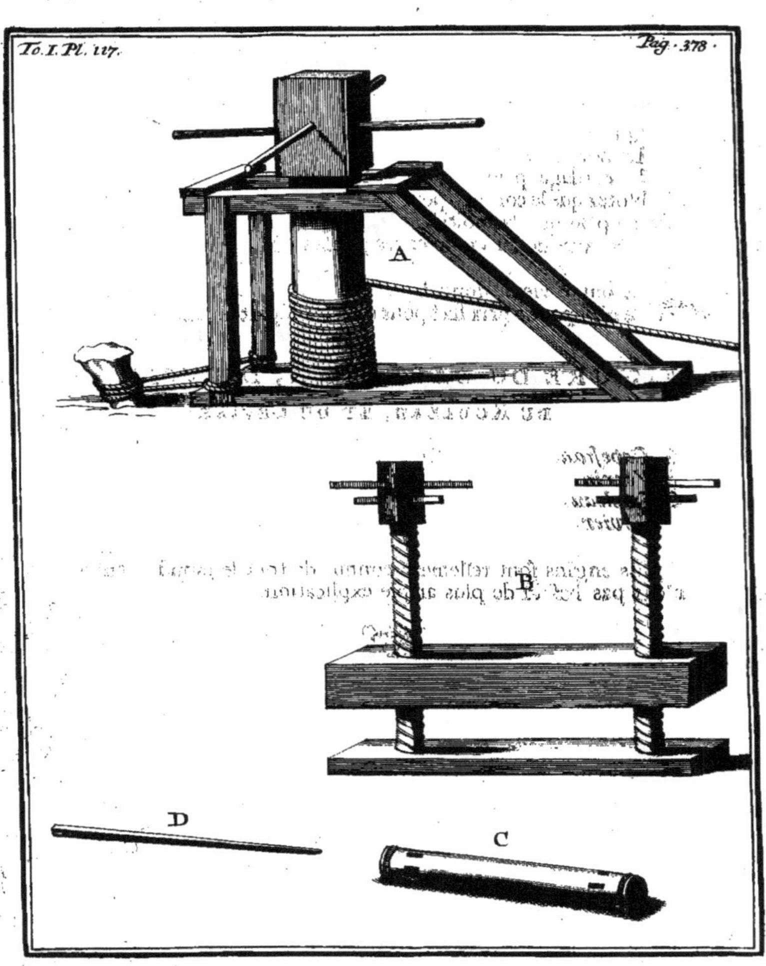
To. I. Pl. 117.
Pag. 378.
A
B
C
D

E
D
C
A
B

Crik, Chevrette, Leviers d'abbatage, & Pinces.

EXPLICATION DE LEUR FIGURE.

A *Crik.*
B *Chevrette de trois pieds & demi de hauteur.*
C *Levier d'abbatage pour la Chevrette, de douze pieds de long.*
D *Autre levier d'abbatage portant sa Chevrette par le moyen d'un boulon.*
E *Pince à pied-de-chevre sur deux roulettes.*

DE toutes les machines dont on se sert pour lever de gros fardeaux, le Crik est une des mieux imaginées; car un homme seul peut hausser un fardeau, ce que six ne pourroient quelquefois pas faire.

Le Crik est pour l'ordinaire une piéce de bois ou arbre haut de 3 pieds, & épais de 4 pouces sur 8, dans lequel est enchassée une cramaillére, qui par le moyen d'une manivelle, sort & rentre pour hausser le fardeau, ou pour le remettre en son repos.

Cette cramaillére est longue de 2 pieds 8 pouces.

La gorge qui est de fer au haut de la cramaillére, a 1 pouce 6 lignes.

Le vuide de la gorge, 3 pouces 6 lignes.

La saillie du crochet au bas de la cramaillére, a 5 pouces.

Il est fretté de deux frettes par en haut de l'épaisseur de 2 lignes, de la hauteur de 18 lignes, & d'une en bas de même qualité.

Il y a une plaque de fer sous le pied, & 3 pitons ou pointes de fer

Il y a une manivelle de fer pour élever la cramaillére, & le crochet de fer pour l'arrêter.

Au défaut des Chevres & des Criks, qui ne peuvent pas toûjours se transporter, ou qu'on ne trouve pas toûjours par-tout, il est divers expédiens dont on se sert pour relever les Piéces de Canon versées. Cet article est d'une importance extrême, & tout Officier d'Artillerie qui veut se ren-

rendre habile dans sa profession, doit s'appliquer particuliérement à voir ce qu'on doit faire en pareille rencontre, car une Piéce ainsi versée arrête quelquefois un équipage entier; & lorsqu'on se repose de cet ouvrage sur les seuls Capitaines du charroi, ou sur les bas Officiers, il en peut arriver des accidens très-préjudiciables au service. Messieurs les Lieutenans d'Artillerie ne recommandent rien davantage aux Officiers qui servent sous eux; & il seroit à désirer que tous sçûssent parfaitement le charroi.

Voici donc la maniére de relever une Piéce versée, comme le pratique l'un de nos plus habiles Capitaines ; c'est M. Rigollot, Capitaine général.

Maniére de relever une Piéce versée en panier ou en cage, & sur le côté.

Piéce versée en panier ou en cage, c'est lorsque la Piéce touche terre, & que le roues de l'affut ou du charriot à porter corps de Canon, sont en l'air.

Il faut commencer à se mettre en état de la mettre sur le côté, & choisir le terrain le plus propre, soit à droite, soit à gauche, c'est-à-dire, du côté qui aura le plus de pente pour aider à son dessein.

Si c'est un affût, il faudra se présenter avec un cordage nommé *prolonge*, seulement du côté de la pente, s'il y en a, attacher la prolonge par un lien de charrue, au moyeu de la roue qui est de l'autre côté, & tirer sur la prolonge à force d'hommes, pendant que quatre ou six autres hommes feront effort avec des leviers, pour aider à la roue ou à l'affût devant & derrière la roue.

Lors donc qu'elle est sur le côté, il faut ensuite passer deux prolonges dans l'intervalle des rais de la roue qui est en l'air, & les attacher par des liens aux jantes de la roue qui est sous la Piéce, assez près l'une de l'autre; c'est-à-dire, qu'il n'y ait qu'un rais de séparation de l'une à l'autre: puis, tirer sur les prolonges à force d'hommes, mais également, & non point par secousses, y alant toujours pour lors, dix ou douze ze hommes avec des leviers de l'autre côté de la Piéce pour la soulager & la soutenir, en cas qu'une partie de ceux qui tirent aux prolonges, se fatigassent trop ; ce qui les aide à reprendre haleine.

Si on étoit assez fort d'hommes, il ne seroit pas nécessaire de passer, comme on vient de le dire, les deux prolonges par la rouë qui est en l'air : ce qui se fait seulement pour empêcher que, quand la Piéce est dans le mouvement de se remettre en son assiette, elle ne renverse du côté qu'on la tire ; ce qui arrive toûjours quand on n'a pas cette précaution : si, dis-je, on est fort d'hommes, il faudra faire lier un travers ou une demi-prolonge à une anse de la Piéce, & faire soutenir la Piéce par dix ou douze hommes, qui seront avec des leviers de l'autre côté de ceux qui tirent sur les prolonges, lorsque la Piéce sera prête à prendre son dernier mouvement pour se remettre sur son assiette.

On verra ce que c'est que tous ces cordages au Titre qui en traite.

Si donc on se trouve fort d'hommes pour mettre en deçà & en delà de la Piéce, il ne faudra, en ce cas, qu'attacher deux prolonges aux jantes de la rouë de dessous, & croiser ensuite les deux prolonges par-dessus les jantes de la rouë qui est en l'air.

Pour relever une Piéce versée sous un chariot à porter corps de Canon, il faut faire la même manœuvre qu'à l'affût, à l'exception qu'il faut se servir d'une prolonge aux rouës de devant, & d'une autre seulement à celles de derriere; & faire plus force d'hommes à celles de devant qu'à celles de derriere, parce qu'elles sont ordinairement plus chargées.

S'il se trouve qu'on ne soit pas fort d'hommes, il faudra faire la même manœuvre avec les prolonges, qu'il est dit ci-devant, & y attacher sur chacune, le plus près de la Piéce qu'il se pourra, une branche de chevaux ou de mulles. C'est un côté de la bande de chevaux ou mulles qui tirent la Piéce lorsqu'ils sont doublés ou de front ; par exemple, s'il y avoit vingt bêtes à tirer une Piéce, il y en auroit dix sur une branche, neuf sur l'autre, & celui du limon, & s'il se peut, il faut avoir des leviers de l'autre côté: & observer toûjours qu'en cas qu'on soit obligé de se servir de chevaux ou de mulles, les prolonges doivent être passées par l'intervalle des rais de la rouë qui est en l'air, parce que c'est ce qui l'empêche de verser du côté qu'on veut la relever.

Si la Piéce étoit versée & hors de l'affût, ou du chariot à porter corps de Canon, il faut, si c'est un affût, ôter l'avantrain, puis la rouë de l'affût qui est du côté de la Piéce, ensorte que le bout ou la fusée de l'essieu soit à terre, & que la Piéce soit paralléle à l'affût & à distance seulement, pour qu'elle touche le bout de deux chevrons, ou poutrelles, ou brins d'arbres, suivant que l'occasion le permet, qui toucheront d'un bout à la Piéce; & les deux autres bouts seront dressés contre l'affût : attacher ensuite deux prolonges à l'affût, à l'espace d'environ la longueur de la Piéce; puis faire des tours de moulinet, c'est-à-dire, trois tours de chacune des prolonges, à la Piéce, sçavoir l'une à la volée, & l'autre à la culasse : passer ensuite les prolonges par dessus la Piéce & par-dessus l'affût, & les tirer également à force d'hommes, & avoir dix ou douze hommes avec des leviers au-delà de la Piéce pour la conduire également jusqu'à ce qu'elle entre dans sa situation : observer toutesfois, que si l'une des prolonges étoit tirée plus vigoureusement que l'autre, il faut la tenir en arrêt jusqu'à ce que l'autre prolonge ait remis la Piéce en équilibre sur les chevrons, & les faire ensuite tirer également.

C'est la même manœuvre pour le chariot à porter corps de Canon, sinon qu'il faut faire mettre bas les deux rouës du côté de la Piéce versée.

Pour mettre ensuite les rouës lorsqu'on n'a ni Chevre ni Crik, il faut faire des pesées de la manière qui suit.

IL faut avoir des pierres un peu grosses, ou des troncs ou billots de bois, & deux chevrons ou brins d'arbres; mettre deux pierres aux deux côtez de l'essieu; faire pincer deux bouts de deux chevrons sous le bout de chaque côté de l'essieu; ôter de la terre de dessous pour cet effet, si c'en est; faire porter les chevrons sur la pierre; & faire peser sur les bouts des

des chevrons qui sont en l'air quatre ou cinq hommes, ou plus, s'ils peuvent contenir sur chacun: & à mesure que l'essieu se léve, il faut que d'autres hommes aient des pierres ou billots de bois, les plus plats qu'il se pourra, qu'ils mettront sous le corps de l'essieu, & le plus près du bras qu'il se pourra, de sorte toutesfois que les pierres n'empêchent pas la rouë de prendre sa place quand il sera tems; & faire aussi la même manœuvre de pierres l'une sur l'autre, jusqu'à ce que l'essieu soit assez levé pour recevoir la rouë. Quand on s'entend à cette manœuvre, la Piéce & le chariot à porter corps de Canon, ou l'affût, sont en leur assiette, avant même qu'une Chevre, quand on en a, soit apportée & dressée; outre que, dans les défilez de certaines montagnes, comme des Pyrénées, il est très-souvent impossible d'y faire passer une Chevre, & encore plus souvent impossible de la dresser, par le défaut du terrain.

Un lien ou nœud de charruë fait avec une prolonge ou autre cordage, se fait pour le pouvoir délier promptement, sans être obligé de le couper, comme il arrive toûjours quand il se fait par un lien ou nœud droit.

Ces sortes de nœuds ou liens sont absolument nécessaires à sçavoir lorsqu'il faut donner des demi-tours de rouës, soit en approchant des Batteries, soit dans des retours ou détours de montagnes, où souvent il ne peut rester que le cheval ou la mulle de limon, faute de terrain devant.

Ils sont aussi nécessaires quand une Piéce s'abîme dans de mauvais chemins.

Manière de faire le lien ou nœud de charruë par un des bouts de la prolonge.

POur faire le nœud ou lien, il faut, avec un bout de la prolonge, embrasser une jante de la rouë de l'affût, la faire glisser sous un rais, & tourner le bout deux ou trois fois dans l'embrassement que la corde fait de la jante; de sorte que ces tours se pressant contre la jante à mesure qu'on tire dessus, ils se ferment, & sont ensuite fort faciles à défaire.

Autre

Autre manière de relever les Pièces, que j'ai apprise d'un Officier principal.

IL est plusieurs manières de relever les Piéces lorsqu'elles sont versées, ou sur le côté, ou en cage. Pour celles-ci, les uns font défaire les clavettes des susbandes, ensorte que la Piéce quitte son affût & pose à terre sur deux fascines; on reléve cet affût à bras & avec des leviers; on le met à quartier; la Piéce se retourne, & se remonte avec la Chevre.

Mais généralement toutes les Piéces se relévent & plus aisément & plus vîte de cette manière-ci. On embrêle la culasse par son bouton à un des flasques, ensorte qu'elle soit ferme : un Forgeur frappe les clavettes pour qu'elles assûrent les susbandes : on embrasse ensuite avec deux prolonges, & la culasse & l'affût vers l'entretoise de couche, & la volée & l'affût à son entretoise de volée : on fait placer dix ou douze hommes sur chaque prolonge : on a deux forts leviers & grands, sur chacun desquels il y a trois ou quatre hommes : on les place de l'autre côté au défaut des roues : on fait contretenir le bout d'affût pour assûrer le mouvement : & la manœuvre ainsi disposée, on fait étendre les hommes qui tirent les prolonges; les leviers agissent, & s'engagent à mesure que la Piéce s'éléve; & il ne reste qu'à diminuer l'efforе quand la Piéce est en l'air, pour ne la pas verser du côté qu'on la reléve.

Quand les Piéces sont sur des chariots à porter Canon, & qu'elles versent, difficilement peut-on se passer de Chevre pour les remonter.

ON comprend aisément par ces manières différentes de relever les Piéces versées, le penible travail qu'il en coûte, & le grand nombre d'hommes qu'il faut emploïer pour parvenir à remettre ces gros fardeaux en état de rouler: & on seroit fort à plaindre que notre siécle si fertile en inventions nouvelles, n'eût rien produit pour épargner ce travail immense, & pour abréger cette rude manœuvre, si, depuis quel-

[illegible] la culasse & l'affût vers l'entretoise [illegible]
[illegible] l'affût à son entretoise de volée [illegible]
douze hommes sur chaque prolonge [illegible]
[illegible] & grands, sur chacun [illegible]
[illegible] ou les place de [illegible]
[illegible] font le tour [illegible]
[illegible] & la manœuvre ainsi [illegible]
[illegible] qui étant les prolonges [illegible]
[illegible] à mesure que la Pièce [illegible]
[illegible] quand la Pièce [illegible]
[illegible] qu'on la relève.
[illegible] les Pièces sont [illegible]
[illegible] difficilement [illegible]
[illegible]

[illegible] grand nombre d'hommes qu'il [illegible]

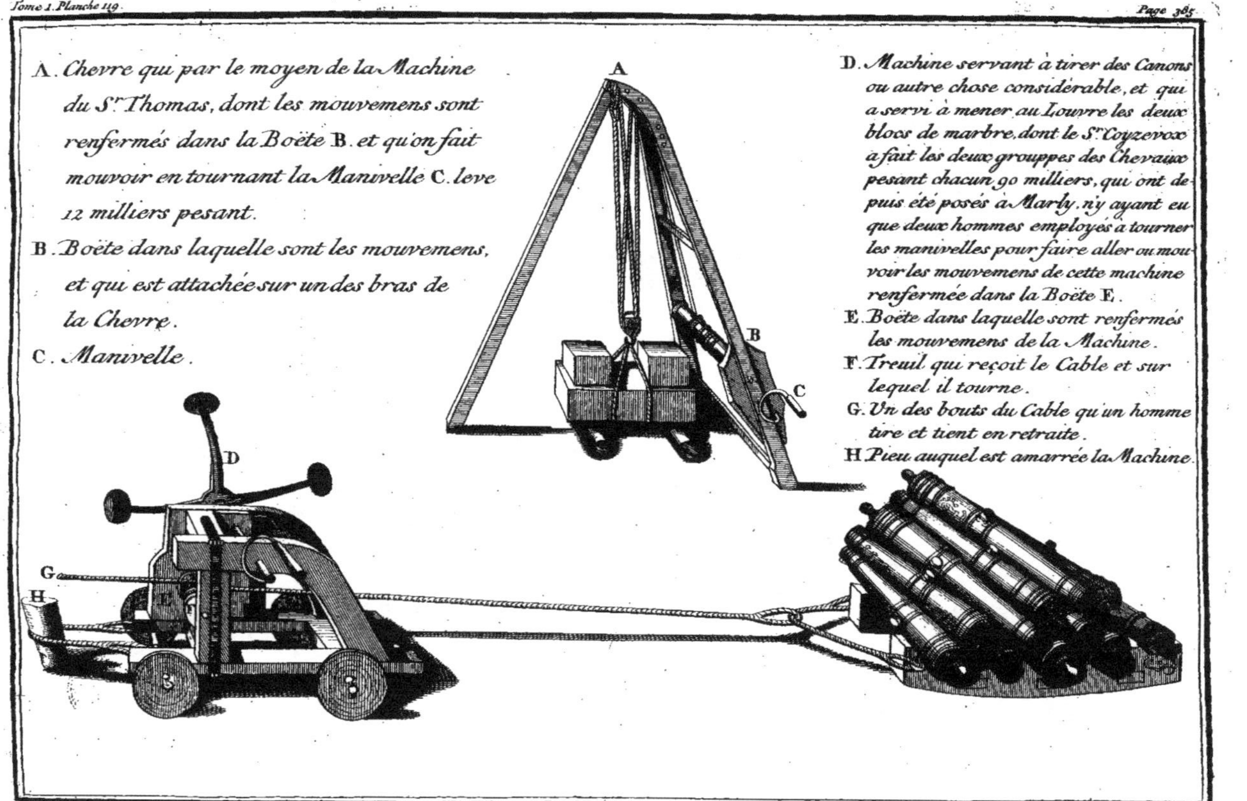

A. Chevre qui par le moyen de la Machine du Sr. Thomas, dont les mouvemens sont renfermés dans la Boëte B. et qu'on fait mouvoir en tournant la Manivelle C. leve 12 milliers pesant.

B. Boëte dans laquelle sont les mouvemens, et qui est attachée sur un des bras de la Chevre.

C. Manivelle.

D. Machine servant à tirer des Canons ou autre chose considérable, et qui a servi à mener au Louvre les deux blocs de marbre, dont le Sr. Coyzevox a fait les deux grouppes des Chevaux pesant chacun 90 milliers, qui ont depuis été posés à Marly, n'y ayant eu que deux hommes employés à tourner les manivelles pour faire aller ou mouvoir les mouvemens de cette machine renfermée dans la Boëte E.

E. Boëte dans laquelle sont renfermés les mouvemens de la Machine.

F. Treuil qui reçoit le Cable et sur lequel il tourne.

G. Un des bouts du Cable qu'un homme tire et tient en retraite.

H. Pieu auquel est amarrée la Machine.

quelques années, les Arts ne nous avoient fait découvrir en France, un Particulier, qui ne le céde ni en fertilité d'inventions, ni en industrie, à tous les Ingénieurs & Machinistes qui l'ont devancé. Cet homme singulier est M. Thomas, natif de Sainte-Marie aux mines en Alsace: lequel, sur l'avis qu'eut feu M. le Marquis de Barbezieux, en l'année 1696, de la réussite d'un Moulin à bled, que ce Particulier avoit trouvé moyen de faire moudre sans eau ni vent, reçeut ordre de lui de se rendre à la Cour. Il a présentement le titre d'Ingénieur du Roi, & Sa Majesté l'a gratifié d'une pension considérable.

Les épreuves surprenantes qu'il a faites d'une bonne partie de ses secrets devant les Commissaires qui ont été nommés pour y assister, font très-glorieusement son éloge: & il suffira de dire, que, par la force de deux hommes seulement, il vint à bout, avec une de ses Machines, qui est très-simple, non-seulement de traîner du Port Saint-Nicolas, qui est devant le Louvre de Paris jusques aux atteliers de M. Coyzevox, qui sont aux vieux Louvre, mais encore de monter lui seul les deux blocs de marbre, qui dans l'année 1700 ont servi à faire ces deux Chevaux, chefs-d'œuvre de l'Art, qui ont depuis été conduits à Marly; chaque bloc pesant 90 milliers, au lieu qu'auparavant, on emploïoit deux cens hommes pour en mener un seul.

C'est avec cette même Machine, qu'étant à Toulon en l'année 1705, il traîna ensemble, suivant les certificats qu'il en rapporte, quinze Piéces de Canon, de 36 & de 24 livres de boulet chacune; ce qui fait un poids de plus de 93100 livres, par la force de quatre hommes seulement.

C'est aussi avec elle qu'il prétend que, pendant le Siége de Nice, il réussit à tirer de la mer à bord au Port de Villefranche avec quatre hommes, une Barque carcassière pesant au moins 150 tonneaux, valans 300 milliers de pesanteur, qui étoit submergée, & que près de trois cens hommes n'avoient pu faire remuer avec quatre capestans; quoique cette Machine ne soit que de trois pieds de large sur six pieds de long.

On peut voir encore au Havre-de-grace, où elle est éta-

 blie,

blie, & où elle épargne tous les jours au Roi vingt hommes, de quelle utilité elle peut être pour enlever de gros fardeaux.

C'eſt par elle qu'on peut élever les Piéces de Canon de Batterie ſur les montagnes les plus difficiles, & retirer des précipices les plus profonds les Piéces qui y ſont tombées, & les remettre ſur leurs affûts avec une promptitude & une facilité qui n'ont point encore été expérimentées; le tout par la force d'un ou de deux hommes au plus, comme il ſe juſtifie par les épreuves qu'il en a faites devant les Commiſſaires du Roi, & par les gratifications qu'elles lui ont attirées.

C'eſt avec cette Machine que le Sieur Thomas ſe fait fort de nettoïer & creuſer facilement les foſſez des Villes, & même les rivières les plus impratiquables, & d'en repêcher le Canon & les autres choſes qui pourroient être au fond de l'eau, quelque profonde qu'elle ſoit.

On ne ſçauroit bien s'imaginer à combien d'uſages peut ſervir cette Machine qu'on appelle un *Crik perpétuel*, & que l'Académie des Sciences a nommée *Crik circulaire*, le tout ſuivant l'application qu'on en fait. Jugez-en par la figure que je vous donne ici.

L'habileté du Sieur Thomas ne ſe borne pas à ce ſeul ſecret. Mais, comme je ne dois ici traiter que des inventions qui pourroient être utiles au ſervice de l'Artillerie, je ne m'arrêterai point à faire un plus grand détail de tous les autres ſecrets que ſa Méchanique a mis au jour, ni de leurs effets, ſi ce n'eſt par hazard que, parce que cela regarde l'Artillerie, je ne vouluſſe ajouter à ce que j'ai dit.

Qu'il prétend, avec une de ces Machines, pouvoir faire marcher un moulin à Poudre ſans eau, & ſans vent, comme il fait des moulins à bled.

Qu'il a inventé une Grénade, qui fait plus d'effet, que pluſieurs des Grénades ordinaires, bien qu'elle ſoit de moitié plus légére, plus aiſée à porter par le Soldat, & par conſéquent plus facile à jetter à la main; ce qui fut reconnu à Fontainebleau en l'année 1704, que l'épreuve s'en fit en pre-

presence de M. le Maréchal de Boufflers, & de Messieurs de Villars & de la Barre, Capitaines aux Gardes, sur le rapport desquels le Roi accorda à cet Ingénieur une gratification de six cens livres.

Et ainsi de quelques autres inventions dont il doit incessamment faire des épreuves, & dont, cependant, je crois devoir me réserver à en parler quand on en aura vû la réussite.

Quand toutes ces inventions seront portées par le Sieur Thomas au point de leur perfection, comme il prétend pouvoir le faire, à en juger par les expériences passées, & dont il rapporte plusieurs procès verbaux & certificats, & par les gratifications & les pensions qui lui ont été accordées à cette considération, ainsi que nous l'avons déja dit, il semble qu'on ne puisse en dire trop de bien. Et véritablement, quand on en a vû des essais par soi-même, comme j'en ai vû quelques-uns, on ne sçauroit plus revoquer en doute qu'il n'ait pu y avoir autrefois un Archiméde, qui se soit vanté d'exécuter d'aussi grandes choses que l'Antiquité s'est efforcée de vouloir nous le faire entendre.

Titre XXII.

Romaines, Balances, Poids & Mesures de toutes sortes.

EXPLICATION DES FIGURES.

A *Romaine avec son poids.*
B *Fléau de fer avec ses cordages & ses platteaux.*
C *Poids de marc de cuivre, de 16 onces à la livre.*
D *Plusieurs poids de fer, aussi de 16 onces à la livre.*
E *Mesures de fer blanc de plusieurs sortes.*

LA Romaine est une verge de fer ou de fonte suspendue de travers en l'air par un crochet qu'elle a à l'une de ses extrémitez, attachée à une poutre ou à la chevre lorsqu'elle est dressée, sur laquelle verge sont gravés des chiffres pour désigner les poids depuis 10 jusqu'à 1000, 2000, &c.

Il y en a qui peuvent peser jusqu'à six milliers & au-delà.

Cette piéce de fer ainsi élevée par un bout est passée par l'autre dans un anneau de même métal, duquel pend un poids fait ordinairement en forme de poire, & qui pése une certaine quantité de livres.

On attache les munitions avec un cable à celui des bouts de la Romaine qui est suspendu en l'air, & de l'autre côté on fait couler le poids qui pend à l'anneau tout du long de la verge de la Romaine, & on l'arrête sur le chiffre où ce poids fait équilibre avec les Piéces ou les munitions attachées; & c'est là ce qu'elles pésent.

Il y en a de toutes grandeurs.

Le dessein fera mieux connoître cette manière de peser, laquelle, à la vérité, n'est pas la plus juste; car il y a toûjours sur une pesée deux ou trois livres d'erreur pour le trait.

Les platteaux avec les fléaux de fer sont beaucoup plus certains.

Le

A
B
C
C
C
C
C
C
D
D
D
D
D
E
E
E

Le Fléau eſt une verge de fer ſoutenue dans le milieu par un autre morceau de fer qui eſt attaché à une ſolive ou poutre qui puiſſe ſoutenir un lourd fardeau.

Des deux bouts du fléau pendent des cordes qui ſoutiennent deux madriers de bois, appellés platteaux, ſur l'un deſquels ſe mettent les poids à peſer, & ſur l'autre les munitions qu'on péſe.

Il y a des fléaux qui péſent juſqu'à ſix milliers de poids d'un côté, & ſix milliers en munitions de l'autre; ce ſont douze milliers.

Il y a de petites balances de cuivre; ce ſont deux petits baſſins ſoutenus par un petit fléau ou une petite verge de fer, comme je viens de le dire: elles ſervent pour les petites diſtributions dans les Magaſins.

Le fléau d'une balance à peſer, par exemple, juſqu'à 25 livres, ne doit avoir que 12 à 15 livres de fer.

Ce fléau ne revient qu'à quatre ou cinq écus, avec les platteaux, les cordages, & les poids de marc.

Il faut ſçavoir que toutes les munitions du Roïaume ſe reçoivent & ſe délivrent dans les Magaſins du Roi, au poids de marc, qui eſt de 16 onces à la livre.

Les poids dont on ſe ſert, ſont tantôt de fer, tantôt de plomb, tantôt de pierre.

Ceux de cuivre & de fer ſont les plus ſûrs, car ils ne ſçauroient ſouffrir que peu de diminution, & ceux de plomb & de pierre s'écornent & s'altérent toûjours de quelque choſe. Il eſt bien vrai que ceux de fer peuvent acquerir par la rouille un peu plus de peſanteur.

On trouve les plus petits poids dans les piles de cuivre de poids de marc.

Il n'y a perſonne qui ne connoiſſe toutes ces ſortes de poids; il y en a preſque par-tout.

Poids de Table.

SOuvent on voit des conteſtations entre les Officiers ſur la différence qui ſe trouve entre le poids de marc & le poids de table qui est en usage en plusieurs endroits du Roïaume, & particulièrement en Provence, en Languedoc, & en Roussillon: & la plûpart des Gardes n'aiant point de poids de marc dans leurs Magasins, sont obligés de faire leurs délivrances sur le pied du poids de table; ce qui est un abus, & ne doit point être souffert.

Afin donc qu'on puisse connoître en quoi ils différent l'un de l'autre, j'en donne ici une Table qui résoudra toutes ces difficultez.

Réduction du Poids de Table au Poids de Marc.

IL est à noter que la livre du poids de table est de 16 onces de même que la livre poids de marc; mais la différence qu'il y a, c'est que les onces, poids de table, sont plus légéres que celles du poids de marc: de sorte qu'une livre du poids de table ne fait que 13 onces & ½ poids de marc, & la livre poids de marc fait 19 onces poids de table.

Le quintal, poids de table, qui est autant que 100 livres, ne fait que 84 livres 6 onces poids de marc; & le quintal poids de marc 118 livres 12 onces poids de table. Le détail fera mieux connoître cette différence.

1 livre poids de table, *fait poids* de marc 13 livres ½.

livres poids de table.	livres poids de marc.	onces	livres poids de table.	livres poids de marc.	onces
2	1	11.	12	10	2.
3	2	8 ½.	13	10	15 ½.
4	3	6.	14	11	13.
5	4	3 ½.	15	12	10 ½.
6	5	1.	16	13	8.
7	5	14 ½.	17	14	5 ½.
8	6	12.	18	15	3.
9	7	9 ½.	19	16	0 ½.
10	8	7.	20	16	14.
11	9	4 ½.	21	17	11 ½.

livres

livres poids de table.	livres poids de marc.	onces	livres poids de table.	livres poids de marc.	onces.
22	18	9.	57	48	1 ½.
23	19	6 ½.	58	48	15.
24	20	4.	59	49	12 ½.
25	21	1 ½.	60	50	10.
26	21	15.	61	51	7 ½.
27	22	12 ½.	62	52	5.
28	23	10.	63	53	2 ½.
29	24	7 ½.	64	54	0.
30	25	5.	65	54	13 ½.
31	26	2 ½.	66	55	11.
32	27	0.	67	56	8 ½.
33	27	13 ½.	68	57	6.
34	28	11.	69	58	3 ½.
35	29	8 ½.	70	59	1.
36	30	6.	71	59	14 ½.
37	31	3 ½.	72	60	12.
38	32	1.	73	61	9 ½.
39	32	14 ½.	74	62	7.
40	33	12.	75	63	4 ½.
41	34	9 ½.	76	64	2.
42	35	7.	77	64	15 ½.
43	36	4 ½.	78	65	13.
44	37	2.	79	66	10 ½.
45	37	15 ½.	80	67	8.
46	38	13.	81	68	5 ½.
47	39	10 ½.	82	69	3.
48	40	8.	83	70	0 ½.
49	41	5 ½.	84	70	14.
50	42	3.	85	71	11 ½.
51	43	0 ½.	86	72	9.
52	43	14.	87	73	6 ½.
53	44	11 ½.	88	74	4.
54	45	9.	89	75	1 ½.
55	46	6 ½.	90	75	15.
56	47	4.	91	76	12 ½.

livres

livres poids de table.	livres poids de marc.	onces	livres poids de table.	livres poids de marc.	onces.
92	77	10.	97	81	13 ½.
93	78	7 ½.	98	82	11.
94	79	5.	99	83	8 ½.
95	80	2 ½.	100	84	6.
96	81	0.			

Réduction des quintaux poids de table, au poids de marc.

Il faut remarquer encore, qu'on compte par quintaux en Languedoc, Provence & Rouſſillon, & non par cent, ni par milliers de livres, comme on fait en France; & qu'un quintal eſt autant que cent livres, & dix quintaux autant qu'un millier de livres.

1 quintal, c'eſt-à-dire 100 livres, poids de table, péſe poids de marc 84 livres 6 onces.

quintaux poids de table.	livres poids de marc.	onces	quintaux poids de table.	livres poids de marc.	onces
2	168	12.	19	1603	2.
3	253	2.	20	1687	8.
4	337	8.	25	2109	6.
5	421	14.	30	2531	4.
6	506	4.	35	2953	2.
7	590	10.	40	3375	0.
8	675	0.	45	3796	14.
9	759	6.	50	4218	12.
10	843	12.	55	4640	10.
11	928	2.	60	5062	8.
12	1012	8.	65	5484	6.
13	1096	14.	70	6906	4.
14	1181	4.	75	6328	2.
15	1265	10.	80	6750	0.
16	1350	0.	85	7171	14.
17	1434	6.	90	7593	12.
18	1518	12.	95	8015	10.

100 cens, ou cent quintaux, poids de table, valent poids de marc 8437 livres 8 onces.

Au

A B C D E F G H H H H H H

I K L M N

T V X

O P Q R S

1 2 3 4 5 6 pouces.

Au défaut de balances & de poids dans les Magasin, on se sert souvent de certaines mesures de fer blanc qui contiennent depuis un quartron de poudre jusqu'à tout ce qu'on veut au-dessus: mais quand il s'agit de faire une épreuve, il ne faut pas se servir de ces mesures; car elles ne sont jamais bien justes, & il faut mettre en usage le poids de marc.

TITRE XXIII.

Clouds.

JE vous donne la figure des clouds de toutes espéces, & leurs longueurs & grosseurs.

EXPLICATION DES FIGURES de Clouds de toutes sortes.

A *Cloud quarré pour affût de quatre.*
B *Cloud à deux oreilles pour affût de huit.*
C *Cloud quarré pour affût de huit.*
D *Cloud à deux oreilles pour affûts de douze & de seize.*
E *Cloud quarré pour affuts de douze & de seize.*
F *Cloud à deux oreilles pour affûts de vingt-quatre & de trente-trois.*
G *Cloud quarré pour affûts de vingt-quatre & de trente-trois.*
H *Chevilles à tête ronde de toutes sortes pour les chevalets & palissades qui s'emploient à l'Armée.*
I *Cloud pour tonnes à méche.*
K *Cloud à happes.*
L *Cloud à chaîne pour attacher les burettes & autres choses.*
M *Cloud quarré pour les madriers de chêne pour les ponts.*
N *Cloud à deux oreilles pour affût de quatre.*
O *Cloud à une oreille pour servir à attacher les bouts d'affût par-dessous l'affut fait en façon de cloud à happe.*

P *Cloud pour roüages à affût de quatre, servant aussi aux petits chariots & aux avantrains.*

Q *Cloud de rouës pour roüages de huit.*

R *Cloud de rouës pour roüages de douze & de seize.*

S *Cloud de rouës pour roüages de vingt-quatre & de trente-trois.*

T *Broquette pour armer les madriers, & servir aux Tonneliers pour les barils de plomb.*

V *Cloud pour les Tonneliers, & pour faire des augets pour les Mineurs.*

X *Cloud plus grand pour le même service.*

Fin du premier Tome.

Contraste insuffisant

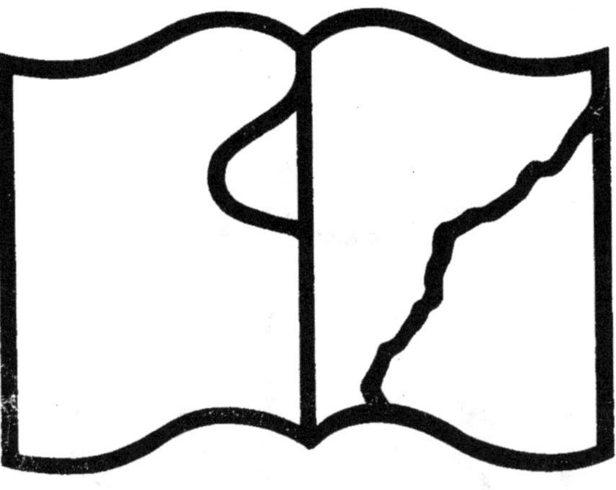

www.ingramcontent.com/pod-product-compliance
Lightning Source LLC
Chambersburg PA
CBHW071135270326
41929CB00012B/1761